高麗國王 冊封 研究

高麗國王 冊封 研究

沈載錫 著

혜안

책 머리에

　언제부터인가 『高麗史』에 보이는 "特進檢校太保使持節玄菟州都督上柱國充大義軍事高麗國王" 등과 같은 구절에 의아한 생각이 들었다. 도대체 이게 무슨 의미인가? 본서는 이러한 의문에 답하고자 하였다. 이해하기 곤란했던 그 문장은 고려 국왕이 대륙의 여러 왕조에서 받은 冊封과 그에 따른 官爵이었다. 그리고 이 국왕에게 주어진 관작은 고려의 국제적 위상을 파악하는 하나의 잣대가 될 수 있으며 여기에는 동아시아 국가 간의 세력관계가 작용하고 있었다. 미흡하지만 본서가 책봉과 관련된 새로운 연구의 디딤돌이 되기를 바랄 뿐이다.

2002년 5월

심 재 석

차 례

표차례

그림차례

서 론

東아시아의 여러 나라는 오랜 기간 교류를 지속하면서 서로 영향을 주었다. 상호 필요성에 따라 지속된 국제관계는 朝貢과 事大를 통하여 공식적으로 이루어졌고, 冊封을 받고 儀禮를 수행하는 행위에서 시작되었다. 고려의 사대 대상국은 漢族이 세운 왕조만이 아니었다. 遼·金·元 등의 북방민족이 대륙의 패권을 차지할 경우 고려는 새롭게 그들과 대외관계를 맺어야 했다. 동아시아 形勢의 변화에 따라 고려의 외교도 신축적으로 대응할 필요에서 事大의 대상을 바꾸었던 것이다.

대륙의 정세 변동에 따라 사대의 대상을 바꿀 경우, 그것의 전제 조건은 冊封을 받는 일이었다. 國王冊封[1]은 대륙의 황제가 제후국의 왕에게 官爵을 수여하는 외교적 儀禮였다. 대륙의 여러 왕조에서 받은 冊封은 고려 국왕 개인에 대한 의례였지만 이는 王朝에 대한 책봉과 같았다. 고려는 대륙의 實勢 왕조와 적극적인 접촉을 통하여 실리에 맞는 관계를 유지하였고 거기에 대부분 국왕 책봉이 前提되었다. 책봉을 받은 이후에 정기적인 朝貢 使行과 冊曆의 사용이 가능하였음은 주지하는 바이다.

국왕 책봉은 삼국시대로부터 조선 후기까지 계속되었으나 고려시대에는 官爵의 내용 면에서 다른 시기와 차이가 있었다. 고려시대에 대륙에

---

1) '冊'은 天子가 제후를 임명하는 符命을 가리킨다. 『說文』에서는 "冊符命也 諸侯進受於王者也"라 하였다. '封'은 제후가 천자로부터 분할받은 토지를 가리킨다. 『說文』에서는 또한 "封爵諸侯之土也 公侯百里 伯七十里 子男五十里也"라 하였다. 冊封은 天子가 諸侯에게 토지를 분할함으로써 諸侯國의 영토와 인민을 間接的·集團的으로 지배하는 양식을 가리킨다(이상의 설명은 金翰奎, 『古代中國的世界秩序研究』, 一潮閣, 1982, 112쪽의 각주 1) 참조).

존재한 왕조는 五代를 비롯하여 宋·遼·金·元·明 등이었다. 이 중 遼·金과 西夏 등은 각각 북방의 塞外民族으로, 군사력과 기동력에서 탁월한 능력을 갖추고 있었다. 漢族은 송대 이후 주위 민족에 위축되었다. 이러한 宋과 遼, 南宋과 金의 대립기에 고려는 동아시아 세력균형에 지레 역할을 하면서 능동적으로 명분과 실리를 추구하여 왕조의 보존과 발전을 모색하였다.

고려는 새로운 패자로 등장하는 신흥 왕조로부터 책봉을 받고, 조공을 함으로써 동아시아 질서의 형성과 균형에 이바지하였다. 金이 등장할 때 고려는 宋보다 먼저 그들과 冊封-朝貢관계를 수립함으로써 金의 팽창에 자신감을 주었고 후에 몽고에 항쟁하던 고려는 南宋보다 먼저 그들과 講和함으로써 왕조의 존속을 꾀하였다. 元의 등장으로 고려의 전통적인 외교 방식은 새로운 국면에 직면하였고, 고려는 이에 대응할 생존 방법을 찾았다. 그 한 방편이 원과 적극 밀착하여 通婚하고 이를 통하여 고려 국가를 지키는 것이었다.

高麗와 元의 관계는 이전 시기의 冊封-朝貢관계와는 근본적으로 성격을 달리하였는바, 원 이전의 왕조와 맺었던 책봉-조공관계는 元宗代 이래 '冊封-朝覲體制'로 변화되었다. 제후가 天子를 직접 謁見하는 행위를 覲이라 하므로,[2] 원 간섭기의 양국관계는 朝覲體制라 호칭할 수 있다.[3] 충렬왕 이후에는 조근체제와 더불어 甥舅(사위와 장인)關係인 駙馬國으로 연결되었다. 따라서 고려와 원의 관계는 朝覲體制와 甥舅關係로 표현할 수 있다.

국왕에 대한 책봉은 冊封使節이 도착하여 장엄한 의식을 거행함으로써

---

2) 朝覲은 朝見 내지 謁見과 같은 의미이다. 신하가 임금을 뵙는 일이다. "천자가 병풍에 의지하여 설 때 제후가 北面하여 天子를 알현하는 것을 '覲', 天子가 宁(천자가 조회를 받는 장소)에 의지하여 서면 모든 公들은 東面하고 제후는 西面하는 것을 '朝會'라 한다(天子依當而立 諸侯北面 而見天子曰 覲, 天子當宁而立 諸公東面 諸侯西面曰 朝)".

3) 『高麗史』卷40, 世家40 恭愍王 12년(1363) 7월 甲戌, "世祖皇帝嘉 我忠敬王 先天下朝覲之功 釐降帝女于忠烈王".

행해졌다. 그때 읽히는 冊封詔書에 고려 국왕에게 주어지는 官爵名이 나열되었다. 예컨대 特進 檢校太保 使持節 玄菟州都督 上柱國 充大義軍使 高麗國王과 같은 형식이다. 이 관작명은 각 王代別로 그리고 중국의 王朝別로 상당한 차이가 있었기 때문에 고려의 국제적 위상을 파악하는 하나의 사례가 된다.

고려는 외형적으로 중국 왕조로부터 책봉을 받아 제후국의 모습을 띠지만 국내적으로는 皇帝國體制를 지향하였다. 封爵制의 시행과 이에 따른 食邑의 지급은 그 유력한 증거의 하나다.[4] 즉 고려는 중국 왕조와 책봉-조공 관계를 맺음으로써 외형상으로는 차등 관계를 표방하고 있으나 운용 면에서는 고려의 독자성을 크게 제약받지 않으며 자율성을 유지하였다.

한편 고려시대의 국왕 책봉은 周代 이래 異姓諸侯에 대한 책봉의 잔영이라 하겠고,[5] 혈연적으로 보면 이성 제후와 통혼함으로써 국제 관계를 가족 관계로 擬制하려는 모습을 띤다. 이와 관련하여 고려가 遼[6]와 치열

---

4) 金基德,『高麗時代 封爵制 研究』, 청년사, 1988.

5) 冊封制度의 선행 형태인 封建制는 周代 이래의 제도였다. 周나라 봉건제에서 天子가 諸侯를 지배하기 위하여 朝覲制度를 마련하였다. 천자의 지배를 받는 제후는 公・侯・伯・子・男 등으로 구분되었고 이들은 五等爵制에 의하여 규제되었다. 오등작제란 책봉(분봉)에 의하여 주나라의 천자가 인민을 집단적이면서 간접적으로 지배하기 위해 마련된 제도였다. 周初의 제후는 천자로부터 책봉을 받아 오등작제로 편입되었으며, 천자는 제후에게 朝覲의 행사를 요구함으로써 제후의 영토와 인민을 집단적 내지 간접적으로 지배할 수 있었다(金翰奎,「封朝體制와 邊郡體制를 통해서 본 漢代中國的 世界秩序의 制度的 構成原理」,『古代中國的世界秩序研究』, 一潮閣, 1982, 118쪽). 戰國시대에는 郡과 縣이 발달하였으나 分封制가 존재하였다. 하지만 封君은 家臣을 둘 수 있고 작위도 세습되었지만 필요하면 國君이 封地와 封號를 회수할 수 있는 등 변화가 일어났다. 이 시대에는 世襲貴族制와 封君制가 폐지되고 군현제가 확산됨에 따라 새로운 관료제도가 출현하고 이에 따른 관리 선발이 필요하였다(尹乃鉉,「戰國시대」,『商周史』, 민음사, 1984, 246~247쪽).

6) 契丹族이 세운 遼의 국호는 다음과 같이 시기적으로 명칭이 변화하였으나, 본 고에서는 '遼'로 통일하여 사용하였다.『契丹國志』卷2,「太祖＝大契丹, 太宗(926~947)＝遼, 聖宗(6代：982~1031)＝大契丹」;『高麗史』卷8, 世家8 文宗 20년(1066) 3월, "契丹 復國號 曰大遼".

한 전쟁을 마친 후, 그들에게 혼인을 요청하여(성종 14, 995) 성사되었다.[7] 金代에는 여진족과 고려가 兄弟 관계를 맺어 혈연적으로 擬制家族化한 이후 君臣關係로 전환하였다. 몽고와는 兄弟 관계를 맺은 다음, 원 간섭기에 고려 世子와 원 공주의 결혼을 통하여 왕조 보존에 기여하였다. 遼가 西夏의 公主 下嫁 요청을 받아들임으로써 이 혼인관계[甥舅關係]가 양국 관계의 관례를 이루었던 사례에서 보면, 周代 이래의 전통이 고려를 비롯한 동아시아 사회에 잔존하였다고 이해된다. 고려의 대외관계사에 대해서는 기왕의 民族主義를 강조하던 연구경향에서 벗어나 현재 동아시아적 관점에서 이해하려는 흐름을 보이고 있다.[8] 이러한 경향은 古代史나 朝鮮時代史 연구에서도 마찬가지이며, 동양사학계 역시 대륙과 그 주변 국가와의 관계에 주목하고 있다.[9] 이러한 흐름은 국왕 책봉 문제를 살필 때 반드시 염두에 두어야 할 점이다.

고려 국왕이 받은 冊封 官爵은 국제 관계와 고려국의 位相을 반영하며 고려시대의 全體相을 파악하는 데도 중요한 구성요소가 된다. 본서에서는 고려가 외형적인 事大와 달리 多元的인 동아시아 국제 질서를 활용하여 세력균형을 꾀하고 중국의 왕조와 책봉-조공관계를 수립함으로써 正體性을 유지하고자 하였다는 점에 초점에 맞추고자 한다. 즉 고려 외교가 事大外交라는 형식을 취하고 있었지만, 실질적으로는 實利를 담보해 가는 '差等的 獨立關係'를 도모하였고, 바로 이러한 관점에서 원 간섭기 이

---

7) 『遼史』卷13, 本紀13 聖宗4 聖宗 14년(996) 3월 壬寅, "高麗王治 表乞爲婚 許以東京留守 駙馬 蘇恒德女 嫁之".

8) 朴宗基, 「고려시대 대외관계사」, 『한국사 6』, 한길사, 1994 ; 朴龍雲, 「高麗·宋交聘의 목적과 使節에 대한 考察(上)」, 『韓國學報』81, 1995 ; 朴龍雲, 「高麗·宋 交聘의 목적과 使節에 대한 考察(下)」, 『韓國學報』82, 1996.

9) 金翰奎, 『古代中國的世界秩序研究』, 一潮閣, 1982 ; 金翰奎, 「漢代 및 魏晉南北朝時代의 輔政」, 『歷史學報』137, 1993 ; 金翰奎, 「漢代 및 魏晉南北朝時代의 輔政體制」, 『東洋史學研究』44, 1993 ; 金翰奎, 『古代東亞細亞 幕府體制研究』, 一潮閣, 1997 ; 金翰奎, 『韓中關係史 Ⅰ·Ⅱ』, 아르케, 1999 ; 朴漢濟, 『中國中世胡漢體制研究』, 一潮閣, 1988 ; 朴漢濟, 「東晉·南朝史와 僑民 - '僑舊體制'의 形成과 그 展開」, 『東洋史學研究』53, 1996.

전의 '國王冊封'을 다루고자 한다. 원 간섭기의 그것은 차등과 종속성을 띠고 있으므로 일종의 任命의 형태다.

이 책에서 특별히 주목한 부분은 고려의 天下觀과 國王冊封의 상충으로, 이 문제를 어떻게 조화시켜 나갔는가 하는 점이다. 우리나라는 高句麗의 天下觀이나 新羅와 渤海의 大王意識 등에서 볼 수 있듯이 황제국을 지향하는 전통을 지니고 있었으나 원 간섭기가 되면서 이러한 전통을 손상당하였다. 원 간섭기의 甥舅關係로의 전환과 국왕 교체 등이 모두 그러하다. 황제국 체제를 지향한 고려가 대륙의 황제로부터 책봉을 받아온 사실은 명백히 모순이다. 이 양자가 충돌을 일으켰을 때 실제로 고려와 대륙은 어떠한 입장은 보였을까.

원래 책봉은 周代 이래 중국적 질서의 잔영으로, 고려국왕의 책봉에서 보이는 여러 가지 관작들은 중국적 질서 관념을 확대하려는 그들의 이상에 부합하는 것이었다. 고려 초기와 중기에 동아시아는 송-요 및 송-금의 대립과 여기에 西夏와 고려가 중요한 세력의 일환으로 존재하였다. 이러한 상황에서 송, 요, 금은 고려를 右翼化할 목적으로 국왕 책봉 이후에 進封의 형식으로 加冊을 하였다. 加冊은 기왕에 지급한 官爵의 등급을 올려 주는 것을 말한다. 동아시아의 세력 균형에 중요한 기능을 하였다고 생각되는 국왕 책봉이 동아시아 세력 균형이 무너지고 一元的인 지배가 실현되는 원 간섭기에는 어떻게 변화하는지 주목해 보고자 한다.

이 책에서는 고려시대 전 기간을 통하여 시행된 국왕 책봉의 내용을 다루었는데, 이 연구를 수행하기 위하여 우선 동아시아 책봉의 연원과 변천을 개관하고 그것의 高麗史와의 관련성을 추구하였다. 그리고 五代 이후 元·明에 이르기까지 고려국왕 책봉의 내역을 검토하고, 이를 통해 동아시아 국제 관계에서의 고려의 位相을 고찰하려고 한다.

제1장 책봉제도와 동아시아 국제질서

1. 책봉제도의 개념과 기원

國王에 대한 冊封은 동아시아의 질서를 규정하는 제도적 양식의 하나로,[1] 대륙을 장악한 패권자가 주변 국가의 지배자에게 官職과 爵位 그리고 이에 상응하는 物品을 하사함으로써 그의 자격과 지위를 부여하고 공인하는 제도였다. 동아시아는 대륙을 중심으로 국제 질서를 형성하였으며,[2] 冊封이라는 형식은 19세기에 이르기까지 오랜 기간 지속되었다.[3]

冊封은 항상 朝貢을 동반하였으며 조공은 책봉을 전제로 하였으므로 두 제도는 서로 표리 관계였다.[4] 이를 封朝體制라 칭하기도 하고[5] 冊封-

---

1) 金鍾完, 「南北朝時代의 冊封에 대한 檢討 - 賜與된 官爵을 中心으로」, 『東亞研究』 19, 1989, 1쪽 ; 金鍾完, 「冊封關係」, 『中國南北朝史研究 - 朝貢·交聘關係를 중심으로』, 一潮閣, 113쪽.

2) 全海宗, 『韓中關係史研究』, 一潮閣, 1970 ; 坂元義種, 『古代東アジアの日本と朝鮮』, 吉川弘文館, 1978 ; 唐代史研究會 編, 『隋唐帝國と東アジア世界』, 汲古書院, 1979 ; 金翰奎, 『古代中國的世界秩序研究』, 一潮閣, 1982 ; 西嶋定生, 『中國古代國家と東アジア世界』, 東京大出版部, 1983 ; 金翰奎 외, 『中國의 天下思想』, 민음사, 1988.

3) 19세기의 조선에 대한 책봉의 실례는 다음 논고가 참조된다. 兪春根, 「清冊封使 花沙納의 朝鮮 見聞」, 『嶺東文化』 5, 關東大嶺東文化研究所, 1994 ; 金源模 외, 「特輯 : 奉使圖의 綜合的 檢討」, 『亞細亞文化研究』 4, 暻園大學校 亞世亞文化研究所, 2000.

4) 冊封과 朝貢은 밀접한 관련이 있다. 중국을 예방하여 貢物을 바치는 조공 행위는 皇帝의 德化와 중국적 통치질서에 內屬한다는 표시이다. 조공의 외교적인 의미는 중국에 대해 침략 행위를 하지 않고 우호적인 관계를 유지하겠다는 표

朝貢體制라 부르기도 한다.

한국사에서 대륙의 실세 왕조에 의한 국왕 책봉은 고대로부터 근대까지 1500여 년간 지속하였다. 그런데 선행 연구에서는 주로 '朝貢'에 초점을 두고 한-중 관계를 설명하였으므로 '冊封'에 대한 의미 파악은 소홀하였다.6)

근대 이전의 동아시아 사회를 관통하였던 冊封制度의 선행 형태는 周代의 封建制에서 찾을 수 있다. 기원전 11세기에 殷나라를 멸망시키고 黃河 유역을 차지한 周나라는 사방 100리, 70리, 50리 규모로 땅을 나누어 각 지역마다 제후들을 세우고 天子는 중앙에서 사방 1,000리의 땅을 관장하는 封建制度를 확립하였다. 周왕국 초기에는 많은 부족을 정벌하고 그 토지를 점거하여, 명의상 백성과 토지를 周王인 天子 한 사람이 장악하였다. 周王은 통치의 편의를 위하여 각 지역을 同族(同姓)의 兄弟나 親戚 또는 功臣에게 나누어주고 이들을 諸侯로 삼아 그 지역을 다스리게 하는 소위 封建制度 또는 分封制度의 통치체제를 채택하였다.7) 주 왕국 초기에 분봉된 제후국은 71개로 왕실과 같은 姓인 姬姓이 53개 국을 차지하였다.8) 이는 주 왕국의 분봉제도가 商 왕국 통치조직의 여러 요소 가운데

현이며 官爵의 수여는 이러한 의사를 확인하는 과정이었다(李賢惠, 「三韓의 對外交易體系」, 『李基白先生古稀紀念韓國史學論叢』, 一潮閣, 1994, 37쪽).

5) 金翰奎, 「封朝體制와 邊郡體制를 통해서 본 漢代 中國的 世界秩序의 制度的 構成原理」, 『古代中國的世界秩序研究』, 一潮閣, 1982, 110쪽. 金翰奎는 朝貢體制와 冊封制度의 동질성으로 인하여 두 제도를 合稱하여 '封朝體制'라 부르고 있다.

6) 예컨대 고려시대에 송과의 교류를 통하여 고려의 문화 수준이 전반적으로 크게 향상되었는가, 당시 고려 民들에게 경제적으로 얼마나 큰 이익이 돌아갔는가 등을 自問할 필요가 있다. 실제로 송의 상인이 고려에 다녀간 回數가 많았다고 알려져 있긴 하지만, 조공제도가 안정화된 淸代에 조선이 조공을 통하여 경제적으로 손해였다는 사실(全海宗, 「淸代韓中朝貢關係考」, 『韓中關係史研究』, 一潮閣, 1977, 106~112쪽)을 유념할 필요가 있다. 따라서 경제적, 문화적인 면에 치중하여 조공의 의의를 찾는 일도 지양되어야 한다.

7) 伊藤道治, 「左傳に見える西周封建制度について」, 『東洋史研究』 26卷 3號, 1967, 86~103쪽.

8) 『荀子』 「儒效」 및 『左傳』 「昭公」 28년조, "成鱄曰 …… 其兄弟之國者十有五

혈연적 요소를 발전시켰기 때문으로 이해된다.

분봉제도를 구체적으로 살펴보면 다음과 같다.

우선 天子인 周王은 최고의 통치자로서 가장 넓은 면적의 直轄地를 가지고 있었는데 이를 王畿라 하였다. 주 천자에게 분봉된 제후들은 자기 나라 안의 封土를 다시 卿·大夫들에게 나누어 주었는데, 이 분봉된 토지가 采地, 采邑이다. 卿·大夫는 다시 士들에게 분봉하였고 이들에게 주어진 땅이 食地였다.

주 나라는 天子로부터 士에 이르기까지 한 계급씩 아래로 분봉하는 방식을 통하여 하나의 통치망을 형성하였다. 이러한 통치조직은 血緣을 중심으로 하는 宗法制度에 기초를 두고 있었다. 종법제도에서는 嫡長子가 아버지의 지위를 계승하여 大宗이 되고 다른 아들들은 분봉되어 小宗이라 하였다.[9]

春秋戰國시대에는 봉건제가 약화되고 점차 郡縣制가 확산됨에 따라 새로이 官僚制度가 출현하고 이에 따른 관리 선발이 필요해지게 되었다.[10] 秦 나라는 天下를 통일함으로써 오랜 책봉-조공제도는 붕괴되었다. 천하가 통일됨으로써 '朝覲'의 주체와 객체가 동시에 소멸되어 封朝體制의 존립 이유 또한 사라지게 되었기 때문이다. 秦은 통일 직후 전 중국을 郡縣으로 편성하고 모든 중국인을 二十等爵制로 일원적으로 지배하였다.

秦의 멸망 후 漢代에는 철저한 郡縣支配가 불가능하였기 때문에 책봉-조공제도가 부활되었다. 이 封朝體制의 외연적 확대는 주변 민족에 대한 '中國'의 상대적 우위의 확립을 전제로 하는 것으로, 이는 武帝期에 이르러 기반이 구축되었다.[11] 秦·漢 이래 중국이 군사적 수단을 통한 군현

人 姬姓之國者四十人"이라 하였는데, 이에 근거하여 周王室과 同姓의 제후를 55개로 보기도 한다(杜正勝, 『周代城邦』, 聯經出版事業公司, 1981, 22쪽).

9) 이상의 周代 封建制度에 대한 설명은 다음의 서술에 의거하였다. 尹乃鉉, 「西周왕국의 통치구조와 통치사상」, 『商周史』, 민음사, 1984, 106~113쪽.

10) 尹乃鉉, 「戰國시대」, 『商周史』, 민음사, 1984, 246~247쪽.

11) 金翰奎, 「封朝體制와 邊郡體制를 통해서 본 漢代中國的 世界秩序의 制度的 構成原理」, 『古代中國的世界秩序研究』, 一潮閣, 1982, 134쪽.

지배를 관철하지 않으면서도 그들의 안보와 외교적 이익을 보장받기 위해 고안해낸 방안이 바로 冊封-朝貢제도였다. 직접적인 군현 지배는 엄청난 경제력과 군사력을 요구하였기 때문에 漢 武帝 사후 鹽鐵論爭을 거쳐 이를 청산하고, 새로운 타협의 방도로서 책봉-조공제도가 창출된 것이다.[12]

魏晋南北朝시기에는 冊封制度와 胡漢體制가 병용되었다. 幕府體制를 통하여 外夷君長을 將軍號로서 많이 책봉하였고, 그 막부의 장군이 된 외이군장들은 司馬를 파견하여 막부에 자기의 충성을 알렸다. 이 시기에는 外治가 어려워 內治의 한 방편으로서 冊封을 하였기 때문에, 장군직이 발달하는 특징을 보인다. 위진남북조 그 중에서도 특히 晋 나라의 책봉은 군현제와 밀접히 관련되어 있었다. 현실적으로 중국의 지배에서 벗어난 외이군장을 중국으로 끌어들이는 책봉은 華夷를 혼합하는 세계 지배이념의 확대 구현이었다.

隋 · 唐代에는 世界帝國과 이를 중심으로 한 동아시아 질서가 형성되었다. 당의 붕괴와 五代十國의 혼란기 속에서도 五代는 冊封制度의 정신을 구현하여 자국의 正統性과 帝國性을 드러내고자 하였다. 五代 이후 宋 · 遼 · 金 · 元 · 明 · 淸 등 諸國은 이 책봉제도를 계속 유지하여 동아시아 질서유지의 핵심으로 삼았다.

2. 책봉제도의 시기구분과 冊封體制論

1) 책봉제도의 시기구분

책봉제도는 동아시아 전체에 보편적으로 존재하며 국가의 위상을 나타냈다. 한국의 국왕 책봉은 크게 보아 세 단계의 변화를 거쳤다. 첫째 단계는 대륙의 고대로부터 唐代까지다. 이 기간에 대륙에는 漢 · 唐으로 대표

---

12) 김한규, 「전통시대 중국 중심의 동아시아 세계질서」, 『역사비평』 봄호(통권 50호), 2000, 294쪽.

되는 단일 세력이 존재하였고 우리나라는 분열기였다.

둘째 단계는 唐末 이래 五代부터 遼・金・元・明初까지의 시기다. 이때 우리나라는 高麗라는 통일된 단일 세력이 존재한 반면, 대륙에서는 한족과 북방족의 대립으로 분열하거나 짧은 기간의 통일 세력만이 존재하였다. 이 시기는 북방민족이 약진하는 가운데 특히 몽고족이 동아시아를 넘어 공전의 대세력을 형성하였으며, 고려는 이들과 함께 동아시아의 세력 균형에 중요한 발자취를 남겼다.

셋째 단계는 明・淸시대로 대표되는 중국의 안정기다. 우리나라도 朝鮮이라는 통일된 세력으로 존재하긴 하였으나 대륙의 통일세력에 대한 事大外交를 벗어나기는 어려웠다. 특히 오백여 년을 지속한 조선 왕조가 강한 성리학적 사회로 구조화되면서 明・淸에 대한 事大관계는 오히려 더 철저하게 정립되었다.

이와 같이 통일 대 분열, 분열 대 통일, 그리고 일국 대 일국의 대등한 모습으로 교류 또는 대립 하면서 우리나라는 대륙과의 관계에서 결코 자유로울 수 없었다. 그런데 대륙에 漢・唐・明・淸 등의 강력한 단일 세력이 존재하였던 첫째・셋째 단계에 비하여 북방민족의 침략과 한족의 저항으로 대륙이 분열되어 있던 둘째 단계에서 중국과 우리나라 즉 고려는 보다 대등한 관계를 맺을 수 있었다. 고려는 단일한 세력으로 존속하면서 대륙 세력들과의 다양한 접촉을 통하여 자국을 지키는 한편 실리를 얻고자 노력하였다. 고려국왕의 책봉은 이러한 고려의 외교적 노력의 일환이었다.

宋代는 국내의 통일을 기반으로 비약적인 경제 발전을 이루어[13] 국제관계의 변화에 효과적으로 대처할 수 있었다. 뿐만 아니라 정치, 경제, 사회・문화 등 모든 분야에서 새롭고 다양한 제도를 마련하였다. 그러나 이민족과의 관계에서는 唐代의 모습과 달리 시종 열세를 면치 못하였으나 高麗・南宋・金을 중심으로 세력 균형이 지속적으로 유지되었다.

---

13) 李瑾明,『南宋時代 福建社會의 變化와 經濟開發 ─ 食糧問題에 대한 對應을 中心으로』, 서울大 博士學位論文, 1997.

13세기 몽고족의 흥기는 이러한 동아시아 세력균형에 균열을 일으켰다. 1206년 몽고족을 통일하고 蒙古帝國을 건설한 징기스칸은 이후 西夏(1207~1227), 金(1211~1234), 高麗(1231~), 南宋(1235~)을 공격하였고, 세조대에 이르러 元를 중심으로 하는 一元的인 國際秩序를 재정립하였다. 원의 통일은 이전의 多元的 동아시아 질서에 커다란 변화를 초래하였다. 고려의 원에 대한 대응도 변화하여 통혼 관계가 나타났고, 나아가 甥舅관계로 이어졌으며 국왕 책봉도 이전과는 양상을 달리하였다.

元末에 대륙에서 群雄들이 봉기하자 고려는 그들과 다각도로 접촉하면서 대륙 정세에 민감하게 대처하였다. 明이 건국 뒤 臣屬을 권유하자 고려는 즉시 그들과 통교하여 冊封을 받고자 하였다. 명은 책봉에서 그 官爵號에 '官'的 요소는 없애고 王爵으로 대표되는 爵만 잔존시켰다.

2) 책봉체제론

冊封體制는 동아시아 국제 질서의 외연적 확대를 다룬 점에서 朝貢과 같았으나, 東아시아를 하나의 세계로 설정하고 그것을 구조적으로 파악하려는 시각에서 비롯되었다는 점에서 그 성격이 다르다.[14] 책봉체제는 隋·唐代에 현저하였으며 唐의 멸망과 함께 붕괴되었다고 보는 견해가 있다.[15] 그러나 실제로 책봉체제는 唐代 이후는 물론 淸代까지 지속적으로 실시되었고 그것도 宋·遼·金·元 등 시기에 따라 다양성을 띠면서 전개되었다.

1970년대 이후 일본 사학계는 '東亞細亞 世界'의 구조를 규명해 나가는 연구 속에서 책봉체제에 관련한 여러 견해들을 제시하였다.[16] 한중 관계

---

14) 徐榮洙, 「三國時代 韓中外交의 전개와 성격」, 『古代韓中關係史의 硏究』, 三知院, 1987, 97쪽.

15) 西嶋定生, 「六~八世紀の東アジア」, 『(岩波講座) 日本歷史 2』, 1962 ; 西嶋定生, 『中國古代國家と東アジア世界』, 東京大學出版會, 1983.

16) 藤間生大, 『東アジア世界の形成』, 春秋社, 1966 ; 坂元義種, 『古代東アジアの日本と朝鮮』, 吉川弘文館, 1978 ; 唐代史硏究會編, 『隋唐帝國と東アジア世界』, 汲古書院, 1979.

를 포함한 동아시아 세계를 구조적으로 파악해야 한다는 견해[17]와 대외 관계를 설정할 때 총체적 활동을 보다 중시해야 한다는 견해 등이 제출되었고,[18] 책봉체제가 동아시아를 규정하는 힘으로 작용하였다는 의견도 있었다.[19]

이에 대해 동아시아 세계를 설정한다 해도 冊封 그 자체는 형식적이어서 국제 관계를 규제할 수 없다는 비판도 있었다.[20] 唐代 동아시아에서는 오히려 僧侶들이 중요한 역할을 했으며 唐帝國이 붕괴된 후에는 國際貿易이 활성화되면서 경제적 관계가 중시되었다는 입장이었다. 또 책봉체제로 국제 질서를 규정하면 책봉받는 나라의 역사적 조건을 경시하게 될 우려가 있고, 나아가 주변 여러 국가가 中國에 예속되었다고 파악하여 諸國의 주체적 역할을 무시함으로써 주변성과 예속성의 강조를 초래한다고 비판하였다.[21]

책봉체제론에 대한 수정과 비판적 견해로서 제시된 것이 國際的 契機論이다. 이것은 고대국가의 성립에 국제 관계가 수행하는 역할을 강조하고, 동아시아의 국제 관계는 국가 성립을 위한 독립의 계기였다는 견해다.[22] 이를 수정 계승하여 동아시아는 지배계급 상호간에 맺어진 정치적 결합의 장소가 존재하고 국제 간의 외교정책이 각국 지배계급이 안고 있는 국내 모순과 국제적 이해 관계에 따라 규정된다는 해석도 있었다.[23]

---

17) 金漢植, 「일본에 있어서 동아시아세계 연구의 현황과 과제」, 『大丘史學』 17, 1979.

18) 盧重國, 「고구려 대외관계사 연구의 현황과 과제」, 『東方學志』 49, 1985 ; 徐榮洙, 「삼국시대 한중외교의 전개와 성격」, 『고대한중관계사의 연구』, 삼지원, 1986 ; 徐榮洙, 「고대국가 형성기의 대외관계」, 『한국사 2』, 한길사, 1994.

19) 旗田巍, 「九~十世紀の東アジア世界と日本」, 『(岩波講座) 日本歷史 4』, 1972.

20) 藤間生大, 「東アジア世界形成の契機」, 『歷史學硏究』 283, 1963 ; 藤間生大, 『東アジア世界の形成』, 春秋社, 1966.

21) 江畑武, 「四~六世紀の朝鮮と日本 - 中國との冊封をめぐって」, 『古代の日本と朝鮮』, 學生社, 1974.

22) 石田母正, 「國家成立史における國際的契機」, 『日本の古代國家』, 岩波書店, 1971.

23) 鬼頭淸明, 「日本古代國家をめぐる國際的條件」, 『日本古代國家の形成と東ア

동아시아 제 국가의 주체성을 강조하여 당대 동아시아의 외교정책은 제 국가가 가지는 힘의 우열과 이것의 우열을 조정하는 세력 균형에 의해 전개된다는 力學關係論이 있다. 중국과 주변은 책봉과 조공을 통하여 연계는 되지만, 상황에 따라 제 국가 간의 力關係를 반영하여 適宜한 정책이 취해졌다는 해석이다.[24] 즉 和親 관계를 중국의 諸藩에 대한 臣屬關係, 對等關係 그리고 諸藩의 중국에 대한 臣從關係로 나누고, 중국과 諸藩의 관계는 力關係에 의해서 可變性을 띤다는 주장이다.[25] 삼국시대의 대외정책은 삼국 상호간의 관계나 對中國外交도 상황의 변화에 따라 다르게 변해 왔다는 견해도 제기되었다.[26]

책봉체제론을 통하여 '고대 동아시아 세계론'을 주창했던 西嶋定生은 중국 측 사료에 입각하여 그 제도를 분석하였기 때문에 비판을 받았다. 각 국가 상호간의 현실적 실력관계를 무시하고 중국 중심의 史觀을 전개하였다는 지적이었다. 필자는 고려시대 국왕의 책봉을 분석하면서 중국에서 보낸 冊封文을 주요 검토 대상으로 삼았다. 그런데 사료의 이 같은 성격을 염두에 두지 않을 경우, 중국 왕조의 입장에서 책봉을 고찰하게 되어 고려 측의 입장은 경시할 우려가 있으므로 주의가 필요하다.

한편 국내에는 新羅가 唐에 파견한 遣唐使 연구[27]나 中華思想[28]에 대

ジア』, 校倉書房, 1976.

24) 布目潮風, 「隋唐帝國の成立」, 『(岩波講座) 世界歷史 5』, 1970.

25) 坂元義種, 「古代東アジアの國際關係 - 和親・封冊・使節よりみたる」, 『古代東アジアの日本と朝鮮』, 吉川弘文館, 1981.

26) 盧重國, 「高句麗・百濟・新羅 사이의 力關係變化에 대한 一考察」, 『東方學志』 28, 1981.

27) 權悳永, 『古代韓中外交史硏究 - 遣唐使 硏究』, 一潮閣, 1997.

28) 中華는 漢代 이전부터 한족의 거주지였던 黃河 유역을 가리킨다. 한족은 이곳에서 농경을 발달시키고 도덕정치를 강조하면서 중화야말로 지리적으로나 문화적으로 세계의 중심을 이룬다는 의식을 갖게 되었다. 이러한 중화의식은 天下思想과 결합되어 華夷意識으로 정착되었다. 天下란 원래 西周시대 최고 신이었던 天의 주재 아래 있는 모든 영역과 그 안에 있는 모든 것을 포괄한 개념이었다(尹乃鉉, 「天下思想의 始源」, 『中國의 天下思想』, 민음사, 1988, 11쪽). 華夷意識은 천하는 한족의 지배자인 天子의 도덕정치가 실현되는 곳으로, 그곳이 세계의 중심이며 주변에는 天子의 혜택을 받지 못하고 있는 이민족인 夷

한 연구는 있지만,[29] 직접적으로 국왕 책봉의 내용을 언급한 연구는 그리 많지 않다. 중국 국가들이 책봉해 주었던 官爵이 虛官 내지 虛爵이었음을 들어 冊封을 통한 동아시아 세계의 질서에 대한 비판적 검토가 있었고,[30] 책봉체제론이 고대 동아시아를 총합적으로 이해하는 도구로 평가되기도 하였다.[31] 하지만 唐代 이후에 대한 언급은 없다. 책봉체제는 고대뿐만 아니라 중세에도 적용된다. 앞에서 말했듯이 冊封—朝貢體制는 唐代와 五代·遼·金·元을 거쳐 明·淸代까지 지속적으로 유지되었으며 이것이 동아시아의 질서를 규정하는 제도로 작용하였다. 본서에서 다루게 될 고려 국왕에게 주어진 冊封 官爵 역시 虛官·虛職이긴 하지만, 거기에는 대륙의 왕조가 고려를 보는 기준이나 인식의 정도가 내포되어 있다고 하겠다.

3. 國王冊封과 高麗的 天下觀의 調和

동아시아는 중국·만주·한국·일본·베트남 등을 통칭하는 말이다. 근래 遼東을 독자적인 세력으로 설정하고 한반도와 중국 사이에서 시기적으로 이곳의 역할이 어떻게 변해 갔는지를 다룬 연구가 있는데,[32] 기왕의 의견처럼 중국과 한국 등 양자의 대등 관계[33]로 보기보다는, 滿洲를 하나의 정치세력으로 설정하고 동북아시아 삼각관계의 세력 균형을 논하

·蠻·戎·狄의 四夷가 혼재한다는 의식으로 정착되어 중국인의 대외인식을 결정하는 관념의 핵이 되었다(朴忠錫, 「國際秩序 觀念」, 『韓國政治思想史』, 삼영사, 1982 ; 박충석·유근호, 「근세조선의 국제인식」, 『조선조의 정치사상』, 평화출판사, 1980).

29) 李春植, 『中華思想(Sino-Centralism)』, 교보문고, 1988.

30) 李成珪, 「中國의 分裂體制模式과 東아시아 諸國」, 『韓國古代史論叢』 8, 1996.

31) 金翰奎, 「古代 東아시아 世界秩序의 構造的 特性」, 『東아시아 歷史의 還流』, 지식산업사, 2000, 8쪽.

32) 김한규, 『한중관계사』 Ⅰ·Ⅱ, 아르케, 1999.

33) John King Fairbank ed., *The Chinese World Order : China's Foreign Relation*, Cambridge : Harvard University Press, 1968.

는 경향이 있다.34) 이 삼각 구도에서 만주에 존재한 세력으로는 古朝鮮·濊貊·高句麗·靺鞨·渤海·契丹·女眞·蒙古·清代의 遼東 등이 있다. 그리고 고려와 조선의 강한 지속성에 대한 논의도 있었다.35) 이러한 경향으로서 唐 - 新羅 - 渤海의 삼각 구도와 고려시대의 中立外交 나아가 고려 말 高麗 - 明 - 北元의 삼각 구도를 설정하여 한국 중세사회의 朝貢制度를 재해석해 보려는 시도도 있었다.36)

고려시대의 동북아시아는 전형적인 삼각 관계가 지속되었다. 渤海의 서북에서 등장한 거란족의 遼와 北宋, 高麗가 삼각 관계를 형성하였고, 이어 요의 동북방에서 화북까지 차지한 여진족의 金이 遼를 대신하여 南宋, 高麗와 삼각 관계를 형성하였다. 이러한 관계는 금의 서북에서 몽고족이 등장하여 世祖에 의해 중국이 통일될 때까지 지속하였다.

원간섭기 이전의 고려는 자국을 천하의 중심이라 자처하는 경향이 강하였다.37) 이는 조선과는 크게 구별되는 고려의 특성으로서, 고려인의 多元的 天下觀을 엿보게 해준다. 다원적 천하관이란 다수의 天子가 존재하고 이들이 각각 자신의 천하를 통치한다는 관념이다. 그렇게 보면 宋 외에 遼·金·元은 물론 高麗도 小天下의 중심국이 된다. 이러한 관념을 바탕으로 고려는 皇帝國體制를 지향하고38) '海東天子'를 자처하였다.39) 물

---

34) Gari Ledyard, "Yin and Yang in the China - Manchuria - Korea Triangle," *China among Equals : The Middle Kingdom and its Neighbors, 10th–14th Centuries*, University of California Press, 1983, pp. 315~328.

35) John B. Duncan, *The Origins of the Choson Dynasty*, University of Washington Press, 1988.

36) Peter I. Yun, *Rethinking the Tribute System : Korean States and Northeast Asian Interstate Rwlation, 600–1600*, A dissertation submitted in partial satisfaction of the requirement for the degree of Philosophy in East Asian Languages and Cultures, University of California, Los Angeles, 1998.

37) 金基德,「高麗의 諸王制와 皇帝國體制」,『國史館論叢』78, 1997 ; 朴宗基,『오백년 고려사』, 푸른역사, 1999, 69쪽 ; 盧明鎬,「高麗時代의 多元的 天下觀과 海東天子」,『韓國史硏究』105, 1999.

38) 金基德,「高麗의 諸王制와 皇帝國體制」,『國史館論叢』78, 1997.

39) 盧明鎬,「高麗時代의 多元的 天下觀과 海東天子」,『韓國史硏究』105, 1999.

론 元干涉期에 들어서는 諸侯國으로 전락하는 모습을 보이기도 하였으나, 이러한 상황은 자국의 전통과 역사에 대한 관심을 고조시켰으며 그 과정에서 古朝鮮과 檀君이 부각되었다.40)

고려 국왕은 중국 왕조의 책봉을 받으면서도 국내적으로는 皇帝的 位相을 갖고 있었다. 원래 천자란 天帝의 명령을 받아 지상 세계를 통치해야 한다는 天下思想에서 비롯된 것으로,41) 유교 문명권 내에서 천자는 단 하나뿐인 존재였다.42) 그런데 근래 高句麗의 天下觀에 주목하여, 일본에서 논의된 中國과 日本을 중심으로 하는 책봉체제에 대응하는 새로운 견해가 제시되었다.43) 그리고 신라 역시 분명 皇帝를 표방하였으며,44) 대외적으로는 제후국을 자처하면서도 모든 제도를 제후국의 격에 맞춘 것은 아니었다는 지적이 나오고 있다. 예컨대 新羅王은 직접 眞骨 귀족을 冊封하기도 하였는바, 자국을 하나의 '獨立的인 世界'로 인식하였던 것이다.45)

渤海 역시 唐으로부터 冊封을 받고 朝貢을 하였으나 내부적으로는 '天孫', '皇上', '大王' 등의 용어를 사용하는 등 皇帝國의 면모를 원용하였다.46) 발해는 대외적으로 당나라에 臣屬하면서도 내부적으로 皇帝國의 질서를 일부 유지하는 二重體制를 취한 독립국가였다.47)

漢族의 明이 중국의 패자로 등장하면서 華夷論에 입각한 중국 중심의 天下觀이 관철되었고 이는 조선에도 적용되었다. 이때의 화이론은 漢族만이 中華가 될 수 있다는 인식이었다.48) 조선 초기만 해도 우리나라는

----

40) 한영우, 「고려시대의 역사의식과 역사서술」, 『한국의 역사가와 역사학(상)』, 창작과 비평사, 1994.

41) 尹乃鉉, 「天下思想의 始源」, 『中國의 天下思想』, 민음사, 1988, 49쪽.

42) 趙東一, 「책봉체제」, 『문명권의 동질성과 이질성』, 지식산업사, 1999, 39~49쪽.

43) 노태돈, 『고구려사 연구』, 사계절, 1998, 296~391쪽 ; 梁起錫, 「4~5세기 高句麗 王者의 天下觀에 대하여」, 『湖西史學』 11 ; 윤국일, 「고구려 최고통치자의 황제적 지위」, 『력사고학』 1990-1.

44) 金昌謙, 「新羅 元聖王系 王의 皇帝·皇族的 地位와 骨品 超越化」, 『統一新羅의 對外關係와 思想研究』, 백산자료원, 2000, 307~338쪽.

45) 하일식, 「당 중심의 세계질서와 신라인의 자기인식」, 『역사와 현실』 37, 2000.

46) 宋基豪, 「발해 文王代의 개혁과 사회변동」, 『韓國古代史研究』 6, 1992.

47) 宋基豪, 「발해사 인식의 변천」, 『한국사 10』, 국편, 1996, 71·245쪽.

중국과 다른 독자적인 역사의식을 갖고 있었다. 卞季良은 "우리 동방은 檀君이 시조이다. 단군은 하늘에서 내려온 것이지 天子가 分封하지 않았다. 단군이 내려온 것은 堯임금의 무진년이니, 지금까지 삼천 년이 되었다"[49]고 하였다. 조선 초에는 단군이 天과 연결되어 堯와 같은 시대에 독립 대등한 동방의 역사를 개창한 시조로 인식되었던 것이다.[50]

하지만 임진왜란 이후 화이론적 천하관이 한층 강화되었다. 광해군을 몰아낸 반정세력은 화이론에 입각하여 국제질서에 대응코자 했으나 병자호란을 초래하였다. 仁祖가 항복하고 조선이 淸 중심의 세계 질서에 편입되었으나 조선의 지배층은 明 중심의 화이론을 관념적으로 유지하였다. 조선의 지배층은 명의 崇禎 연호를 계속 사용하고 大報壇과 萬東廟를 세워 명의 적통임을 과시하였다. 그리고 明이 없는 동아시아에서 조선만이 中華 문화를 계승하고 있으므로 조선이 중화라는 朝鮮中華主義를 제창하였다. 소중화 의식이 朝鮮中華主義로 바뀌었던 것이다.[51] 화이론적 천하관은 청일전쟁에서 청이 일본에 패한 뒤 양국 간의 冊封-朝貢體制가 붕괴하면서 소멸되었다. 중국은 더 이상 천하의 중심이 아니었고 萬國의 세계가 도래하였다.[52]

우리 역사에서도 皇帝 칭호를 사용하면서 중국과 대등한 의식을 나타낸 적이 있었지만, 이는 국내적 용도로서[53] 자국 내에서 皇帝든 天子든 간에 중국과의 외교 관계에서는 '國王'이라는 호칭을 써야 했다. 이는 중

---

48) 都賢喆, 『高麗末 士大夫의 政治思想研究』, 一潮閣, 1999, 195~207쪽.

49) 『太宗實錄』 卷21, 太宗 11년 5월 정사.

50) 金泰永, 「국가제사」, 『한국사 26』, 국사편찬위원회, 1995, 240쪽.

51) 정옥자, 『조선후기 조선중화사상연구』, 一志社, 1998, 9~25쪽.

52) 김기정, 「19세기 후반 제국주의와 동아시아」, 『1894년 농민전쟁연구(3)』, 역사비평사, 1993. 최근 「특집, 한국사 속의 세계화와 민족의식」, 『역사와 현실』 37에서는 오늘의 현실에서 민족공동체가 나가야 할 방향을 역사적 고찰을 통하여 제시하였다.

53) 大韓帝國의 高宗과 純宗이 황제국을 선언하여 격변하는 열강의 침탈에 대항하고자 하였다. 기왕의 황제 자칭과는 의미가 다르다. 근래 大韓帝國의 자주독립 국가적 성격에 관해서는 韓永愚, 「大韓帝國 성립과정과 『大禮儀軌』」, 『韓國史論』 45, 서울대 국사학과, 2001 참조.

국을 중심으로 하는 유교 문명권에서 천자란 하나뿐이며, 중국의 황제는 이 天子의 입장에서 제후를 책봉하였음을 보여준다.

한편 소중화 의식은 베트남에서도 확인된다. 베트남의 역대 왕조는 중국인의 天下 관념을 인정하고 자신들이 중국의 조공국이라는 사실을 공식적으로 받아들였다. 그러면서도, 중국적 천하 관념을 모방하여 자국을 중심으로 별개의 小天下를 구성하고 주변의 작은 국가들 위에 종주국으로 군림함으로써 중국과 대등하다는 인식을 가졌다.54) 베트남인들이 지녔던 小天下 사상은 주변의 라오스·캄보디아와 여타의 동남아시아 국가들로 구성되는 하나의 세계를 상정하고 그 안에서 자신들의 정치적·문화적 우위성을 주장하게 하였다.55)

책봉체제가 책봉을 시행하는 나라와 받는 나라 사이의 主從관계를 나타내고 있긴 하나, 실제로는 책봉받는 나라의 自主性이 보장되었다. 다만 책봉을 결정하고, 그에 따라 冊封使를 중심으로 구성된 使節團이 피책봉국에 도착하여 거행하는 '冊封儀式'에서는 책봉국과 피책봉국 간의 상하질서가 분명하였다. 따라서 이 의식에서 피책봉국의 '自主性'은 인정되지 않는다. 예컨대 南郊에서 행해진 책봉의식에서 고려 국왕은 冊封詔文을 향해 수차례 拜禮하였다. 다음 기록은 高麗와 中國 왕조들 간의 儀典관계를 잘 보여준다.

> 사신이 "조서를 휴대하였다"고 말하자 王은 再拜한다. …… 王은 절하고 춤추고 또 절한다(王拜舞拜). …… 사신이 가져온 詔書와 禮物이 뜰을 지나갈 때 王은 再拜한다.56)
>
> 王은 재배하고 사신에게 그 황제의 안부를 묻는다. 사신은 王에게 皇帝가 무고한 것을 전한다. 王은 절하고 춤추고 또 절한다. …… 사신이 조서를 휴대하였다고 말하면 王은 再拜한다. 사신이 詔書를 朗讀하면 王은 절하고 춤추고 또 절한다. …… 사신이 또 官告를 王에게 전하면

---

54) 劉仁善, 「天下思想의 始源」, 『中國의 天下思想』, 민음사, 1988, 150쪽.

55) 劉仁善, 위의 책, 174쪽.

56) 『高麗史』卷65, 志19 禮7 「迎北朝詔使儀」.

王은 이것을 받아 대신에게 주고 절하고 춤추고 또 절한다.[57]

인례가 王을 인도하여 서편 층계로부터 전상에 올라 향안 앞으로 가서 북쪽으로 향하여 선 다음 인례가 궤라고 하면 王이 꿇어 앉는다. …… 사찬이 "俯伏興平身"이라 하면 王과 百官들이 허리를 구부리고 엎드렸다가 일어선다.[58]

이상과 같이 고려 국왕은 책봉의식 때만이 아니라 詔書를 받는 의식에서도 매번 俯伏興平身을 반복해야 했다.[59] 책봉을 접수하는 儀式에서 책봉 조서가 讀冊官에 의하여 낭독되었는데, 이 같은 의식은 임석한 고려의 대소 문무관료로 하여금 天子의 명으로 고려 국왕에 임명되는 王을 새롭게 인식하고 그의 권위에 외경심을 갖게 하는 계기가 되었다고 생각된다. 책봉 의식을 통하여 책봉해 주는 나라는 천하를 지배하고 있다는 의식을 소유할 수 있었다. 시간 차가 있으나 근래에 발견된 조선시대 英祖의 책봉의례를 그린 畵冊에는 고려시대의 책봉의식을 유추할 수 있는 단서가 마련되었다.[60]

---

57) 『高麗史』卷65, 志19 禮7「迎北朝起復告勅使儀」.

58) 『高麗史』卷65, 志19 禮7「迎大明詔使儀」.

59) 日本에서는 1402년 2월, 建文帝의 冊封文을 지참하고 일본에 도착한 사신 일행을 맞이한 足利義滿(아시카가 요시미츠)이 행한 拜見儀式을 두고 公家(天皇의 世襲 文官官僚) 측의 비난이 일었다. 즉, 明使가 詔書를 머리 위로 받들고 와서 높은 탁자 위에 놓자 公家와 武家(諸大名)를 거느린 足利義滿은 焚香하고 두 번 절한 후 무릎을 꿇고 이를 열람하였다. 그의 이러한 拜見儀式을 통한 冊封詔書의 受容으로 明과의 冊封關係가 정식으로 성립되었다. 足利義滿이 행한 拜見儀式은 明의 책봉을 받는 피책봉국왕이 행하는 '蕃國接詔儀注'와 거의 같았다(閔德基,「室町幕府시대의 對明 冊封관계의 성립과 변화」,『淸大史林』6, 1994, 193쪽). 事大관계에서 차지하는 儀禮의 중요성은 지대하다. 조선에서도 勅書나 詔書를 맞이하는 의식 등 對中國관계에서는 극진한 예의를 갖추었다. 이런 점은『世宗莊憲大王實錄』卷132의「迎詔書儀」,「迎勅書儀」,「拜表儀」등 많은 문헌에서 극명히 볼 수 있다.

60) 金源模 외,「特輯 : 奉使圖의 綜合的 檢討」,『亞細亞文化研究』4, 暻園大 亞世亞文化研究所, 2000. '奉使圖'는 中國 遼寧民族出版社에서 1999년에 간행되었다. 이 畵冊은 1725년 3월 英祖 冊封式에 副使로 다녀간 阿克敦이 조선 궁중 화원과 청나라 畵工의 합력으로 작성하였다. 이 畵冊은 중국측 사신이 그린

遼와의 관계에 대해서는, 고려가 遼로부터 책봉을 받기는 했지만 그 위상은 君臣關係가 아니라 賓客關係였다는 연구도 나와 있다.[61] 하지만 사대관계의 제반 '冊封儀式' 그 자체는 自主性과는 역시 거리가 있음을 인정할 필요가 있다. 책봉사 일행이 보통 130여 명이었음을 고려하면 그들을 맞이하고 의식을 거행하는 행사가 장중했으리라는 것은 충분히 짐작이 간다. 拜禮야말로 君臣關係를 명확히 나타내는 儀禮였던 것이다.

그렇다면 이러한 책봉이 피책봉국의 자주성을 보장해 주었다는 것은 무엇을 통해서 알 수 있는가? 이는 현실적으로 책봉국과 관계를 단절할 필요가 있으면 고려의 主體的인 결정에 따라 事大의 대상을 바꾼 사실로 증명된다. 책봉은 관념적으로 정치적 상하 관계의 표시였으나 책봉 주체국의 정치적 상황에 따라 변동되기도 하였다. 예컨대 遼代 末 天祚帝가 西夏王을 皇帝로 책봉하였던 것처럼, 책봉국의 세력이 약화되면 책봉 관작을 훨씬 높여서 시행하기도 하였다. 중국 왕조와 고려 간에 시행된 책봉의 내용을 보면, 고려의 요청에 따라 시행된 경우가 있는가 하면, 책봉국의 필요성에 따라 시은의 형식을 빌어 책봉이 시행되는 경우도 빈번하였다.

고려는 책봉을 받았으나 자주성과 독립성이 보장되었음은 물론 이 제도를 스스로 능동적으로 이용하였다는 점이 독특하다. 고려는 외형상으로는 중국의 諸侯國이었지만 원간섭기 이전 국내적으로는 皇帝國의 체제를 갖춘 국가였다.[62] 필자는 이를 '外侯內帝'적 국가라고 칭하고자 한다.

조선에 관계되는 유일한 것으로, 고려시대 국왕 책봉 '儀式'을 유추할 수 있는 자료다.

61) 奧村周司, 「使節迎接禮より見た高麗の外交姿勢」, 『史觀』110, 早稻田大史學會, 1984.

62) 고려의 황제국 체제와 제후국 체제로의 변화에 대해서는 다음 논문이 참조된다. 朴玉杰, 『高麗時代의 歸化人 研究』, 國學資料院, 1996 ; 盧明鎬, 「東明王篇과 李奎報의 多元的 天下觀」, 『震檀學報』83, 1997 ; 盧明鎬, 「高麗時代의 多元的 天下觀과 海東天子」, 『韓國史研究』105, 1999 ; 金基德, 「高麗의 諸王制와 皇帝國體制」, 『國史館論叢』78, 1997 ; 崔沿植, 「고려시대 국왕문서의 종류와 기능」, 『國史館論叢』87, 1999 ; 秋明燁, 「11世紀後半~12世紀初 女眞征

고려 국왕은 여진족 등 주변 민족에 대해서도 武散階 등의 작위를 수여함으로써 황제적 위상을 견지하였다.[63] 따라서 고려 국왕은 內帝外侯의 양면성을 띠는 '擬制皇帝國'의 皇帝였다고 판단된다. 고려 국왕의 황제적 위상을 나타내 주는 징표는 다음과 같다.

① 高麗國王 節日

國王	節日名	國王	節日名
成宗	千春節	明宗	乾興節
穆宗	長寧節	明宗太子	天禧節
顯宗	應天節	神宗	咸成節
文宗王太子	長興節	熙宗	壽祺節→壽成節
肅宗	大元節	康宗	光天節
肅宗王太子	昌寧節	高宗	慶雲節
仁宗	安貞節→慶龍節	元宗太子(忠烈王)	壽元節
毅宗	河淸節		

② 國內 封爵制의 실시 : 宗室封爵, 異姓封爵, 食邑·食實封 지급
③ 稱皇帝 용어 : 詔書, 太子, 皇都, 陛下
④ 年號 사용
⑤ 女眞族 등의 來朝와 官爵의 授與 : 문산계, 무산계
⑥ 歸化人에 대한 參見儀式과 대우
⑦ 南郊大赦, 郊祀, 圓丘祀

이상과 같은 고려의 擬制皇帝國으로서의 모습[64]은 元干涉期가 되면 확연히 달라진다. 원 간섭 초기인 忠烈王代가 되면 고려가 諸侯國 體制로 외양을 갖추었다. 元에 表文을 보내는 儀式이 시작되고,[65] 八關會 행사에

伐問題와 政局動向」,『韓國史論』45, 2001.

63) 秦榮一,「高麗前期의 災異思想에 관한 一考」,『高麗史의 諸問題』, 三英社, 1986, 503쪽.

64) 이 밖에도 八關會 행사시에 시행되는 외국 使臣들에 의한 國王 拜謁의식에서 고려의 황제국 체제를 알 수 있고, 고려 수도인 開城의 모습이 皇宮의 형태를 갖추었으며, 文宗대에 일본에 의사 요청을 할 때 중국의 天子가 사용하는 '聖旨'라는 용어의 牒狀을 보낸 사실에서 고려의 황제국으로서의 면모를 찾을 수 있다.

서 쓰는 '聖壽萬年'의 4字도 '慶曆千秋'로 고치고 '萬歲'도 '千歲'로 부르게 했으며, 왕의 행차시에 黃土를 길에 뿌리던 의례도 금지하였다.66)

고려는 책봉을 받음으로써 대외적으로는 중국 중심의 동아질서에 적극 편입되어 그들과의 불필요한 대결을 피하면서 고려의 생존 방략으로 활용하였다. 또한 국왕 책봉을 통하여 그들의 선진 문화를 수입할 수 있는 冊封-朝貢관계의 단초를 열었다. 고려 외교의 기저는 大國에 사대하되 자국의 實利와 位相을 잃지 않는 데 있었으므로, 사대의 대상으로는 漢族이든 北方族이든 구별치 않았다. 이러한 외교정책은 是非나 善惡의 문제가 아님은 물론 당대 국제정세의 현실 속에서 자국을 보존하는 방편이었다.67)

국왕 책봉에 따른 관작의 수여는 각 나라의 실세와 동아시아 힘의 역학관계를 반영하였다. 결국 金-宋, 宋-西夏, 遼-西夏, 宋-交趾의 경우에서처럼 대륙 정권에 의한 國王冊封은 절대적이거나 일방적인 제도가 아니었다. 다양한 국제간의 세력 구도의 변동에 따라 책봉도 변용되면서 시행되었다. 고려시대 동아시아 제 국가 간의 책봉은 어느 한편의 일방적인

---

65) 『高麗史』卷65, 志19 禮7 「進大明表箋儀」, 忠烈王 28년 8월 甲子, "百官備禮儀 拜賀聖節表 送于迎賓館 拜表之禮 始此".

66) 『高麗史』卷65, 志23 禮11 「仲冬八關會儀」, 忠烈王 1년 11월 庚申, "幸本闕設八關會 改金鼇山額 聖壽萬年四字 爲慶曆千秋 其一人有慶 八表來庭 天下泰平等字 皆改之呼 萬歲爲呼千歲 輦路禁鋪黃土".

67) 고려의 對宋關係를 무역과 선진 문화의 수입이라는 측면에 경도되어 연구하던 선행 연구의 경향에서 탈피하여 이제는 정치적인 문제나 아니면 분기별로 나누어서 접근하는 시각의 전환이 필요하다(張東翼, 『高麗後期外交史硏究』, 一潮閣, 1994 ; 朴龍雲, 「高麗·宋 交聘의 목적과 使節에 대한 考察(上)」, 『韓國學報』 81, 1995). 나아가 '自主的·獨自的' 내지 '抗爭史的'인 시각에서 벗어나 이의 실상을 추구하는 일 역시 절실하다(金順子, 「고려와 동아시아」, 『한국역사입문②』, 풀빛, 1995 ; 朴宗基, 「고려시대의 대외관계」, 『한국사』, 한길사, 1994 ; 奧村周司, 「使節迎接禮見高麗外交姿勢」, 『史觀』 110, 早稻田大史學會, 1984 ; 奧村周司, 「高麗の外交姿勢と國家意識-'仲冬八關會'および'迎北朝詔使儀'を中心として」, 『歷史學硏究』別冊特集, 1982 ; 金昌謙, 「太平二年銘磨崖藥師佛坐像銘의 歷史的 考察」, 『韓國中世社會의 諸問題-金潤坤敎授定年紀念論叢』, 韓國中世史學會, 2001).

시혜나 강압이 아닌 각국의 實勢를 반영하는 相對的인 제도였고, 이것은 고려 국왕 책봉에서도 마찬가지였다.

4. 책봉제도의 전개와 고려에의 적용

대륙의 왕조가 주변 국가에게 시행한 책봉은 그들의 상대적 우위가 확립된 漢 武帝 때부터 外延的 확대가 이루어졌다. 武帝代에 이르러 漢族과 주변 민족 간에 수직적 관계가 성립될 수 있는 조건이 마련되었던 것이다. 秦이 지배 공간을 확대하는 과정에서 郡縣支配體制를 활용하였다면, 漢은 郡縣的 지배방식과 封建的 지배방식을 병용하였기 때문에 封朝體制가 외연적으로 발전하였다.[68]

魏晋南北朝에 이르러 책봉제도의 형식적인 틀이 성립되면서,[69] 고구려가 최초로 책봉을 받았다. 고국원왕이 동왕 13년(343)에 처음으로 燕에 稱臣 朝貢하고 동왕 25년(355)에 前燕으로부터 책봉을 받은 것이다.[70] 고구려는 敗戰으로 인하여 王母가 인질로 잡혀가자 이를 구하기 위해 책봉-조공관계를 수립하였다.[71]

---

68) 金翰奎,「封朝體制의 世界的 擴大」,『古代中國的世界秩序研究』, 一潮閣, 134~135쪽.

69) 金基德,「三國時期 中國諸王朝에서 賜與된 國王封爵에 관한 檢討」,『建國大學校大學院論文集』29, 1989.

70)『三國史記』卷18, 高句麗本紀6, 故國原王 25년(서기 355) 12월, "遣使詣燕納質修貢 以請其母 燕王儁許之 遣殿中將軍刀龕 送王母周氏歸國 以王爲征東大將軍 營州刺史 封樂浪公王如故." 여호규,「4세기 동아시아 국제 질서와 고구려의 팽창정책」,『역사와 현실』36, 2000, 46쪽.

71) 고국원왕 25년(355)의 책봉에서는 營州諸軍事와 營州刺史라는 官職이 고구려왕에게 주어졌다. 營州諸軍事 앞에 都督이나 督이 누락된 듯하거니와(金基德,「三國時期 中國諸王朝에서 賜與된 國王封爵에 관한 檢討」,『建國大學校大學院論文集』29, 1989, 176쪽 이하. 삼국시대의 국왕 책봉은 이 글에서 많은 도움을 받았다), 都督諸軍事는 장군이 '加節之制'로서 부여받은 독자적인 권한으로 統監할 수 있는 군사지구를 규정한다. 征東大將軍은 2品職이었다. 南北朝시대에는 수십 종의 장군직을 설치하였는데, 삼국의 책봉에도 빈번히 사용되고 있

  백제는 近肖古王 27년(372)에 東晉과 책봉-조공관계를 맺었다.[72] 百濟
는 근초고왕 이후 威德王대까지 南朝로부터 책봉을 받았는데, 이는 백제
의 대중국 교섭이 주로 남조를 중심으로 전개되었음을 의미한다. 蓋鹵王
때 北魏에 사신을 파견하여 援兵을 요청한 사실이 있으나 북위의 거절로
교섭이 두절되었다. 백제는 고구려와 달리 단일한 一國과만 교섭하였다.
宋, 南齊, 梁 등과 교류하였으며, 威德王代에 이르러 陳, 北齊, 北周, 隋 등
과 외교관계를 맺고 이들로부터 冊封을 받았다.[73]

  新羅는 고구려나 백제보다 훨씬 늦은 시기인 眞興王 26년(565)에 北齊
로부터 처음으로 책봉되었다.[74] 삼국시대의 책봉은 官은 將軍號가 다수
였고 爵은 王爵과 公爵을 동시에 授與하는 경우가 많았으나 신라에 의하
여 삼국이 통일된 이후에는 王爵을 받았다. 眞平王 46년(624)의 책봉에서
柱國은 종2품이었고, 그 위에 정2품의 上柱國이 있었다. 이들은 모두 勳
職으로서 명예직이었다. 이러한 勳職은 624년에 唐이 삼국을 동시에 책봉
할 때부터 출현하였는데 종래의 책봉 내역에 훈직이 첨가되는 형식이었
다. 삼국시대의 국왕 책봉[75]은 삼국의 실세를 반영하여 官爵號가 제수되

  다. 樂浪公의 경우 중국 역대 왕조에서 고구려와 신라의 諸王에게 봉작한 사례
  가 많다. 이러한 樂浪의 명칭 사용은 漢 4郡의 하나인 樂浪郡이 소멸된 후에도
  중국 제왕조가 樂浪을 그들의 東方領域의 개념으로 사용하였다. 고구려는 公
  爵의 경우 南朝에서는 「樂浪」을, 北朝의 경우 「遼東」의 명칭을 사용하였으며,
  대체로 公爵과 王爵을 동시에 받았다. 이중봉작인 셈이다. 이는 王爵을 통하여
  자국의 獨立君王이 되고, 동시에 公爵으로 중국의 世界秩序에 편입됨을 의미
  한다.

 72)『晉書』卷9, 帝紀9, 簡文帝 咸安 2년(서기 372), "鎭東將軍 領樂浪太守".
 73) 백제는 近肖古王 27년(372)에 최초로 책봉되고 있어 고구려보다 17년 여가 늦
  었다. 이때 유일하게 백제왕에게 樂浪太守가 주어졌다. 爵號 중에 鎭東將軍은
  『宋書』百官志에 3품직이었다. 표에서 보듯이 백제왕에 대한 봉작에서 將軍號
  는 鎭東(大)將軍 → 征東大將軍 → 寧東大將軍 → 綏東將軍 → 撫東大將軍
  → 驃騎大將軍으로 변화되었다. 한편 624년에는 唐이 三國의 모든 왕을 동시
  에 책봉하였는데, 이는 3국에 대한 견제외교의 의미가 있다고 하겠다.
 74)『三國史記』卷4, 新羅本紀4, 眞興王 26년(서기 565) 2월, "北齊武成皇帝詔以
  王爲使持節東夷校尉樂浪郡公新羅王".
 75) 삼국시대에 왕들이 중국 諸王朝로부터 책봉된 내용을 정리하면 다음과 같다

었다. 삼국은 이를 자국의 정치에 이용하기도 하였다.[76)

고려는 遼·金·元 등 북방 세력과 다원적인 대외 교섭을 하였다. 고려 시대에는 중국의 제 왕조들과 자주적 입장에서 실리 외교를 전개하였으나,[77) 책봉–조공관계라는 差等的 從屬關係를 그 '형식적' 틀로 유지하였

(金基德, 「三國時期 中國諸王朝에서 賜與된 國王封爵에 관한 檢討」, 『建國大學校大學院論文集』 29, 1989, 191~193쪽의 결론 부분에서 인용). ① 南朝에서의 봉작은 王爵만 있었으나(고구려 예외), 北朝에서의 봉작은 公爵과 王爵이 같이 수여되었다. ② 北朝에서의 公爵과 王爵의 이중봉작은 한편으로는 자국의 獨立君王이 되고, 다른 한편으로는 公爵으로 중국의 世界秩序에 편입됨을 의미한다. ③ 王爵의 수여는 주변국가들의 實勢를 인정할 수밖에 없는 당시의 상황을 반영한다. ④ 公爵의 경우 고구려는 「遼東郡公」, 백제는 「帶方郡公」, 신라는 「樂浪郡公」으로 봉작됨이 원칙이었다. ⑤ 公爵과 王爵이 같이 수여되는 경우, 北朝에서는 公爵이 먼저 오고 다음에 王爵이 왔으며, 南朝의 경우(고구려에 대한 봉작) 王爵이 먼저 오고, 公爵이 다음에 왔다. ⑥ 南北朝의 봉작의 차이는 당시의 실세가 北朝였음을 감안할 때, 南朝의 봉작은 보다 觀念的이고, 北朝의 봉작은 보다 실제적이었다. ⑦ 統一王朝인 隋·唐代에 와서도 北朝의 封爵 방식이 그대로 이어지고 있다. 단, 624년부터는 郡公에서 郡王으로 높여 봉작되고 있다. ⑧ 統一新羅期인 聖德王 12년(713)의 봉작을 끝으로 이후에는 新羅王이라는 王爵만 수여되고 있다. 公爵과 王爵의 이중 봉작에서 왕작만으로 단일화하였다.

76) 百濟나 新羅는 이미 封爵制를 시행한 흔적도 찾아진다고 한다(徐毅植, 「統一新羅期의 開府와 眞骨의 受封」, 『歷史敎育』 59, 1996 ; 梁起錫, 「五世紀 百濟의 '王'·'侯'·'太守'制에 대하여」, 『史學硏究』 38, 1984, 55~70쪽 ; 盧重國, 『百濟政治史硏究』, 一潮閣, 1988, 222~223쪽 ; 金英心, 「5~6세기 백제의 지방통치체제」, 『韓國史論』 22, 1990, 76~87쪽).

한편, 朴忠錫은 한국 고대의 삼국과 중국대륙의 朝貢 내지 冊封 관계의 유형을 3가지 형태로 분류한다. ① 상정된 적대국을 공격할 때 인접국의 후공을 막기 위해, ② 자국과 적대 관계에 있는 인접국을 견제 또는 공격하기 위해 제3국과 강국 사이에, ③ 적대국의 군사적인 힘에 의해 복종하지 않을 수 없는 경우, 또는 그와 같은 위협 속에 있을 때, 각각 조공 내지 책봉관계를 맺는다(朴忠錫, 「국제질서관념」, 『韓國政治思想史』, 삼영사, 1982, 52~55쪽). 그러나 필자의 견해로는 조공 내지 책봉은 위와 같은 세가지 경우도 해당되겠으나, 실은 국가간 외교 교섭의 단초를 여는 의미에서 冊封하고 그에 따라 朝貢을 바치는 것이라 하겠다. 冊封–朝貢은 전쟁이나 국가간의 이익을 굳이 논하지 않더라도 당시 국제질서였기에 어느 나라든 여기에 참가해야만 자국의 운신 폭이 컸다.

77) 朴宗基, 「실리와 공존, 줄타기 외교전술」, 『5백년 고려사』, 푸른역사, 1999.

다. 즉 '差等的이지만 獨立的'인 관계를 유지하였다. 다만 원간섭기에는 형식과 내용 면에서 모두 從屬的이었다. 이는 '事大-字小' 관계로 축약하여 상징될 수 있다.[78] 五代에서 元·明에 이르는 시기에 고려 국왕에게 주어진 책봉이 그것이다. 그 책봉 내역 중에서 食邑·功臣號 등은 諸侯로서의 고려 국왕의 위상을 나타내 준다. 책봉을 고려 국왕이 받았다는 사실은 해당 帝國을 종주국으로 사대하겠다는 공식 표현이고, 이는 당시 동아시아 세계의 정세에 편승하여 자국의 위치를 고수하는 하나의 외교 행위였다.

삼국과 고려시대에 시행된 국왕 책봉은 조선시대에도 이어졌다. 朝鮮의 대외관계는 明·淸을 축으로 하여 日本, 琉球 등에 이르기까지 다양하다. 朝鮮의 대외관계는 흔히 '事大와 交隣'으로 표현된다. 조선의 국왕은 明·淸의 중국 皇帝에 대해서는 諸侯로 자처하고[79] 일본이나 유구에 대해서는 '小中華的'인 태도를 유지한 채 교린의 관계를 가졌다. 이 交隣體制는 책봉체제가 전제가 된 被冊封國 간의 관계였다.[80] 이 관계는 高宗이 1897년 10월 12일 皇帝로 卽位함으로써 끝이 났다.

고려와 조선의 책봉은 그 내용에서 큰 차이점이 있다. 고려 국왕의 책봉에서는 '변방을 지키는 諸侯'라는 의미가 강했던 반면, 조선의 경우 '朝鮮國王'일 뿐이었다. 조선의 책봉 내역은 이전 시기보다 단순해져서, 官爵號에서 '王'爵만이 주어졌다.[81] 이는 고려시대 때 중국의 정복왕조가 대륙의 漢族 및 주변 外藩들에 대해 신경을 크게 썼던 데 비하여, 조선시대 때의 중국 왕조(明·淸)는 상대적으로 주변 국가들에 대해 소극적이고

---

78) 金翰奎, 『한중관계사Ⅰ』, 아르케, 1999, 28쪽.

79) 조선이 제후국 체제를 갖추었음에도 불구하고 太祖代에는 황제국 체제의 요소인 封君制를 시행하였다(申明鎬, 「議親과 王室封爵制」, 『朝鮮初期 王室編制에 관한 研究 - '議親制'의 정착을 중심으로』, 精神文化研究院 博士學位論文, 1999, 84쪽).

80) 孫承喆, 『朝鮮時代 韓日關係史研究』, 지성의 샘, 1994, 27쪽.

81) 조선 成宗에 대한 冊封 禮物은 대개 옷 종류였다. 수레나 鞍馬 등을 보내주었던 고려시대에 비하면 간소화되었을 뿐만 아니라 빈약하기까지 하다. 九章冕服 1副 외에 冠, 帶 등이 전부였다.

관념적이었기 때문이다.

조선은 朝貢을 통해 事大儀禮를 갖춤으로써 정권의 보장과 함께 경제적으로 필요한 물자를 취득하였고, 明·淸은 조선 국왕을 冊封함으로써 이념적 종주국으로서의 위치를 확인하였다. 조선은 太宗代에 明으로부터 책봉을 받았고, 이는 조선 말까지 계속되었다.[82]

---

82) 조선의 책봉 요청에 명과 청은 이를 관례적으로 행하였다. 그러나 광해군과 인조에 대한 冊封 지연(한명기,『임진왜란과 한중관계』, 역사비평사, 1999, 187~195·338~352쪽)에서처럼 책봉이 의례적 관계로 끝나지 않고 사안에 따라서는 정치적으로 이용되기도 하였다.

조선과 중국의 冊封-朝貢 관계는 일본이 조선에 진출하는 과정에서 장애 요인이었다.「朝日修好條規」에서는 양국 관계가 독립국 사이의 약속에 의해 규정된 조약임을 강조하였다. 이는 전근대 중국 중심의 冊封制度라는 동아시아 국제관계 속에서 淸의 간섭을 배척하기 위한 것이었다(李薰,「일본과의 관계」,『한국사 32』, 국편, 1997, 473쪽).

壬午軍變(1882.6)을 진압한 청은 종주권을 내세워 조선에 대한 간섭과 침탈을 강화하였다. 1882년 9월에 체결된「朝鮮中國商民水陸貿易章程」은 조선에 대한 불평등 조약이었고, 이를 기점으로 전근대 동아시아 국제 질서로서의 朝貢 관계에서 近代的 從屬關係로 변질되었다(구선희,「조선중국상민수륙무역장정과 조·청관계의 변질」,『한국사 38』, 국편, 1999, 329쪽 ; 구선희,『韓國近代 對淸政策史 研究』, 혜안, 1999, 64쪽).

甲申政變은 청국의 조선에 대한 屬邦化 정책을 거부하였다(愼鏞廈,「갑신정변의 전개」,『한국사 38』, 국편, 1999, 406~409쪽). 1896년 12월 12일, 한국사상 최초로 皇帝의 나라 大韓帝國이 성립되었다. 明, 淸에 事大의 禮를 행하던 조선이 圜丘壇을 마련하고 稱帝建元하면서 중국과 대등한 관계를 천명하였으니 역사상 그 의의는 평가되어야 한다. 高宗皇帝는 國號를 大韓이라 하고 그 頒詔文을 선포하였다(尹炳奭,「大韓帝國 개요」,『한국사 42』, 국편, 1999). "금년 9월 17일에 白嶽(북악산)의 남에서 天地에 祭를 올리고 皇帝에 즉위하며 천하에 號를 정하여 '大韓'이라 하고 이 해로써 光武元年을 삼는다"(『高宗實錄』卷 35, 光武 1年 10월 11일).

列强의 침략에 시달리던 중국이 南京條約으로 조공 외교에서 평등 외교로 전환하는 계기를 마련하였다(李春植,「中國古代 朝貢의 實體와 性格 - 朝貢의 性格과 그 韓國的 意味」,『古代韓中關係史의 研究』, 三知院, 1987, 10쪽). 1842년 이전은 중국 천자를 중심으로 한 차등적 국제 질서는 중국인의 안목상, 과거 동아시아에서는 중국을 제외하고 독립국이 없었음을 의미한다(劉永南,『中國近代外交史』, 臺北 : 世界書局, 9쪽).

그런데 1899년에는 淸의 공친왕이 사망하자 이홍장의 주장으로 大韓帝國 皇

책봉제도는 漢族이 秦·漢 이래 세계 지배를 더 이상 실현할 수 없게 되자 外夷君長에 대한 책봉이라는 방식을 통하여, 직접 지배에 요구되는 군사·경제적 부담을 덜고 더불어 세계 지배의 이상을 실현하는 수단으로 실시하였다. 고려시대에는 이것이 계속되었지만 전후시대와 좀 다른 양상을 띠었다. 食邑·功臣號 등의 사여를 통하여 封土를 지급하고 食邑을 사여하는 한편 명목적이고 상징성을 갖는 관작을 주었기 때문이다.

고려 국왕은 중국 皇帝로부터 諸侯로 책봉됨으로써 동아시아 국제 질서 속에서 자신의 위치를 확고히 하였다. 그러면서도 내부적으로 황제국의 정치 형태를 갖추어 擬制皇帝的 位相을 갖춘 外侯內帝적 位相을 가졌다고 할 수 있다. 고려 자체의 독자적인 天下觀의 존재와 대륙 왕조에 의한 고려 국왕 책봉은 矛盾되면서도 調和를 이루는 양면성을 띠었다.

국왕 책봉은 중국사 전체를 통하여 일관되게 시행되었고, 고려시대 역시 예외가 아니었다. 각 시기마다 미세한 변화와 새로운 適用이 발견되는데, 다음에서 그 구체적인 내용을 살펴보기로 한다.

帝와 大淸帝國 皇帝의 名義로 '韓淸通商條約'이 체결되었다. 이는 한중관계사상 처음으로 한국과 중국이 대등한 입장에서 체결한 근대적 조약이었다(李玟源, 「대한제국의 성립과 열국의 반응」, 『한국사 42』, 국편, 1999, 37~38쪽). 이 조약의 체결로 인해 한·중 두 나라는 정치적으로 전통적 宗屬關係에서 벗어나 근대적인 자주 평등의 우방 관계로 진입하였다(權錫奉, 「韓淸通商條約의 締結」, 『東方學志』 54·55·56합집, 1987, 89~134쪽 ; 김한규, 「甲申政變과 傳統的 冊封朝貢體制의 崩壞」, 『한중관계사』, 아르케, 1999, 885쪽).

제2장 고려와 五代·宋의 책봉관계

1. 五代와의 책봉관계

고려 초기에 대륙은 五代十國의 격변기였다. 후백제와 고려가 한반도 통합의 주도권을 둘러싸고 다툴 때, 고려는 북중국에 위치하고 있던 後唐, 後晋, 後周와 책봉-조공 관계를 맺었다. 고려 태조는 건국 후 신라와 후백제를 차례로 흡수하여 새로운 통합국가를 이루어 갔다. 그러한 후삼국의 각축 와중에서 대륙 왕조에 의한 책봉은 서로의 위상에 중대한 영향을 주었다고 하겠는바, 고려 국왕은 대륙의 패자로부터 冊封을 받음으로써 그의 국내외적 지위를 확고히 할 수 있었다. 고려는 건국 후 後唐으로부터 책봉받음으로써 고려시대 국왕 책봉의 단초를 열었다.

여기서는 고려 초기 국왕 책봉 사실의 정치적 배경과 주어진 官爵을 왕대별로 분석하고자 한다. 책봉은 후삼국 쟁패기에 한반도 주도권을 확립하기 위한 노력이었고, 이는 고려와 책봉국 상호간의 필요에서 호혜적으로 때로는 경쟁적으로 시행되었음을 지적하고자 한다.

1) 후백제와 고려의 책봉 요청

고려 건국 후 처음 도착한 五代의 인사는 文士로 칭해지는 酋彦規였다. 태조 즉위 이듬해인 919년 9월에 그가 來投하였다[1]는 기록을 시작으로 오대와의 교류 근거가 찾아진다.[2] 후백제와 겨루고 있던 기간에 대륙의

---

1)『高麗史』卷1, 世家1 太祖 2년(919) 9월, 吳越國 文士 酋彦規 來投.

남북은 五代十國으로 분열되어 있었으나[3] 그 주도권은 북중국의 단명한 왕조인 五代가 쥐고 있었다. 이에 후삼국은 北中國의 정세에 관심을 더 기울였는바, 고려에 대한 五代의 책봉 내용은 다음 <표 1>과 같다.

표에서 보듯이 오대 중 첫 번째 왕조인 朱全忠이 세운 後梁으로부터 고려가 책봉을 받았다는 기록이 없다. 이는 고려뿐 아니라 후삼국 모두 후량과 교류하지 않은 사실과 연관시켜 이해할 필요가 있다. 아마도 후량의 정세 불안 등 여러 가지 사정을 고려해 볼 수 있으나 後梁이 唐을 멸망시켰다는 사실이 주원인이라고 이해되고 있다.[4] 대륙에서도 後梁은 당을 멸망시킨 역적의 나라로 취급되어 정통 왕조의 서열에서 제외되었다.[5]

---

2) 『高麗史』卷1, 世家1, 太祖 6년(923) 6월, ① 福府卿 尹質이 梁에 사신으로 갔다가 돌아와 五百羅漢의 畵像을 바치자, 해주 嵩山寺에 모셨다 ② 吳越國의 文士 朴巖이 來投 ③ 張彬을 (後)唐에 파견.

3) 五代十國의 變遷은 다음과 같다.

王朝		建國者	存續期間	都邑地
北中國	後梁	朱全忠	907～923	開封→洛陽
	後唐	李存勗	923～936	洛陽
	後晉	石敬瑭	936～946	開封(汴州)
	後漢	劉知遠	947～950	開封(汴州)
	後周	郭 威	951～960	開封(汴州)
南中國	吳	楊行密	902～937	揚州
	南唐	李 昇	937～975	金陵
	吳越	錢 鏐	907～978	杭州
	荊南	高季興	924～963	江陵
	楚	馬 殷	907～951	荊州
	南漢	劉 隱	917～971	廣東
	北漢	劉 崇	951～979	晉陽
	前蜀	王 建	907～925	成都
	後蜀	孟知祥	934～965	成都
	閩	王審知	909～946	福州

4) 文秀鎭, 「高麗太祖의 外交에 대하여 - 後百濟 往復外交文書를 中心으로」, 『溪村閔丙河敎授停年紀念史學論叢』, 1988 ; 文秀鎭, 「王建의 高麗建國과 後三國統一」, 『國史館論叢』35, 1992, 162쪽 ; 金在滿, 「五代와 後三國·高麗初期 關係史」, 『大東文化硏究』17, 1983, 177쪽.

그러므로 고려는 후량과는 책봉 관계가 없고 그 다음 왕조인 後唐[6]과 처음으로 책봉-조공관계를 맺었다.

<표 1> 五代의 高麗國王 冊封[7]

王代	授封國	西紀	冊封官爵名	典據
太祖 16	後唐	933	特進 檢校太保 使持節 玄菟州都督 上柱國 充大義軍使 高麗國王	『要』『史』
太祖 22	後晋	939	開府儀同三司 檢校太師 食邑一萬戶 食實封一千戶	『要』『舊五代史』『冊府元龜』
惠宗 2		945	檢校太保 使持節 玄菟州都督 上柱國 充太義軍使 高麗國王(← 檢校太保於『高麗史』)	『要』『史』『舊五代史』
光宗 4	後周	953	特進 檢校太保 使持節 玄菟州都督 充大義軍使 兼御史大夫 高麗國王	『要』『史』
光宗 7		956	開府儀同三司 檢校太尉(← 檢校太師於『高麗史』)	『要』『史』
光宗 9		959	檢校太師 食邑 三千戶(← 因後周國亡 未傳達於高麗)	『冊府元龜』

후백제의 甄萱은 고려보다 먼저 後唐과 통교하여 百濟國王으로 책봉받고자 하였으나 실패하였다. 견훤은 후당의 관작을 받기 이전에 이미 신라 관작을 자칭하고 있었는데, 바로 新羅西面都統 指揮兵馬制置 持節 都督 全武公等州軍事 行全州刺史兼御史中丞 上柱國 漢南郡開國公 食邑二千戶였다. 925년(太祖 8) 견훤이 居昌 등 20여 성을 차지하고 난 뒤에 다시 後唐에 사신을 파견하여 藩臣이라 칭하자, 후당에서 '檢校太尉 兼侍中 判百濟軍事'를 제수하고, 이미 갖고 있었던 持節 都督 全武公等州軍事 行全州刺史 海東四面都統 指揮兵馬制置等事 百濟王 食邑二千五百戶를 인정해

---

5) 『冊府元龜』에서 後梁만 僭僞部로 분류하였다(金在滿, 「五代와 後三國·高麗 初期關係史」, 『大東文化研究』 17, 1983, 177쪽 ; 권덕영, 「後百濟의 海外交涉 活動」, 『후백제와 견훤』, 서경문화사, 2000, 131쪽).

6) 後梁을 무너뜨린 李存勖(莊宗)은 수도를 낙양으로 옮기고, 唐의 재건을 외치면서 국호를 後唐이라 하였다.

7) 본고의 典據에서 『史』는 『高麗史』를, 『要』는 『高麗史節要』를 가리킨다. 이하 동일.

주었다.8)

여기서 후당이 인정한 持節 이하 食邑 二千五百戶까지를 후당이 이미 제수한 것으로 인정하게 되면, 후백제가 후삼국 중 오대로부터 처음으로 패권을 승인 받은 것이 된다. 그러나 이 官爵은 892년 견훤이 무진주에 도읍한 후 자칭한 그것과 거의 같다. 이는 '종래 견훤이 자칭하고 있던 官爵'이라는 뜻으로 해석해야 타당할 것이다.9) 따라서 檢校太尉兼侍中 判百濟軍事만이 後唐으로부터 제수받은 관작이고 나머지는 견훤이 자칭하던 그것을 추인하였다고 판단된다.

당이 망한 다음 반세기에 걸쳐 계속된 분열기에는 오대십국이 존재하였고 그 가운데 대륙의 동남에 위치한 吳越과 후백제가 서로 상대국에 무게를 두고 교류하였다. 후백제는 오월을 정치적 후견 세력으로 이용하고 나아가 국제 무역의 상대국으로 인식하였다.10)

---

8) 『三國史記』卷50, 列傳10「甄萱傳」.

9) 권덕영, 「後百濟의 海外交涉 活動」, 『후백제와 견훤』, 서경문화사, 2000, 134쪽. 한편, 金東晟은 오대왕조 성립 이후 後百濟가 가장 먼저 '百濟王'으로 책봉 받았다고 보았다(金東晟, 「五代十國의 韓半島 諸國과의 관계와 그 인식」(『中央史論』12·13合輯, 1999, 230쪽). 北村秀人은 견훤이 後百濟王에 책봉되었다고 언급하였다(北村秀人, 昭和 57「新羅の滅亡と高麗の建國」『日本古代史講座』7. - 東アジアの變貌と日本律令國家 -, 學生社, 66쪽).

10) 권덕영, 「後百濟의 海外交涉 活動」, 『후백제와 견훤』, 서경문화사, 2000, 147쪽. 927년(태조 10)에는 견훤이 왕건에게 위협의 편지를 전하는 중에, 吳越國 사신 班尙書가 와서 백제와 고려가 화해하라는 조서를 전하였다고 하면서 한 부를 전사하여 왕건에게 보냈다(『高麗史』卷1, 世家1, 태조 10년(927) 11월). 이 조서의 내용을 보면 당시 오월국의 대외정세 파악이 정확하다고 생각되며, 나아가 백제나 고려의 어느 한 나라가 오월국에 한반도의 사정을 전했다는 짐작도 가능하다. 당시 한반도는 백제와 고려가 경쟁하는 가운데 비교적 백제의 우위가 계속되고 있는 상황이었다. 이 견훤의 편지에 대한 왕건의 답신은 자신감의 표현이었다. 위로는 "하늘의 명령을 받든다(僕仰承天)"는 발언에서 천자 의식의 일면도 엿볼 수 있으며, "하늘이 돕고 있는데 天命이 어디로 가겠는가(『高麗史』卷1, 世家1, 太祖 11년(928) 正月「王答甄萱書」, "天之所助 命將何歸")"라 자신하고 있다. 후삼국의 쟁패 과정에서 하늘의 명을 받고 있다는 의식의 소유는 주도권 쟁탈에서 중요한 의미를 갖는다. 태조는 실제로 天授라 연호하였으며, 천자 내지 황제적 자세를 취한 일면이 있다.

후당이 견훤을 '檢校太尉兼侍中 判百濟軍事'에 제수하고 정작 百濟國王으로 책봉하지 않은 것은 한반도 정권을 보는 그들의 시각을 표현하고 있다. 즉 견훤이 후당으로부터 책봉을 받고자 노력했으나 실패한 반면, 후당은 933년에 왕건을 정식으로 '高麗國王'으로 책봉함으로써 한반도의 주도권이 왕건에게 있음을 인정하였다.[11] 이 사실은 후삼국의 패권 다툼에서 고려가 후백제보다 우위에 있다는 사실을 알려준다.[12]

신라가 唐으로부터 마지막 冊封을 받은 것이 憲康王 4년(878)이었다.[13] 그러므로 933년 고려 태조의 책봉은 당에서 신라 국왕을 마지막으로 책봉한 지 50여 년 만에 이루어진 일이었다. 태조는 929년에도 후당에 貢物을 바쳤다.[14] 이것은 태조가 이미 대륙과의 관계에 깊은 관심을 보이고 있었다는 증거이며 또한 책봉을 받기 위한 사전 포석이었다고 하겠다. 그리고 책봉되기 전해에 大相 지위에 있는 王仲儒를 後唐에 파견하여 方物을 貢納하였다. 이때의 사행 목적은 한반도의 사정을 설명하고 冊封을

---

11) 『舊五代史』 卷43, 唐書19, 明宗紀9, 長興 3년(932) 6월 甲寅, "以權知高麗國事 王建 爲檢校太保 封高麗國王";『高麗史節要』 卷1, 太祖 16년, "遣大僕卿王 瓊大府小卿楊昭業來冊王 爲特進檢校太保 使持節 玄菟州都督 上柱國 充大 義軍使 仍封高麗國王 賜曆日 銀器 匹段 詔封妃柳氏 爲河東郡夫人 又詔三軍 將吏 諭以冊王之意 遂頒曆始行唐年號.";曹凡煥,「新羅末 敬順王의 高麗歸 附」,『李基白先生古稀紀念韓國史學論叢』, 一潮閣, 1994, 416쪽.

12) 이와 관련하여 文暻鉉의 다음 언급에 동감하는 바이다. "半세기에 걸친 五代 十國의 亂世에 백제왕 진훤은 주로 南쪽 國인 吳越에 事大外交를 重點的으로 행한 데 대하여 고려 태조는 五代의 後唐 後晉과 성공적으로 사대외교를 진행 했다. 十國은 형식상 五代의 冊封을 받은 臣事之禮를 취하고 있었기 때문에 외교상 正統인 五代와 國交의 성공은 진훤왕보다 한 수 위였다고 보며 외교상 승리였다. 이와 같은 外交上 승리는 對內外的으로 王建의 명망과 위신을 높여 一統天下의 民心과 外國의 성원을 얻는데 커다란 힘이 되었다(文暻鉉,『高麗 太祖의 後三國統一研究』, 螢雪出版社, 1987, 289쪽)".

13) 이때 당의 僖宗은 헌강왕을 「使持節 開府儀同三司 檢校太尉 大都督雞林州 諸軍事 新羅王」으로 책봉하였다. 이는 고려 태조가 후당에서 받은 책봉 내역 과 차이를 보인다. 당에서 신라왕을 雞林州諸軍事로 임명한 것은 신라의 국왕 을 당의 변경을 鎭守하는 將軍으로 상정한 것이다.

14) 『舊五代史』 卷40, 唐書16, 明宗紀6, 天成 4년(929) 8월 己未, "高麗王王建遣使 貢方物".

奏請하기 위한 준비였다고 하겠다.

신라의 敬順王도 932년에 後唐에 사신을 파견하였다.[15] 재위 6년 만에 새삼스럽게 그가 사신을 파견한 것은 역시 책봉을 받기 위해서였을 것인바, 이 무렵 왕건이 경주에 머물다 돌아갔다는 사실이 주목된다. 경순왕은 後唐을 통하여 신라의 국제적인 지위를 인정받으려고 노력하였던 것이다.[16]

하지만 이러한 경순왕의 소망은 이루어지지 않았다. 앞서 지적하였듯이 후당은 933년(태조 16)에 왕건을 '高麗國王'으로 책봉하였는데, 이는 후당이 이미 한반도의 정세를 파악한 결과를 바탕으로 하였다고 이해된다.[17]

태조 이후 고려의 각 왕들이 즉위와 더불어 중국에 사신을 파견하여 책봉을 요청하면 해당 왕조에서는 일정한 격식에 따라 책봉사를 파견하여 고려 국왕을 책봉하였다. 고려시대 중국의 제 왕조는 책봉을 하면서 冊命使가 참석하는 冊封儀式을 거행하였고[18] 이를 통하여 冊封文을 해당국의 王廷이나 南郊 등 정해진 장소에서 전달하였다.

이 행사에서 낭독된 皇帝 명의의 책봉문은 고려 국왕에 대한 官爵의 수여와 더불어 上國에 대한 충성을 강조하는 경우가 많다. 새로운 왕으로

---

15)『舊五代史』卷43, 唐書19, 明宗紀9, 長興 3년(932) 4월 甲寅, "新羅王金傅遣使貢方物".

16) 曺凡煥,「新羅末 敬順王의 高麗歸附」,『李基白先生古稀紀念 韓國史學論叢(上)』, 一潮閣, 1994, 415쪽.

17) 閔賢九,「韓國史에 있어서 高麗의 後三國 統一」,『歷史上의 分裂과 再統一(上)』, 一潮閣, 1992, 71쪽. 왕건은 이미 전해에 大相 王仲儒를 後唐에 파견하여 한반도의 정세를 보고하였고 책봉을 요청하였다(『高麗史』卷1, 世家2, 太祖 15년(932), "是歲 遣大相王仲儒如唐 獻方物";『資治通鑑』卷271, "大封王躬乂 以開州爲東京 平壤爲西京 建儉約寬厚 國人安之(細註 : 長興 2年 自稱權知國事 請命于明宗 乃排建大義軍使 封高麗王)".

18) 책봉 의식이 끝나야 비로소 공식적인 國王으로 칭해지는데, 이 점은 훗날 淸代의 琉球도 마찬가지였다(Ta-tuan Ch'en, "Investiture of Liu-ch'iu kings in the Ch'ing period," *The Chinese World Order : China's Foreign Relation*, Cambridge : Harvard University Press, 1968, p.147).

즉위하면 국내 최고의 통치자로서 권위를 가졌고, 대외적으로는 중국 해당 나라의 인준을 받은 이후 외교 문서상 高麗國王으로 자칭하였다. 그런 까닭에 책봉이 시행되기 전에는 고려 국왕은 대중국 관계에서 '權知高麗國事'로 자칭해야 했으며, 책봉을 시행하는 나라 역시 冊封이 결정되기 전까지는 그렇게 불렀다.

『高麗史』에 나오는 중국 각 왕조와 고려 간에 주고받은 詔文들은 중국 正史에는 없는 것으로 그 사료적 가치가 크다.[19] 그 핵심만 수록된 것으로 짐작되는 이 자료는 "첫머리나 끝에 수록되었을 서명, 국왕인, 寶印 등이 무시되고 본문의 중요 부분만 수록된 예가 대부분"[20]이나, 1차 자료로서의 원형을 살펴보는 데 유용하다. 책봉문의 구성은 대체로, 수여 주체인 중국의 皇帝 자신은 하늘의 命을 받아 천하를 統禦하고 있다는 전제를 한 뒤 高麗國王 王某는 뛰어난 자질과 조공에 열심인 까닭에 그 공적에 보답하는 의미에서 그에 상당하는 散官勳과 食邑[21] 그리고 功臣號를 하사한다고 하였다. 그리고 마지막으로 대국에 충성하는 마음을 항상 잃지 말라는 당부로써 맺었다. 책봉문은 거의 모두 이 같은 형식을 갖추고 있다. 이러한 문서를 제후국의 왕은 엄숙한 의식을 통하여 받아야 하였다.

태조를 책봉하기 위하여 933년 3월에 고려에 당도한 후당의 冊封使는 王瓊과 楊昭業이었고, 태조의 책봉은 이전 시대에 주류를 이루었던 將軍號와는 달리 고려적 특성을 갖춘 시초였다. 책봉사 王瓊이 소지한 冊封文은 고려왕의 자질과 후당에 대한 직무 보고에 충실하다는 사실을 찬양하고, 고려가 고구려를 계승하였음을 인정하는 등 다음과 같은 의미 있는

---

19) 金渭顯 編著, 「凡例 1」, 『高麗史中中韓關係史料彙編』, 臺北 : 食貨出版社, 1984.

20) 許興植, 『韓國의 古文書』, 민음사, 1988, 58쪽.

21) 食邑은 國王이나 王室을 중심으로 한 통일권력의 구축이라는 대원칙 속에서, 宗親에 대한 冊封에 부수하여 爵位에 걸맞는 경제적 基盤을 마련해주기 위해 賜與되는 것이다. 이에 대해서는 다음 논문이 참고된다. 金光洙, 「高句麗 前半期의 '加'階級」, 『建大史學』 6, 1982, 20~22쪽 ; 李玉, 『高句麗 民族形成과 社會』, 1984, 227~234쪽 ; 李景植, 「古代·中世 食邑制의 構造와 展開」, 『孫寶基博士停年紀念 韓國史學論叢』, 知識産業社, 1988, 147~152쪽.

내용으로 구성되어 있다.

　王은 하늘의 이치를 본받아 백성을 양육하며, 땅의 도를 체현하여 天下를 편안케 한다. 진실로 어느 한 곳에도 치우치지 않으므로 그 덕화가 미치지 않는 곳이 없다. 북극성이 제자리에 있으면 뭇 별들이 다 그곳으로 향하며 大海가 넓으므로 모든 만물들이 다 그를 조종으로 삼는다. 그렇기 때문에 천지간에 사는 모든 人類와 日月이 비치는 모든 지역에 자기의 도를 넓히고 德化를 입히며 자신을 삼가고 허심한 태도를 가진다. 진심으로 복종하는 자는 皇帝의 신하로 돌보며 지도에 순응하는 자는 教化를 입게 된다. 이리하여 황제는 그들에게 冊封의 명령을 시행하고 표창의 글을 논하니 이런 특전은 예로부터 내려오는 일이라 폐지할 수 없다.

　高麗國王은 국토를 평정하고 군사상 주도권을 잡은데다가 재능도 겸비하였다. 五族[22]의 강한 씨족들을 통합하고 三韓의 본토를 장악하여 혼란한 정국을 안정시키는 데 힘을 쓰고 간악한 역도를 성토하였다. 이에 전례에 의하여 恩寵을 내리려 한다. 權知高麗國王事 王建은 용맹스러운 자질에 지혜가 특출하며 변방에서 으뜸가는 장한 포부를 품었다. 하늘이 山河를 주었고 나라가 풍요하다. 朱蒙이 건국한 전통을 계승하여 그곳의 왕이 되었으며 箕子가 藩國을 이룩한 사실을 본받아 짐의 교화를 넓혔다. 풍속이 순후하고 글을 아는지라 예의로써 지도할 수 있으며 성품이 효용하고 무술을 숭상하여 위엄이 있다. 여기 封土를 가지고 행복을 누리며 백성을 안정시키고 재부를 축적하였다. 뿐만 아니라 우리와는 脣齒와 같고 皮毛처럼 정분이 두텁다. 간사한 오랑캐가 말썽 부리는 것을 분개하여 이웃 나라를 동정하여 환난을 구제하여 주었고, 특히 우리나라를 성심으로 대하고 있다. 또한 우리 백성들이 편안히 살고 시절이 무사하여 堯舜시대 같은 정치가 이루어지고 있음을 부럽게 생각하여 바다를 건너고 산을 넘어 貢物을 보내며 職務를 보고함으로써 善隣 정책에 기여하였다. 대체로 지극한 정성에 비추어 보답받는 것은 도리상 떳떳한 일이요, 실지 봉작을 주어 인방을 찬양하는 일은 예절상 중요하

---

22) 後唐이 高麗를 高句麗의 계승자로 간주하고 있음을 보여주며, 五族은 消奴部, 絶奴部, 順奴部, 灌奴部, 桂婁部를 뜻한다고 해석된다.

다. 공로가 지극한 사람에게 내 무엇을 아끼겠는가.

　이제 사신으로서 太僕卿 王瓊과 副使로 大府少卿兼通事舍人 楊昭業을 보내어 신임장과 예절을 갖추어 그대를 高麗國王으로 책봉한다. 착한 일을 하면 하늘이 경사를 내리고, 바른 도리를 지키면 神明이 복을 준다. 무기는 위급할 때에 조심하여 쓰고 문궤는 원대한 장래를 위함이다. 영원히 唐臣이 되어 王爵을 世服하고 그 位를 밟게 하니 경은 오직 공경하라.23)

　(又詔) 경은 빛나는 가문에 태어나서 존귀하게 될 징조가 보였으며 동방에 나라가 위치하여 해외 열국 중에 으뜸 간다. 군사들을 모두 무마하여 감격을 받고 백성들은 다 같이 태평가를 부르고 있다. 그리고 事大하는 성의가 진실하고 이웃 나라를 救恤하려고 한다. 정예 군사로 甄萱의 무리를 꺾었고 옷을 나누고 밥을 덜어 渤海人을 구제하였다. 또한 매번 바다를 건너 글과 공물을 보냈다. 금석같이 굳은 성의는 해를 꿰뚫을 만하고 風雲 같은 기상은 창공을 찌를 듯하다. 명성은 한 시대를 떨치고 아름다운 덕화는 사방에 미쳤다. 그대의 정성이 이와 같으니 어찌 표창하지 않으랴. 특별히 책봉을 의논하여 높은 지위에 올리기로 하였다. 桐圭24)를 깎아서 冊命을 주니 눈은 蓬山에 極하였고 桃野를 돌아보아 생

---

23) 『高麗史』卷2, 世家2, 太祖 16년(933) 3月 辛巳, “王者 法天而育兆庶 體地而安八紘 允執大中 式彰無外 斗極正而衆星咸拱 溟渤廣而百谷皆宗 所以居戴履之倫 窮照臨之境 弘道修德 恭己虛懷 歸心者 睠爲王人 響化者 被而風敎 由是擧古封崇之命 稽旃賞之文 垂於古先 罔敢失墮 其有地稱平壤 師擅兼材 統五族之强宗 控三韓之奧壤 務權鎭精 志奉聲明 爰協彝章 是加寵數 咨爾權知高麗國王事建 身資雄勇智達機鈐 冠邊城以梃生 負壯圖而間出 河有授基址 克豊 踵朱蒙啓土之禎爲彼君長 履箕子作蕃之跡 宣乃惠和 俗厚知書 故能導之以禮義 風驍尙武故能肅之以威嚴 提封於是謐寧 生聚以之完輯 而復行及脣齒 分篤皮毛 忿黑吉虜之挺祅 恤隣邦而救患 矧以披肝效順 秉節納忠 慕仁壽以康時 識文思之撫運 航深梯險 輸贐貢琛 繼陳述職之儀 茂著勤王之業 夫推至誠而享豊報道之常也 奠眞封而顯列國禮之大也 勞有所至 朕無愛焉 今遣使太僕卿王瓊 使副大府少卿兼通事舍人楊昭業等 持節備禮 冊命爾爲高麗國王 於戱 作善天降之祥 守正神祚之福 干戈愼於危事 文軌資於遠謀 永爲唐臣 世服王爵 往踐厥位 汝惟欽哉”.
24) 桐圭는 諸侯로 冊封한다는 의미이다. 圭는 玉을 깎아서 만든 것으로 나라에

각을 기울이니 마음은 濟水를 부었다. 특별한 禮遇를 고려하여 숭고한
업적을 길이 보전하라.

이제 卿에게 特進 檢校太保 使持節 玄菟州都督 上柱國 充大義軍使
벼슬을 주고 高麗國王으로 책봉한다. 지금 사신인 太僕卿 王瓊과 副使
大府小卿 楊昭業 등을 보내어 예를 갖추어 책명을 전하게 하고, 겸하여
國書와 은그릇, 비단들을 별지 목록과 같이 보내니 도착되는 대로 받으
라.[25]

위 책봉문에는 후삼국의 정세가 나타나 있으며, 고려가 후당에서 받은
官爵은 特進 檢校太保 使持節 玄菟州都督 上柱國 充大義軍使 高麗國王이
었다.[26] 국왕 책봉시에는 官爵이 함께 주어졌다. 爵은 '王爵'이어서 거론
의 여지가 없으므로[27] 官的 내용이 중요하다. 중국에서는 漢代의 爵的 秩

大事가 있을 때 瑞信物로 삼았다. 桐圭는『史記』晋世家에 "成王與叔虞戲 削
桐葉爲圭 以與叔虞曰 以此封若 史佚因請擇日立叔虞 成王曰 吾與之 戲爾 史
佚曰 天子無戲言 於是 遂封叔虞於唐"이라는 故事에서 유래하였다. 圭의 종
류는 桓圭, 大圭, 琰圭, 琬圭, 躬圭, 瑱圭 등이 있다. 그림 실물은 池載熙,『예
기(중)』, 자유문고, 2000, 61・69쪽 참조.

25) 『高麗史』卷2, 世家2, 太祖 16년(933) 3月 辛巳, "卿珠樹分輝 金鉤協兆 領日
邊之分野 冠海外之英雄 士心同感於撫循 民意咸歌於惠養 而又誠堅事大 志
在恤隣 抹馬利兵 挫甄萱之黨分衣減食 濟忽汗之人 繼航海以拜章 每充庭而
致貢 金石之誠明貫日 風雲之梗概凌空 名播一時 美流四裔 忠規若此 賞典寧
忘 特議疏封 仍升峻秩 剪桐圭而錫命 目極蓬山 睠桃野以傾思 心隨濟水勉祗
異禮 永保崇勛 今授卿 特進 檢校太保 使持節 玄菟州都督 上柱國 充大義軍
使 仍封高麗國王 今差使太僕卿王瓊 使副大府小卿 楊昭業等 往彼備禮冊命
兼賜國信 銀器 匹段等 具如別錄 至當領也" ; 『冊府元龜』卷965, 外臣部, 封
冊3, 長興 3년(932) 5月制, "權知高麗國事 王建 可特進 檢校太保 使持節 玄
菟州都督 上柱國 高麗國王 充大義軍使".
26) 고려에서 자체적으로 시행된 봉작의 형식은 다음과 같았다(金基德,『高麗 封
爵制 研究』, 청년사, 1998, 98쪽 참조). 功臣號＋文散階＋檢校職＋正職＋勳職
＋封爵名＋食邑
27) 고려국왕에게 주어진 책봉에서 작위는 모두 王爵이다. 예컨대『宋史』職官志
에는, "「爵一十二」 王 嗣王 郡王 國公 郡公 開國公 開國郡公 開國縣公 開國
侯 開國伯 開國子 開國男(『宋史』卷169 志122 職官9)"로 되어 있는데, 여기서
고려국왕은 王爵만 받았다.

序가 南北朝時代에는 官的 秩序로 바뀌었다.[28] 高麗國王에 대한 冊封도 역시 이 官的인 변화에서 그 구체적인 변화의 양상이 나타난다.

태조가 받은 관작 중 玄菟州都督이 있다. 이는 후당이 고려를 '玄菟州'로 인식하고 있었음을 보여준다. 漢代 4郡의 하나인 현토군은 이미 오래 전에 소멸되었음에도 불구하고 책봉문에 고려 내지 한반도를 상징하는 용어로 사용되고 있다. 오대의 고려국왕 책봉문에서는 高麗를 平壤(後唐), 三韓(後唐·後晉), 辰韓(後周) 등으로 표현하였다. 이는 이후 시기의 고려국왕 책봉에서도 辰韓, 弁韓 등의 용어로 고려를 지칭하는 경우가 있는 사실과 비교된다. 삼국시대의 경우에 국왕 책봉에서 고구려왕과 신라왕의 봉작에 '樂浪'이라는 명칭이 주어졌는데, 이는 樂浪郡이 소멸된 후에도 중국의 제 왕조가 낙랑을 그들의 東方領域의 개념으로 사용하였음을 의미한다.[29] 玄菟州都督에서 '都督'[30]은 군사권과 民政權을 포함한 절도사의 의미가 있다. 持節·都督의 기원은 漢代부터이나 魏晉代에 일반화되었다.[31]

---

28) 金翰奎, 「南北朝時代의 中國的 世界秩序와 古代韓國의 幕府制」, 『韓國古代의 國家와 社會』, 1985, 177~180쪽.

29) 國史編纂委員會, 「宋書 夷蠻列傳 高句麗」, 『中國正史朝鮮傳 譯註一』, 天豊印刷株式會社, 1987, 393쪽.

30) 都督에 대해서는 方香淑, 「百濟故土에 대한 唐의 지배체제」, 『李基白先生古稀紀念韓國史學論叢(上)』, 一潮閣, 1994, 322~324쪽.

31) 『宋書』 卷39, 百官志上, "持節·都督無定員 前漢遣使 始有持節 光武建武初 征伐四方 始權時置督軍御史 事竟罷 建安中 魏武帝爲相 始遣大將軍督軍 二十一年(216) 征孫權還 夏侯惇督二十六軍始也 魏文帝 皇初二年(221) 始置都督諸軍事 或領刺史".
고려의 都督制와 관련하여 고려의 성립 이전에 지방 통제 능력을 상실한 신라는 정부 체제를 갖추고 있는 지방의 큰 세력들과의 관계를 새롭게 할 필요를 느끼게 되었다. 여기서 유명무실해진 9주 5소경을 근간으로 한 都督制를 파기하고 唐의 경우를 참고하여 知州諸軍事 체제를 성립시켰다(全基雄, 「羅末麗初의 地方社會와 知州諸軍事」, 『慶南史學』 4, 1987). 知州諸軍事에 대해서는 견해가 다양하다. 먼저 知州諸軍事를 국가가 城主, 將軍과 같은 대호족에게 사여한 칭호로 보기도 하고(李基白, 「新羅 私兵考」, 『歷史學報』 9, 1957/『新羅政治史研究』, 一潮閣, 1974, 265쪽 재수록 ; 金光洙, 「羅末麗初의 豪族과 官班」, 『韓國史研究』 23, 1979, 123쪽), 지방 통치자의 칭호로 보기도 한다(黃善榮,

국왕 책봉문에 의하면 관작 중 使持節과 都督은 관례적으로 관작명의 서두에 놓인다. 使持節은 황제의 信表인 符節을 받아 독자적으로 統軍한 다는 의미였다.[32] 都督의 統軍加節之制에 대하여 그 位階와 權限을 규정하였다.[33] 都督과 비슷한 유형의 기구가 都護府다. 都督이 중국 내지와 정복지에 설치될 수 있는 기관이었다면, 都護府는 정복지에만 설치되는 특수 기구였다.[34]

持節에 '使持節' '持節' '假節'의 3種이 있고, 都督에 '都督' '監' '督'의 3種이 있다. 위의 자료를 바탕으로 조합 방법은 15가지의 경우가 있다.[35] 이 중에 使持節·都督이 가장 상위의 관직이다.[36] 漢代에 출현하여 魏晋代를 거치면서 제도화한 都督은 그 앞에 使持節(持節)을 加授하여 자율성을 인정하고 본래의 군사적 기능 외에도 刺史를 겸하여 民政權을 부여하였다.[37] 太義軍使도 이 같은 맥락에서 이해할 수 있다.

후당의 책봉을 받고 난 고려는 天授라는 독자적인 연호 대신 후당의 연호를 사용하기 시작하였다. 이는 책봉에 따르는 事大와 朝貢 그리고 曆書 및 연호의 사용에 수반되는 절차다.[38] 태조의 통치에 대한 후당의 승인과 그 지위의 국제적 인정이 官爵名에 '都督', '大義軍使' 등으로 표현되었다고 하겠다. 책봉 조서에서 '甄萱의 무리를 꺾었다'는 것은 고려가 책

『高麗初期 王權硏究』, 東亞大出版部, 1988, 88쪽).

32) 金鐘完, 「南北朝時代의 冊封에 대한 검토 - 賜與된 官爵을 중심으로」, 『東亞硏究』19, 1989, 4쪽. 『南齊書』卷16, 百官志, "魏晋世州牧隆重 刺史任重者爲使持節都督 輕者爲持節督 起漢從(順)帝時 御史中丞 馮赦討九江賊 督揚·徐二州諸軍事 而河·徐宋志云起魏武遣諸州將督軍 王珪之職儀云起光武 竝非也 晋太康中(280~289) 都督知軍事 刺史治民 各用人惠帝末 乃竝任非要州則單爲刺史".

33) 『宋書』卷39, 百官志上, "晋世則都督諸軍爲上 監諸軍次之 督諸軍爲下 使持節爲上 持節次之 假節爲下 使持節得殺二千石以下 持節殺無官位者 若軍事得與使持節同 假節唯軍事得殺犯軍令者".

34) 『舊唐書』卷44, 職官志3, "都護之職 掌撫慰諸蕃 輯寧外寇 覘候姦譎 征討貳"; 『新唐書』卷49下, 百官志4下, "都護掌統諸蕃 撫慰 征討 敍功 罰過 總判府事".

35) 坂元義種, 『倭의 五王 - 空白의 五世紀』, 敎育社, 1981, 161쪽 ; 坂元義種, 『古代東アジアの日本と朝鮮』, 吉川弘文館, 1978, 314쪽.
持節과 都督諸軍事의 組合은 다음과 같다.

봉을 주청하면서 한반도의 사정을 자세히 보고하였음을 알려주는 대목이다. 특이하게 이때의 책봉에서는 高麗 王妃에 대한 책봉이 동시에 시행되었다.

> 경은 동방의 대족이요, 해외의 강국으로서 문무의 재주로 그 지역을 장악하였으며 충효의 미풍으로 우리의 문화를 섭취하였다. 아름다운 정성은 이미 깃발에 篆書로 새겼으며 영예로운 대우는 문건에 밝혀져 있다. 조서에는 벌써 친선의 정이 표시되었고 가정이 화목하니 백성의 모범이 될 만하다. 食邑을 나누어 당신의 부인을 경사롭게 하고자 하니 그로 하여금 內助의 공을 빛나게 하며 이 특별한 대우에 어긋나지 않게 하라. 그대의 성의를 아는 바이니 나의 은혜를 짐작하리라. 이제 부인 柳氏를 河東郡夫人으로 책봉한다.[39]

번호	持節			都督		
	使持節	持節	假節	都督	監	督
1	◎			◎		
2		◎		◎		
3			◎	◎		
4				◎		
5	◎				◎	
6		◎			◎	
7			◎		◎	
8					◎	
9	◎					◎
10		◎				◎
11			◎			◎
12						◎
13	◎					
14		◎				
15			◎			

36) 고려 국왕은 성종 7년(988) 10월에 宋에서 持節 玄菟州都督 大順軍使 玄菟州 諸軍事의 작호를 받은 사실을 제외하면 모두 使持節 都督을 수여받았다.

37) 金鍾完, 『中國南北朝史硏究』, 一潮閣, 1995, 162쪽.

38) 朴星來, 「高麗初의 曆과 年號」, 『韓國學報』 10, 1978 ; 秦榮一, 「高麗前期의 災異思想에 관한 一考」, 『高麗史의 諸問題』, 三英社, 1986.

39) 『高麗史』 卷2, 世家2, 太祖 16년(933) 3月 辛巳, "卿 長淮茂族 漲海雄蕃 以文

이때 태조의 부인 유씨를 '河東郡夫人'으로 책봉한 것은 고려의 '奏請'
에 따른 것이었다.[40] 책봉에 대한 요청은 고려에서만 있었던 예가 아니었
다. 五代로부터 책봉을 받은 나라들, 예컨대 吳越國王 錢鏐가 後唐에 책
봉을 '密求'하는 등[41] 그 예가 많았다. 이처럼 책봉은 요청에 의한 경우가
대부분이었으나, 중국측 기록에서는 책봉을 '乞'했다는 식으로 표현하고
있다. 중국적인 修辭라고 할 수 있으나 책봉 관작이 필요한 나라의 요청
에 응해서 시행된 책봉이 많았던 점은 분명하다.

한편 고려시대 국왕 책봉에서 부인을 동시에 책봉한 것은 이때뿐이
다.[42] 이때는 三軍將吏에게 대해서도 조서를 보내 왕건을 책봉한다는 사
실을 특별히 공표함으로써 왕건의 권위를 고양시켰다.

짐의 생각에 왕건은 星雲의 아름다운 정기를 타고났으며 금석을 뚫을
만한 정성을 기울이고 있다. 그의 信義는 이웃 나라들과 화목한 사실에
서 알 수 있으며 忠孝는 事大하는 태도에서 볼 수 있다. 三韓의 아름다

武之才 控玆土宇 以忠孝之節 來稟化風 貞規旣篆於旗常 寵數是單於簡冊 如
綸如綍 已成虎穴之榮 宜室宜家 足顯鵲巢之美 俾頒湯沐 以慶絲蘿 永光輔佐
之功 式恊優隆之命 諒卿誠素知我渥恩 卿妻柳氏 今封河東郡夫人".
 40) (宋) 王欽若·楊億等 奉勅撰,『冊府元龜』卷976, 外臣部, 長興 3年 7月詔(『文
淵閣四庫全書』919冊, 343쪽), "特進 檢校太保 使持節 玄菟州都督 上柱國 高
麗國王 建妻 河東柳氏 可封 河東郡夫人 高麗入朝使 太相王儒 奏請也".
 41)『舊五代史』卷32, 唐書8, 莊宗紀6, 同光 2년(924) 10월 壬午.「天下兵馬都元
帥 尙父 守尙書令吳越國王錢鏐 可依前天下兵馬都元帥 尙父 守尙書令 封吳
越國王」으로 책봉하였는데, 이는 吳越國王의 요청에 의한 것이었다(『舊五代
史』卷36, 唐書12, 明宗紀2, 天成 1年(926) 5월 壬午, "尙父 吳越國王錢鏐 遣
使進金器五百兩 銀萬兩 綾萬疋謝恩 賜玉冊 金印 初同光季年 鏐上疏密求玉
冊金印 郭崇韜進議以爲不可 而樞密承旨段詗 受其重賂贊成其事 莊宗卽允其
請 至是故有貢謝").
 42) 훗날 高宗, 元宗妃에 대한 책봉의 사례가 忠宣王 때 유일하게 있으나 이는 追
贈이었다. 元宗의 對蒙古 관계 개선 노력이 元에 의하여 늦게나마 평가되어
忠宣王代에 端誠奉化保慶亮節康濟佐理功臣 太師 開府儀同三司 尙書右丞相
上柱國 高麗國王 謚忠敬으로 추증되었다. 이때 고종과 원종에 대한 추증과 더
불어 왕비인 柳氏와 金氏에게도 高麗王妃로 책봉되었다(李齊賢,「忠憲王世
家」,『益齋亂藁』卷9上/『高麗名賢集』2, 成大 大東文化研究).

운 강토를 가지고 중국의 正朔을 시행하며 머나먼 창해를 건너서 항상 공물을 바쳤다. 공훈과 명성은 이미 현저하며, 작위가 아직 높지 못하니 마땅히 책서를 주어 실제 봉작을 높이려 한다. 이제 그를 高麗國王으로 봉하기 위하여 사신으로 하여금 禮를 갖추어 책명을 전하게 하는 동시에 그를 위로케 하겠으니 모두들 그렇게 알라![43]

후당에서 왕건의 '三軍將史'들에게 자신들의 책봉 사실을 알리면서 충성할 것을 암시하고 있다.[44] 이때의 책봉은 고려국왕 책봉사상 유일하게 三軍의 장병들에게 조서를 내리고 있어 각별한 의미를 갖는다.[45] 왕건의 인품과 정성을 보아 그를 '高麗國王'으로 책봉한다고 하였다. 皇帝의 권위로 '내가 임명한 高麗國王'이니 그대 將史들은 왕건에게 절대 복종하라는 意味가 함축되어 있다. 이는 후삼국 통일을 주도한 왕건의 정치적 지위에 큰 힘을 더해 주었음에 틀림없다.

이상과 같이 933년 후당의 책봉을 받고 태조가 禮山鎭에 행차하여 (934.5) 내린 詔書는 그 의미가 각별하다. 그는 국정 운영에 자신감을 보이며 신료들의 대민 업무에 충실할 것을 당부하였다.

2) 後晉의 太祖 및 惠宗 책봉

태조는 재위 22년(939)에 후당의 뒤를 이은 後晉으로부터 開府儀同三

---

43) 『高麗史』卷2, 世家2, 太祖 16년(933) 3月 辛巳, "朕以 王建星雲稟秀 金石輸誠 信義著於睦隣 忠孝彰於事大 領三韓之樂土 每奉周正 越萬里之洪波 常陳禹貢 勳名已顯 爵秩未崇 宜寵錫以桐圭 俾眞封於桃野 今封授高麗國王 差使往彼備禮冊命 便令慰諭 想宜知悉".

44) 三軍은 諸侯國의 軍을 가리킨다. 周制에 「天子六軍 諸侯 大國三軍 次國二軍 小國一軍」이라 하였다.

46) 金仁圭의 다음과 같은 견해가 있다. 三軍將吏란 통일전쟁 과정에서 성장한 무인세력을 지칭하고, 평양을 중심으로 하는 서경세력을 가리킨다고 한다. 그리고 태조는 중국으로부터 왕으로 책봉받음으로써 중국의 권위에 힘입어 이들을 억제하려고 하였다는 것이다(金仁圭, 「高麗 太祖代의 對外政策」, 『高麗太祖의 國家經營』, 서울대출판부, 1996, 107쪽).

司檢校太師 食邑一萬戶로 加冊되었다.[46] 이번 책봉이 있기 1년 전에 고려는 後晉 年號를 시행하였다.『舊五代史』에는 이 책봉이 941년에 시행된 것으로 수록되어 있으나 고려의 기록을 볼 때 939년(태조 22)이 옳다고 하겠다.[47] 왜냐하면 941년에는 後晉에서 고려에 사신이 왔다는 기록이 없고 단지 고려에서 大相 王申一을 파견해 토산물을 바쳤다는 사실만이 있기 때문이다. 後晉에 의한 太祖 책봉 내역은 유일하게『冊府元龜』에 실린 冊文을 통해 알 수 있다. 거기에는 왕건은 뜻이 金石처럼 단단하고 마음은 서릿발처럼 늠름하며 매번 조정에 朝會하는 데 간절하여 事大에 부지런하였다고 하였다. 그리고 사람을 파견하여 天朝에 朝會함에 충절을 갖추었기에 開府儀同三司 檢校太師로 제수한다고 하였다.[48]

태조에 대한 가책을 시행한 後晉은 後唐과는 혈연적으로도 연결되어 있었다.[49] 후진의 高祖 石敬瑭은 後唐 明宗(李嗣源)의 사위로, 세력이 약했던 관계로 遼 太宗의 도움을 받아 후당을 격파하고 즉위하였다. 석경당은 遼에 의하여 晉皇帝로 책봉되었고(936년), 도움의 대가로 遼의 보호국

---

46) 이번의 책봉은 고려측 기록에는 939년으로 되어 있으나(『高麗史節要』卷1, 太祖 22년(939), “是歲 晉遣國子博士 謝攀 來冊王 爲開府儀同三司 檢校太師”),『舊五代史』에는 941년으로 되어 있다(『舊五代史』卷79, 晉書5, 高祖紀5, 天福 6년(941) 6월 丙午, “高麗國王 王建 加開府儀同三司 檢校太師 食邑一萬戶” ;同 8월, “遣光祿卿 張澄 國子博士 謝攀 使高麗 行冊禮”).

47) 이때의 책봉을 941년으로 보는 견해는 다음과 같다. 金在滿,「五代와 後三國·高麗初期의 관계사」,『大東文化硏究』17, 1983 ; 金東聲,「五代十國의 韓半島 諸國과의 관계와 그 인식」,『中央史論』12·13合輯, 1999, 219쪽.

48)『冊府元龜』卷965, 外臣部, 封冊3, 晉高祖 天福 6년(941) 5月制, “王者法二象 以覆載齊七麗以炤臨 旣符有道之文 是布無私之化 其有誠懸象闕 路越鯨津首 傾拱極之心 久勵事君之節 不示四時之信 同萬國之風 用顯英賢 俾行典禮大 義軍使 特進 檢校太保 使持節 玄菟州都督上柱國 高麗王 王建 天資間傑 神 授機謀 宇量矜嚴 靈襟洞達 志堅金石 凜雪霜 每切 朝宗常勤事大 守三韓之重 地 仁義兼修 定百濟之彊隣 恩威竝振 曁朕握圖御宇 膺籙開基 遣猶子以朝天 備彰忠節 改名臣而稱賀 益證深誠 而又敍立國之緣 述連姻之舊 慕予正朔 顯 爾籌謀 是用擧徽章聿覃豊澤 階升一品 位統三師 加以戶封兼其眞食 勉膺寵 命以保令 猶可開府儀同三司 檢校太師 依前使持節 玄菟州都督 充大義軍使 食邑一萬戶 食實封一千戶 高麗國王”.

49) 後唐·後晉의 계승관계

이 되었음은 물론 燕雲 16주와 매년 세폐로 비단 30만 필을 바쳐야 했다.

고려 태조가 이때 받은 책봉 관작은 '開府儀同三司 檢校太師'였다. 앞서 後唐에서 책봉한 관작은 '特進 檢校太保 使持節 玄菟州都督 上柱國 充大義軍使 高麗國王'이었는데, 特進을 開府儀同三司로, 檢校太保를 檢校太師로 한 단계 올려준 것이었다. 이러한 官爵의 승급은 두 왕조가 단절적이지 않고 연속적임을 반영하였다고 이해된다.[50]

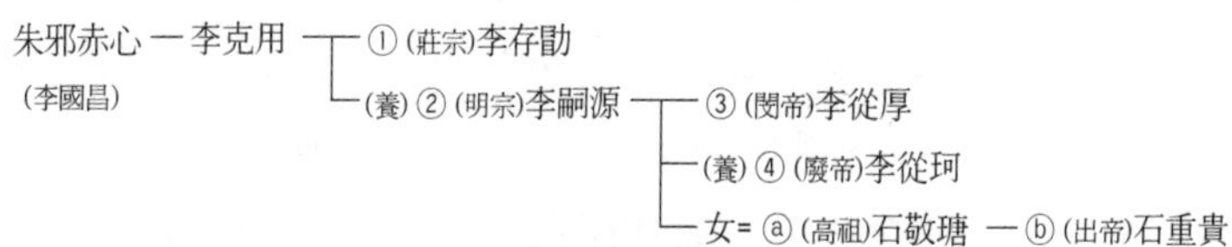

* ①②③④는 後唐, ⓐⓑ는 後晋.

후당의 명종이 죽고, 閔帝가 즉위하자 의형제인 潞王 李從珂가 반란을 일으켜 開封을 함락하고 帝位에 올랐다. 李從珂와 경쟁하고 있던 明宗의 사위 石敬瑭[ⓐ(高祖)]은 확실한 근거지가 없었으므로 북방 遼 太宗에게 원조를 요청하여 5만의 원군을 이용하여 혁명을 하였다.

50) 이 시기에는 5왕조에 걸쳐 관직 생활을 한 자도 있었다. 馮道가 대표적 존재이다. 唐末 五代를 거쳐 宋으로 이어지는 역사에서 官僚들이 단절되지 않고 연속적이었다고 알려지고 있으며(毛漢光,「五代之政治連續與政權轉移」,『歷史言語研究所集刊』51本, 1990), 五代의 관료가 宋으로 이어지고 있다는 사실(金東晸,「五代 節度使 體制下의 文臣」, 中央大 碩士學位論文, 1989)도 지적되고 있다. 五代 시기는 節度使체제로 알려지고 있어서 武臣에 대한 연구는 많으나, 문신에 대한 연구는 소략하다. 오대 문신에 대한 연구는 몇 가지 논고를 참고할 수 있다(申賢淑,「南唐文臣官僚體制의 形成과 그 背景」, 서울大 碩士學位論文, 1985 ; 金宗燮,「五代 幕職官의 制度와 特性」, 延世大 碩士學位論文, 1995 ; 金東晸,「五代 文臣의 動態와 그 性格」,『關東史學』5·6合輯, 1994 ; 金東晸,「五代十國 文臣의 成長背景 - 政治的 要因을 중심으로」,『人文學報』20, 江陵大人文科學硏究所, 1995 ; 金東晸,「五代時 十國文臣의 動態와 그 地位 - 出身性分과 入仕途를 중심으로」,『中央史論』8, 1995 ; 金東晸,「五代十國 文臣成長의 敎育的 背景」,『關東史學』7, 1996). 한편, 文臣은 아니나 胥吏에 대한 연구도 주목된다. 五代 武人政權下에서 행정 실무를 장악하여 그 정치적 비중을 증대시키고 宋代에 들어와 執權官僚制의 수립과 함께 仁宗연간을 전후로 하여 관료사회와 구분되는 사회세력으로 부상하였다는 것이다(李瑾明,「五代宋初 胥吏 存在形態의 變化와 그 性格 - 胥吏制度의 確立過程과 關聯하여」,『東洋史學硏究』40, 1992). 문신뿐만 아니라 胥吏도 五代와 宋은 연속되고 있음을 확인할 수 있다.

그런데 이 관작에 보이는 太保, 太師를 비롯한 太尉, 太子太傅, 都督 中外諸軍事는 국가의 원로, 황태자 보좌역, 군사 및 행정의 책임자임을 나타낸다. 昇官에는 단계가 있는데, 이는 오대 왕조의 남중국 왕조에 대한 책봉에서도 보인다. 이러한 昇官에는 책봉 받는 나라의 大小强弱, 대륙 왕조에 대한 功勞 등이 고려되었다.[51] 이러한 책봉 이후 官爵의 승급은 여러 가지 사정이 고려되어 각 왕별로 차등있게 시행되었는데, 이는 고려 전 시기를 통하여 공통된 책봉의 특징이라 하겠다.

위에서 언급했듯이 後唐과 後晉은 연속적인 왕조이고, 이 같은 상황에서 고려 국왕에 대한 책봉도 시행되었으므로 고려 태조에 대한 후당과 후진의 책봉 내역은 종합하면 '開府儀同三司 檢校太師 使持節 玄菟州都督 充大義軍使 上柱國 食邑一萬戶 食實封一千戶 高麗國王'이 될 것이다.

사절 파견의 횟수를 보면, 태조대에 대륙으로 12회의 사절이 파견된데[52] 비하여 대륙에서는 고려에 사신을 2회 파견하였다. 2회의 사절은 왕건을 '高麗國王'에 책봉하기 위한 사행으로서, 이는 한반도의 세력 관계를 반영함과 동시에 확인시키는 의미도 있었다. 태조대의 대외관계를 보면, 고려와 後晉이 함께 遼를 견제하는 것이었다. 이런 이유로 後晉이 고려 국왕을 책봉하면서 食邑 1만호와 食實封 1천호를 賜與하였다고 이해된다. 이 식읍과 식실봉은 명목상의 지급이었으나 그 戶數의 多寡는 피책봉국에 대한 평가를 나타낸다.

책봉이 이루어진 태조 22년이라면 후삼국이 통일된 후 4년이 되는 해였다. 이 무렵 土姓分定,[53] 役分田 제도[54]가 시행되었으며 삼한 공신의 功臣堂이 건립되었다.[55] 나아가 태조 24년(942)에는 遼의 낙타 50필을 萬夫橋에 매달아 죽이면서 그들에 대한 강경책을 천명하였다. 두 번에 걸친

---

51) 日野開三郎, 「五代の對外關係」, 『五代史の基調』, 三一書房, 1980, 392쪽.

52) 李基白, 「高麗初期에 있어서의 五代와의 關係」, 『論叢』 1집, 梨大韓國文化硏究院, 1959, 76쪽 ; 李基白, 『高麗貴族社會의 形成』, 一潮閣, 1990.

53) 李樹健, 『韓國中世社會史硏究』, 一潮閣, 1984, 60~69쪽.

54) 『高麗史』 卷78, 食貨志1, 田柴科, 태조 23년, "初定役分田".

55) 『高麗史』 卷1, 世家1, 太祖 23년, "是歲 重修新興寺 置功臣堂".

후당과 후진의 태조 책봉은 그에게 국제 정세에 더욱 적극성을 띠게 하는 계기가 되었고 국내적으로는 자신에 대한 도전을 방지하는 안전판 구실도 하였다.

惠宗 武는 태조의 25 왕자와 9 공주 중에서 맏이로 태어나 열 살[56] 나던 해인 921년(태조4)에 正胤으로 지목되어 태조의 후계자가 되었다. 이 무렵은 후백제와의 긴장이 한층 고조된 시기로, 武가 책봉되기 1년 전부터 百濟와 高麗 사이에는 불화가 일고 있었다.[57] 武는 일찍부터 부왕 왕건의 비호 아래 정치 일선에서, 그리고 통일전쟁의 직접적인 공로자로서 자신의 입지를 굳혔다. 부왕을 따라 후백제를 공략할 때는 적진으로 먼저 뛰어들어가 많은 공을 세워 그 공로가 으뜸이었다고 전한다.[58]

태조가 타계하기 전 한동안 부왕의 명을 받들어 정사를 처리하는 등의 훈련을 거쳐 혜종은 正胤으로 책봉된 지 20여 년 만에 32세의 나이로 고려 국왕에 즉위하였고 이때 훈요십조도 전승되었다.[59] 그는 즉위 1년 (944)에 후진에 사신을 보내 자신의 즉위 사실을 알리고,[60] 겸하여 遼를 격파한 사실을 祝賀하였다. 당시 後晉은 遼의 강압에 반발하여 그들과의 약속을 파기하고 반항적 자세를 취하였다. 결국 遼 太宗은 후진을 멸망시키고 스스로 中國의 皇帝가 되어 漢族을 통치코자 했으나, 그들의 저항과 지방 군벌들의 반항에 부딪히게 된다.

惠宗은 이러한 시기인 945년에 後晉으로부터 고려국왕에 책봉되었

---

56) 『高麗史』 卷2, 太祖 24년(921) 12월조에 보이는 '7세'는 10세의 誤記이다.

57) 『高麗史』 卷1, 世家1, 太祖 3年(920) 10月.

58) 『高麗史』 卷2, 世家2, 惠宗 卽位年.

59) 『龍飛御天歌』 第15章解, 亞細亞文化社, 1972, 245쪽, "혜종이 즉위할 때 3일간 제계한 후 이를(十訓要) 받은 뒤 대대로 전수되어 보물로 전해왔다"(高麗太祖 作訓要 以傳諸後[夾註 : 高麗太祖末年 御內殿 召大匡朴述希 親授訓要 凡十訓 惠宗卽位 齋三日受之 其後嗣王 相傳爲寶]).

60) 『資治通鑑』 卷285, 後晉紀6, 齊王下, 開運 2年(945) 10월, "帝欲使高麗優契丹 東邊 以分其兵勢會 建卒 子武 自稱權知國事 上表告喪 十一月戊戌 以武爲大 義軍使 高麗王 遣通事舍人 郭仁遇 至其國 諭指使 擊契丹(畏契丹知之不形 諸詔 命以詔指諭之而已) 郭仁遇至其國 見其兵極弱 虓者襪囉之言 特建爲誇 誕耳 實不敢與契丹爲敵 仁遇還 武更以它故爲解".

다.61) 사신으로서 廣評侍郎 韓玄珪와 禮賓卿 金廉을 파견한 후 다음 해에 책봉사가 도착하였다. 이때의 詔書에서는 조상들의 훌륭한 일을 잘 계승한다는 영예가 있으므로 당연히 왕위를 계승해야 한다62)고 하였다. 詔書에서는 혜종의 재주와 책략이 특이하고 規模는 世上에서 뛰어나 문장과 무예를 겸전하였다고 하였다. 그리고 용맹한 자세로 적들의 침공을 만리 밖에서 막아냈으며 자애롭고 화순한 정치는 온 나라에 널리 퍼졌다고 칭찬하였다. 더욱이 後晋에 대한 성의가 깊고 공물을 계속 바쳤기 때문에 剛日을 택하여 특별한 은전을 보낸다고 되어 있다.63)

『舊五代史』에는 책봉 내역이 '檢校太保 使持節 玄菟州都督 充大義軍使 封高麗國王'으로 기록되어 있는데,64) 『高麗史』에는 이 중 '檢校太保'가 누락되어 있다. 혜종은 945년 後晋으로부터 '玄菟州都督 充大義軍使'의 관작을 받았다. 이는 앞서와 같이 고려 지배자로서의 그의 지위를 계승시키고 승인한 것이었다.

책봉 의식에 즈음하여 高麗國王에게 竹冊과 法物들을 전달하였다. 法

---

61) 『高麗史節要』 惠宗 2년(945), "晉遣光祿卿范匡政 太子洗馬張季凝 來冊王爲持節玄菟州都督 上柱國 充太義軍使 高麗國王";『五代史』 卷9, 晉本紀9, 出帝, "封王武爲高麗國王";『舊五代史』 卷84, 晉書10, 少帝紀4, "以權知高麗國事王武 爲檢校太保 使持節 元菟州都督 充大義軍使 封高麗國王";『舊五代史』 卷84, 晉書10, 少帝紀4, "命使冊高麗王 王武". 한편 이때의 책봉은 혜종이 아닌 定宗이었다는 說도 있다(李龍範, 『韓滿交流史硏究』, 同和出版社, 1989, 224~226쪽).

62) 『高麗史』 卷2, 世家2, 惠宗 2년(944), "省所奏 以先臣遺命 及官吏推請權知國事 事具悉圭茅積慶 忠孝因心 早彰幹蠱之名 顯著象賢之譽 雅當嗣習 深契物情見先臣知子之明 成後嗣 克家之美 遠陳章奏 尤驗純誠 欣慰之懷 寤寐無已".

63) 『高麗史』 卷2, 世家2, 惠宗 2년(945), "卿才略耀奇 規模冠俗 苟息之忠貞自許 翁歸之文武兼全 騰瞵鶚立之姿 折衝萬里夏屋 春臺之照 化洽一隅 而又尊獎誠深 貢輸禮備 是於剛日 乃降明恩 宜旌命世之英 俾峻眞王之秩 爰旌亮節仍進崇階 可持節 玄菟州都督 上柱國 充大義軍使 仍封高麗國王 令今命使 光祿卿范 匡政 使副太子洗馬 張季凝等 往皮宣賜官告勅牒 國信物等 具如別錄".

64) 『舊五代史』 卷84, 晉書10, 少帝紀4, 開運 2년(945) 11월, "以權知高麗國王事王武 爲檢校太保 使持節 玄菟州都督 充大義軍使 封高麗國王".

物이란 봉건 정부에서 받거나 보내는 공식 선물을 일컫는데, 혜종이 받은 선물과 고려가 보낸 선물 명칭이 모두 기재되어 있어 당시 양국 간에 오간 수공업 제품의 종류를 알 수 있다.[65] 고려는 혜종의 왕위계승을 주청하면서 澶州의 공략에 대하여 축하하였다. 그 사실은 후진에서 가져온 다음 勅書에 수록되어 있다.

> 卿이 보낸 表文에 의하여 지난해 3월 1일에 朕이 澶州로 가서 契丹을 격파한 사실에 대하여 축하하였음을 알았다. 짐은 契丹이 信義를 크게 어기고 침략을 일삼기 때문에 친히 군사를 일으켜 광포한 적을 평정하였다. 靈旗를 한 번 드니 광분하던 적들이 사방으로 도망쳤다. 경은 멀리서 이 승리의 소식을 듣고 통쾌하게 여겨 이와 같이 축하의 뜻을 표시하였다. 짐은 경의 충성을 嘉賞히 여겨 잊지 않겠다.[66]

위의 글을 통해, 遼와 後晉의 대립 과정에서 후진이 遼의 1차 침략을 물리친 사실을 '고려 사신이 祝賀하였음을 알 수 있다. 後晉은 이러한 고려의 승전 축하에 대하여 감사를 표시하였다. 이러한 상황을 볼 때 고려의 對外 情勢에 대한 파악이 신속하였다고 하겠다. 遼의 1차 침략을 물리친 후 얼마 안 되어 후진은 패배를 당하는데, 이러한 國際戰의 소식이 비교적 빨리 고려에 전달되는 통로가 있었다고 이해된다.[67]

---

65) 이때 전달된 선물은 '竹冊, 冊匣, 金銅 자물쇠, 채문, 겹수건, 책뚜껑, 책 상자판, 유화 책상 덮개, 백자목 책상, 책상보, 방석' 등이었다. 고려에서 보낸 선물은 '도포감, 침대 요, 가죽 갑옷, 쇠 투구, 모직 다리 싸개, 角弓, 대 화살, 나무 화살, 화살통, 검, 長刀, 창, 비수, 모시, 모직, 중마포, 작자(斫剌 : 刑具), 안석(倚背), 매 방울, 흰 모직, 마포, 인삼, 머리털, 쇠가위, 불쑤시개 낫, 집게, 香油, 잣' 등이었다.

66) 『高麗史』卷2, 世家2, 惠宗 2년(945), "高麗國王 省所上表 賀去年三月一日親幸澶州 殺敗契丹事具悉 朕以契丹 顯違信義 輒肆侵陵 親御戎車 往平桀虜 靈旗一擧 狂寇四犇 卿遠聽捷音 頗攄憤氣 載馳章表 來慶闕廷 嘉乃忠誠 不忘于意".

67) 後晉의 高祖 石敬塘은 後唐을 격파하고 皇帝가 되고자 契丹의 太宗에게 燕雲 16주를 바치고 그의 도움을 받았다. 석경당은 遼 황제에게 '臣'을 자청하면서 父子의 禮를 갖추었다. 遼는 석경당을 '兒皇帝'라 불렀다. 이리하여 석경당은

3) 後周의 光宗 책봉

後晉을 이어 開封에 들어가 天子를 자처한 晉陽節度使 劉知遠(高祖)은 국호를 後漢이라 하고 遼에 대항하여 그들을 물리쳤다. 재위 1년 만에 그가 죽고 아들 隱帝가 즉위하였지만 재위 3년 만에 後周의 태조 郭威에 의해 망하였다. 遼와의 전쟁으로 국력을 소비한 後漢은 4년(947~950)밖에 존속하지 못한 단명 왕조였으므로 고려와 冊封-朝貢관계를 맺을 겨를이 없었다. 이 기간에 고려는 定宗(945~949)과 光宗(949~975)이 재위하였다.

광종은 後周로부터 책봉을 받았지만 定宗은 책봉을 받을 겨를이 없었다. 定宗 3년(948)에 後漢 연호 사용으로 대외관계의 변화가 이루어진 사실을 상기하면 後漢의 단명과 관련이 있었다고 추정된다.[68] 고려 국왕에 대한 책봉은 定宗이 제외되고 光宗으로 이어졌다. 光宗은 혜종·정종대에 정치적 변화를 체험하면서 經綸을 키웠는데, 이 시기의 활동 기록은 보이지 않는다. 그러나 이 시기와 광종대의 제반 혁신정치를 단절적으로 이해할 수는 없다.

光宗은 1년(950)에 光德이라 年號를 정한 뒤,[69] 다음 해에 後周의 연호

華北의 민중들에게 고난을 안겨 주었고 漢族의 민족사에 긴 고난의 시기를 야기하였다. 이러한 對遼 臣屬정책은 桑維翰이 중심이 된 문신 관료들의 작품이었으나, 出帝(石重貴)가 즉위하면서 위와 같은 양국 관계에 반대하는 주장이 표면화되었다. 遼의 책망에 후진의 景延廣이 이끄는 금군의 장교들이 "遼에 대하여 稱臣할 수 없다(『遼史』 卷4, 太宗紀下, 會同 5년 7월, "先帝則聖朝所立 今主則我國自册 爲隣爲孫則可 封表稱臣則不可")는 주장을 앞세우고 대결하였다. 그 결과 944년 이후 遼과 후진은 교전 상태에 들어갔다. 後晉은 遼의 첫 번째 공격을 막아낼 수 있었으나 후진 건국의 元勳이자 하동절도사였던 劉知遠은 그들의 침략에 방관자적 태도를 취하였다. 그 결과 遼의 두 번째 공략으로 후진의 절도사들이 항복하고 出帝를 포함한 皇后등이 포로로 잡혔다. 出帝는 18년의 유폐 끝에 遼에서 사망하였다. 이리하여 華北의 거의 전 지역을 遼가 직접 지배하게 되었다.

68) 金在滿, 「五代와 後三國·高麗初期 關係史」, 『大東文化硏究』 17, 1983, 195쪽.
69) 『高麗史』에는 광종 1년(950)으로 되어 있으나 즉위년(949)에 建元하였다. 이 문제에 대해서는 다음 논문이 참고된다. 今西龍, 「高麗の年號'光德'の年代」,

를 시행하였다. 재위 3년째인 952년에 후주에 廣評侍郎 徐逢을 보내 토산물을 선사하였다[70]고 기록되어 있는데, 이 使行의 목적은 책봉을 요청하기 위해서였다. 이 요청이 받아들여져 광종 4년(953)에 檢校太保 使持節 玄菟州都督 充大義軍使兼御史大夫 高麗國王으로 책봉되었다.[71]

光宗 7년(956)의 가책이 시행되기 바로 전해에도 大相 王融을 後周에 보내 방물을 바치고 廣評侍郎 荀質을 파견하여 後周 世宗의 즉위를 축하하였다. 이런 사절단의 파견이 있은 다음 해에 고려에 후주의 책봉사가 도착하여 광종을 開府儀同三司 檢校太尉로 책봉하였다.[72] 『冊府元龜』에

『考古學雜誌』 3-1, 1912/『高麗史硏究』, 國書刊行會, 1944에 재수록 ; 秋浦秀雄, 「高麗光宗朝における國際事情を檢覈す」, 『靑丘學叢』 12, 1933 ; 朴星來, 「高麗初의 曆과 年號」, 『韓國學報』 10, 1978.

70) 『高麗史』 卷2, 光宗 3년(952).

71) 『舊五代史』 卷112, 周書3, 太祖紀3, 廣順 2년(952) 2월, "以權知高麗國事王昭 爲高麗國王" ; 『高麗史』 卷2, 世家2, 光宗 4년(953), "冊王爲特進 檢校太保 使持節 玄菟州都督 充大義軍使兼御史大夫 高麗國王" ; 『高麗史節要』 卷2, 光宗 4년(953) 9월 以前, "冊王 爲特進 檢校太保 使持節玄菟州都督 充大義軍使兼御史大夫 高麗國王".
고려와 후주의 기록에 1년차가 생기는 것은, 후주에서는 책봉을 결정한 시점을 기록하고 고려는 책봉을 받은 시기를 적었기 때문이다. 이때의 고려국왕 冊封使는 劉白皐였는데, 사행길에 오르기도 전에 사망하였다(『舊五代史』 卷112, 周書3, 太祖紀3, 廣順 2년(952) 3월 甲午, "高麗國冊使 衛尉卿 劉白皐卒"). 광종을 책봉하는 의식 행사시에 장마비가 내려 그것이 지연되는 일이 생겼다. 이때 均如가 風雲을 건히게 하여 책봉의식을 거행할 수 있었다. 赫連挺, 『均如傳』, 「感通神異分者」, "國師 謙信이 師(均如)를 천거했는데, 당시 師의 나이가 젊었다. 師는 國請을 받들고 象步 安詳으로 獅子座에 올라 圓音으로 한번 강연했더니, 雷電이 없어지고 잠시 사이에 風雲이 걷히면서 하늘이 밝아져 해가 솟아 나왔다. 이로 말미암아 王은 그를 극진히 尊敬해서 九拜의 禮를 加했다. 遁臺葉村이 比丘의 고향이었다. 王은 龍蛇가 大澤이 아닌 곳에서 났지만 忠信이 어찌 十室의 작은 고을에 없을 것이냐고 생각했다. 얼마 후 師를 冊封하여 大德으로 삼고 다시 勅命으로 俗眷(家族) 10여 인에게 각각 田 25頃과 奴婢 5명을 사하여 黃州城 내에 살게 하였다." 이상은 金杜珍, 「均如의 生涯와 著述」, 『均如華嚴思想硏究 - 性相融會思想』, 一潮閣, 1983, 15~16쪽 참조.

72) 『舊五代史』 卷115, 周書6, 世宗紀2, 顯德 2(955) 11월, "高麗國王王昭 加開府儀同三司 檢校太尉 依使持節 元菟州都督 大義軍事 王如故" ; 『高麗史節要』 卷2, 光宗 7년(956), "周遣將作監 薛文遇 來加冊王 爲開府儀同三司 檢校太師".

수록되어 있는 이때의 冊封文에는, 의관을 정제하고 正朔에 象魏73)를 흠모하여 바다를 건너왔으며[梯航], 정성을 다하여 중국의 풍화를 멀리 사모하고 통역을 거듭하여 興運[중국]에 朝會하였다고 하였다. 그리고 산하의 숫돌 같은 맹서는 변치 않을 것이며 敎化에 따름에 있어 어찌 멀다고 한정하겠는가, 이미 원방의 封을 빛내고 다시 천자의 총애를 하사한다고 하였다. 그리하여 영원히 屬國의 손님이 되었으니 外臣의 禮節을 소홀히 말라고 하였다.74)

이때 後周 世宗의 책봉사신 薛文遇를 따라 雙冀가 왔다. 그의 직함은 前 大理評使로 고려의 초청이나 파견 요청에 의하여 입국한 것이 아닐까 한다. 광종이 피의 숙청을 통해 왕권강화를 추진하였다면 성종은 제도 정비를 통하여 보다 세련되게 중앙집권체제를 구축하였다고 하겠다. 고려의 후삼국 통일 후 왕권 강화를 위한 과제는 豪族과 功臣세력의 억압이었을 것이나, 이의 실현은 광종대까지 기다려야 했다.

최승로는 광종에 대해 맹목적으로 중국풍을 좋아하였고 雙冀의 등용이 최대의 실정이었다고 비판하였다. 이는 아마도 최승로 자신이 쌍기의 그늘에 가려져서이기도 했을 터이다. 광종대 과거제 실시에 결정적 역할을 한 쌍기가 섬긴 後周 世宗(954~959)의 시책이 고려 광종과 유사한 점이 많음을 상기할 때, 쌍기의 후주에서의 경험이 광종대 개혁에 적극 활용되었음을 짐작할 수 있다. 쌍기는 과거를 통해서 관직에 나간 文臣이었고, 산둥반도의 登州에 있던 武勝軍節度使의 지방 藩府에서 어느 시기에 후주 황제의 등용책으로 인해 발탁되어 중앙 정부에 들어갔다는 것, 그리고 그가 지방과 중앙에서의 직책이 모두 法紀 관계였으므로 후주 황제들이 시행한 개혁에 직접 관여했을 것이라는 사실이 그러한 추론을 가능케 한다. 그리고 그의 지방 任地였던 등주는 對高麗 출입에 있어서 주요한 항구였고, 그의 아버지 雙哲의 지방 임지인 靑州는 그의 행정통할지였다는 점에서(姜喜雄, 「高麗初 科擧制度의 導入에 관한 小考」, 『韓國의 傳統과 變遷』, 高麗大 亞細亞問題硏究所, 1973) 쌍기는 고려 문제에 정통한 사람이었음을 알 수 있다.

73) 象魏는 闕門 또는 帝闕과 같다. 象은 法象으로 法律을 뜻한다. 魏는 巍의 뜻으로 敎令을 闕門에 높이 揭示한 데서 유래한 말이다. 『周禮』 天官 大宰, "正月之吉 始和布治于邦國都鄙 乃縣治象之法于象魏 使萬民觀治象 挾日而斂之".

74) 『冊府元龜』 卷965, 外臣部, 封冊3, 世宗 顯德 2년(955) 11월, "以高麗國遣廣評侍郎荀質 來賀登極 授其國王王昭 開府儀同三司 檢校太尉 制曰姬旦分彊肅愼列明堂之位 武王尊德 朝鮮受箕子之封 矧乃代守東藩 材稱間世 襲衣冠而奉正朔 瞻象魏以走梯航 推誠遠慕於華風 重譯來朝於興運 嘉乃丕績 宜覃懋恩 特進 檢校太尉 使持節 玄菟州都督 大義軍節度使 上柱國 高麗國王 王昭

혁신 정치를 주도한 광종에게 後周의 책봉은 그 혁신에 힘을 더해 주는 일이었다. 이 책봉에서는 광종에게 開府儀同三司 檢校太尉를 제수하였다. 그러나 고려측 기록에는 開府儀同三司 檢校太師를 제수받았다고 하여 차이가 있다.75) 삼사의 승급이 太保에서 太傅로, 그리고 太師로 이어지는 사실을 감안할 때, 만약 이때 고려측 기록대로 太師를 받았다면 그 중간에 한 번 더 加冊이 있었을 것이다. 이는 다음에 보는 것처럼 고려측 기록에서 後周가 망하기 직전에 광종에게 檢校太師와 食邑 3,000호에 가책한 사실을 誤記한 것이므로 『冊府元龜』의 기록대로 956년에는 檢校太師가 아니라 檢校太尉를 받았다.

위의 冊文에서는 行玄菟州諸軍事가 나온다. 依前이라는 표현을 보면 (依前 使持節 玄菟州諸軍事 行玄菟州都督 등), 이미 이 직함을 1차 책봉 시에 내렸다고 인정된다. 따라서 고려측 기록에서 太尉를 太師로 誤記하고, 나아가 玄菟州諸軍事의 직함도 누락했으리라 추측된다.

후주의 世宗은 고려와의 경제적 교류에도 관심을 보였다. 그의 내정 개혁에 고려의 생산물이 도움이 되었기 때문이다.76) 한편 後周 世宗 말년에

地控辰韓 風行日域 命氏本神僊之族 炳靈分象緯之精 爲仁自契於太平 旣觀
絲已述職罔殊於諸夏 來奉充庭 朕嗣守鴻圖 方崇王道 禮樂征伐之柄 盡出耳
少躬 山河帶礪之盟 思傳不朽 但遵聲敎 豈限遐遙 俾光壤土之封 更假自天之
寵 於戱儀同三司 無先開府之尊 冠簪四梁 愈見上公之貴 琢蒼玉爲爾珮飾 豊
貂爲爾冠用 報好音且彰柔遠 爾其仰宣朝命 下慰州民 泛濟水爲恩 波還同在
藻 指家山於嶺嶺 免詠式微永爲屬國之賓 無闕外臣之禮 可授 開府儀同三司
檢校太尉 依前使持節 玄菟州諸軍事 行玄菟州都督 充大義軍使 高麗國王 勳
如故 恭帝以顯德 六年 卽位加 高麗國王 王昭 檢校太師 食邑三千戶".

75) 『高麗史』 卷2, 光宗 7년(956) ; 『高麗史節要』 卷2, 光宗 7년.

76) 세종은 銅 專賣사업에 특히 관심을 보여, 고려에서도 한 번에 5만근의 銅을 헌
   납한 적도 있었다(『高麗史』 卷2, 世家2, 光宗 9년(958), "是歲 周遣尙書水部員
   外郎 韓彦卿 尙輦奉御 金彦英 賫帛數千匹 來市銅" ; 『高麗史』 卷2, 世家2,
   光宗 10년(959), "冬遣使如周 獻銅五萬斤 紫白水精 各二千顆"). 나아가 고려
   에서 수입된 銅을 官에서 모두 수거하였다(『五代會要』 卷27, 泉貨, 顯德 4년
   (954) 2월 11일, "知高麗多有銅貨 仍許請登 萊州人戶興販 如有將來中賣入官
   者 便仰急錢收買 卽不得私下買賣"). 世宗 2년(955)의 勅에서는 銅製品의 주
   조를 금지하였다(『五代會要』 卷27, 泉貨, "起今後 除朝廷法物軍器官物及鏡

고려의 方物을 받고 959년에 光宗에 대한 加冊을 결정하였으나,[77] 세종이 39세로 죽자 정국이 어수선해져 시행을 결정치 못하였다. 이후 그의 아들 梁王이 즉위하면서(恭帝) '檢校太師 食邑 三千戶'로 결정하였으나,[78] 역시 몇 달 후 趙匡胤의 찬탈사건이 일어나 그 冊封使行도 이루어지지 못하였다. 광종이 받은 책봉 내역을 순서대로 나열하고 官爵을 종합해 보면 다음과 같다.

  特進 檢校太保 使持節 玄菟州都督 充大義軍使兼御史大夫 高麗國
   王[79]
  開府儀同三司 檢校太尉 依前使持節 元[80]菟州都督 大義軍使 王如
   故[81]
  檢校太師 食邑 三千戶[82]
  → 開府儀同三司 檢校太師 使持節 玄菟州都督 大義軍使兼御史大夫
   食邑 三千戶 高麗國王

결국 光宗이 後周에서 받은 책봉 내역을 종합하면 '開府儀同三司 檢校太師 使持節 玄菟州諸軍事 行玄菟州都督 充大義軍使 兼御史大夫 食邑 三千戶 高麗國王'이었다. 광종의 관작에서는 檢校職의 제수가 일정한 변화

竝寺觀內 鐘磬鈸相 輸火鉒鈴鐸外 其餘銅器一切禁斷……其人戶若納到熟銅 每斤官中給錢150 生銅每斤100 其銅鏡令官中鑄造 於東京置場貨賣許人收買 於諸處興販"). 세종이 銅을 관리하는 데 노력을 경주한 까닭은 정복 사업이나 패권주의로 나가는 데 있어 그것이 유용한 수단이었기 때문이다. 金榮濟,『唐宋財政史研究』, 신서원, 1995, 261쪽 참조.

77) 이 전해에 고려의 사신이 후주에 도착하여 방물을 바쳤다. 책봉을 주청하는 목적도 있었으리라 짐작된다(『舊五代史』卷119, 周書10, 世宗紀6, 顯德 6년(959) 正月 壬子, "高麗國王 王昭 遣使貢方物").

78)『舊五代史』卷120, 周書11, 恭帝紀 9月 乙卯, "高麗國王 王昭 加檢校太師食邑三千戶".

79)『高麗史節要』卷2, 光宗 4년(953).

80) 元은 玄의 誤記이다.

81)『舊五代史』卷115, 周書6, 世宗紀2, 顯德 2년(955) 11월.

82)『舊五代史』卷120, 周書11, 恭帝紀 9月 乙卯.

를 보이는데,83) 檢校太保에서 檢校太師로의 승급이 그 예다.84) 이는 太保
에서 太師의 순서로 승급된 사례다. 원래 太師, 太保 등은 西周에서도 三
公으로서 天子를 협조하여 天下를 總理하던 자리였다.85)

한편 다음 장에서 살펴볼 것처럼 宋의 광종에 대한 책봉 내역은 食邑
7,000戶를 더 주고 推誠順化保義功臣으로 삼는다고 하였다.86) 즉 송이 後
周의 책봉 내역을 인정한 위에 거기에 식읍과 공신호를 추가해 주었던 것
이다. 이는 五代의 책봉이 서로 연장선상에 있었고, 이러한 전통이 송까
지 계속되었다는 반증이다. 송은 後周의 官爵을 인정한 위에서 進封·加
冊 형식으로 光宗을 책봉하였고,87) 이는 오대의 관리가 거의 송의 관리로

---

83) 五代에 高麗國王에게 주어진 檢校職은 다음과 같다.

高麗王	冊封國	西紀	檢校職
太祖 16	後唐	933. 3	×
太祖 22	後晋	939	檢校太師
惠宗 2	後晋	945	檢校太保
光宗 4		953	檢校太保
光宗 7	後周	955.11	檢校太尉
光宗 9		959	檢校太師

84) 檢校는 名譽爵號(勳號)였다. 신라에서는 경덕왕 때 佛事의 영조를 조관하는
   官號를 檢校使로 칭하기도 하였다. 훈관인 검교제의 채용 시기는 고려초 관제
   의 정비 과정에서 비롯되었고, 현종 때부터 왕자·종실·동서 양반에게 수여하
   였다. 즉 고위 관직의 자리는 한정되어 있는데 승진 대상자가 늘어나는 추세
   속에서 이에 따른 한계를 극복하고 보다 많은 인원을 관직 세계에 수용할 필요
   성에서 마련된 제도로서 상층부에는 檢校職, 하층부에는 同正職을 설치하였다
   (한우근, 「勳官 ‘檢校’考 - 그 淵源에서 起論하여 鮮初 整備過程에 미침」, 『震
   檀學報』 29·30합집, 1966). 檢校에 대해서는 다음 논문도 참조된다(金東洙,
   「朝鮮初期의 檢校職」, 『震檀學報』 51, 1981 ; 金光洙, 「高麗時代의 同正職」,
   『歷史敎育』 11·12합집, 1969).
85) 『尙書』 「周官」 ; 尹乃鉉, 「西周 왕국」, 『商周史』, 민음사, 1984, 118~119쪽,
   "西周의 통치계층 가운데 가장 지위가 높은 사람은 天子이고 천자는 천하의
   共主가 되며 그 밑에 太師, 太傅 그리고 太保가 三公이 되어 가장 큰 권력을
   가진 大臣으로서 天子를 협조하여 天下를 總理하고 관료 기구를 總管하였다".
86) 『宋史』 卷487, 列傳246, 外國3, 高麗, "於戱 來朝萬里 美愛戴之有孚 柔撫四封
   庶混幷之無外 永保東裔 聿承天休 可加食邑七千戶 仍賜推誠順化保義功臣".
87) 加冊·進封 : 이미 책봉을 행한 국왕에게 다시 책봉하는 경우가 있다. 이 경우

전환해 간 사실과 부합된다. 文散階는 太祖와 光宗이 特進에서 開府儀同三司로 昇階되었다.[88] 五代는 節度使 支配體制였으며,[89] 고려국왕 책봉 내역과 연관성이 엿보인다. 오대에 고려 국왕에게 사여된 4회의 책봉 관작 중 지방관에게 행정권과 군사권을 부여하는 것과 비슷한 유형의 관작이 있기 때문이다.

　고려 국왕에게는 사여된 勳官으로 태조와 혜종에게 上柱國이 제수되었다.[90] 원래 上柱國은 勳職의 가장 높은 위치다.[91] 이상과 같이 고려 국왕

필자는 加冊이라고 칭하겠으나, 사료상 '進封'으로 표현되는 예가 많다. ① "孝慈淵聖皇帝御名道君太上皇帝長子　母曰惠恭皇后氏以元符三年四月十三日生 於坤甯殿九月 賜名畫授 檢校太尉 山東道節度使 韓國公 建中靖國元年六月 遷開府儀同三司 興德軍節度使 進封京兆郡王……大觀二年正月 遷司空武昌軍節度進封定王"(『靖康要錄(不著撰人)』卷1/趙鐵寒主編,『宋史資料萃編』第1輯, 文海出版社, 13~14쪽) ; ② "癸巳 淳化四年 是歲 進封黎桓 交趾郡王"(『皇宋十朝綱要』卷4/趙鐵寒主編, 위의 책, 73쪽) ; ③ 丁巳 天禧元年 (1017) 2月 庚寅, "進封 交趾郡王 李公蘊 爲南平王"(『皇宋十朝綱要』卷4/趙鐵寒主編, 위의 책, 115쪽 ; ④ "宋太祖 趙光胤(재위 960~975) 起於後周宿衛……殿前都點檢 進封開國侯"(陣學霖, 「大宋'國號'與'德運'論辯述義」/『宋史論集』, 東大圖書公司, 1993, 6쪽) ; ⑤ 『宋史』卷14, 本紀14, 神宗1, 治平 4년 (1067) 2월 戊子, "進封交趾郡王 李日尊爲南平王".

88) 五代에 고려국왕에게 주어진 文散階는 다음과 같다.

高麗王	授封國	西紀	文散階
太祖 16	後唐	933. 3	特進
22	後晉	939	開府儀同三司
惠宗 2	後晉	945	×
光宗 4	後周	953	特進
7	後周	955.11	開府儀同三司

89) 周藤吉之,「五代 節度使の支配體制」,『史學雜誌』61권 4호 · 6호, 1952.
90) 五代에 高麗國王에게 주어진 勳職은 다음과 같다.

高麗王	授封國	西紀	勳職
太祖 16	後唐	933. 3	上柱國
22	後晉	939	×
惠宗 2	後晉	945	上柱國
光宗 4	後周	953	×
7	後周	955.11	×

91) 後唐 明宗은 "근래 문신들의 官階가 너무 높아지고 있으므로 먼저 武騎尉를

이 대륙을 주도하고 있던 왕조로부터 책봉-조공관계를 맺은 것은 국왕의 權威를 고양시키는 역할을 하였다고 하겠다.[92]

2. 宋과의 책봉관계

10세기 초반의 동아시아는 宋과 遼를 주축으로 남북이 대립 상쟁하였고, 高麗와 西夏는 宋·遼를 동과 서에서 견제하면서 자국의 현실에 적절한 외교를 구사하면서 동아시아의 세력 균형을 이루었다. 고려가 918년에 태봉을 계승하고 935년에 신라가 고려에 歸順하였다. 다음 해에는 후백제를 아우르며 통일을 달성하였다. 고려 태조는 오대와 통교하고 그로부터 책봉되었으며, 송이 건국된 후에는 송과 책봉 관계를 수립하였다.

광종은 五代·宋, 경종은 宋, 성종은 宋·遼로부터 '高麗國王'으로 각각 책봉되었다. 성종대에는 대부분 宋과 외교 관계를 유지했으나, 말년 무렵에는 대륙의 패권이 遼에게 넘어가 대외관계에 커다란 전환이 불가피하였으므로, 宋의 책봉에 이어 遼로부터도 1회의 책봉을 받았다. 송은 요의 군사력을 견제하기 위해 고려에 원군을 요청하기도 하였다. 이러한 상황에서 고려와 송의 冊封-朝貢관계가 지속된 것은 30여 년에 불과하였다.

고려 전기의 대외관계를 보면 北宋과 긴밀한 관계를 유지하였으나, 성종 때부터는 遼로 그 중심축이 바뀌었다. 이는 교역과 문화의 요소보다 軍事力의 우위가 국제관계에 현실적으로 작용한 때문이었다. 선행 연구에서는 주로 宋과의 교류에 비중을 두고 살펴왔으나,[93] 遼가 대륙의 패권

제수한 다음 12회를 거쳐 상주국을 제수하라. 이를 법규로 삼되 명령이 없으면 고치지 말라"고 하였다(『舊五代史』 卷39, 唐書15, 明宗紀 5, 天成 3년(928) 5월 辛酉, "詔曰 上柱國 勳之極也 近代已來 文臣官階稍高 先自武騎尉十二轉方 授上柱國 永作成規不令踰越令").

92) 마치 임란 후 通信使를 파견하였을 때 幕府의 將軍 입장에서는 그의 權威를 크게 고양시켰던 사실과 비교된다(李薰, 「일본과의 관계」, 『한국사』 32, 국사편찬위원회, 1997, 436쪽).

93) 金庠基, 「麗宋貿易小考」, 『震檀學報』 7, 1937/『東方文化交流史論攷』, 乙酉文

을 장악하고 250여 년을 지속하였기 때문에 고려의 對遼 관계는 對宋 관계보다 절대적인 위치를 점하게 되었다.

당시 고려 외교의 중심축이 對遼 관계에 있었다는 사실은 遼로부터 高麗國王으로 책봉을 받고 그들의 年號를 사용한 사실에서 확인된다. 단 고려는 요를 北國, 송을 西國으로 표시하여 고려를 중심으로 파악하는 主體的 관념이 계속되었다. 책봉이란 국제 관계의 優位를 반영할 뿐이다. 고려의 외교는 어느 한쪽에 일방적으로 치우치지 않고 주체적인 입장에서 송과 요를 동시에 事大하고 있었다.94)

오대에 절도사들의 횡행을 목도한 宋 太祖는 문치주의에 힘을 기울인95) 까닭에 군사적으로 요로부터 공격을 받고 시련을 겪어야 했다. 고려

化社, 1948, 47~88쪽 ; 金庠基,『高麗時代史』, 동국문화사, 1961, 189~191쪽 ; 森克己,「日・宋と高麗との私獻貿易」,『朝鮮學報』14, 1959 ; 徐炳國,「高麗宋遼의 三角貿易考」,『白山學報』15, 1973 ; 河原由郎,「北宋期 香藥(南海貿易品)の國家財政における意義」,『宋代社會經濟史研究』, 勁草書房, 1980. 당시 東亞諸國의 對宋 조공 외교를 朝貢에 따른 回賜物의 취득을 위한 실리 외교라 보는 河原由郎의 견해는 조공의 본질과 거리가 있다. 전통적으로 大帝國을 지향했던 宋을 비롯하여 중국을 지배한 帝國들은 藩國에 대한 宗主國으로서의 입장이 回賜物의 지급보다 중요하였다. 후의 일이지만 杭州의 지방관이었던 蘇軾이 高麗의 入貢을 싫어하는 듯한 狀奏를 올리고 있는 것도 실은 宋의 新法黨의 대외 정책에 대한 舊法黨의 견제에서 비롯한 일이었음을 상기할 필요가 있다(李範鶴,「蘇軾의 高麗排斥論과 그 背景」,『韓國學論叢』15, 1992).

94) 고려의 對中國關係에서 이른바 征服王朝라 할 遼・金・元에 대한 事大와 관련하여 다음과 같은 언급에 유의할 필요가 있다. "중국에서는 宋代를 보는 시각 자체가 다른 나라에서와는 달리 漢族 王朝만을 正統으로 보지 않고 遼・金과 같은 異民族 王朝까지 모두 자신들의 先祖로 간주하고 있다(朴志焄,『宋代華夷論研究』, 梨花女大 博士學位論文, 1990, 3쪽)".

95) 송의 건국에 이르기까지 불과 53년 동안 다섯 왕조의 13명에 이르는 황제가 교체된 사실에서 이 나라의 건국이 매우 불안한 상태에서 이루어졌음을 확인할 수 있다. 이는 송이 文敎振興策을 쓴 이유이기도 하다. 오대는 당대와 달리 사회 상층부의 세습적인 귀족세력이 붕괴하고 새로 관료적 사대부 계급이 성립하는 중간에 軍閥이 세력을 잡은 시대였다. 군벌들은 山西省 晉陽처럼 鐵이나 석탄이 풍부한 지역을 근거지로 흥기하였다(晉陽은 五代의 後唐・後晉・後漢의 세 왕조가 흥기한 곳으로, 唐末五代의 戰亂期에 무기를 제조하는 데 필

文宗代에 이르러 遼의 세력이 약해진 틈을 이용하여 송은 고려와 책봉관계를 재수립하려고 노력하였다.[96] 그러나 고려는 이미 遼와 책봉을 맺고 있었기 때문에 정식으로 宋의 책봉을 받을 수 없었다.

다음 <표 2>는 송대 고려국왕 책봉 내용을 도표화해 본 것이다.

宋은 경제적·문화적으로 발달하였던 왕조로 평가되었으나 실상은 내우외환으로 많은 고초를 겪었다.[97]

<표 2> 宋代 高麗國王 冊封官爵

王代	西紀	冊封官爵名	典據
光宗 14	963	加食邑七千戶 推誠順化保義功臣	『史』, 『要』
23	972	加食邑 推誠順化守節保義功臣	『史』, 『要』
景宗 1	976.11	光祿大夫 檢校太傅 使持節 玄菟州諸軍事 玄菟州都督 大順軍使 食邑三千戶	『史』, 『要』
3	978	檢校太師	『宋史』高麗傳
4	979. 6	侍中, 加食邑一千戶	『史』, 『要』
成宗 2	983. 3	光祿大夫 檢校太保 使持節 玄菟州都督 充大順軍使 上柱國 食邑二千戶 高麗國王	『史』, 『要』
4	985. 5	檢校太傅 食邑一千戶	『史』, 『要』
7	988.10	檢校太尉 食邑一千戶 食實封五百戶	『史』, 『要』
9	990. 6	推誠順化功臣 食邑一千戶 食實封 四百戶	『史』, 『要』
11	992. 6	檢校太師 食邑一千戶 食實封四百戶	『史』, 『要』

節度使 출신의 조광윤이 집권한 이후 지방 할거주의를 철저히 배격하

요했던 鐵과 製鐵을 위한 石炭이 풍부한 곳이었다. 宮崎市定, 「五代史上の軍閥資本家 - 特に晉陽李氏の場合」, 『アジア史研究』第3, 1957, 113~115쪽). 이후 성립된 송은 국력의 약화로 줄곧 대립 상쟁하는 남북 대립의 국제 관계가 성립되었다(朴志焄, 「北宋代의 對外關係와 華夷觀 - 對遼·西夏關係를 중심으로」, 『梨花史學研究』19, 1990).

96) 宋帝는 사신을 파견하여 高麗가 宋의 책봉을 받으라고 권유했다(『高麗史節要』卷5, 文宗 12年 8月).

97) 太祖와 太宗 때의 연이은 통일 전쟁의 수행, 특히 大遼戰爭의 敗戰 이후 국가 예산의 70% 이상을 국방비로 쓰는 비정상적인 상황이 지속되었다(兪垣濬, 「北宋前期 對民統治政策의 성격에 관한 一考 - 浙西地域 租稅문제를 중심으로」, 『慶熙史學』19, 1995, 87쪽.

고 일원적인 皇帝獨裁體制를 성립시켰지만,[98] 이후의 역사 전개에서 '澶淵의盟'과 徽宗과 欽宗이 金에 납치되는 '靖康의 變'까지 겪고 종국에는 몽고에게 나라를 빼앗기고 말았다.

1) 光宗 책봉

光宗은 즉위하면서 光德이라 建元하여[99] 왕권의 위엄을 높이고 주와 현의 貢賦를 정하는 등 治政에 강한 의욕을 보였다. 이미 광종은 後周로부터 두 번에 걸쳐 高麗國王으로 책봉되었다.[100] 그의 재위 11년 되던 해(960)에 대륙에서 새로운 통일왕조로 宋이 등장하였다. 이 무렵 光宗은 治政에 자신감을 나타내고 있었는데, 開京을 皇都로 칭하고 峻豊이라 年號하였다.[101]

광종은 송의 개국을 관망한 2년 후인 962년 11월에 광평시랑 李興祐를 파견하여 方物을 전하였으며,[102] 다음 해인 963년(광종 14)에 宋의 冊命

---

98) 宋 太祖는 文臣官僚體制를 구축하였으며, 江南지방의 농업 생산을 크게 늘였다. 그리고 소금, 술, 차 등의 생필품에 대한 전매제를 실시하여 皇帝獨裁體制의 경제적 기반을 이룩하였다. 宋代 정치의 특징 중에 宰相이 皇帝에게 상주할 뿐 결정권은 전적으로 皇帝에게 있었다는 사실과 황제권의 유지 수단으로 등장한 관리 비행을 탐지하는 皇城司와 군 첩보 기관인 走馬乘受도 유념할 일이다. 그리고 宋代의 관리는 宰相宅을 방문하지 못하였으며, 고향에 임관치 못하게 하였다.

99)『高麗史』에는 광종 1년(950)으로 되어 있으나 즉위년(949)에 建元하였다(今西龍,「高麗의 年號'光德'의 年代」,『高麗史研究』, 1944).

100)『舊五代史』卷115, 周書6, 世宗紀2, 顯德 2년(955) 11월, "高麗國王 王昭加開府儀同三司 檢校太尉 依使持節 元菟州都督 大義軍事 王如故";『高麗史節要』卷2, 光宗 7년(956), "周遣 將作監 薛文遇 來加冊王 爲開府儀同三司 檢校太師".

101) 許興植,『韓國의 古文書』, 민음사, 1988, 24쪽, "고려시대에는 때로 중국과 대등한 국력을 과시하면서 동방의 제왕을 자칭한 적이 많았다. 즉 遼·金을 북국으로 宋을 서국으로 부르고 있었다. 특히 光宗, 高宗 시의 이러한 태도는 고문서와 금석문의 원자료에 의하여 뚜렷이 입증된다".

102)『宋史』本紀1, 太祖1, 建隆 3년(962) 11월 丙子, "高麗國 遣李興祐等來朝";『宋史』列傳246, 外國3, 高麗, "昭遣 其廣評侍郎 李興祐 副使李勵希 判官 李

使 時贊이 고려에 도착하여 광종을 책봉함으로써 麗宋 관계는 공식화되었다. 이때 時贊이 고려에 오는 도중 大風을 만나 90여 명이 익사하는 비운을 겪었다.[103] 책봉 내역은 광종에게 食邑이 加해지고 功臣號를 주었는바, 광종 14년(963)의 책봉 내용을 전하는 『宋史』 高麗傳을 보면 다음과 같다.

옛날 明哲한 帝王이 중원을 다스릴 때에는 어찌 文字와 文軌가 萬方에 통일되고 교화가 四海에 미치지 않았겠는가. 그런데 薄德한 짐이 외람되이 帝位를 물려받아 使臣이 오게 되었으니 정중하게 命을 내린다. 開府儀同三司 檢校太師 玄菟州都督 充大義軍使 高麗國王 昭는 태양의 정기를 타고나 遼左에서 영웅으로 추대되어 箕子가 남긴 敎化를 익히고 朱蒙의 옛 풍속을 따랐다. 하늘과 바다의 기후를 살펴 皇帝의 朝廷에 朝貢을 하였으니, 그 기울인 정성을 생각하면 실로 嘉尙한 일이 아닐 수 없다. 그러므로 아름다운 號를 주는 동시에 公田으로 보답하고 遠方 사람들을 회유하는 은혜를 미루어 짐에게 충성하는 뜻을 표창한다. 먼 곳에서 來朝하니 그 충성이 진실로 아름답다. 사방을 회유하니 혼란을 야기하거나 다른 마음을 먹지 말고 영원히 東方을 보존하여 하늘의 명령[天休]를 따르라. 食邑 7,000호를 더주고 推誠順化保義功臣으로 삼는다.[104]

彬等來朝”; 『高麗史』 卷2, 光宗 13년(962) 冬, “遣廣評侍郎 李興祐等 如宋獻方物”; 『續資治通鑑長編』 卷3, 太祖 建隆 3년(962) 11월 丙子, “三佛齊國王 釋利耶 高麗國王昭 竝遣使 來貢方物”.

103) 『續資治通鑑長編』 卷3, 太祖 乾德 1年(963) 9월 甲寅, “登州言 高麗國王昭 遣使時贊等 入涉海 値大風船破 從人溺死者 九十餘人 贊僅而獲免 詔勞血阤”; 『高麗史』 卷2, 光宗 14년 12월, “宋遣 冊命使 時贊 來在海遇風 溺死者 九十人 贊獨免 王特厚勞”. 『宋史』는 70여 명이 익사했다고 기록하였다(『宋史』 高麗傳, 建隆 4년(963) 9月, “遣使時贊等來貢 涉海 値大風 船破 溺死者 七十餘人 贊僅免詔加勞恤”). 고려와 송의 外交海路는 北宋과는 벽란도 → 옹진 → 山東半島 → 登州였고, 南宋과는 벽란도 → 흑산도 → 浙江省 → 溟州이다(金渭顯, 「麗宋關係와 그 航路考」, 『論文集』 6, 關東大學, 1978).

104) 『宋史』 卷487, 列傳246, 外國3, 高麗, “古先哲后 奄宅中區 曷嘗不同文軌於萬方 覃聲敎於四海 顧予凉德 猥被鴻名 爰致賓王 宜優錫命 開府儀同三司 檢校太師 玄菟州都督 充大義軍使 高麗國王昭 日邊鍾粹 遼左推雄 習箕子之餘風

위 冊封文은 고려측 기록에는 없고 『宋史』에만 수록되어 있다. 책봉문에 보이는 '加食邑七千戶 仍賜推誠順化保義功臣'에서 '食邑을 加했다'라는 것은 이미 식읍을 賜與했다는 사실을 뜻한다. 그러나 송이 개국된 후 처음 접하는 고려 국왕에게 식읍을 加할 수는 없는 일이다. 또 광종을 後周에서 책봉한 '開府儀同三司 檢校太師 玄菟州都督 大義軍使 高麗國王 昭'라는 관작으로 호칭하였다. 이는 송 태조가 後周의 恭帝로부터 帝位를 禪位받았으므로[105] 이는 명목상 찬탈이 아니며 그 나라의 기왕의 制度를 답습한다는 전제 하에서만 가능한 일이다.[106] 바로 그러한 전제 하에 宋은 後周에서 광종에게 사여한 책봉의 내용을 추인한 것이라 하겠다.

광종은 기왕에 後周로부터 받은 官爵 위에 宋으로부터 식읍 7,000戶와 推誠順化保義 공신호로 책봉되었다.[107] 이 공신호와 관련해서는, 宋의 공신호 사여 규정[108]에 推誠과 順化는 外臣에게 적용되는 호칭이었으나 保

撫朱蒙之舊俗 而能古雲候海 奉贄充庭 言念傾輸 實深嘉尙 是用賜之懿號 酉壽以公田 載推柔遠之恩 式獎拱辰之志 於戲 來朝萬里 美愛戴之有孚 柔撫四封 庶混幷之無外 永保東裔 聿承天休 可加食邑七千戶 仍賜推誠順化保義功臣".

105) 『宋史』卷1, 本紀1, 太祖1, 「卽位初記事」 "翰林承旨 陶穀出 周恭帝 禪位 制書于袖中 宣徽使引太祖就庭 北面拜受已 乃扶太祖升崇元殿 服袞冕 卽位皇帝".

106) 이와 관련하여 宋 太祖는 前代王들의 陵을 관리하는 데 주의를 하고 있으며(『宋史』卷2, 本紀2, 太祖2, 開寶 4년(971) 3월 乙未, "增前代帝王 守陵戶二"; 同 4월 辛卯, "發廂軍千人 修前代陵寢之在秦者"), 宋初의 역사를 이끌어간 대부분의 人物이 五代에 활약하던 官僚들(申採湜, 『宋代官僚制研究』, 三英社, 22쪽)이었다는 사실도 이 사실을 입증하고 있다.

107) 後周에서 광종에게 食邑 몇戶를 사여했는지 알 수 없어서 합산할 수 없다.

108) 『宋史』卷169, 志122, 職官9, 功臣, "推忠 佐理 協謀 同德 守正 亮節翊戴 贊治 崇仁 保運 經邦" → 中書, 樞密臣僚(宰相初加六字 餘官初加四字其次竝如兩字) 舊有功臣者改賜 推忠 保德 翊戴 守正 亮節 同德 佐運 崇仁協恭 贊治 善德 純誠 保節 保順 忠亮 竭誠 奉化 孝順 順化 → 皇子, 皇親, 文武臣僚, 外臣(初加四字 次加兩字) 拱衛 翊衛 衛聖 保順 忠勇 拱極 護聖 奉慶果毅 肅衛 → 諸班直將士禁軍(初加二字 再加亦如之). 『宋史』卷170, 志123, 職官10, 吏職, "功臣者 唐開元間賜號「開元功臣」 代宗時有「寶應功臣」 德宗時有「奉天定難元從功臣」之號 僖宗將相多加功臣美名 五

義는 규정에 없다.

이때 받은 관작 중에 보이는 御史大夫는 광종 4년의 것을 추인한 것이나, 고려 국왕이 받은 유일한 경우다. 송에서 御史大夫는 檢校官이 帶有하는 것[109]이었는데, 고려 국왕에게 사여한 이것 역시 檢校職으로 생각된다. 광종이 후주와 송으로부터 받은 책봉의 내용은 '開府儀同三司 檢校太師 使持節 玄菟州都督 大義軍使兼御史大夫 食邑七千戶 推誠順化保義功臣 高麗國王'으로 종합된다. 책봉을 받은 고려는 이로부터 자신의 연호를 중단하고 宋의 연호를 시행하였다.[110]

宋 太祖는 재위 3년째 되는 해 11월에 乾德이라 改元하였으며 이어서 尊號를 받고,[111] 이를 기념하여 文武 관료들의 勳爵을 올려주었다. 고려는 965년에 大丞 內奉令 王輅를 송에 파견하여 방물을 바쳤고, 宋帝는 그 使臣에게 尙書左僕射 食實封 三百戶라는 관직과 식읍을 하사하였는데, 이후 약 10여 년간 교류가 없었다.

광종은 송으로부터 972년(광종 23)에 食邑과 功臣號를 추가로 받았다.[112] 이때 어느 정도의 食邑을 加給했는지 알 수 없으나,[113] 공신호는

代浸增其制 宋初因之 凡宣制而授者 多賜焉 參知政事 樞密副使 刺史以上階勳高者亦賜之 中書樞密則「推忠」「協謀」 親王卽「崇仁」「佐運」 餘官則「推誠」「保德」「翊戴」 掌兵則「忠果」「雄勇」「宣力」 外臣則「純誠」「順化」 宰相初加卽六字 餘竝四字 其累加則二字 中書 樞密所賜 若罷免或出鎮則改之 其諸班直將士禁軍則賜「拱衛」「翊衛」等號 遇恩累加 但改其名 不過兩字".

109) 『宋史』卷164, 志117, 職官4, 御史大夫, "宋初不除正員 止爲加官 檢校官帶憲銜 有至檢校御史大夫者 元豊官制行 亦並除去".

110) 『高麗史』卷2, 光宗 14년 12월, "行宋年號".

113) 『宋史』卷1, 本紀1, 太祖1, 乾德 1年(963) 11月 甲子, "有事南郊大赦 改元 乾德 百官奉玉冊 上尊號曰 應天廣運仁聖文武至德皇帝".

114) 『高麗史』卷2, 世家2, 光宗 23(972)년 8월, "遣內議侍郎 徐熙 如宋 方物帝制加王 食邑 賜推誠順化守節保義功臣號";『宋史』卷3, 本紀3, 太祖3, 開寶 5년(972), "高麗國王 王昭 遣使 獻方物";『宋史』卷487, 列傳246, 高麗 開寶 5년(972), "遣使 以方物 來獻 制加食邑 賜推誠順化守節保義功臣". 이 무렵 송은 972년(開寶 5)의 省試 不正事件에 진노한 宋 太祖가 殿試를 실시함으로써 황제지배체제를 가속화하였다.

113) 加給된 食邑을 합하면 이때 光宗은 10,000戶가 넘을 것으로 예상되지만 實戶

守節이 추가된 推誠順化守節保義功臣이었다. 이때 추가된 守節 역시 규정에 없었다.114) 光宗 14년과 23년에 받은 책봉 내역을 종합하면 '開府儀同三司 檢校太師 使持節玄菟州都督 大義軍使兼御史大夫 食邑 七千戶 推誠順化守節保義功臣高麗國王'이 송으로부터 받은 최종 官爵이다.

2) 景宗과 成宗의 책봉

景宗은 광종 16년에 '王太子'로 책봉되었다. 즉위의 정통성이 확고하였으며 즉위 직후 赦免令을 내려 광종대 개혁의 와중에서 피해를 당한 사람들의 원망을 완화시켜 주고 그때까지 생존하고 있던 敬順王 金傳를 '尙父'로 冊封하였다.115) 송 태조가 죽고(976), 그 아우이자 송 왕조 건국에 공이 큰 太宗(趙匡義)이 帝位를 계승하였다. 태종대는 송대 황제독재체제가 완성된 시기로, 文官이 국가 권력을 행사하는 체제 안에서 황제의 권력이 강화되는 결과를 초래하였다. 이 太宗이 고려 景宗에 대한 책봉을 시행하였다.

數는 나오지 않는다.

114) 『宋史』 卷170, 志123, 職官10, 吏職, "功臣者 唐開元間賜號「開元功臣」 代宗時有「寶應功臣」 德宗時有「奉天定難元從功臣」之號 僖宗將相多加功臣美名 五代浸增其制 宋初因之 凡宣制而授者 多賜焉 參知政事 樞密副使 刺史以上 階勳高者亦賜之 中書樞密則「推忠」「協謀」 親王則「崇仁」「佐運」 餘官則「推誠」「保德」「翊戴」掌兵則「忠果」「雄勇」「宣力」 外臣則「純誠」「順化」宰相初加即六字, 餘並四字 其累加則二字 中書 樞密所賜 若罷免或出鎭則改之 其諸班直將士禁軍 則賜「拱衛」「翊衛」等號 遇恩累加 但改其名 不過兩字.
宋의 內外臣에 대한 功臣號의 사여는 고려의 前後三韓壁上功臣의 功臣號 사여에도 적용되었다(周藤吉之, 「高麗初期の功臣, 特に三韓功臣の創設 - 唐末・五代・宋初の功臣との關連において」, 『東洋學報』66卷 제1・2・3號, 東洋文庫, 1985, 373・385~390쪽 참조, 387쪽의 「高麗初期의 諸功臣表」도 참조된다).

115) 『三國遺事』 卷2, 紀異2, 「金傳大王」 ;『高麗史』 卷2, 世家2, 景宗 卽位年 10월, 「金傳冊封詔書」. 경순왕 金傳에 대한 冊封文은 중국에서 보낸 高麗國王 冊封文과 유사하다. 이는 고려 자체적으로 실시된 封爵制와 기타 여러 皇帝國家的 제도와 용어의 사용과 더불어 高麗國王의 擬制皇帝的인 면이다.

경종 1년(976) 고려는 사절을 송에 파견하여 太宗의 즉위를 賀禮하는 동시에 책봉을 청하여[116] 그 해 11월 高麗國王으로 책봉되었다.[117] 이때 경종은 '光祿大夫 檢校太傅 使持節 玄菟州諸軍事 玄菟州都督 大順軍事 食邑三千戶 高麗國王'으로 책봉되었다.『宋史』에는 景宗이 즉위한 다음 해(太平興國 2, 977)에 사신을 파견하여 즉위를 축하하였다고 되어 있으나,[118] 고려는 이미 황제 즉위를 축하하였고 책봉도 받았다. 그러므로 이 때의 사절은 황제의 즉위를 축하하기 위한 사절이 아니라 방물을 바치기 위해 파견한 것이었다.[119]

이번 책봉에서 받은 光祿大夫는 송대 文散官 29位 중 特進(정 2품), 開府儀同三司(從 1品)에 이어 세 번째에 해당하는 從 2品이었는데,[120] 神宗 元豊 연간(1078~1085)과 徽宗代 崇寧(1102~1106), 大觀(1107~1110), 政和(1111~1114) 시기에 고쳐져서 5위로 밀려났다.[121] 이 책봉을 받을 무렵 송 태종은 즉위 이후 통치의 전제권을 강화하고 있었다. 978년 10월에도 고려는 朝貢을 바쳤다.[122] 태종은 통치에 자신감을 얻자 원구에 祭祀

---

116)『續資治通鑑長編』卷17, 開寶 9년(976) 9월 乙亥, "高麗國王 王昭卒 其子伷 權領國事 庚午 遣使趙尊禮 入貢且請命." '權領國事'의 용어는 이때만 출현하는 것 같다.

117)『宋史』卷3, 本紀3, 開寶 9년(976) 9월 庚午, "權高麗國事 王伷 遣使來朝獻" ;『高麗史節要』卷2, 景宗 1年(976) 11월, "遣左司禦副率于延超 司農寺丞徐昭文 冊王 爲光祿大夫 檢校太傅 使持節 玄菟州諸軍事 玄菟州都督 大順軍事 食邑三千戶";『宋史』卷4, 本紀4, 太宗1, 開寶 9년(976) 11월 乙亥, "命權知高麗國事王伷 爲高麗國王";『續資治通鑑長編』卷17, 太祖 開寶 9년(976) 11월 乙亥, "以權知高麗國事王伷爲高麗國王".

118)『宋史』卷4, 本紀4, 太宗1, 太平興國 2년(977) 12월 辛巳, "高麗國王使其子 元輔來賀卽位";『續資治通鑑長編』卷18, 太祖 開寶 太平興國 2년(977) 11월 辛巳, "高麗國王伷 遣其子元輔來修 貢賀登極".

119)『高麗史』卷2, 景宗 2년(977), "是歲 遣子如宋 獻良馬甲兵".

120)『宋史』卷169, 志122, 文散官, "開府儀同三司(從1品), 特進(正2品), 光祿大夫(從2品)……將仕郎(從9品)".

121)『宋史』卷169, 志122, 武官職 新官, "開府儀同三司 特進 金紫光祿大夫銀青光祿大夫 光祿大夫……迪功郎".

122)『宋史』卷4, 本紀4, 太平興國 3년(978) 10월 癸丑, "高麗國王 遣使來貢".

를 올리고 大赦를 베푼 다음 尊號를 받았다. 979년에는 北漢을 정복함으로써[123] 燕雲 16주를 제외한 대륙의 全土를 통일하였다. 연승의 기세를 타고 연운 16주를 회복하려던 태종은 遼軍에게 참패를 당함으로써,[124] 이후 이 땅의 회복을 위한 송의 노력과 부담은 배가되었다.[125] 이런 시기에 고려 국왕에 대한 가책이 있었던 것이다.

경종에 대한 加冊은 재위 3년(978)에 있었다. 송은 張泊[126]를 파견하여 경종의 관작을 檢校太師로 높여 주었다.[127] 宋代의 檢校職은 19개로서 太師, 太尉, 太傅, 太保, 司徒, 司空, 左僕射 등 순이었으며,[128] 三師는 太師, 太傅, 太保이고, 三公은 太尉, 司徒, 司空이었다.[129]

경종 4년(979)에 시행된 가책에서 송의 책봉사는 王僎이었고,[130] 이때 주어진 관작은 侍中이었다.[131] 侍中과 식읍 1,000戶의 관작 지급은 송 태종의 고려왕에 대한 우대의 정도가 강하였음을 보여준다. 태종은 연운 16

---

123)『宋史』卷4, 本紀4, 太宗1, 太平興國 4년 5월 甲申, "繼元降 北漢平 凡得 十州 縣四十 戶二萬五千二百二十".

124)『宋史』卷4, 本紀4, 太宗1, 太平興國 4년 7월 癸未, "帝督諸軍及契丹 大戰于 高梁河 敗積"; 同 5년 11월 戊午, "駐畢大名府 諸軍及契丹 大戰于莫州敗積".

125) 태조때 37만 여명이던 병력이 태종 시에는 66만 여명으로 급증하였다. 송조의 병력이 크게 늘어난 것은 번진 군단의 전투력 약화와 실업자 구제, 그리고 契丹과 西夏에 대한 방비 때문이었다.

126)『東都事略(二)』第37, 列傳20 張泊, 587쪽, "太祖釋之 授太子中尹 以其有文 選直 舍人院 出知相州簡慢不治 爲轉運使田錫所效".

127)『宋史』卷487, 列傳246, 外國3, 高麗, 太平興國 3년(978), "又遣使貢方物兵器 加伷檢校太師 以太子中允直舍人院張泊 著作郎直史館 句中正 爲使"; 同 4 년(979) 1월 丁亥, "命太子中允 張泊 著作佐郞 句中正 使高麗";『續資治通鑑 長編』卷20, 太宗 太平興國 4년(979) 1월 丁亥, "命太子中允直史人院張泊 著 作佐郞 直史館 華陽勾中正 使高麗".

128)『宋史』卷169, 志122, 職官9,「檢校官一十九」.

129)『宋史』卷161, 志114, 職官1, "宋承唐制 以太師 太傅 太保爲三師 太尉司徒 司空爲三公".

130)『續資治通鑑長編』卷21, 太宗 太平興國 5년(980) 1월 庚辰, "遣供奉官 閤門 祗侯 王僎使高麗".

131)『高麗史節要』卷2, 景宗 4년(979) 6월, "宋遣 供奉官 閤門祗侯 王僎 來冊王爲 侍中 加食邑一千戶".

주의 회복을 노리고 있었는데, 遼에 패하여 그 땅의 회복을 위한 송의 노력과 부담이 증가되었다. 그러한 상황과 관련하여 고려 국왕에 대한 책봉이 있었고 '玄菟州諸軍事 玄菟州都督 大順軍事'이라는 군국의 전제권을 포함한 관작이 책봉 내역에 포함되어 있었다.132) 경종이 받은 책봉 내역을 종합하면 '侍中 光祿大夫 檢校太師 使持節玄菟州諸軍事 玄菟州都督 大順軍事 食邑 4,000戶 高麗國王'이다. 경종은 세 번에 걸쳐 관작을 받았으나 冊封詔書는 전하지 않는다.

7년여를 통치하던 경종은 遺詔에서 밝혔듯이 '피로가 병으로 변하여' 전위하였다. 뒤를 이은 成宗은 즉위하자 宋에 侍郎 金昱을 파견하여 즉위 사실을 알리고 襲位를 요청하였다.133) 이 사실을 접한 송 태종은 "事大의 儀가 이지러짐이 없고 자못 신하된 禮를 얻었다. …… 시기를 보아 使臣을 命하여 따로 恩寵을 더하도록 議論하겠다"고 알려 왔다.134) 그리고 실제로 태종은 그해 12월에 王治를 고려국왕으로 추인하였다.135)

---

132) 고려 경종 책봉 후 1년 후인 980년에 宋 太祖는 베트남에 대한 征伐을 시도하였다. 정벌의 목적은 五代의 혼란기를 틈타 독립한 베트남을 아직도 식민지로 생각하고 있던 중국인들이 이를 다시금 植民地化하기 위해서다. 이때 宋의 출병 명분은 베트남이 송 황제가 행하는 分封의식에 참석치 않았기 때문이다. 즉 황제에게 朝貢하지 않았다는 사실을 내세우고 있다(下原正博,「宋初における 中越關係」,『法政大學文學部紀要』18, 1973, 10~12쪽). 조공하지 않는다는 것은 중국 황제의 권위에 대한 부정을 의미하고 그것은 바로 중국인들이 용납할 수 없는 일이었다(劉仁善,「天下思想의 始源」,『中國의 天下思想』, 민음사, 1988, 160쪽).

133) 왕의 逝去를 告하는 사신이 承襲을 청하는 표문을 소지하는 예가 많으므로 이때에도 成宗에 대한 승습을 청하였다고 짐작된다. 그 사실이 長編에 수록되어 있다(『續資治通鑑長編』卷23, 太宗 太平興國 7년(982) 9월 癸丑, "權知高麗國王治 遣使來貢方物 且言其兄伷死 求襲位").

134)『高麗史』卷3, 世家3, 成宗 1年 末尾, "帝詔報曰 省所上表…… 事大之儀 頗得 爲臣之禮……期命使別議加恩." 이해 성종의 생일을「千春節」이라 하였다. 고려 국왕의 생일을 節日로 한 시점이다.

135)『宋史』卷4, 本紀4, 太宗1, 太平興國 7년(982) 12월 戊寅, "高麗國王 伷卒 其弟治 遣使 求襲位 詔立治 爲高麗國王";『宋史』卷408, 列傳246, 外國3, 高麗, "授治檢校太保 玄菟州都督 充大順軍使 封高麗國王";『高麗史節要』卷2, 成宗 2년 3월, "宋遣 光祿少卿 李巨原 將作小監 孔維來冊王爲 光祿大夫 檢校

　　성종이 받은 책봉조서에는 영특한 임금이 세상을 떠났으니 그 자리를 실로 비워 두기 어려우며 아우로서 형의 뒤를 계승하였으니 재주가 그 책임을 감당할 만하다, 왕통을 잇는 아름다움을 생각하면 마땅히 그 덕에 해당한 冊文을 주어야 한다고 하였다. 그리고 조상의 빛나는 업적과 아름다운 법도를 훌륭히 계승하였고 종래의 규례에 따라 매양 朝貢을 보내며 동북방에 나라를 정하여 중국의 제후국들을 무마하고 있다고 하면서, 나라를 보전하고 사방을 잘 지켜 大國을 섬기고 길이 外屏이 되어 엄숙히 중국[中區]을 받들도록 하라, 이렇게 하는 것이 길이 (나라를) 유지하는 좋은 계책이니 이 큰 가르침을 잊지 말아야 한다고 훈계하였다.136)

　　성종은 경종과 마찬가지로 光祿大夫를 받았다. 光祿大夫는 從 2品으로 송대에 식읍은 宰相과 親王에게 1,000戶가 주어지고 2,000戶 이상은 定法이 아니라 특별한 경우에 수여되었다.137) 成宗에게는 처음 책봉시에 2,000戶를 지급하고 계속 증가하여 6,000戶에 이르렀다. 食實封도 100～400戶가 일반적인 지급 액수고 500戶 이상은 역시 定法이 아니었다.138)

　　太保 使持節 玄菟州都督 充大順軍使 上柱國 食邑二千戶 仍封高麗國王 王受冊敕".

136)『高麗史』卷3, 世家3, 成宗 2年 3月 戊寅, "王者闢四海以爲一家 一六合而光 宅揆文敎以奮 武衛式固鴻基 立萬國以親諸侯 咸遵茂典 其有三韓舊域 百濟 遺封地 控鯨津誠尊象闕屬 英王之捐 館位固難虛閑 令以撫封才土甚 厥任 言 念承宗之美宜 頒命德之文 權知高麗國事王治 鳳穴分華 蟠桃秀稟 星雲之閒 氣出 作時英懋 文武之兼才 彌光世德洎 丕承於景烈 能善繼於貞規 遵魏闕之 風猶則虔修禹貢 尊民宮之土宇則靜撫周藩 爰議寵綏 適符利建 是命超加帝 保大啓王爵眞一字於日中 鎭三山於海上 階勳竝錫 食賦俱優倂示便蕃允光奇 傑爾其纘乃舊復承 予厚恩 嚴六德以有邦 謹四封以事大　長爲外屏肅奉中區 斯謂永圖勿忘丕訓 可特授光祿大夫 檢校太保 使持節 玄菟州諸軍事 玄菟州 都督 充大順軍使 上柱國 食邑二千戶 仍封高麗國王".

137)『宋史』卷170, 志123, 職官10, 食邑, "宰相 親王 樞密使經加恩一千戶……承制 崇班 軍員等 初該恩二百戶 一千戶已上 雖有加例 緣無定法 親王 重臣 特加 有至萬戶".

138)『宋史』卷170, 志123, 職官10, 食實封, "一千戶 八百戶 五百戶 四百戶 三百戶 二百戶 一百戶 右宰臣 親王 樞密使經恩加四百戶 兩府 使相 宣徽使皇子上將 軍 幷宗室 附馬都尉 任觀察使已上 加三百戶 觀文殿學士 幷宗室 正任已上 騎都尉 加二百戶 武臣崇班 宗室副率已上 加一百戶 五百戶已上 雖有加例 緣

성종은 재위 7년시에 세 번째 加冊을 받으면서 처음 食實封을 수령하는
데 이후 계속 증가되어 1,300戶까지 받았다.

송 태종은 성종에 대한 첫 冊封에서는 '光祿大夫 上柱國 檢校太保 使持
節 玄菟州都督 大順軍使 食邑二千戶 高麗國王'으로 책봉하였다. 이 중에
서 檢校太保와 食邑 二千戶을 제외하면 나머지 관작은 시종 동일하였다.
책봉하기 위하여 고려에 파견된 正使는 大中大夫 光祿少卿 李巨原[139]과
副使 朝議大夫 將作小監 孔維였다.[140]

책봉을 받은 고려 국왕이 자신의 통치하에 있는 民들에게 책봉을 기념
하는 赦免을 내린 사례는 성종대의 기록이 유일하다.[141] 국왕의 책봉에
따른 赦免令의 반포는 경사를 같이 누린다는 뜻에서 시행되었다.[142] 성종

무定法 親王 重臣有特加至數千戶者".

139) 成宗의 책봉사로 고려에 온 李巨原은 李巨源의 誤記이다. 李巨源은 송 太祖
開寶 6년의 급제자로, 이때 급제한 26명 중 타인보다 上位에 있던 李巨源이
불행하게 退遷된 것에 대한 착잡한 심정을 토로한 내용의 글이 전한다(「與郎
州李巨源諫議書」, 『河東集』(『四庫全書』 卷9, 305쪽) ; 裵淑姬, 「宋代 進士科
와 官人層의 형성」, 『誠信史學』 12·13合輯, 1995, 336쪽에서 재인용).

140) 『宋史』 卷431, 列傳190, 孔維, 太平興國 7年(982), "使高麗 王治問禮於維 維
對以君父臣子之道 升降等威之序 治悅稱之曰 今日復見中國之夫子也……使
外國者 皆假服紫 維自高麗還 會東使至 維自恥衣緋 因求見上詭言高麗使問
臣 獲何罪降服 臣無以對 因泣下 上憐之即賜以金紫". 이때 副使로 내정되었
던 사람은 單貽慶이었으나 老母 때문에 교체되었다(『續資治通鑑長編』 卷23,
太宗 太平興國 7년(982) 12월 戊寅, "權知高麗國王治 封高麗國王 命監察御
使李巨原 著作佐郎直史館單貽慶 奉使上喜訪求辭學之士初得須城 趙鄰幾擢
掌制誥才 數月卒 上嘆其窮薄 因問近臣 誰可繼鄰幾者 楊守一與貽慶有舊力
薦之 由主薄 召對令中書試文 稱旨即 命以官 上知 貽慶貧故使副巨原使高麗
貽慶以母老辭內留不行 詔國子博士 雍丘孔維代之 貽慶萊州人也 高麗王治
問禮於維 維對以君臣父子之道 升降等威之序 治喜曰 吾今日 復見中國夫子
也").

141) 그 예를 들면 다음과 같다. 成宗 2년, 特赦 / 成宗 4년, 特赦 / 成宗 7년, 赦絞
罪以下 / 成宗 9년, 赦絞罪以下(自文武官 下至工匠 推恩有差) / 成宗 15년,
大赦.

142) 책봉을 받은 국왕은 자신의 통치 하에 있는 민들에게 책봉을 기념하는 赦免을
반포한다. 책봉은 '소속민에게 위엄의 상징으로서 중요한 의미'를 가지므로(金
順子, 「고려와 동아시아」, 『한국역사입문②』, 풀빛, 1995, 101쪽), 이를 기념하

이 책봉을 받은 뒤 文武 官僚, 將校, 僧道, 三軍, 萬姓(백성)에게 내린 赦免 詔書는 다음과 같다.

① 하늘은 비와 이슬을 고루 내려 만물을 성장시키며 임금은 인자한 은혜를 널리 미치게 하여 모든 백성들을 무마한다. 특히 사람들로 하여금 과오를 고치고 스스로 새롭게 하기 위해서는 모름지기 과거의 결점들을 버리도록 해야 한다. 나는 허약하고 박덕한 사람으로서 잘못 왕위를 계승하여 적시에 침식할 겨를도 없이 항상 정력을 기울이며 오히려 천지도 좁은 듯이 더욱 조심스러운 마음을 갖게 된다.

② 짐의 도리는 떳떳한 것을 지키는 것이 중요한지라 나의 정성을 다하여 이웃 나라를 대해야 한다. 그렇기 때문에 중국으로 사신을 보내어 업무[述職]를 보고하였으며 폐백을 선사하여 선대 왕들의 전례를 준수하였더니 이제 과연 중국의 선박이 큰 바다를 건너 곧추 우리 수도[國城]로 들어왔으며 그의 사절이 우리나라에 와서 적시에 詔書를 전달하였다. 나의 官爵을 1품으로 높이고 품계를 三師와 같은 등급으로 올려주었다.

③ 짐의 官爵을 1품으로 높이고 품계를 三師와 같은 등급으로 올려주었다. 뜻밖에 임금의 지위와 군사상 실권을 지니게 되어 나 일신의 영예가 이미 이루어졌으니 마땅히 만 백성에게 기쁨을 나누어야 한다. 이 기회에 獄事를 의논하여 형벌을 늦추고 사정을 고려하여 죄과를 용서하려고 한다.

④ 이에 倫音을 내려 특별한 은혜를 베푸니 금년 太平興國 8년(983) 3월 22일 새벽 이전으로 이미 발각되었거나 아직 발각되지 않았거나 또는 벌써 판결되었거나 아직 판결되지 않았거나를 불문하고

⑤ 서로 다투다가 남을 죽인 자를 제외하고는 일체 죄상의 경중에 관계없이 이를 용서한다.[143]

는 赦免의 시행은 당연한 절차였다. 赦免이란 國王의 고유한 특권으로서 범죄자에 대하여 집행하고 있는 법률상의 효력을 전반적으로 해소하거나 재판의 결과 확정된 刑의 일부를 減刑시키는 것을 말한다(高麗時代의 赦免에 대해서는 다음 논문 참조. 申虎雄, 『高麗法制史研究』, 國學資料院, 1995 ; 韓容根, 『高麗律』, 書景文化社, 1999).

143)『高麗史』卷3, 世家3, 成宗 2년(983) 3月 戊寅, "上天以雨露均霑 滋成萬物 王

왕이 赦免令을 반포할 때에는 일정한 격식에 의하여 행하였다. 동기를 밝히고(③), 赦免의 범위(④),144) 그리고 赦免 대상에서 제외되는 자를 기술하였다(⑤). 이 國王이 내리는 사면령은 하루에 500리까지 도달하도록 제도화되었다.145) 赦免權은 國王의 專權으로서 이를 통하여 德治와 權威를 내세울 수 있는 계기로 삼았으며,146) 때로는 정치적인 긴장 관계에 따라 恩赦가 빈번히 시행되었다.147)

恩赦에는 慮囚(錄囚)와 赦, 大赦, 曲赦, 放免, 釋放, 赦免, 宥赦, 宥免 등이 있었으나, 成宗시에 책봉된 후 내린 사면은 特赦·大赦·赦였다. 하루 500리씩 가라는 것은 시급히 赦免을 시행하라는 의미고, 대사면령 실시의 기일이 정해져 있었던 만큼[太平興國 8년(983) 3월 22일], 그 기일의 엄수가 요구되었다. 982년 12월에 결정된 책봉이 실제 고려의 조정에 전달된 시기는 다음 해 3월이었다.148) 이렇게 책봉 결정과 시행에 시차가 생긴 이유는 使臣의 왕래에 소비되는 시간 때문이었다.149)

者 以仁恩普及撫養群生 況欲令人 改過自新 須得棄瑕舍垢不穀 謬將虛薄獲嗣宗祧 旰食宵衣 每積憂勤之念 跼天蹐地 尤增兢愼之心 道貴守常 情專事大 所以差馳使价 特申述職之誠 俾執幣圭代表 祖宗之懇 今者果蒙 鷁艦涉鮪溟之浪便到國城 皇華臨菟郡之鄕 遽宣帝命 官崇一品 位陟三師 莫不驟加茅土之封 實荷彤旟之寵 既致一身之榮 幸合旌 萬姓之忻懽 於是 議獄 緩刑原情肆青 爰布如倫之旨式 覃委轡之恩 可自太平興國八年三月二十二日 昧爽前 已結正未結 正犯罪人 相鬪殺 以下罪 無罪 輕重皆悉赦之".

144) 赦免令은 그 유형이 중국과 비슷하였다. 宋 太祖가 즉위한 뒤 大赦天下한 기록에서도 성종의 사면령과 유사한 면이 발견된다.『宋朝事實』卷2,「(太祖)登極赦」, 19쪽, "大赦天下 應正月五日 昧爽以前 天下罪人所犯罪 已結正 未結定 發覺 未發覺 罪無輕重 常赦所不原者 咸赦除之".

145)『高麗史』卷3, 世家3, 成宗 4년 5월, "국내에 大赦令을 내려 중국에서의 南郊大赦의 취지에 준하려 한다. …… 이 赦書는 하루에 500리씩 전달하되 감히 大赦를 실시하기 전에 말을 내는 자가 있으면 그 사람이 지은 죄로써 죄를 주겠다".

146) 申虎雄,『高麗法制史研究』, 國學資料院, 1995, 260쪽.

147) 任大熙,「恩赦實施를 통하여 본 唐代政治」,『大丘史學』40, 1990.

148)『高麗史』卷3, 世家3, 成宗 2년(983) 3월 戊寅, "宋遣大中大夫 光祿少卿李巨原 朝議大夫 將作少監 孔維 來冊王".

149) 金在滿,「契丹 聖宗의 高麗侵略과 東北亞細亞 國際情勢의 變趨(上)」,『大東

2년 후인 985년(성종 4)에 송 태종은 고려 국왕을 가책하였다.[150] 그 책봉문에서는 경이 누대의 공덕을 찬양하여 송나라의 은혜를 빛내려 한다고 하였다. 그리고 경은 선대 임금들의 훌륭한 일들을 계승하였으니 훌륭한 조상을 닮았다면서 중화의 문풍을 본받으니 고상한 생각을 알 만하다고 찬양하였다. 그리고 바다를 건너 공물을 보내고 문자도 중국과 일치한다면서 鄒魯의 의관제도를 따르고 산하를 가리켜 신의를 맹세하였으며 송나라의 믿음직한 隣邦으로서 모두들 경을 賢臣이라 칭송한다고 하였다.[151]

文化研究』27, 1992, 133쪽. 한편, 朝鮮時代에 使行路의 예를 보면 陸路는 義州에서 北京까지 1,900~2,000餘里였고 海路는 3,700리였는데, 왕복하는 데 陸路는 4~5개월, 海路는 7~8개월이 소요되었다(金九鎭, 「朝鮮前期 韓·中關係史의 試論 - 朝鮮과 明의 使行과 그 性格에 대하여」, 『弘益史學』4, 1990, 25쪽). 이를 참고해보면 海路로 송에서 고려에 도착하는 데 걸리는 시간은 대체로 3~4개월이 소요되었다. 982년 12월에 宋의 책봉사가 출발하여 고려에 도착한 것이 다음 해 3월이었으므로 이 海路의 소요 시간은 고려시대의 사행에도 적용된다. 이와는 대조적으로 훗날 元간섭기의 책봉 기사에서는 양국 사이의 기사에 시차가 거의 없다. 이는 이때의 고려 국왕들이 大都에 있는 시간이 많았으므로 책봉 사신을 특별히 파견치 않고 의식을 거행할 수 있었기 때문으로 풀이된다.

150) 『宋史』卷4, 本紀4, 太宗1, 太平興國 7년(982) 12월 戊寅, "高麗國王 伷卒 其弟治 遣使求襲位 詔立治 爲高麗國王";『宋史』卷408, 列傳246, 外國3, 高麗, "授治檢校太保 玄菟州都督 充大順軍使 封高麗國王";『高麗史節要』卷2, 成宗 2년 3월, "宋遣 光祿少卿 李巨原 將作小監 孔維 來冊王 爲光祿大夫 檢校太保 使持節 玄菟州都督 充大順軍使 上柱國 食邑二千戶 仍封高麗國王 王受冊赦".

151) 『高麗史』卷3, 世家3, 成宗 4년(985) 5월, "朕居域中之大 以天下爲家 萬國來庭 適協觀賓之象 三韓舊地 素爲禮讓之邦 玉靈交卜於剛辰 金印宜可於寵命 用旌世德 光我朝恩 大順軍使 光祿大夫 檢校太保 使持節 玄菟州都督 上柱國 高麗國王 食邑二千戶 王治 溟渤炳靈 蓬壺誕秀 紹弓裘於先正 斯謂象賢慕聲 敎於華風 彌觀亮節 而自瞻雲 闕燾土東藩 化行而海不揚波 惠合而人皆受 賜加以航琛作貢 書契同文 衣冠習鄒魯之容 帶礪保山河之誓 屹爲外屏 僉曰賢臣 是宜均灑澤 以疇庸 遣皇華而錫命 尊爲漢傳 進彼侯封 常安百濟之民 永茂長淮之族 於戲 日月所照 貴在於無私 雷雨之行 是稱於覃慶 爾其冠仁佩義 移孝資忠 服大國之榮光 享眞王之異數 奠玆震位 肅奉天朝 可特授檢校太傅 依前使持節 玄菟州諸軍事 玄菟州都督 充大順軍使 高麗國王 加食邑一千戶 散

이 책봉 내역 중에는 예의 玄菟州都督이 포함되어 있고, 책봉의 명목으로는 '그대의 누대 공덕을 찬양하여 은혜를 빛내려 한다'는 점을 들었다. 지난 성종 2년의 책봉시에 주었던 官爵 중에서 檢校太保를 檢校太傅로 승급시키고, 食邑 1,000호 증가와 함께 玄菟州諸軍事가 새로이 주어진 사실이 중요한 특징이다.152)

그런데 이 985년의 加冊 이유가 누대 공덕을 찬양하여 은혜를 빛내려 함이라는 것만으로는 뭔가 부족한 느낌이 있다. 이때의 加冊을 宋에서 실제로 실시하기로 결정한 시점은 984년 말기로 추정된다. 그렇다면 이 가책의 契機는 송의 연호 개정과 관련이 있다고 짐작된다. 즉, 송 태종은 984년에 '雍熙'로 改元하면서153) 大瞿越(1054년 이후 大越國으로 개칭)에도 책봉하였다.154) 따라서 비록 985년(성종 4)의 고려국왕 책봉문에 改元

官勳如故".

152) 『高麗史節要』卷3, 世家3, 成宗 4년 5월, "宋遣 常卿王著 秘書監 呂文仲來冊 王 爲檢校太傅 依前使持節 玄菟州諸軍事 玄兎都督 充大順軍事 高麗國王 加 食邑一千戶 散官勳如故 王受冊敕".

155) 『宋史』卷4, 本紀4, 太宗1, 雍熙 1年(984) 11月 丁巳, "祀天地于圜丘大赦 改元 中外文武官 進秩有差".

154) 交趾에 대한 加冊이 그것이다. 『宋史』卷488, 列傳247, 外國4, 交趾, 雍熙 2년 (985) 10월 制曰, "王者 懋建皇極 寵綏列藩 設邸京師 所以盛會同之禮……權 知交州三使留後黎桓 兼資義勇 特稟忠純 能得邦人之心 彌謹藩臣之禮……稟 漢詔以無違 宜正元戎之稱 以列通侯之貴 控撫夷落 對揚天休 可檢校太保 使 持節 都督交州諸軍事 安南都護 充靜海軍節度 交州管內觀察處置等使 封京 兆郡侯 食邑三千戶 仍賜號推誠順化功臣".
이무렵 宋의 침입으로 위기에 처한 大瞿越을 黎桓이 물리치고 송으로부터 '檢 校太保 使持節 都督交州諸軍事 安南都護 充靜海軍節度 交州管內觀察處置 等使 封京兆郡侯 食邑三千戶 仍賜號推誠順化功臣'로 책봉되어 친선 관계를 유지하게 되었다. 黎桓은 983년 宋에 자신을 베트남의 지배자로 승인해 주기를 요청하였으나, 宋은 2년이 지난 986년에야 그를 靜海節度使에 임명하였다(『皇 宋十朝綱要』卷4/趙鐵寒主編, 『宋史資料萃編』第1輯, 文海出版社, 66쪽, 丙 戌 雍熙 三年(986) 10월, "庚申 授黎桓 本軍節度"). 송의 침략을 물리치고 승 리를 거둔 黎桓의 명성이 높아지자, 그는 송에 사절을 파견하여 자신을 大瞿越 의 지배자로 인정해 줄 것을 요청하였다. 송은 마지 못해 이를 승낙하고 986년 에 그를 '安南都護 靜海軍節度使'로 책봉하였다(오구라 사다오 지음, 박경희 옮김, 『베트남사』, 일빛, 1999, 79쪽). 993년에 이르러 交趾郡王으로 책봉하였다

에 대한 언급이 없지만 이것이 고려 성종에 대한 가책의 이유였다고 하겠
다. 이때의 冊封使는 太常卿 王著[155]와 秘書監 呂文仲[156]이었고, 使持節
玄菟州諸軍事 玄菟州都督 充大順軍使 高麗國王으로 책봉되었다.[157] 985
년의 책봉을 받은 뒤 왕은 赦免令을 반포하였는데, 글은 다음과 같다.

宋에서는 詔書를 보내 고려를 찬양하였으며 사절을 파견하여 예절로
대우하고 있다. 1품의 품계를 주어 높은 지위에 있게 하고 三師의 관직
에 올려 무거운 책임을 맡게 하였다. 이렇게 국가의 경사를 만났으니 마
땅히 모든 백성들의 즐거움을 표시해야 한다.[158]

155) (『皇宋十朝綱要』 卷4/趙鐵寒主編,『宋史資料萃編』 第1輯, 文海出版社, 73쪽,
    癸巳 淳化 4年(993), "是歲 進封黎桓 交趾郡王"). 따라서 黎桓은 京兆郡侯 →
    靜海郡節度使 → 交趾郡王으로 侯에서 王으로 進封된 것이다. 고려가 처음부
    터 王으로 책봉된 사실과 비교된다. 고려의 국제적 위상이 宋에서 볼 때 높았
    던 것이다.
155) 『宋史』 卷296, 列傳55, 王著, "王著 字知微 文仲同時人……著僑蜀明經及第
    歷平泉 百丈 永康主簿……太平興國 3년(978) 轉運使侯陟 以著名聞改衛寺丞
    史館祗候 委以詳定篇韻 六年(981) 召見賜緋 加著作左郎 翰林侍書與侍讀更
    直于御書院……雍熙 2年(985) 遷左拾遺 使高麗 端拱初 加殿中侍御史".
156) 『宋史』 卷296, 列傳55, 呂文仲, "呂文仲 字子臧……雍熙初 文仲遷著作左郎
    副王著使高麗 復命改左正言 巡撫福建 未幾賜金紫 加左諫議大夫 淳化中…
    …遷起居舍人 兵部員外郎 同判吏部銓……咸平三年(1000) 拜工部郎中 充翰
    林侍讀學士……文仲久居 禁近 頗周密兢愼 一年早朝 暴得風疾請告蹴百日
    詔讀其奉 明年改刑部侍郎 充集賢院學士 未幾卒".
157) 『高麗史』 卷3, 世家3, 成宗 4년 5월, "朕居域中之大 以天下爲家 萬國來庭 適
    恊觀賓之象 三韓舊地 素爲禮讓之邦 玉靈交卜於剛辰 金印宜可於寵命 用旌
    世德 光我朝恩 大順軍使 光祿大夫 檢校太保 使持節 玄菟州都督 上柱國 高
    麗國王 食邑二千戶 王治 溟渤炳靈 蓬壺誕秀 紹弓裘於先正 斯謂 象賢慕聲敎
    於華風 彌觀亮節 而自瞻雲北闕 煮土東藩 化行而海不揚波 惠合而人皆受賜
    加以航琛作貢 書契同文 衣冠襲鄒魯之容帶 礪保山河之誓 屹爲外屛僉曰賢
    臣 是宜均灑澤以疇庸 遣皇華以錫命 尊爲漢傅 進彼侯封 常安百濟之民 永茂
    長淮之族 於戲 日月所照 貴在於無私 雷雨之行 是稱於覃慶 爾其冠仁佩義 移
    孝資忠 服 大國之榮光 享眞王之異數 尊玆震位 肅奉天朝 可特授 檢校太傅
    依前使持節 玄菟州諸軍事 玄菟州都督 充大順軍使 高麗國王 加食邑一千戶
    散官勳如故".
158) 『高麗史』 卷3, 世家3, 成宗 4년 5월.

이번 책봉이 있은 다음에 송은 監察御史 韓國華[159)]를 파견하여 遼를 쳐서 연운 16주를 회복하고자 고려에 군사적 지원을 요청하였다. 송 태종 의 失地 회복에의 강력한 의지는 韓國華가 소지한 다음 詔書에서 확인된 다.

> 우둔한 북쪽 오랑캐 契丹이 皇帝의 국토를 침략하였다. 幽州 등 지역 은 중국의 강토인데 晉, 漢代에 사정이 착잡하여 오랑캐들이 함부로 점 령하였다. …… 왕은 그대의 군대를 명하여 우리와 함께 협력하여 적들 을 섬멸하도록 하자! 한 번 진군하는 용기를 분발하여 거의 망해 가는 오랑캐를 평정하자. 좋은 시기는 두 번 오지 않는 것이니, 왕은 명념하라. 노획한 生口와 소, 양, 재물, 무기 등은 모두 高麗의 將士들에게 나누어 주겠다.[160)]

송의 출병 요청에 고려는 군사를 보내 서쪽에 가서 회합을 약속하였으 나,[161)] 실제로 출병하지는 않았다. 이에 앞서 女眞은 高麗가 遼와 통하고 있다고 宋帝에게 밀고를 하였다. 이에 송의 사신 韓國華가 고려의 결백을 황제에게 전하는 대신 고려는 군대 파견을 약속하였다. 이 사건은 여진의 밀고에 접한 宋帝가 고려에 군사적 협조를 요구하는 방식으로 고려에 대 한 의심을 해결하는 방안으로 삼고, 기회를 보아 고려의 태도를 확인하려 한 것이었다.

성종에 대한 세 번째 가책은 성종 7년(988)에 있었다. 檢校太尉로의 승 급과 식읍 1,000호, 식실봉 500호의 지급이 그 내용이었다. 宋 태종이 籍 田을 갈고 대사령을 내렸으며 연호를 端拱으로 개칭하고 백관들에게 다 은혜를 베푼 다음 사신을 보내 고려왕을 책봉하고 大赦의 뜻을 권유하였

---

159) 『皇宋十朝綱要』卷4/趙鐵寒主編,『宋史資料萃編』第1輯, 文海出版社, 71쪽, "壬辰 淳化三年 三月 乙巳 命鹽鐵判官 韓國華 直昭文館三司 屬官兼直館自 國華始".
160) 『高麗史節要』卷3, 成宗 4년 5월.
161) 『宋史』卷487, 列傳246, 外國3, 高麗 雍熙 3年(986) ;『高麗史』卷3, 世家3, 成 宗 4년 5월.

다.162) 이 사실은『宋史』에서도 확인된다.163) 고려측 기록에는 이때 成宗이 檢校太尉, 食邑 1,000戶, 食實封 500戶를 더 받은 것으로 되어 있으나,164)『宋史』에는 '檢校太尉'만이 수록되어 있다.

당시 고려에 온 책봉사는 銀青光祿大夫 尙書禮部侍郎 上柱國 呂端165)과 銀青光祿大夫 行左諫議 上柱國 呂祐之166)로 이들은 송 조정에서 정치적 비중이 대단히 높은 인사들이었다. 책봉 정사인 呂端은 송 태종시 재상 9인 중의 한 명으로167) 진종대에는 12 宰相 중 1인으로 기재되고 있을

162)『高麗史』卷3, 世家3, 成宗 7년(988) 10월, "戊子 端拱 1年 正月 上親耕籍田";『皇宋十朝綱要』卷4/趙鐵寒主編『宋史資料萃編』第1輯, 文海出版社, 67쪽.

163)『宋史』卷5, 本紀5, 太宗2, 端拱 1年(988) 1月 乙亥, "親耕籍田 還御丹鳳樓 大赦 改元 除十惡"; 同 乙丑, "加高麗國 王治 靜海軍節度使 黎桓 幷檢校太尉";『高麗史節要』卷2, 成宗 7년(988) 10월, "宋遣 禮部侍郎 呂端 左諫議 呂祐之來加冊王 檢校太尉 加食邑一千戶 食實封五百戶 依前充大順軍事 持節 玄菟州諸軍事 玄菟州都督 上柱國 高麗國王 散官勳如故".

164)『高麗史』卷3, 世家3, 成宗 7년(988) 10월, "宋遣使 銀青光祿大夫 尙書禮部侍郎 上柱國 呂端 銀青光祿大夫 行左諫議 上柱國 呂祐之 來加冊王 檢校太尉 加食邑一千戶 食實封五百戶 依前充大順軍使 持節 玄菟州諸軍事 玄菟州都督 上柱國 高麗國王 散官勳如故".

165)『宋史』卷281, 列傳40, 呂端, "呂端 字易直 幽州安次人 端少敏悟好學 以蔭補千牛備身 歷國子主簿 太僕寺 丞秘書郎 直弘文館 換著作佐郎 直史館……遷考功員外郎 兼侍御史 知雜事 使高麗折檣 舟人怖恐 端讀書若在齋閣時 遷戶部郎中 判太常寺兼禮院 選爲 大理卿 俄拜右諫議大夫";『隆平集』卷4/趙鐵寒主編,『宋史資料萃編』第1輯, 文海出版社, 181~183쪽, "呂端 字易直 其先燕人……淳化 四年(994) 參知政事 至道初拜相 太宗嘗恨任用之晚 端持重職……咸平初 以疾罷黌 年六十六";『宋史』卷3, 本紀3, 太祖3, 庚辰 開寶 八年(975) 5월, "遣閣門使 郝崇信 太常丞 呂端 使契丹";『皇宋十朝綱要』卷4/趙鐵寒主編,『宋史資料萃編』第1輯, 文海出版社, 35쪽, 乙亥 開寶 八年(975) 7月, "庚辰初 遣西上閣門使 郝崇信 太常丞 呂端使契丹"; 同 75쪽, 乙未 至道 1年(995) 4月, "癸未 呂蒙正 罷爲右僕射 參知政事 呂端 爲戶部侍郎 同平章事"; 同 75쪽, 丁酉 至道 3年(997) 3月, "癸未 上(太宗)崩" / "夏 四月 乙未大赦 呂端 加右僕射 監修國史"; 同 84쪽, 戊戌 咸平 1年 10月, "戊子 呂端 罷爲太子太保 戶部尙書".

166)『宋史』卷296, 列傳55, 呂祐之, "呂祐之 字元吉 濟州鉅野人 太平興國初擧進士……遷起居舍人 端拱中 副呂端使高麗 假內庫錢五十萬以辨裝 還遇風濤舟欲覆 祐之悉取所得貨沈之卽止 景德 四年(1007)卒 年六十一 有集三十卷".

만큼168) 주요 인사였다. 광종 14년(963) 송의 책봉사 時贊이 고려에 오는 도중 태풍을 만나 일행 90여 명이 익사했을 때와 비슷하게 呂端 일행도 항해 도중에 風濤를 만났다. 이때 돛대가 부러져 사람들이 당황했지만 呂端은 아주 편안한 모습을 하였다고 한다.169) 성종 7년의 책봉이 끝난 후 성종은 絞刑 이하의 죄수들을 석방하고 문관으로 오랫동안 근무한 자의 예복을 개정하여 주었으며 무관 중 자손이 없는 자, 계묘년부터 군적에 등록된 자는 귀향케 하는 은전을 베풀었다.

성종 9년(990)에 시행된 네 번째 가책도 年號의 개정 때문이었다.170) 이때 송의 책봉 정사는 光祿卿 柴成務171)이었고, 책봉 부사는 大常少卿 趙化成이었다. 그런데 송이 이처럼 연호를 자주 고쳤던 것은 당시 遼의 팽창을 견제하려는 의도로 여겨진다. 연호 개정은 정치적 요인에 의해서였는데,172) 성종에게 推誠順化功臣의 칭호와 식읍 1,000호 및 식실봉 400호가 추가되었다. 이번의 공신호는 推誠과 順化로 나누어진다. 『宋史』 공신호 규정에는 推誠은 中書省과 樞密院의 臣僚에게, 順化의 칭호는 皇子

---

167) 『皇宋十朝綱要』 卷4/趙鐵寒主編, 『宋史資料萃編』 第1輯, 文海出版社, 43~44쪽, "宰相九人 薛居正 沈倫 盧多遜 趙普 宋琪 李昉 呂蒙正 張齊賢呂端".

168) 『皇宋十朝綱要』 卷4/趙鐵寒主編, 『宋史資料萃編』 第1輯, 文海出版社, 84쪽, "呂端 張齊賢 李沆 呂蒙正 向敏中 畢士安 寇準 王旦 王欽若 李迪 丁謂 馮拯"

169) 朱熹·李幼武撰, 『宋名臣言行錄』 5集/趙鐵寒主編, 『宋史資料萃編』 第1輯, 文海出版社, 61쪽, "字易直 幽州人 以蔭補官相 公使高麗 遇風濤檣折 舟人大恐 公恬然";『續資治通鑑長編』 卷29, 太宗 端拱 1年(988) 4月 庚戌, "遣考功員外郎 兼侍御使 知雜事 呂端 起居舍人 鉅野呂祐之 使高麗 假內庫錢五十萬 以辦裝還風濤 帆折檣 舟人大恐 端恬然 讀書不輟 祐之悉取所得貨沈之 廼止詔 蠲其所貸".

170) 『宋史』 卷5, 本紀5, 太宗2, 淳化 1年(990) 正月, "改元 內外文武官 竝加勳階爵邑 中書舍人 大將軍以上 各賜一子官……受尊號 改乾明節爲壽寧節".

171) 『宋史』 卷306, 列傳65, "柴成務 字寶臣 曹州濟陰人也……太宗選郎官爲小卿監 以柴成務爲光祿小卿 俄奉使高麗 遠俗尙拘忌 以月日未利拜恩 稽留朝使 成務貽書 往反開諭大體 國人信服 事具高麗傳 淳化二年 爲京東轉運使……景德初卒 年七十一……文集二十卷 成務年六十六 始有子 比卒裁六歲 授奉禮郎 名貽範 後爲國子博士".

172) 市村瓚次郎, 「年號に現われたる時代思想」, 『史學雜誌』 39-4, 1928.

나 外臣 등에게 사여하였다.173) 따라서 성종은 황제의 外臣으로서 順化의 號에, 帝國 臣僚가 받는 推誠의 공신호가 더하는 형태를 띠었다.

宋은 고려의 국왕과 그 관료집단을 자신의 충실한 諸侯요 藩臣으로 삼으려 하였다. 이는 멀리 떨어져 있을수록 同盟하여 인접한 적을 견제하려는 遠交近攻의 원리와도 상통한다. 고려가 정기적으로 貢物을 보내오고 사신왕래가 지속적으로 이루어지는 등 外邦의 官僚라는 인식에서 外臣으로서 '馴化'를, 宋의 內臣과 같이 인식하는 입장에서 '推誠'의 뜻을 포함하여 功臣號를 사여했다는 해석이 가능하다. 功臣이란 고려가 송에 크나큰 도움이 되는 존재라는 뜻이고, 실제로 고려는 요의 세력 팽창을 견제하였다.

이때의 가책에서는 식읍 1,000호 및 식실봉 400호가 기록된 冊封文을 전달하였다.174) 당시 책봉사 일행은 한 달이 넘도록 '授與儀式'을 행하지 못한 채 택일만 기다리면서 객관에서 머물렀는바, 책봉사 柴成務의 항의로 그 이후로는 날짜만을 가려서 영접하기로 하였다.175) 이 책봉 후에도 성종은 絞刑 이하 죄수를 사면하였다.

송은 고려에 공신호에 상응하는 경제적 대우를 베풀 필요가 있었고 이는 형식적이나마 '食邑'의 사여로 표현되었다.176) 일반적으로 功臣에 冊封된다는 것은 일신상의 영예가 되는 것은 물론 자손 대대로 그 세습이 인정되어 명문가의 기반을 마련해 주었다. 이들 공신에게는 반드시 물질적인 혜택이 부수되어,177) 공신호의 사여에는 식읍도 같이 지급되었다.

---

173) 『宋史』卷169, 志122, 職官9, 功臣, "推忠 佐理 協謀 同德 守正 亮節翊戴 贊治 崇仁 保運 經邦" → 中書, 樞密臣僚 舊有功臣者改賜 推忠 保德翊戴 守正 亮節 同德 佐運 崇仁 協恭 贊治 善德 純誠 保節 保順 忠亮 竭誠奉化 孝順 順化 → 皇子, 皇親, 文武臣僚, 外臣 拱衛 翊衛 衛聖 保順 忠勇拱極 護聖 奉慶 果毅 肅衛 → 諸班直將士禁軍.

174) 『高麗史』卷3, 世家3, 成宗 9년(990) 6월, "宋遣光祿卿 柴成務 大常少卿趙化成等 來加冊王 推誠順化功臣 食邑一千戶 食實封 四百戶 餘如故 王受冊赦絞罪以下".

175) 『高麗史』卷2, 成宗 9년 6월.

176) 沈載錫, 「高麗時代 國王이 中國에서 받은 '食邑' 研究」, 『外大史學』7, 1997.

이를 정리해 보면 다음과 같다.

<표 3> 高麗國王에게 주어진 功臣號·食邑·食實封

王代	賜與國	功臣號	食邑	食實封
太祖 22(939)	後晋	×	◎	×
光宗 14(963)	宋	◎	◎	×
23(972)		◎	◎	×
景宗 1(976)		×	◎	×
4(979)		×	◎	×
成宗 2(983)		×	◎	×
4(985)		×	◎	×
7(988)		×	◎	◎
9(990)		◎	◎	◎
11(992)		×	◎	◎

성종에 대한 다섯 번째 가책은 성종 11년(992)에 있었다. 이때의 책봉사는 光祿卿 劉式과 秘書少監 陳靖이었고, 이들이 전달한 관작 내용은 檢校太師와 食邑 1,000호, 食實封 400호를 더해 주는 것이었다.[178] 이번의 加冊은 송에서 자진하여 시행하였으며 三師 중 최고인 太師를 수여했다는 것이 특징이다.

成宗 10년(991) 4월에는 謝恩使로 宋에 갔던 韓彦恭이 귀국하면서 大藏經을 가지고 왔으며,[179] 이에 대해 10월에 白思柔를 派宋하여 사례하였다. 이때 白思柔를 따라간 孔目吏 張仁詮이 고려의 사정을 宋 皇帝에게

---

177) 고려 국왕에 대한 중국 측의 공신호 사여에 食邑과 食實封이라는 명목상의 경제적 대우가 따르는 사실은 당연한 일이다. 실제로 고려 국왕에 대한 책봉에서 元代를 제외하고는 공신호가 사여된 고려국왕에게 식읍이 지급되고 있음이 확인된다(功臣號 사여와 食邑이 동시에 주어진 경우는 光宗 14·23년, 成宗 9년, 穆宗 10년, 靖宗 5년, 靖宗 9년, 文宗 1·3·19년, 肅宗 9년 등이다).

178) 『高麗史』 卷3, 世家3, 成宗 11년(992) 6월, "宋遣 光祿卿劉式 秘書少監陳靖加冊王 檢校太師 食邑一千戶 食實封四百戶 餘並如故".

179) 중국에서는 宋代부터 大藏經이 본격적으로 간행되었는데, 漢譯 대장경의 모태로 숭앙된 것이 開寶大藏經이다. 고려에서는 이를 성종 10년(991)에 수입하였다.

알리고, 白思柔는 이 행위를 국가 기밀의 누설이라고 규탄한 일이 있었다.

이 일로 인하여 장인전이 귀국치 못하고 머물렀는데, 황제가 성종에 대한 네 번째 책봉사 일행과 동행케 하고 성종에게 조서를 보내 죄의 용서를 요청하여 난제가 해결되었다. 성종이 宋에서 받은 책봉 내역을 종합하면 '光祿大夫 上柱國 檢校太師 使持節 玄菟州諸軍事 玄菟州都督 大順軍使 食邑 6,000戶 食實封 1,300戶 推誠順化功臣 高麗國王'이었다. 成宗이 송에서 받은 5회의 官爵은 다음과 같이 정리할 수 있다.[180]

(983, 成宗 2) 光祿大夫 上柱國 檢校太保 使持節 玄菟州都督 大順軍使 食邑二千戶 高麗國王

(985, 成宗 4) (光祿大夫 上柱國)檢校太傅 使持節 玄菟州諸軍事 玄菟州都督 大順軍使 食邑一千戶 高麗國王

(988, 成宗 7) (光祿大夫)上柱國 檢校太尉 (使)持節 玄菟州諸軍事 玄菟州都督 大順軍(使) 食邑一千戶 食實封五百戶 高麗國王

(990, 成宗 9) (光祿大夫 上柱國 檢校太尉 使持節 玄菟州諸軍事 玄菟州都督 大順軍使 食邑一千戶 食實封五百戶 高麗國王) 推誠順化功臣 食邑一千戶 食實封四百戶

(992, 成宗 11) (光祿大夫上柱國) 檢校太師 (使持節 玄菟州諸軍事 玄菟州都督 大順軍使) 食邑一千戶 食實封四百戶 (推誠順化功臣高麗國王)

→ 光祿大夫 上柱國 檢校太師 使持節 玄菟州諸軍事 玄菟州都督 大順軍使 食邑 6,000戶 食實封1,300戶 推誠順化功臣高麗國王

이상이 宋 太宗이 고려 성종에게 사여한 책봉 내역의 종합이다. 성종은 宋으로부터 '光祿大夫 上柱國 檢校太師 使持節 玄菟州諸軍事 玄菟州都督 大順軍事 食邑 6,000戶 食實封 1,300戶 推誠順化功臣 高麗國王'의 책봉 관

---

180) ( )안의 기록은 「餘竝如故」로 표현된 내용을 필자가 복원한 부분이고, 밑줄은 변화되는 冊封 관작의 표시이며, (事)는 누락된 것으로 추정되어 기입한 부분이다.

작을 지니게 되었는데, 그 변화 모습이 가장 확연한 것은 檢校職, 食邑, 食實封이다.

* →는 관작의 변화를 나타낸다.
檢校職 : 檢校太保 → 檢校太傅 → 檢校太尉 → 檢校太師
食　邑 : 2,000戶 → 3,000戶 → 4,000戶 → 5,000戶 → 6,000戶
食實封 : 無 → 無 → 500戶 → 400戶＋400戶 → 1,300戶

여기서 宋代의 檢校職은 19개로서 太師, 太尉, 太傅, 太保, 司徒, 司空, 左僕射 등의 순이었다.[181] 그런데 三師는 太師, 太傅, 太保고, 三公은 太尉, 司徒, 司空으로 되어 있는데,[182] 책봉상에는 三師와 三公의 구별 없이 太尉가 太師에 선행하여 사여된 것은 '檢校一十九'라는 규정에 따라 시행되었기 때문으로 생각된다.[183]

문치주의를 표방한 宋에서 고려 국왕에게 '太尉'를 수여하였다. 그리고 문산계는 從2品에 해당하는 '光祿大夫'를 사여한 사실에 주목할 필요가 있다. 이는 遼代에는 宋代에 자주 보이는 檢校太尉나 使持節, 都督 등이 나타나지 않는 반면 '開府儀同三司'와 같은 文散階의 수여가 돋보인다는 사실과 대비된다. 이는 송이 바랬던 고려의 역할이 군사적으로 요의 남하를 견제함으로써 송을 위협하는 요를 무력하게 만드는 遠交近攻策의 일환이었다고 하겠다.

宋代는 五代와 단절이 아닌 '連續'된 사회였는데, 이는 고려 국왕에 대한 책봉 관작에도 반영되었다. 오대와 마찬가지로 고려 국왕에 대해 都督이 제수되고 있기 때문이다. 都督이란 관작은 將軍이 군주로부터 독자적 행정권과 군사동원권을 포함한 행정 재판, 치안은 물론 전제 방면의 독립

---

181) 『宋史』卷169, 志122, 職官9, 檢校官一十九.
182) 『宋史』卷161, 志114, 職官1, "宋承唐制 以太師 太傅 太保爲三師 太尉司徒 司空爲三公".
183) 『宋史』卷168, 志121, 職官8, "合班之制 元豊以後 合班之制" / "諸太師(細註 : 舊制 太尉爲三公 在太傅上 政和改爲三少) ; 『宋史』卷169, 志122, 職官9, 檢校一十九.

을 인정받은 표현이다. 大順軍使도 이런 유형의 관작인데 오대의 대의군 사에서 그 명칭이 변화한 것이다.

송대의 책봉 관작에는 또한 玄菟州諸軍事가 추가되었다. 국내에서 知州諸軍事는 신라말 都督制가 소멸되면서 광범위한 지방 사회의 변화와 더불어 신라의 중앙 관제를 방불케 하는 새로운 통치조직으로 등장하였 다.184) 이는 都督制와 달리 독립적 성격이 두드러진 官府였다. 唐末 지방 장관인 刺史나 節度使의 폐해를 억제하기 위하여 송 초에 태조가 각 군에 直臣을 파견하여 軍政과 民政을 관리하게 한 지방관이 知州事였다.185) 知州諸軍事는 군사권을 포함한 관할구역을 지칭한다.

이상을 정리하면 다음과 같다. 고려 태조는 후삼국의 상쟁에서 民生문 제를 포함하는 제반 對民施策을 제시하면서 주도권을 장악하였다. 대외 관계에서도 왕건은 北中國의 後唐과 後晉 정권으로부터 책봉을 받아 냄 으로써 후삼국의 주도권 장악에 박차를 가하였다. 王建보다 甄萱이 먼저 後唐에 冊封을 요청하였으나 뜻을 이루지 못하였고 신라 경순왕도 책봉 요청을 거부당하였다. 王建만이 '高麗國王'으로 책봉됨으로써 한반도에서 의 주도권이 그에게 유리하게 전개되는 하나의 계기가 되었다.

오대 중 첫째 왕조인 朱全忠이 세운 後梁과는 외교 관계나 책봉의 수 여가 없다. 고려뿐 아니라 후삼국이 모두 후량과 교류를 하지 않았는데, 後梁이 唐을 멸망시킨 사실이 주요 원인이었다.

왕건이 後唐으로부터 처음 책봉받은 '特進 檢校太保 使持節 玄菟州都 督 上柱國 充大義軍使 高麗國王'은 將軍號가 주류를 이루던 과거의 책봉 내역과는 다른 고려적 특성을 보여주는 시초라 할 수 있다. 이때 고려의 '奏請'에 의하여 태조의 부인 유씨를 '河東郡夫人'으로 책봉하고 '3軍 將 吏'들에게도 국왕에 대한 충성을 강조하였다. 이는 고려 전 시대를 통하 여 다시 찾아볼 수 없는 특례였다.

---

184) 全基雄, 「羅末麗初의 地方社會와 知州諸軍事」, 『慶南史學』 4, 1987.
185) 『中國歷代官職辭典』, 國書刊行會, 253쪽, 「知州」.

태조에 대한 두 번째 책봉국인 後晋은 後唐과 혈연적으로 연결된 나라다. 후진에서 받은 책봉 내역은 '開府儀同三司 檢校太師'으로, 지난날 후당에서 책봉한 내역을 인정한 뒤 特進에서 開府儀同三司로, 檢校太保에서 檢校太師로 한 단계 올려 준 것이다. 이러한 官爵 승급은 두 왕조가 단절적이지 않고 지속적임을 보여준다.

惠宗은 태조가 타계하기 전부터 부왕의 명을 받들어 정사를 처리하였다. 그는 20여 년의 정치 수련 과정을 거쳐 32세 壯年의 나이에 즉위한 뒤, 945년 後晋으로부터 고려 국왕에 책봉되었다. 후진을 이어 劉知遠(高祖)이 세운 후한(947~950)은 겨우 4년밖에 존속하지 못하고 막을 내렸다. 그래서 이 기간에 왕이 된 정종은 책봉을 받지 못했다.

그 뒤를 이은 光宗은 後周로부터 953년(광종 4)에 高麗國王으로 책봉되었고, 956년(광종 7)에도 재차 책봉되었다. 그 뒤 후주 世宗이 병사하고 아들 恭帝가 즉위하였을 때 광종에 대한 檢校太師, 食邑 3,000호의 進封이 결정되었으나 왕조의 멸망으로 고려 조정에는 전달되지 못하였다. 오대 시기에 고려 국왕이 받은 책봉 관작을 종합하면 다음과 같다.

<표 4> 五代의 高麗國王 冊封官爵 綜合

王代	授封國	冊封·加冊回數	冊封 官爵의 綜合
太祖	後唐·後晋	2	開府儀同三司 檢校太師 使持節 玄菟州都督 大義軍使 上柱國 食邑一萬戶 食實封一千戶 高麗國王
惠宗	後晋	1	檢校太保 使持節 玄菟州都督 大義軍使 高麗國王
定宗	×	×	×
光宗	後周	3	開府儀同三司 檢校太師 使持節 玄菟州諸軍事 玄菟州都督 大義軍使兼御史大夫 食邑三千戶 高麗國王

이상과 같이 고려 국왕은 대륙 북쪽의 五代 중 後唐, 後晋, 後周에게 책봉을 주청하고 그로부터 상위 위계의 관작을 책봉 받음으로써 국왕의 權威를 고양시키는 데 일조하였다. 후삼국 쟁패기에 고려나 후백제가 적극적으로 後唐에 책봉을 요청했다는 사실은 이 제도가 외형상 宗主國과

藩國 사이의 主從 관계를 표시하는 의례였지만, 내면적으로는 각국의 실리나 정치적 필요에서 상호 긴요한 일이었음을 보여준다.

고려 왕건 쪽에서 보면 새로운 지도자로서의 권위를 확보하는 데 도움이 되었고, 후당에게는 唐末 五代의 혼란기에 자국이 唐의 맥을 잇는 帝國임을 과시하는 데 일조하였다. 당시 중국을 지배하는 皇帝國으로부터 王位繼承의 정당성을 인정받는 증좌가 책봉이라면, 그 국내적 권위는 중차대하였다. 나아가 이 책봉을 시행하는 오대의 諸國은 자국의 지배력이 遠方에까지 미친다는 관념적 만족감을 느낄 수 있었다. 고려 초기에 오대의 왕조와 맺은 冊封-朝貢관계는 고려 외교의 서막이었으며, 고려가 동아시아 국제 질서에 편입되어 능동적이고 독자적인 생존 방략을 모색하는 계기였다.

오대를 이어 송이 등장하면서 동아시아는 宋 - 遼 - 高麗 - 西夏가 세력 균형을 이루는 형세를 띠게 되었다. 宋으로부터 고려 국왕이 받은 책봉은 다음과 같이 요약된다. 後周로부터 이미 ‘高麗國王’으로 책봉된 바 있는 광종에게 宋은 食邑 7,000호를 加하고 推誠順化保義功臣號를 賜與함으로써 정식 외교 관계를 맺었다. 이때는 송에 의한 최초의 책봉이었음에도 불구하고 광종이 이미 後周로부터 받은 ‘開府儀同三司 檢校太師 使持節玄菟州都督 大義軍使兼御史大夫 高麗國王’을 추인한 것이다. 이렇게 進封·加冊의 형식으로 책봉된 광종이 받은 관작은 ‘開府儀同三司 檢校太師 使持節玄菟州都督 大義軍使兼御史大夫 推誠順化保義功臣 食邑 10,000戶 高麗國王’이었다. 광종 23년에 있었던 두 번째 책봉은 송에서 改元하고 황제가 尊號를 받은 사실을 기념하는 가책이었다.

景宗은 그의 1년에 宋으로부터 책봉을 받았다. 경종 3년에 또 加冊을 받았는데, 이때 관직을 보면 경종을 侍中으로 대우하고 있다. 이는 송의 고려 국왕에 대한 우대가 강했음을 보여준다.

成宗은 宋·遼로부터 도합 여섯 번의 책봉을 받았는데, 책봉이 있은 후에는 赦免令을 반포하였다. 책봉과 관련하여 사면령을 내린 경우는 이때가 기록상 유일하다. 그런데 성종 4년(985) 무렵 송이 高麗와 交趾에 내린 책봉을 비교해 보면 양국에 차이가 보인다. 즉 고려는 國王으로 책봉된 반면, 交趾는 侯로 책봉되었다가 다시 郡王과 國王으로 進封되고 있다. 이 점은 교지보다 고려의 국제적 위상이 높았다는 사실을 말해준다. 성종 이 받은 관작 중 가장 변화의 모습이 확연한 것은 檢校職과 食邑 및 食實封이었다.

송으로부터 받은 고려국왕의 관작을 왕대별로 종합하면 다음과 같다.

<표 5> 宋代 高麗國王 冊封官爵 綜合

王代	冊封· 加冊回數	冊封官爵의 綜合
光宗	2	加食邑七千戶 推誠順化保義功臣 高麗國王
景宗	3	侍中 光祿大夫 檢校太傅 使持節 玄菟州諸軍事 玄菟州都督 大順軍事 食邑四千戶 高麗國王
成宗	5	光祿大夫 上柱國 檢校太師 使持節 玄菟州諸軍事 玄菟州都督 大順軍事 食邑6,000戶 食實封 1,300戶 推誠順化功臣 高麗國王

위의 표와 같이 송은 고려 국왕에게 文散階 從 2品職인 '光祿大夫'를 주었다. 이는 五代나 遼代의 特進과 開府儀同三司보다 낮은 位階였다. 한편 宋으로부터 고려 국왕이 받은 책봉 내역을 보면, 五代의 大義軍使가 大順軍使로 변화되고 玄菟州諸軍事가 추가되었다는 점이 주목된다.

송은 자국은 文으로 治國하면서 藩國에 대해서는 都督이나 諸軍事와 같은 행정권과 군사권을 관할하는 관작을 수여하고 더불어 낮은 관작을 제수하였는데, 이는 제후국으로 하여금 天子國을 수호하는 藩國의 의미를 강하게 인식하게 하려 한 것이 아닌가 추론된다.

宋에서 고려 국왕에게 준 책봉 관작은 그들이 바랬던 고려의 역할을 반영하고 있다. 그것은 군사적으로 요의 남하를 견제함으로써 송을 위협하는 요를 무력화시키는 것이었다. 즉 송의 책봉은 遠交近攻策의 일환이었다고 하겠다.

高麗는 遼와 세 차례의 전쟁을 치른 결과 君臣關係를 맺고 성종 15년부터 遼로부터 책봉을 받았다. 요의 冊封儀式은 기존의 南郊가 아닌 西郊

에서 거행되었으며 冊封文도 宋代의 그것보다 위압적인 느낌이 강했다. '小人의 꾀를 쓰지 말고 우리와의 약속을 어기지 말라'는 등 위협조의 당부도 宋代의 책봉문과는 구별된다.

宋代 특히 北宋代의 국제 관계는 宋 - 遼관계를 '대등한 자격의 인접국'이라는 의미에서 '隣對關係'라고 파악한 연구가 있다.[186] 이러한 상황에서 고려는 송과 독립적 우호 관계를 맺고 요와는 책봉-조공관계를 맺어 동아시아 힘의 역학 관계에 적응하였다. 송에서 볼 때 고려는 동아시아 국가 중 西夏 다음으로 중요한 위치를 점하고 있었다.[187] 송대의 고려국왕 책봉에서 보듯이, 고려는 대륙의 패권을 장악한 요와 책봉-조공관계를 맺어 실리를 추구하는 形勢論的 외교를 펼쳤다. 이러한 고려의 외교 자세는 고려 전기 동아시아 정세의 주도권을 요나라가 장악하고 있던 상황에서 취할 수밖에 없었던 현실적인 정책이었다.

---

186) 김성규, 「高麗 前期의 對宋關係 - 宋朝 賓禮를 중심으로 본 高麗의 國際地位 試論」, 『國史館論叢』 92, 2000, 38쪽.

187) 宋에서 보는 동아제국의 位相은 황제가 諸國의 사신을 접대할 때의 班次에 의해서도 짐작할 수 있다. "凡蕃使見辭 同日者 先夏國 次高麗 次交趾 次海外蕃客 次諸蠻"(『宋史』 卷119, 志72, 禮22(賓禮4), 西夏進奉使見辭儀).

제3장 고려와 遼의 책봉관계

고려가 遼(916~1125)와 책봉-조공 관계를 맺고 있던 기간(996~1125)은, 宋·遼·高麗·西夏 등의 동아시아 諸國이 치열하게 전쟁과 연합을 거듭하며 勢力均衡을 이루던 시기였다. 이 시기에 고려는 요와 정식 冊封-朝貢관계를 유지하면서 송과는 내면적인 친선 우호 관계를 맺고 있었는 바, 고려 외교의 주 대상국은 遼였다.

이 시기에 대륙은 요의 공략으로 송의 위기 의식이 고조되고 있었다. 燕雲 16주의 탈환을 갈망하던 송은 한때 발해와 연합하여 遼를 치려는 계획까지 세웠으나 실패하였다.[1] 이어서 송은 北漢의 부흥운동을 지원하는 요를 다시금 공격하려 했으나 중론에 따라 실행하지 못하게 되자 高麗에 군사적 지원을 요청하였다. 하지만 국가적 실익을 전제한 고려는 이에 응하지 않았다. 요가 주도하는 동아시아 정세 속에서 송은 그들에게 歲幣를 바치고 있었으며, 그런 와중에 1126년에는 金軍의 침공으로 그들과 叔姪關係를 맺어야만 했다. 그후 남송은 금에게 上表稱臣하는 '紹興의 조약'(1142, 고려 仁宗 20)을 체결하는 수모마저 겪었다.

1. 成宗~顯宗代의 책봉

992년 遼의 聖宗(耶律隆緒)은 고려 침략을 결정하고 80만 대군을 동원

---

1) 『續資治通鑑長編』 卷22, 太宗 太平興國 6년 7월 丙申.

하여 東京留守 蘇遜寧의 지휘로 保州(義州)를 지나 침략하였다.[2] 고려의
완강한 저항에 부딪힌 遼는 화의를 진행한 결과 고려의 강동 6주에 대한
영유권을 인정하는 대신, 고려가 요의 연호를 쓰고 조공을 바치는 등 事
大의 禮를 취하기로 하였다. 이처럼 불과 2개월도 못 되어 전쟁이 끝나게
된 것은 요의 침략 이유를 잘 보여주고 있다. 고려를 자신의 세력권 내로
끌어들여 고려와 송의 관계를 차단한다는 것이 침략의 근본 목적이었다.
소손녕의 "국경을 맞대고 있으면서도 왜 바다를 건너 멀리 송과 친선 관
계를 맺고 있는가"라는 질문은 그들의 고려 침략 이유를 잘 보여준다. 화
의를 통하여 고려와 송의 관계를 단절시킨다는 목적이 달성되자 요는 곧
군대를 철수하였다.

요와 새로운 친선관계를 설정한 고려는 송에 원병을 요청하였다.[3] 그
러나 이는 송과의 외교 관계를 단절하기 위한 수순에 불과하였다.[4] 당시
송은 고려에 원병을 보낼 만한 처지에 있지 못하였고[5] 고려도 이 사실을

---

2) 『遼史』卷13, 本紀13, 統和 10년(992) 12월, "是月 以東京留守 蘇恒德等 伐高
麗"；『遼史』卷85, 列傳15, 蕭撻凜傳, "(統和) 十一年 與東京留守 蘇恒德 伐
高麗破之"；『遼史』卷115, 列傳45, 外記 高麗 ；『高麗史節要』卷2, 成宗 12년
윤10월.

3) 『宋史』卷5, 本紀5, 太宗2, 淳化 5年(994) 6月 戊申, "高麗遣使 以契丹來侵 乞
師"；『皇宋十朝綱要』卷4/趙鐵寒主編, 『宋史資料萃編』第1輯, 文海出版社,
75쪽, "甲午 淳化五年 七月 高麗王 王治 爲契丹所攻 遣使乞師 以邊境甫寧不
欲興兵優詔遣之 自是不復入貢".

4) 朴宗基, 「고려시대의 대외관계」, 『한국사 6』, 한길사, 1994, 10~11·231쪽. 한
편 이 사실을 두고 '역관계의 우위를 바탕으로 전개되는 외교 관계의 본질을
제대로 간파하지 못하고 請兵하였다는 지적도 있다(具山祐, 「高麗 成宗代 對
外關係의 展開와 그 政治的 性格」, 『韓國史硏究』78, 1992, 52쪽)'.

5) 『遼史』卷13, 本紀13, 聖宗4, 統和 12년(994) 8월 乙酉, "宋遣使 求和 不許"；
同 9월 辛酉, "宋復遣使 求和 不許." 宋은 西夏의 李繼遷과 遼에게 속임을 당
하기도 하였다. 일찍이 宋으로 귀부하여 성과 이름까지 하사받았던 李繼遷은
(『宋史』淳化 2년(991) 7월 己亥, "李繼遷奉表請降 以爲銀州觀察使 賜國姓
改名保吉"), 이 宋의 勅命을 곧바로 遼에 보고하였으며(『遼史』本紀13, 聖宗4,
統和 9년(991) 10월 壬申, "夏國王 李繼遷 遣使來上宋所授勅命"；同 12월,
"夏國 李繼天 潛附于宋 遣招討使韓德 威持詔踰之"), 그 후 宋 太宗의 詔書
수령을 거부하고(『宋史』至道 1年(995) 6월 丙戌, "遣使諭 李繼遷 授以鄜州節

잘 알고 있었다고 판단된다. 고려는 元郁을 송에 파견하여 형식상 지원을 요청하고 송은 北邊이 겨우 편안한 상태이므로 경솔히 움직일 수 없다는 이유로 이를 거절하였다. 고려는 이를 빌미로 송과의 국교를 단절하였다.[6]

그 뒤 고려는 995년에 童子 10여 명을 遼에 보내어 그 언어를 익히게 하고, 요는 駙馬인 蕭恒德의 딸을 고려에 출가시키는 등 양국 관계는 원만한 상태를 유지하였다.

度使 繼天不奉詔"), 오히려 宋을 괴롭히다가(『宋史』至道 2年(996) 5月 癸卯, "李繼遷 寇靈州"), 遼에 복속하였다(『遼史』本紀13, 聖宗4, 統和 15년(997) 3월 己卯, "封夏國王 李繼遷 爲西平王"). 여기에서 당시 東亞 諸國은 宋의 군사력이 遼에 비하여 현저히 떨어지고 있음을 잘 알고 있었다고 하겠다. 高麗 역시 이 정보에 어두웠을리 없다고 생각한다.

6) 『續資治通鑑長編』卷36, 太宗 淳化 5년(994) 6월 庚戌, "高麗國 王治 遣使元郁來乞師言 契丹侵掠其境故也 上以蠻戎相攻 益常事而 北邊甫寧 不可輕動干戈." 對宋관계는 契丹의 1차 침입으로 국교가 단절된 후 70여년 만인 1071년(문종 25)에 재개되기까지, 국가 간의 공식적인 무역은 어려웠으나 민간무역은 계속되고 있었다. 이 단절 기간에 다녀간 宋 商人은 57회에 5,700여 명에 이른다(金庠基, 『高麗時代史』, 동국문화사, 1961, 189~191쪽). 그리고 고려의 상인은 宋商이나 日商에 비하여 그 활약상이 미약하였고, 고려의 國書도 宋 商船이나 日本 商船에 의하여 전달되는 경우가 많았다. 고려는 宋과 契丹 및 金사이에서 自己 保全을 위해 노력하고 있었던 것이다(森克己, 「日宋と高麗との私獻貿易」, 『朝鮮學報』14, 1959). 宋 商人에 의해 고려에 전달되는 進獻品目은 方物, 土物, 書冊, 進寶 등이었는데, 특히 顯宗 18년 8월인 1027년에는 宋商 李文通이 高麗에 올 때 書冊 597권을 가져왔다(『高麗史節要』卷3, 顯宗 18년 8월). 이와 같은 민간무역과 사무역은 麗-宋간 국교의 단절에도 불구하고 지속되고 있음을 알 수 있으나, 그것이 高麗 경제에 미친 영향이 麗-遼간의 정치적인 긴장 관계를 덮을 만큼의 의미를 가질 수는 없다.
근래 高麗와 송과의 交聘關係를 시기적으로 구분하여 이해한 연구가 있다. 즉 高麗와 宋의 交聘 전체 기간을 놓고 볼 때 宋은 일관되게 고려의 軍事的·政治的 지원을 얻어 契丹과 女眞을 견제하려고 하였으나, 고려는 시기별로 좀 달랐다는 것이다. 고려는 거란의 위협을 받던 初期의 경우 宋의 군사적·정치적 지원을 얻는 데 外交의 초점을 맞추고 있으나, 契丹, 女眞과 和平을 맺은 이후의 對宋 교섭에서는 그들의 先進文物을 수입하는 데 주목적이 있었다는 것이다(朴龍雲, 「高麗·宋 交聘의 목적과 使節에 대한 考察(上)」, 『韓國學報』81, 1995, 210쪽).

고려가 遼의 책봉을 처음 받은 시기는 성종 15년(996)으로, 1차 麗遼 전쟁이 끝난 이후다. 麗遼 전쟁이 끝난 996년 3월, 遼의 冊封使가 고려에 도착하여 고려 국왕을 책봉하였다.[7] 이 사실은 고려가 對宋에서 對遼로 외교 관계를 공식적으로 전환한다는 표징이다. 이때의 책봉사는 翰林學士 張幹과 忠正軍節度使 蕭熟葛이었다.[8] 成宗 15년(996) 3월 遼 聖宗의 冊封詔書는 다음과 같았다.

① 漢은 呼韓을 높여 직위를 諸王의 위에 두었고, 周는 熊繹[9]을 높여서 대대로 봉토를 주었다. 짐은 옛날 禮典을 본받아 君主 역할을 하며 은혜를 멀리 미치게 한다. 동방에 위치한 고려는 우리와 관계를 맺은 이래 여러 해가 되도록 조공에 힘썼으니 眞封[冊封]의 禮를 갖추어 內附의 誠意를 旌表하겠다. 이에 떳떳한 규례[彝章]에 따라 총애의 뜻을 보이고자 한다.

② 高麗國王 王治는 땅은 바닷가에 위치하여 세력은 여러 번국을 제압하고 있으며 先代들의 훌륭한 업적을 계승하여 君子의 옛 나라를 통치하고 있다. 문화는 예절을 갖추었고 지혜롭게 기틀을 알아서 事大의 禮儀를 다하며 適宜하게 일을 처리하고 있다. 鴨綠江 서쪽을 경계로 삼았으나 일찍이 천험을 믿고 교만한 일이 없었으며 天子의 玉座(＝鳳辰)를 흠앙하여 매 시기마다 조공을 극진히 하였다. 그 성의를 생각할 때 봉작을 높여야 하겠으므로 一品의 귀한 품계에 올려 최고의 영예로운 위치에 놓으려 한다. 이에 王爵을 주어 더욱 朕의 은혜를 表하고자 그대를 開府儀同三司 尙書令 高麗國王으로 삼는다.

③ 동해와 태산 밖에서는 그대만이 오직 홀로 높고 辰韓과 弁韓 일대는 경이 專權을 가졌다. 이 富貴를 지키고 저 교만을 경계할 것이며 소인의 꾀를 쓰지 말고 우리와의 약속을 어기지 말라. 공경히 자기의 업무

---

7) 『遼史』卷13, 本紀13, 聖宗4, 統和 13년(995) 11월, "遣使 冊王治 爲高麗國王"; 『高麗史節要』卷2, 成宗 15(996) 3월, "契丹 遣翰林學士 張幹 忠正軍節度使 蕭熟葛 來冊王 爲開府儀同三司 尙書令 高麗國王 幹等 至西郊 築壇傳冊 王 備禮受冊 乃大赦".

8) 『高麗史』卷3, 世家3, 成宗 15年(996) 3월.

9) 周 成王 때 처음으로 楚 諸侯로 책봉된 인물이다.

를 수행함으로써 조정의 법에 합치하도록 하여 그대 나라 사람들로 하여
금 다같이 盛世[壽域, 仁壽]를 누려 길이 天子의 大命을 유지하는 것이
아름답지 않겠는가.10)

이 冊封文은 책봉하는 뜻 일반(①), 책봉 이유(②), 당부(③)의 순서로
구성되어 있다. 고려는 '천험을 믿고 교만한 일'이 없었고, 朝貢을 극진히
한 성의를 생각하여 책봉을 한다고 했다. 그리고 '우리와의 약속을 어기
지 말라'는 강한 위협조의 당부도 잊지 않고 있다. 宋과의 대치 상황에서
고려와 송의 제휴를 경계하고 있던 遼의 우려가 상투적인 문투에서도 나
타난다.

成宗이 遼로부터 받은 관작은 開府儀同三司 尙書令 高麗國王이다. 이
책봉 내용에서 보는 것처럼 遼의 책봉 관작은 宋代와 다르다. 우선 宋에
서 주어지던 檢校職과 使持節 玄菟州諸軍事 玄菟州都督 大順軍事와 같은
관작이 주어지지 않았다. 요에서 사여한 尙書令은 문관으로서 행정의 실
무 책임자였다. 그리고 대개의 책봉 의식이 南郊에서 이루어지고 있음에
비하여 이번의 책봉 의식은 西郊에서 거행되고 있다.

성종이 사망하고,11) 조카인 개령군 誦 즉 穆宗이 즉위하였다. 목종은
세 번에 걸쳐 遼의 책봉을 받았다. 첫 번째는 목종 1년(998)으로 성종이
사망하자 고려는 즉시 이 사실을 요에 알렸다(11월). 고려 측 기록에는 없
으나 『遼史』에 의하면 목종이 이 무렵 요의 책봉을 받은 사실이 확인된

---

10) 『高麗史』 卷3, 世家3, 成宗 15年(996) 3월, "漢重呼韓 位列侯王之上 周尊熊繹
　　世開土宇之封 朕法古爲君推恩及 遠惟東溟之外域 順北極以來 王歲月屢遷
　　梯航靡倦 宜擧眞封之禮 用旌內附之誠 爰採彛章 敬敷寵數 咨爾高麗國王 王
　　治地臨[illegible]
　　事大之儀 盡協酌中之体 鴨江西限 曾恃險之 心鳳辰北 瞻克備以時之貢 言念
　　忠敬宜示 封崇升一品之貴 階正獨坐之榮 秩仍疏王爵 益表國恩 冊爾爲開府
　　儀同三司尙書令 高麗國王 於戱 海岱之表 汝惟獨尊辰卞之區 汝惟全有守玆
　　富貴 戒彼滿盈 無庸小人之謀 勿替大君之命 敬修乃事用 合朝經俾 爾國人同
　　躋 壽域永揚休命 可不美哉".
11) 『遼史』 卷13, 本紀13, 聖宗4, 統和 15년(997) 11월 "是月 高麗王治薨姪誦遣王
　　同潁來告"; 同 12월, "遣使 祭高麗王治 詔其姪 權知國事".

다.12) 두 번째는 목종 2년(999)으로 요가 고려국왕을 守尙書令으로 加冊하였다.13) 이때의 가책은 고려에 대한 요와 송의 경쟁 관계가 원인이었다.

한편, 요와 책봉-조공관계를 맺은 후, 고려는 목종 6년(1003)에 宋에 사신을 파견하여 군대를 요청하였다.14) 宋은 고려와 국교가 없는 상태에서 그들의 冊封을 받지 않은 고려의 왕을 '權知高麗國事'로 호칭하였다. 이는 황제로서의 자신의 위상과 아직 고려 국왕을 정식으로 책봉하지 않았음을 나타내 주는 표현이라 할 수 있다.15)

세 번째 책봉은 목종 10년(1007)에 있었다. 遼에서 책봉사 耶律延貴를 파견하여 加冊하였는데,16) 이번에는 '尙書令'에서 '尙書令兼政事令'으로 政事令을 더한 관작을 주었다. 進封 사실을 기준으로 기존의 목종에 대한 책봉 내역의 종합하면 '守義保邦推誠奉聖功臣 開府儀同三司 守尙書令兼政事令 上柱國 食邑七千戶 食實封七百戶'다. 遼에 의한 공신호의 수여는 이 목종 10년의 守義保邦推誠奉聖이 처음이었다.

---

12) 『遼史』 卷14, 本紀14, 聖宗 5년(998) 11월, "遣使 冊高麗國王誦".
13) 『高麗史』 卷3, 世家3, 穆宗 2년(999) 10월, "契丹遣右常劉績 加冊王 爲尙書令".
14) 『皇宋十朝綱要』 卷4/趙鐵寒主編, 『宋史資料萃編』 第1輯, 文海出版社, 99쪽, 癸卯 咸平 6년(1003) 8月, "高麗王誦 始遣使貢 且乞師攻契丹";『續資治通鑑長編』 卷74, 大中祥符 3년(1010) 11월, "上謂 王旦等曰 契丹伐高麗 萬一高麗窮蹙 或歸于我 或求乞師 何以處之 旦曰 當顧其大者 契丹方固盟好高麗 貢奉累歲不一至";『續資治通鑑長編』 卷83, 大中祥符 7년(1014) 12월 丁卯, "權知高麗國事 王詢遣奏告使尹證古 及女眞將軍 塔沁堅已下 七十八人 以方物來貢 詢表 言契丹阻其道路 故久不得通請降 皇帝尊號 正朔 詔從其請 又言 塔沁堅 自稱父兄 曾入覲其兄留 弗歸玆行 遂往尋訪 又河北 居民竇文顯等 十七人 先爲契丹所掠 投奔高麗 詢亦遣還令歸本貫 上尋嘉其意 待證古甚厚".
15) 이 무렵 거란의 聖宗은 西夏의 세력을 적절히 이용하여 '以夏制宋'의 책략을 성공적으로 수행하였다. 북송이 서하에 견제되어 고전하고 있는 동안 '澶淵之盟'을 맺어 절대 우월한 위치에서 遼-宋관계를 정리하였다(安俊光, 「北宋初期 對外政策의 基調」, 『遼金元史硏究』 4, 534쪽).
16) 『高麗史節要』 卷2, 穆宗 10년(1007) 2월, "契丹遣耶律延貴 來加冊王 爲守義保邦推誠奉聖功臣 開府儀同三司 守尙書令兼政事令 上柱國 食邑七千戶 食實封七百戶".

加冊이란 한 명의 제후 왕에 대해 책봉을 한 뒤 그 官爵 중에서 官的 지위를 進封시키는 것을 말한다. 이러한 加冊은 遼의 상황에 따라 시행키도 하고 宋을 견제하는 측면에서 또는 고려국에게 두터운 厚意를 보여 藩屛으로서의 위치를 확인코자 하는 측면에서 시행하였다. 遼에 의한 책봉은 被封國王의 입장에서 보면 왕의 권위를 확장시켜 주고 국내적인 위상을 확고히 해주는 중요한 의례였다. 특히 국내 정치세력 간의 힘 겨루기가 치열할 때에 행해지는 왕에 대한 책봉은 그의 권위를 고양시켜 현실정치를 주도할 수 있는 힘을 더해 주었다.

그러던 차에 고려에서 목종을 폐하고 顯宗을 옹립하는 康兆의 정변이 발생하였다. 이는 遼의 입장에서는 자신들이 승인한 고려 국왕을 權臣이 자의대로 교체하는 사건이었다. 그래서 이를 빌미로 현종 1년(1010) 고려를 침략하였다. 요의 침략을 받은 뒤 고려는 요의 연호를 폐지하고 宋의 연호를 사용하였다.17) 요의 침략으로 南遷의 위기를 겪은 현종은 국가 질서의 재정비 사업을 추진하였다. 예컨대 太廟의 정비, 역대 배향공신의 책정 등 왕실의 권위를 보여주는 禮制를 마련하였다.18)

그러다 현종 12년(1021) 2월 고려는 李作仁을 遼에 파견하여 요에 대한 事大를 약속하고 6년간 구금하였던 只剌里를 돌려보냈다.19) 그후 동 13년(1022)에 요의 책봉을 받고 요의 연호도 다시 사용하였다.20) '開府儀同三司 守尙書令 上柱國 高麗國王 食邑一萬戶 食實封一千戶'가 바로 이때의 책봉 내역이다. 이로써 목종 10년(1007) 이래로 단절되었던 책봉–조공 관계가 재개되었다.

현종 13년(1022) 요와의 관계가 정상화되던 무렵 宋에서는 仁宗이 즉

---

17) 이때 연호의 사용 기간은 현종 재위 7년에서 13년까지였다(1016년~1022년).
18) 崔順權, 「高麗前期 五廟制의 運營」, 『歷史敎育』 66, 1998.
19) 『高麗史』 卷5, 世家5, 顯宗 12년(1021) 2월.
20) 『高麗史節要』 卷3, 顯宗 13년(1022) 4월, "契丹 遣御史大夫蕭懷禮等 來冊王 開府儀同三司 守尙書令 上柱國 高麗國王 食邑一萬戶 食實封一千戶 仍賜車服儀物 自是復行 契丹年號"；『遼史』 卷16, 太平 2년(1022) 12월, "高麗王詢薨 其子欽 遣使來報卽 命使冊欽爲高麗國王(按高麗史四本年是策 高麗太子王欽爲高麗國公 此時 王詢尙未卒)".

위하였는데, 인종은 식읍 16,000호, 식실봉 5,000호였던 西夏의 李德明 (982~1032)에게 尙書令을 주고 더불어 식읍 1,000호와 식실봉 400호를 더해 주었다. 인종이 수여한 西夏 李德明의 책봉문에는 식읍 17,000호, 식실봉 5,400호로 수록되어 있다.[21] 이는 고려의 현종이 요에서 받은 식읍 및 식실봉보다 많은 戶數다. 당시는 동아시아 정세의 주도권이 요에 있었고, 송은 요와 서하로부터 압박을 받고 있던 상황이었다.[22] 그러니 요는 霸者의 위치에서 고려의 귀속을 치하하는 의미에서 현종에 대해 비교적 명목상이지만 많은 호수의 식읍을 제공한 것으로 풀이된다. 반면 송은 서하를 위무하기 위한 방편의 하나로서 많은 호수의 식읍을 지급하고 식실봉의 비율도 3 : 1 정도로 주었다.

遼의 책봉 사절단은 正使가 武官인 반면에 副使가 文官인 점이 특이하다. 직함도 某某觀察使가 많으며, 사신의 성씨로는 蕭 氏와 耶律 氏가 대다수였다.[23]

현종 14년(1023) 4월 요는 고려 태자를 책봉하였다.[24] 이때 책봉사로

---

21) 王民信 主編, 『西夏紀事本末』, 臺北 : 文海出版社, 1982, 130쪽, “乾興 1年 (1022, 고려 顯宗 13년) 春正月 仁宗卽位 趙德明 進尙書令 加恩制曰 門下朕 仰奉詒謀 嗣臨寶位……錫以絲綸之命 推忠宣德崇仁保順誠亮守正翊戴功臣 定難軍節度 夏銀綏宥靜等州管內觀察處置押蕃落等使 開府儀同三司 檢校太師 守太傅中書令 使持節 都督 夏州諸軍事 行夏州刺史 上柱國 西平王 食邑 一萬六千戶 食實封五千戶 趙德明 …本自於天資 奇正之機 蓋由乎神授 而自齋壇受鉞 賜履撫綏委 其外禦之權 寵以眞王之爵 整軍講事彌暢於善經述職 修方聿昭於亮節屛于西夏 克壯英猷屬 予踐阼之初 疇秩 仍增多邑 復進重封 倂示寵榮斯爲異數 於戲 亨嘉之運 方在於統 同隆顯之恩 昭於眷注往服休命 保玆永圖 可特授依前 檢校太師 守太傅 尙書令 兼中書令 使持節 都督 夏州 諸軍事 行夏州刺史 充定難軍節度 夏銀綏宥靜等州管內觀察處置押蕃落等使 西平王 加食邑一千戶 食實封四百戶功臣 散官勳如故”.

22) 송은 고려가 원병을 요청할 경우를 우려하였다. 『續資治通鑑長編』 卷74, 大中祥符 3년(1010, 고려 현종 1) 11월, “上謂王旦等曰 契丹伐高麗 萬一高麗窮蹙 或歸于我 或求乞師 何以處之 旦曰 當顧其大者 契丹方固盟好高麗 貢奉累歲 不一至”.

23) 冊封儀式의 거행도 장엄했으리라 짐작되며 그 장소는 거의 南郊였다.

24) 『高麗史節要』 卷3, 顯宗 14년(1023) 4월, “契丹 遣左散騎常侍 武白 耶律克恭 來 冊太子欽 爲輔國大將軍 檢校太師 守太保兼侍中 高麗國公”.

왔던 武白은 송나라 출신으로 요의 관료로 기용되어 관계에 진출한 인물로『遼史』열전에도 실려 있다.[25] 태자의 책봉 내역은 '輔國大將軍 檢校太師 守太保兼侍中 高麗國公'으로, 여기에는 고려 국왕에게는 사여되지 않은 '輔國大將軍'이라는 武散階가 있음이 주목된다. 이 책봉은 고려의 차기 국왕에 대한 제어책으로 시행되었다고 판단되는데, 봉작 내역이 '高麗國公'임도 유례가 없다. 문종, 숙종대에 요에 의한 태자 책봉이 있기는 했으나 그때도 내역은 高麗國公이 아닌 三韓國公이었다.

成宗에서 顯宗代까지의 책봉 내역을 정리해 보면 다음과 같다.

<표 1> 成宗~顯宗 冊封官爵

王代	西紀	冊封官爵名	典據
成宗 15	996. 3	開府儀同三司 尙書令	『史』,『要』
穆宗 1	998.11	冊高麗國王	『遼史』
2	999.10	加冊王爲尙書令 守義保邦推誠奉聖功臣	『史』,『要』
10	1007. 2	開府儀同三司 守尙書令兼政事令 上柱國 食邑七千戶 食實封七百戶	『史』,『要』
顯宗 13	1022. 4	開府儀同三司 守尙書令 上柱國 高麗國王 食邑一萬戶 食實封一千戶	『史』,『要』
太子 欽	1023. 4	輔國大將軍 檢校太師 守太保兼侍中 高麗國公	『史』,『要』

2. 德宗~順宗代의 책봉

顯宗의 장자였던 德宗은 태자 시절에 이미 遼로부터 高麗國公으로 책봉되었으나, 즉위한 뒤에는 책봉을 받지 않았다. 덕종은 즉위년(1031)에 遼에게 압록강변 城橋 철회를 요구하고,[26] 억류된 사신의 귀환을 요구하였다. 이 요구가 받아들여지지 않자 고려와 요의 관계는 악화되었다.[27] 덕종은 對遼 강경책을 전개하여 賀正使도 정지시켰다.[28] 덕종 즉위년 7

---

25) 서병국,『거란·거란인』, 오정인쇄주식회사, 1992, 237쪽.

26)『高麗史』卷5, 世家5, 德宗 卽位年(1031) 10월 辛巳.

27)『高麗史』卷5, 世家5, 德宗 즉위년 11월 辛丑.

월 遼 聖宗이 사망하고[29] 興宗(1031~1054)이 뒤를 이어 즉위하였다. 흥종은 연호를 景福에서 重熙로 개정하였으나, 고려는 폐기된 聖宗代의 太平年號를 계속 사용함으로써 요에 대한 강경한 태도를 분명히 하였다. 이러한 문제로 덕종은 재위 3년 동안 요의 책봉을 받지 않은 채 사망하였다.

이러한 요와의 소원한 관계는 靖宗 3년(1037)까지 계속되었다. 그러다 정종이 요로부터 책봉을 받은 것은 재위 5년 만인 1039년으로, '開府儀同三司 守太保兼侍中 上柱國 高麗國王 食邑七千戶 食實封一千戶 仍賜 輸忠保義奉國功臣'으로 책봉되었다.[30] 이 책봉을 포함하여 정종은 다음과 같이 두 번에 걸쳐 책봉을 받았다.

<표 2> 靖宗代 冊封官爵

王代	西紀	冊封官爵名	典據
靖宗 5	1039. 4	開府儀同三司 守太保兼侍中 上柱國 高麗國王 食邑七千戶 食實封一千戶 輸忠保義奉國功臣	『史』, 『要』
靖宗 9	1043.11	守太傅兼中書令 食邑三千戶 食實封三百戶 同德致理四字功臣	『史』, 『要』

책봉을 내린 遼 興宗은 정종을 先祖의 국토를 계승한 시초에 先王(德宗)의 不恭함을 고쳐서 疆土를 바침으로써 朕의 領土를 넓게 하고 폐백을 바침이 여러 나라에 앞섰다고 치하하고, 화목하기에 힘쓰고 충성스러운 태도를 가지니 떳떳한 법전에 근거하여 특전을 베풀고자 한다고 하였다. 그리하여 정종을 '開府儀同三司 守太保兼侍中 上柱國 高麗國王 食邑七千戶 食實封一千戶'로 책봉하고 겸하여 輸忠保義奉國의 6字로 된 功臣號를 준다고 하였다.[31]

---

28) 遼 聖宗의 太平年號 사용은 계속되었다.

29) 『遼史』 卷18, 興宗紀1, 太平 11년(1031) 6월 甲申, "遣使 告哀于宋及夏高麗".

30) 『高麗史節要』 卷4, 靖宗 5년(1039) 4월.

34) 『高麗史』 卷6, 世家6, 靖宗 5年(1039) 4月 辛酉, "朕體天洪覆 酌古通規 內則推皇家懷遠之誠 外則付王國專征之柄 航棧不可以輕入 車書不可以妄同 庶及群雄 永全大義 與其軒習弧矢而夏陳干戚 曷若周分藩屏而漢誓山河 其有業重桓文望高辰卞 紹祖服之云 始革先王之不恭 貢土疆而廣我提封 奉玉幣而首諸

위의 글로도 알 수 있듯이 요의 공신호 사여는 德宗代 對遼 강경책에서 다시 국교를 재개한 정종의 공로에 대한 보상이라는 성격이 짙다.

靖宗 9년(1043)에는 '守太傅兼中書令 加食邑三千戶 食實封三百戶 賜同德致理 四字功臣'으로 加冊되는데,[32] 가책 이유는 冊文을 통해 알 수 있다. 책봉 조서에 따르면, 근자에 여러 신하들의 간청에 의하여 큰 칭호를 받았으니 짐의 교화가 미치는 모든 지역에서 다같이 이 영광을 누려야 한하므로 책봉을 하겠다는 것이었다.[33] 이어서 冊封文에는 나라가 융성한 때에 마침 짐에게 尊號를 加上하였으므로 황제의 은택을 먼저 王藩(高麗)에 입히기 위하여 높다란 품계를 주며 食邑(爰田)을 증대시키고 아름다운 칭호를 주어 功을 표창하고자 한다면서 정종을 守太傅兼中書令으로 책봉하고 食邑 3,000戶와 食實封 300戶를 더 주며 겸하여 同德致理의 4字로 된 功臣號를 수여하였다.[34]

方面安和是務 忠肅爲容 宜擧彝章 特敷寵數 權知高麗國王 奇姿玉瑩 偉量淵淳 鼇丘聳架海之雄 旁鍾秀拔 龍宿 挺麗天之彩 俯降精英 而自守明區 大開覇府 動靜先遵於典則 寐興 能制於驕矜 千里甸畿 先臻富庶 一方民俗 咸荷恩榮 成奕世之令名 得殿邦之異略 是用專馳馬非轡 遠降龍綸 玄菟全封 榮加於一字 緼貂峻秩兼示於三師 馭貴崇階 襃功懿號 廣疏井賦 茂獎忠庸 於戲 星辰在拱北之躔 則爲合度 江漢得朝宗之路 乃是安流 勉服斯言 勿煩常訓 可授開府儀同三司 守太保兼侍中 上柱國 高麗國王 食邑七千戶 食實封一千戶 仍賜輸忠保義奉國六字功臣".

32) 『高麗史節要』卷4, 靖宗 9년(1043) 1월, "契丹 遣監門衛上將軍 蕭愼微 禮部侍郎 韓紹文等 來冊王 爲守太傅兼中書令 加食邑三千戶 食實封三百戶 賜同德致理四字功臣 散官勳爵如故 竝賜車服冠劍印綬 乃國信物 王設壇受詔".

33) 『高麗史』卷6, 世家6, 靖宗 9년 11월 丁亥, "朕畏以眇德嗣受丕圖 賴六聖之垂休致八方之咸乂 近從群懇祗受鴻名 凡在照臨畢均慶賞 卿世欽聲朔地襲土茅航深罄述職之儀 事大竭爲臣之節 屬陳鉅禮載擧彝章 特推進秩之恩 倂茂疇庸之數 今遣使 左監門衛上將軍 蕭愼微 使副尙書禮部侍郎 韓紹文 持節備禮冊命幷賜車服 冠劒 印綬 及國信物等 具如別錄".

34) 『高麗史』卷6, 世家6, 靖宗 9년 11월 丁亥, "朕膺穹旻之寄 紹祖宗之基 四表歸仁 偃靈旗而定覇 百官考禮 鏤寶冊以加尊 遐眷帝臣 踐開國社 航海之誠靡怠 帶河之誓愈堅 屬覃慶之在辰 宜頒恩而及遠 式尊徽典 特擧寵章 咨爾輸忠保義奉國功臣 開府儀同三司 守太保兼侍中 上柱國 高麗國王 食邑七千戶 食實封一千戶王亨 英哲閒時 仁慈纘服 張皇土宇 亘日域以分圻 尊獎天朝 仰宸居

遼 興宗 11년(1042) 11월 群臣이 황제에게 加上한 尊號는 '聰文聖武英略神功睿哲仁孝皇帝'였다.[35] 이를 기념하여 夏國王과 高麗國王 등에게 加冊의 恩典을 베풀었다. 흥종은 근래 위대한 칭호를 받았으므로 황제의 교화가 미치는 지역에서 다 함께 이 영광을 누리고 싶어서 加冊한다고 하였다.[36] '위대한 칭호'의 가상 배경으로는 遼가 宋과 西夏의 긴장 관계를 이용하여 송에 '澶淵之盟'(1004)[37]의 개정을 요구하였고 增幣 조건으로

而送款 戴舜 樹弼成之業 匡周 規夾輔之勳 化被蒼隅 聲敷靑畎 朕 昨戒嚴駕 巡撫京畿邦尹 展肆覲之儀 都人契來蘇之望 干戈不試 獄市惟齊 群方則慕義 向風 交馳玉帛鄰國則畏威懷德 增納金繒 聿臻累洽之期 適享虛名之冊 是推 皇澤者及王藩 進絶席之崇 資正專車之峻秩 爰田益賦 美號襃功 是用遣使蕭 愼微 使副韓紹文 持節備禮 冊命汝 爲守太傅兼中書令 加食邑三千戶 食實封 三百戶 仍賜同德致理四字功臣 散官勳爵如故 於戲 守君子國 冠諸侯王 論道 而爲周師奮庸而登漢相 維堅臣節 以荅皇家 享富貴於昌時 傳功名於長世 輝 流竹素 永惟欽哉".

35) 『遼史』卷19, 本紀18, 興宗1, 重熙 11년(1042) 11월 丁亥. 이 무렵(1041년) 송의 西夏 정벌이 시작됐으나 主將 任福이 전사하는 등 대패하였다. 그래서 范仲淹 의 守備策에 따라 수비에 힘쓰고 和議로 對西夏政策을 바꾸었다. 金榮濟, 「唐 ・宋代의 上供의 擴大過程」, 『唐宋財政史硏究』, 신서원, 1995, 322~323쪽, "인종의 경력 연간(1041~1048)은 西夏와의 用兵(1039~1044)에 의해 재정 지 출이 급격히 팽창했던 시기였다".

36) 『高麗史』卷6, 世家6, 靖宗 9년 11월 丁亥.

37) 이 「澶淵의 盟約」은 1004년(고려 穆宗 7)에 체결되었다.『續資治通鑑長編』卷 58, 景德 元年 12월 辛丑, "大宋 皇帝는 大遼 황제에게 誓表를 전달한다. 양국 은 이 맹약을 경건히 받들고 성심과 믿음으로 준수한다. 군대의 경비를 보조하 기 위해 매년 歲幣 絹 20만필, 銀 10만냥을 준다. 더욱이 北朝에 사신을 보내지 않고 단지 三師差人으로 하여금 雄株까지 운반하여 교환한다 …… 書標 외에 양국은 어떠한 요구도 하지 않으며 반드시 협동으로 지켜 오래 도록 존속시킨 다……"; (宋)葉隆禮 撰, 「澶淵誓書」『欽定重訂契丹國志』卷20, "維景德元年 歲次甲辰十二月庚辰朔七日丙戌 大宋皇帝謹致書於契丹皇帝 闕下共遵誠信 虔守 歡盟以風土之宜 助軍旅之費 每歲以 絹二十萬匹 銀一十萬兩 更不差 使 臣專往北朝 只令三司差人搬送至雄州交割沿邊 州軍各守疆界 兩地人戶不得 交侵或有盜賊 逋逃彼此 無令停匿 至於土龍 苗公稼 穡南北 勿縱搔擾 所有兩 地城池 並可依舊存守 淘濠完葺一切如常則 不得創築城隍開掘河道誓書之外 各無所求必務 協同庶存悠久 自此保安黎獻 謹守封陲質 於天地神祇 告於宗 廟社稷子孫共守傳之無窮 有渝此盟不克享國 昭昭天鑒 當其殄之 遠具披陳專

이 분규가 원만히 해결된 사실을 들 수 있다(1043).[38]

분규가 해결된 다음 해(1044)에 宋과 西夏가 和約을 맺었다. 이에 夏國은 이미 선포한 稱皇帝를 철회하고 宋에 稱臣하기로 하는 대신 송은 李元昊를 夏國王으로 인정하고 은 7만 2천, 비단 15만 3천 필, 차 3만 근을 주고 국경에 互市를 설치하기로 하였다. 宋은 명분을 얻고 西夏는 실리를 취한 국제 거래였다. 그리하여 동아시아 정세는 일견 명분과 실리를 얻는 강압된 평화 시기의 도래를 연출하였다.

이 정종 9년의 책봉에서는 同德致理의 공신호가 사여되었다. 興宗은 책봉 사절단 133명을 파견하여 정종을 책봉하면서 이 공신호를 하사하였다. 그것은 신하들로부터 위대한 칭호를 받은 기념으로, '황제의 은덕을 우선 번국에 먼저 입히기 위하여 높은 관작과 품계를 주며 식읍을 증대시키고 칭호를 주어 공로를 표창'하려는 취지에서였다. 이 加冊에서 '散官과 勳號 및 爵號는 종전대로 둔다'고 하였는데 여기서 말하는 散官은 散階의 뜻으로서[39] 開府儀同三司를 가리킨다.

정종이 遼로부터 두 번에 걸쳐 받은 책봉 관작을 종합해 보면 다음과 같다.

① 開府儀同三司 守太保兼侍中 上柱國 高麗國王 食邑七千戶 食實封一千戶 輸忠保義奉國功臣
② 守太傅兼中書令 加食邑三千戶 食實封三百戶 賜同德致理四字功臣

靖宗이 遼로부터 받은 책봉 내역의 종합은 '開府儀同三司 守太傅兼中書令 上柱國 高麗國王 食邑10,000戶 食實封1,300戶 輸忠保義奉國同德致

矣 報復不宣".

38) 『遼史』 卷19, 本紀19, 興宗 11년(1042) 9월 壬寅, "遣北院樞密副使 耶律仁先 漢人行宮副 部署劉六符使宋約和"; 同 閏月 癸未, "耶律仁先遣人報 宋稅增 銀絹十萬兩匹 文書稱貢 送至白溝帝喜宴群臣于昭靖慶宗殿"; 『高麗史』 卷6, 世家6, 靖宗 9년(1043) 11월, "冊文曰……隣國則 畏威懷德 增納金繒".

39) 朴龍雲, 「高麗時代의 文散階」, 『高麗時代 官階·官職 研究』, 고려대학교 출판부, 1997, 92쪽.

理功臣'이다.

다음 文宗代는 고려적 특성이 가장 잘 갖추어진 시기로 평가된다. 책봉
면에서도 다음 표에서 볼 수 있듯이 그 횟수와 내용이 단연 돋인다.[40]

<표 3> 文宗代 冊封官爵

王代	西紀	冊封官爵名	典據
文宗 1	1047.9	開府儀同三司 守太保兼侍中 上柱國 高麗國王 食邑七千戶 食實封一千戶 匡時致理竭節功臣	『史』, 『要』
文宗 3	1049.1	守太傅兼中書令 高麗國王 加食邑三千戶 食實封三百戶 資忠奉上四字功臣	『史』, 『要』
文宗 9	1055.9	守太師 食邑五千戶 食實封五百戶	『史』, 『要』
王太子		三韓國公	
文宗 11		尙書令 食邑五千戶 食實封二百戶	『史』, 『要』
王太子	1057.3	王太子 爲順義軍節度使 朔武等州觀察處置等使 崇祿大夫 檢校太尉 同中書門下平章事 使持節 朔州諸軍事 行朔州刺史 上柱國 三韓國公 食邑三千戶 食實封五百戶	『史』, 『要』
文宗 19	1065.4	守正保義四字功臣 食邑三千戶 食實封三百戶	『史』, 『要』
王太子		兼侍中 特進	『史』, 『要』

문종은 遼로부터 5회의 책봉과 가책을 받았는데, 그는 고려 국왕 가운
데에서도 관작을 많이 받은 국왕에 속한다.[41] 문종은 요와 공식적인 冊封

---

40) 문종대는 문벌화 경향, 士庶의 구분, 문벌 존중 경향과 국왕의 위상을 강화하고
군신관계를 강조하려는 경향이 병존하였고(채웅석, 「고려 문종대 관료의 사회
적 정치 운영」, 『역사와 현실』27, 1998), 遼代의 중국인도 文宗을 찬양하고 있
는 사실에서(馬堯俊, 「獻高麗王詩」, 『遼文匯』, 294쪽/楊家駱 主編, 『遼史彙
編』第6冊, 鼎文書局, 1973, "始從鉤裂海東天 世世英雄稟自然 掌上寶符鈐造
化 胸中神劒畫山川 太宗莫取龍州道 煬帝難乘鴨綠船 眞是金輪長理國 豈論
八萬四千年") 그의 국내외적 위상이 높앞음을 알 수 있다. 또 문종대는 왕의
권력행사가 이전보다 강화됐으나, 특정세력이 정책 결정과정을 독점치 않고 관
료제의 정상적 논의과정을 거쳤기에 심각한 정치적 갈등으로 번지지 않은 특
징도 찾아진다(박재우, 「고려전기의 국정 운영체계와 재추」, 『歷史學報』154,
1997).
41) 忠烈王이 9회, 忠宣王, 文宗, 恭愍王이 각각 5회이다.

-朝貢관계를 유지하면서 내면적으로는 송나라와 긴밀한 관계를 유지하려고 노력하였다. 물론 국왕 자신의 身病으로 인해 필요한 藥材나 의원을 구하려는 사정도 작용하였으나 이 시기에는 遼 - 宋의 중간에서 양단 외교를 하였다는 것이 특징이다.

문종은 재위 1년(1047) 9월에 첫 번째 책봉을 받았다. 遼의 興宗이 보낸 冊封文에는 문종(王徽)은 나라를 다스릴 운명과 영특한 재주를 타고 났으며 모든 백성의 으뜸으로서 아름다운 상서를 한 몸에 지녔고 일찍이 선대 임금의 유훈을 받았다고 칭찬하였다. 그리고 문무의 재능을 겸하였고 충효의 근본 문제를 체득하였으며 어렸을 때로부터 父祖의 위업을 계승할 뜻을 가져 침착하고 순직하여 반드시 禮樂 제도를 준수하였다며 이전에 볼 수 없는 극찬을 하였다. 이어서 齊桓, 晉文의 霸業을 흠모하고 衛靑, 霍去病의 병법에 정통하였고 풍부한 경륜으로 좋은 시대를 만나서 황실에 대한 성의를 다하는 동시에 그의 혜택이 일국에 미치어 백성들의 기대에 부합된다고 하면서 '開府儀同三司 守太保兼侍中 上柱國高麗國王 食邑 7,000戶 食實封 1,000戶'를 책봉하고 겸하여 '匡時致理竭節의 功臣號'를 준다고 하였다.42) 이 글에서도 이전과 마찬가지로 문서 말미에 예의 은근한 위협조의 당부가 들어 있다. 諸侯로서 上國을 위하는 길은 내치를 잘하는 것이라는 고답적인 훈계와 더불어 帝國에 대하여 충성하라는 위협 섞인 당부가 그것이다. 이러한 구절에서 관념적이나마 자국의 위세를

---

42) 『高麗史』卷7, 世家7, 文宗 1年(1047) 9월 壬午, "眷乃馬韓之地 素稱龍節之邦 代襲王封 品高人爵 分頒金數 表榮冠於諸侯 申錫彤旅得顯征於四履 爰屬傑時之器 允膺續服之權 載歷藏時 式均徽典 權知高麗國王事徽 應基運之數 鍾英異之靈 天麟迥首於龜龍 遹明嘉瑞 日觀遍崇於嵩華 夙煥幽經 負文武之全才 識忠孝之大本 粤自勝衣 有始構室 推良靜守貞純 動循禮樂 慕桓文之霸業 精衛霍之兵符 富厥令圖 稔玆淑會 洎帥臣之告闕 亟藩國之歸尊 而能惠洽一方情協群望 及露章而斯曁 故寵數以難稽 是用宜顯被於紫綸 俾特建於玄社 倚爲左相 峻陟三師 超隋馭貴之階 優賜褒功之號 盈疏實賦 劇轉淸勳 於戲 周天王之重非熊 止遙分於齋壤 漢高祖之刑白馬 仍納約於劉宗 順考古先 罕偕恩禮 用卜悠長之祚 愈堅匡合之誠 勉佩訓言 仰迪神佑 可特授開府儀同三司 守太保兼侍中 上柱國 封高麗國王 食邑七千戶 食實封一千戶 兼賜匡時致理竭節功臣之號".

과장해 보려는 사정이 엿보인다.

두 번째 加冊은 문종 3년(1049) 1월에 있었다. 책봉문에서는 경은 영광스러운 왕위를 이은 후로부터 글로써 자기 업무를 진술하며 東方에 있으면서 우리나라를 받들겠다고 맹약하였다, 그러므로 이에 사절을 파견하여 책봉의식을 시행하고자 한다고 하였다. 그리고는 문종을 '守太傳兼中書令'으로 책봉하는 동시에 '食邑 3,000戶 食實封 300戶'를 더 주고 겸하여 '資忠奉上'의 4字功臣號를 더해 준다고 하고 있다. 대신 고려 국왕은 나라를 맡은 책임을 생각하여 황실을 받드는 정성을 잊지 말며 '나의 말'을 명심하여 아름다운 행복을 누리라고 당부하였다.43) 이때 동시에 주어진 詔書에 의하면, 문종이 조상의 유업을 계승하여 皇室에 글을 자주 올리고 포백 공납에 충실하므로 책봉의 특전을 내린다고 하였다.44)

문종에 대한 세 번째 加冊은 재위 9년(1055) 9월에 있었다. 이때는 왕과 태자에게 책봉이 동시에 시행되었다.45) 그 詔文에서는 짐이 이번에 큰

---

43) 『高麗史』 卷7, 世家7, 文宗 3년(1049) 正月 乙巳, "朕絳闕勝桃 祖有功而宗有德 靑藩建社 大者王而小者侯 雖武肅於群雄 亦柔懷於遠裔 式全大義 永保鴻圖 其有纘服開榮 飛章述職 控臨日域 居蒼龍列宿之方 尊獎天庭 奉白馬刑牲之約 爰擧旌疇之命 是行冊拜之儀 咨爾匡時致理竭節功臣 開府儀同三司 守太保兼侍中 上柱國 高麗國王 食邑七千戶 食實封一千戶王徽 玉藻含溫 金球播雅 字量平呑於渤澥 豊稜俊屹於崑崙 蠅字觀書 洞探經綸之略 鶴鈴蘊術 深知戰伐之機 粤自分啓三陲 紹興五覇 尋就頒於鳳綍 俾爲長於兎城 四方于宣 匡合之名 輝信史 一變至道咐循之化 洽熙氏民 加以靖恭 無驕滿之容 忠孝 有委輸之節 禮陳籩筥 繼走梯航 宜考禮於曲臺 載圖勳於盛府 班崇絶席 秩峻專車 襲乃王封 增之井賦 仍賜襃功之號 幷推懋賞之恩 遣使千牛衛上將軍蕭惟德 使副御史大夫王守道 持節備禮 冊命爾爲守太傳兼中書令 特封高麗國王 加食邑三千戶 食實封三百戶 仍賜資忠奉上四字功臣 階勳如故 於戱 周賜彤弓 尤重專征之柄 漢頒玄鉞 益雄作輸之權 今古相望寵靈若是 勉副殿邦之寄 無忘奉國之誠 欽荷丕言 以綏吉履".

44) 『高麗史』 卷7, 世家7, 文宗 3년 正月 乙巳, "卿纘襲王封 紹興祖業 飛章雙闕 嘉纖籩之聿修".

45) 『遼史』 卷20, 本紀20, 興宗3, 重熙 23년(1054) 6월, "高麗王徽 請官其子詔加檢校太尉" ; 『高麗史節要』 卷4, 文宗 9년 9월, "契丹遣 匡義軍節度使耶律革 崇祿卿陳顗來冊王 爲守太師 加食邑五千戶 食實封五百戶 仍賜車輅冠服圭劍等物 王受冊于南郊 又遣利州刺史蕭祿 來冊王太子 爲三韓國公 太子迎命于閤

禮典을 마쳤기에(작년 興宗에게 尊號를 올린 것) 경과 함께 이 경사를 나누려고 한다, 그리하여 특별한 책명을 보내고 겸하여 물품을 넉넉히 주어 짐의 깊은 배려를 표하니 영광으로 생각하라고 하였다.[46)]

이 책봉문에서는 짐이 처음으로 좋은 운을 만났기에 큰 명호를 부득이 받았고 천자를 높이자는 글이 조정에 모여드니 마땅히 나의 은택을 해외에까지 미치게 해야 한다고 하였다. 그리고 훌륭한 정치는 백성들의 기대에 부합되어 공덕을 칭송하는 노래도 아름답다면서 사절을 보내 正朔을 청하니 날이 갈수록 우리나라에 대한 정성이 확고하며 기후, 풍토를 참작하여 나라를 운영하는 직책에 근실하니 황실의 울타리가 되었고 모든 번국에 으뜸가는 권위를 지녔다고 하였다. 그리고 그대의 성력으로 동방에 대한 근심이 작아졌다면서 오늘 나라의 경사를 맞이하여 대대로 빛나는 공훈을 잊을 수 없기에 사절을 파견하여 특별한 冊命을 전한다고 하였다. 그리하여 문종에게 守太師를 가하고 食邑 五千戶와 食實封 五百戶를 더 주었다.[47)]

門庭".

46) 『高麗史』卷7, 世家7, 文宗 9년(1055) 2월 辛酉, "卿嗣位世勳 茂修文敎 効珍職篚 尊獎於皇家 奕慶藩主 撫寧於靑域 屬玆行禮 思與同休 爰特降於冊函 乃優加於賄命 式昭眷想 當體恩榮 今差匡義軍節度使耶律革等 往彼 備禮冊命 仍賜車輅 冠服 圭劒等 及特賜諸物 具如別錄 至可領也".

47) 『高麗史』卷7, 世家7, 文宗 9년 2월 辛酉, "王者 禮遇群后 懷和萬邦 錫以彤㫋 寵价藩之功茂 賜之膰胙 表王室之慶成 順考前規 允膺休典 朕甫鍾嘉運 勉循鴻名 縣蕝之儀 適交修於朝右 蓼蕭之澤 宜遐冒於海隅 妙簡靈辰 式揚昆命匡 時致理竭節資忠奉上功臣 開府儀同三司 守太保兼中書令 上柱國 高麗國王 食邑一萬戶 食實封一千三百戶王徽 淹融迪裕 忠肅秉彝 木德司仁 旁鍾於諄粹 珠衡挺異 迥賦於英標 而自嗣興乃邦 纘服前烈 樹桓文之遐業 撫辰卞之全封 善政其蘇 馬驪謠允穆 賓王請朔 久堅事大之誠 候律占風 克謹守邦之職 作皇家之外蔽 壯戎翰之中權 實寬東顧之憂 率資北面之力 存逢邦慶 永念世勳 乃臨遣於使騑 特進加於朝冊 維師陞秩 奉邑增封 申昭柔遠之恩 式恊疇庸之典 今遣使匡義軍節度使 饒州刺史兼御史大夫 耶律革 使副崇祿卿 護軍陳顗 持節備禮 冊命爾 爲守太師 加食邑五千戶 食實封五百戶 餘如故 於戲 鸞冕八章 異其數象輅九旂 昭其文 講備物於曲臺 溢榮暉於列國 敍膺殊禮 永懋令圖 矧當熙盛之期 益著匡寧之績 儀形群岳 貽燕後昆 寶朕訓言 膺受繁祉".

국왕 책봉과 함께 王太子 책봉도 시행되었다.[48] 왕태자 책봉은 현종대
에 이어 두 번째였는데, 冊文은 다음과 같다.

옛날 제후국은 世子를 두었다. 세자는 온 나라를 바로잡으며 종묘를
맡는 중요하고 어려운 지위다. 그러므로 영구히 조상을 높이려면 반드시
후계자를 먼저 선정해야 한다. 근래 글은 귀국의 성의가 매우 극진하다.
正朔을 받아 가고 皇室을 높이 받드니 藩國으로서의 禮節이 특수하며
나에게 冊封을 청하니 근본을 세우려는 생각이 절실하다. 특별히 옛 헌
장에 근거하여 冊命을 보내니 이 영광스런 특전을 받으라.
匡時致理竭節資忠奉上功臣 開府儀同三司 守太傅兼中書令 上柱國
高麗國王 食邑 10,000戶 食實封 1,300戶 王徽의 아들 勳은 조상들이 쌓
아 놓은 두터운 덕과 아름다운 유훈을 받아 7~8세부터 우수한 인재였으
며, 經筵에서는 연장자를 공경하고 스승으로부터 진리를 배우고 있다.
게다가 왕실의 장래가 무궁하고 번영하여 온 역사도 오래며 선대에서 이
룩한 위업을 자손들이 계승하여 대대로 내려오는 유풍을 침체시키지 않
았고, 봉작·봉토 하는 황실의 특전도 전후에 빛났다. 생각건대 高麗는
三韓, 百濟의 옛 지역에서 왕후의 작록을 누리고 있다. 나의 너그러운
뜻으로 경의 행복을 염원한다. 王勳은 청소년 나이에 나의 조서를 받는
다.
앞으로 훌륭한 수레를 타고 영광스러운 곤룡포를 입을 것이니 그럴수
록 효성과 공경을 극진히 하여 부모의 마음을 즐겁게 하며 신의와 화목
을 숭상하여 종실에 모범을 보여야 한다. 교만하거나 나태함이 없이 시
종일관 삼가서 짐의 훈계를 잊지 말라! 이에 특별히 三韓國公으로 책봉
한다.[49]

48) 『高麗史節要』卷4, 文宗 9년 5월 癸亥.
49) 『高麗史』卷7, 世家7, 文宗 9년(1055) 2월 癸亥, "古之諸侯 厥有世子 貞列邦
   而爲東 守家社以惟艱 求念亢宗 必先立嫡 近省來奏 深嘉乃誠 爰念稟朔尊王
   盖絶專封之禮 瞻天請命 固求樹本之恩 特擧舊章 懋膺榮典 匡時致理竭節資
   忠奉上功臣 開府儀同三司 守太傅中書令 上柱國 高麗國王 食邑一萬戶 食實
   封一千三百戶王徽子勳 憑積德之厚 稟貽謀之休 越在齠年 鬱爲雅器 綴冑筵
   而讓齒 趨師席以參玄 而况寶系莫竟 昌源寝遠 肯堂肯構 旣克紹於世風 拜後
   拜前 是併敷於朝典 顧三韓之右地 摠百濟之舊名 榮分父母之邦 爵復公侯之

고려 태자에 대한 책봉은 遼代 시기에만 나타난다. 이는 遼의 고려 정책과 관련시켜 생각해 볼 필요가 있다. 우선 태자 책봉은 고려 문종의 요구에 따라 시행되었다는 점이 이채롭다. 문종대는 王權이 臣權을 제어하는 상황이었므로[50] 이와 관련하여 안정적인 세습은 물론 그에 따른 왕실 안정과 관련하여 책봉을 요구하였다고 생각된다.

문종에 대한 네 번째 가책은 재위 11년(道宗 3, 1057)에 있었다.[51] 遼의 道宗이 尊號를 받은 사실을 기념하기 위한 가책이었다. 遼帝國에서는 皇帝가 존호 가상을 받으면 이 사실을 번국에 알림으로써, 皇帝 자신의 권위를 자랑함은 물론 事大의 축하를 받고자 하였다.[52] 가책 조서에서는 삼한 지역은 모든 列國의 으뜸으로서 하우 씨의 치수한 경계 밖에 위치하고 있다고 한 뒤, 고려에 대해 창건 후 멀리 천자에게 고하였으며 五覇의 옛일을 본받아 왕실을 높이는 데 극진하였다고 칭찬하였다. 그리고 이미 선대로부터 봉작을 거듭하여 동일한 문자를 쓰고 황제를 도왔으나 오늘날 좋은 경사를 만나 그 큰 공로를 보답하고 길일을 골라서 이 특전을 주려고 한다는 것이다. 더구나 근자에 여러 신하들이 짐을 추장하려는 간절한 요청을 막을 수 없어서 부득이 성대한 의식을 치렀기에 고려 국왕을 尙書

始 示予綏援 弘爾善祥 於戲 當紈綺之齡 受絲綸之寵 黑轓異等 玄袞升華 所宜崇孝敬 以承親顔敦信厚而儀公族 勿驕勿惰 有初有終 欽玆惟休 無忝慈訓 可特封三韓國公".

50) 채웅석, 「고려 문종대 관료의 사회적 정치 운영」, 『역사와 현실』 27, 1998.

51) 『高麗史節要』 卷5, 文宗 11년(1057) 3월, "契丹遣 天德軍節度使蕭繼從 千牛衛大將軍王守拙 來冊王 爲兼尙書令 加食邑五千戶 食實封二百戶 竝賜冠服 車輅銀器匹段鞍馬弓箭等物 王率百官受冊于南郊 又遣利州管內觀察使蕭素 司農卿柴德滋 來冊王太子 爲順義軍節度使 朔武等州觀察處置等使 崇祿大夫 檢校太尉同中書門下平章事 使持節 朔州諸軍事 行朔州刺史 上柱國 三韓國公 食邑三千戶 食實封五百戶 太子率宮官百僚 詣南郊 受冊王潛行觀禮".

52) 『遼史』 卷21, 本紀21, 道宗1, 淸寧 2년(1056) 11월, "文武百僚 上尊號曰 天祐皇帝 后曰懿德皇后"; 同 12월, "上皇太后 尊號曰 慈懿仁和文惠孝敬廣愛宗天皇太后"; 『高麗史』 卷8, 文宗 11년(1057) 3월 乙酉, "卿 控臨胙服 藩屛皇家 方畢推崇之禮 均休免域 宜行冊拜之恩 式示寵領 用昭溫晬 今差天德軍節度使蕭繼從左千牛衛大將軍 王守拙 充封冊使副 幷賜卿冠服 車輅 銀器 匹段 鞍馬 弓箭等具如別錄 至可領也".

令으로 冊封하고 食邑 5,000戶와 食實封 200戶를 더 준다는 내용의 조서
였다.53)

　이때 경사스러운 일, 즉 尊號 加上으로 인하여 고려 국왕과 왕태자를
가책한다고 하였다. 이때 王太子에 대한 책봉에 즈음한 詔書에서는,54) 황
실에서 경사로운 예식을 치른 이때에 책봉으로서 특전을 고루 입히고자
하니 마땅히 그대에게도 나의 두터운 관심을 표시하고자 한다고 하고 있
다.55) 그 책봉문에서는 勳은 봉황처럼 아름다운 자질과 준마처럼 걸출한
기개를 가졌으며 숙성한 체격에 온순한 덕을 품었다고 칭찬하였다. 그리
고 조상의 훈계를 받들어 나라를 꾸밀 만하고, 어진 스승을 만났으니 世
業을 지킬 수 있다고 하면서 연소한 나이에 벌써 조서를 받는 영광을 입

---

53)『高麗史』卷8, 世家8, 文宗 11년(1057) 3월, “我國家 重蒼晥命 累聖垂休 推恩
　　信於萬邦 寧分中外 襃功勳於庶位 詎隔邇遐 眷三韓闔閭之雄 限伯禹方隅之
　　表 其有踐開靑社 遙控紫庭 紹匡合之覇圖 修委輸之臣節 雖日中有子 會申錫
　　於王封 而天下同文 旋弼成於帝化 屬均大慶 思荅洪勳 爰卜臧辰 式頒寵典 咨
　　爾匡時致理竭節資忠奉上功臣 開府儀同三司 守太師兼中書令 上柱國 高麗國
　　王 食邑一萬五千戶 食實封一千八白戶 王徽 精儲龍宿 傑出鷄林 博通幼尙於
　　詩書 聰悟生知於禮樂 宏謀秘奧 常探金樻之編 敏思遒姸 已著錦樓之集 粤自
　　襲爵朱蒙之國 宣風玄菟之鄕 以寬猛董雄師 以惠和熙 雅俗 膏雨需一方之澤
　　景星爲千古之祥 當聖考臨軒 頗盡匡周之禮 迨冲人纂業 尤堅奉啓之誠 剡華
　　楮以飛章 甌靑茅而入貢 載觀忠義 無替敬恭 近者 迫群興懇切之詞 推寡昧優
　　崇之號 勉從謹請 遂擧盛儀 方覃象魏之恩 首獎桓文之略 是用移晉相專車之
　　秩 陞漢臣 獨坐之班 兼益戶封 倂昭宸獎 今遣使 天德軍節度使蕭繼從 使副左
　　千牛衛大將軍王守拙 持節備禮 冊命爾爲 兼尙書令 加食邑五千戶 食實封二
　　百戶 於戲 飛龍在運 白馬伸盟 寵賜彤弓 位冠於五侯九伯 榮調玉鉉 權崇於四
　　輔三公 矧乃居先人賜履之邦 襲伯氏揚斿之寄 弼翊可以希於善善 拊循可以慕
　　於優優 宜樹芳猷 別疑茂績 應福謙於神道 契助順於天心 敬戒於玆 長守富
　　貴”.
54)『高麗史』卷8, 世家8, 文宗 11년(1057) 3월, “順義軍節度使 朔武等州觀察處置
　　等使 崇祿大夫 檢校太尉 同中書門下平章事 使持節 朔州諸軍事 行朔州刺史
　　上柱國 三韓國公 食邑三千戶 食實封三百戶”.
55)『高麗史』卷8, 世家8, 文宗 11년(1057) 3월, “卿慶鍾王胤 幼標聰悟之名 爵列
　　國公 早被豊優之命 束蒭屬行於成禮 編笿思洽於殊休 宜有寵頒 式符眷矚 今
　　差利州管內觀察使蕭素 司農卿柴德滋 充封冊使副 幷賜卿冠服 車輅 銀器 匹
　　段 鞍馬 弓箭等 具如別錄 至可領也”.

었다고 하였다. 그리하여 오늘 짐에게 큰 경사가 있어 전국이 다 기뻐하
는 이때에 특별히 책서를 보내 이 경사를 함께 나누려 한다고 하였다. 이
에 '順義軍節度使 朔武等州觀察處置等使 崇祿大夫 檢校太尉 同中書門下
平章事 使持節 朔州諸軍事 行朔州刺史 上柱國 三韓國公 食邑 3000戶 食
實封 500戶'로 책봉한다고 하였다.56)

이번의 책봉에서 요는 고려태자를 가책하면서 식읍 3,000호와 식실봉
500호를 주었다. 태자에게 주어진 관작도 5등이나 작위를 올렸으며 문산
계로서 崇祿大夫를 주었다는 사실, 그리고 朔州諸軍事 등 고려 국왕에게
주어진 바 없는 관작이 나타나는 것이 특징이다.

文宗 12년(1058)에 왕이 宋과 교통하고자 큰 배를 만들려 했다. 이에
內史門下省에서 반대의 글을 올렸다.57) 이는 외교정책을 둘러싼 당시 國
王과 臣僚 간의 마찰로 보일 수도 있으나 고려의 대외정책이라는 측면에
서 보면 자연스러운 일일지도 모른다. 우선 외교상으로는 遼와 긴밀한 관
계를 유지함으로써 국토 평화를 기할 수 있는 상황에서 굳이 송과 더욱
긴밀한 관계를 형성할 필요는 없었다고 하겠다. 文宗은 국제 관계상 이러
한 현실적 힘의 우위를 인정하여 遼의 책봉을 받았지만, 한족인 宋과의

---

56) 『高麗史』卷8, 世家8, 文宗 11년 3월, "朕嗣守丕圖 奄宅縣宇 循縉紳之抗疏 束
茅蕝以陳儀 上逢慈顔 方增於懿號 下褒眇德 亦被於虛稱 載惟延賞之恩 宜擧
襲封之典 咨爾匡時致理竭節資忠奉上功臣 開府儀同三司 守太師兼中書令 上
柱國 高麗國王 食邑一萬五千戶 食實封一千八百戶 王徽子勳 鵷鸞瑞質 騕騢
奇蹤挺岐嶷之英姿 蘊溫良之妙德 肯堂承訓 允符作室之言 良冶傳芳 期肯爲
裘之業 爰自綺紈之歲 已膺綸綍之榮 今屬玉檢推尊 銷金在運 率土皆霑於慶
有 承家宜被於寵靈 特需筠編 茂均霈澤 是用遣使利州管內觀察使蕭素 使副
守司農卿 柴德滋 持節備禮 冊命爾 爲順義軍節度使 朔武等州觀察處置等使
崇祿大夫 檢校太尉 同中書門下平章事 使持節朔州諸軍事 行朔州刺史 上柱
國三韓國公 食邑三千戶 食實封三百戶 於戲 爵疏五等 首冠於候封 寄重十連
兼提於相印服 是休美 永惟敬哉".

57) 『高麗史節要』卷5, 文宗 12年 8月, "北朝(遼)와 修好한 이래 국경에 急變이
없고 백성이 생활을 편안히 즐기고 있으니, 이것이 나라를 보전하는 上策이다.
…… 우리나라는 文物·禮樂이 행해진지 오래되었고 무역선이 계속 왕래하여
보배가 들어오기 때문에 中國과 交通하여도 실제 소득은 없다. (따라서) 契丹
과 영구히 絕交치 않을 바에는 宋과 交通하는 것은 마땅치 않다".

교섭에도 소홀치 않으려 했다. 물론 그가 송과 더욱 긴밀한 연관을 맺고자 한 것은 風痹(中風, 腦出血)로 고생한 왕이 宋나라의 발달된 醫藥과 醫員을 초빙하려는 의도도 있었다는 사실은 분명하다.[58]

문종에 대한 마지막 가책은 재위 19년(1065) 4월에 있었다. 이 책봉도 尊號 加上과 관련이 있다.[59] 道宗이 받은 尊號는 '聖文神武全功大略聰仁睿孝天祐皇帝'였다. 遼는 이 가상 사실을 알리기 위하여 책봉사가 고려에 오기 6개월 전에 사신을 미리 보내었다. 책봉을 알리는 來報使라고 할 수 있는데,[60] 요는 이때의 詔書에서 尊號 加上의 일환으로 가책한다는 점을 밝혔다.

즉 朕이 10년 동안 전국을 잘 통치하였는데, 國運이 흥왕하여 경사가 계속되고 여러 신하들이 글을 올려 짐의 공로를 추장하려고 한다는 것이다. 그리고 지극히 간절한 요청을 굳이 사양하기 어려운지라 부득이 여러 사람들의 정성에 순응하여 아름다운 칭호를 받기로 하였다 것이다.[61] 이어서 曲臺(太常寺)에서 아름다운 헌장에 근거하여 나에게 특별한 칭호를 올렸으므로 먼 지역까지 나의 은택을 베풀어 이 경사를 함께 나누게 되었다고 하였다. 그리하여 경에게 책봉 의식을 실시하며 물품을 보내 따뜻한 배려를 표시하려 하니 마땅히 지극한 뜻을 알아야 한다면서 책봉 취지를 설명하였다.[62]

---

58) 三木榮, 『朝鮮醫學史及疾病史』, 同右, 1963, 48쪽 「文宗の疾病」 참조.

59) 『高麗史節要』 卷5, 文宗 19년(1065) 4월, "契丹 遣寧遠軍節度使 耶律寧 益州管內觀察使丁文通 來加冊王 爲守正保義四字功臣 食邑三千戶 食實封三百戶 賜九旒冠 九章服 玉圭 玉冊 象輅 衣襨 匹段 弓箭 鞍馬等物 王受冊于南郊 又遣利州管內觀察使耶律迪 衛尉卿疏晏如加冊王太子 爲兼侍中 加特進 賜九旒冠 九章服 牙笏 竹冊 革輅 衣襨 匹段 鞍馬 弓箭 酒等物王太子 受冊于南郊".

60) 『高麗史節要』 卷5, 文宗 18년(1064) 10월, "契丹遣 檢校右散騎常侍耶律亘來告受冊".

61) 『高麗史』 卷8, 世家8, 文宗 18년(1064) 10월 丙辰, "朕荷累聖之鴻休 纘一寧之嘉祚 勵精求理 寅畏居懷 十稔于玆 四方大定 圓極祐曆 繼薦瑞於昌期 群辟拜章 議推功於眇德 勤請彌切 牢壤靡遑 俯徇興情 勉應徽號 已定次年元日行禮 卿稱藩作翰 事上輸忠 聞究盛儀 諒增同慶 今差禮賓使耶律亘 賫詔 往彼示諭 想宜知悉".

역시 동시에 전달된 冊封文에서는 짐이 즉위하여 큰 일을 처리하였다. 위로는 선대 임금들의 유훈을 받들어 나라를 더욱 융성하게 하였고 아래로는 諸侯들과 친선을 유지하여 藩國을 광범히 포치하였다. 고려는 辰卞(辰韓, 卞韓)의 옛 지역에서 대대로 왕업을 누리어 우리나라에 성의를 다하고 있다. 마침 王化가 보급되는 이때에 나에게 尊號를 올려 성대한 의식을 치렀으니 그대에게 누구보다 먼저 특권을 주어야 하겠다고 하였다. 그리고 고려왕이 事大의 성의를 준수하고 있으며 근실한 성의를 항상 잊지 못한다고 하였다. 그리하여 이번에 짐의 칭호를 높이려는 신하들의 요청을 부득이 수락하였다고 하면서 고려왕의 충실한 성의를 생각하여 특별히 추장하는 명령을 내리되 공로를 평가하여 勳號를 주는 동시에 식읍을 더 주겠다고 하였다.63)

이 책봉문에서 事大의 정성이 지극하다든가 帶河傳誓 등의 맹서를 운위하고 있지만, 현실적인 국경 문제 등을 둘러싸고 첨예한 대립을 보이고 있었다. 이는 책봉을 통하여 양국 간의 상하 질서를 고정해 놓음으로써

---

62) 『高麗史』卷8, 世家8, 文宗 19년(1065) 4월 癸巳, "卿 忠勤奉上 熙洽逢辰 展縟憲於曲臺 旣增殊號 霈鴻恩於遐域 式表同休 往陳冊拜之儀 優示頒宣之命 用昭溫眷 唐體至懷 今差寧遠軍節度使耶律寧 益州管內管察使丁文通 充封冊使副并賜經冠服 車輅 銀器 鞍馬 弓箭 酒等 具如別錄 至可領也." 이번 冊封使였던 耶律寧은 후에 橫宣使로 고려에 다시 왕래하였다.

63) 『高麗史』卷8, 世家8, 文宗 19년 4월 癸巳, "朕誕膺駿命 愼守丕圖 上則荷累聖之貽謀 昌運祚 下則親諸侯而立國 廣樹藩維 其有嗣爵朱蒙 申疆玄菟 延世大開於王社 納忠遐獎於帝宸 適逢熙洽之期 載益彤鴻之號 縟儀束蕗方薄浹於殊休 懿冊編瓊 宜先加於異數 咨爾匡時致理竭節資忠奉上功臣 開府儀同三司 守太師 中書令兼尚書令 上柱國 高麗國王 食邑二萬戶 食實封二千戶王 慶鍾奕葉 道冠生民 維岳降神 素推於雄傑 自天生德 夙富於溫仁 而自表海襲封 帶河傳誓 化敷辰卞 洽宣綏撫之功 業茂桓文 妙盡修輶之節 任土述賓王之職守 方邊請朔之文 爰尚周勤 摩忘欽顧 乃者 勉從群請 增上諱稱 載惟匡合之謀 特降褒崇之命 旣念功而錫號 仍與邑以疏封 是用遣使寧遠軍節度使耶律寧 副使 益州管內管察使 丁文通等 持節備禮 冊命 可爾守正保義四字功臣 食邑三千戶 食實封三百戶 餘如故 於戲 高而愈卑 持盈之格訓 小則事大 保國之令猷 王其表率一方 儀刑群岳 勿爽愼終之道 勿愆效順之誠 繼汝先風 爲予外蔽 寶是勑戒 永孚于休".

그 자체를 존중하면서도, 실익 면에서는 서로 양보하지 않는 국제 관계의
현실을 나타낸다.

　이때 역시 문종의 王太子를 가책하였는데, 짐의 은덕을 입히며 겸하여
물품을 주어 짐의 두터운 관심을 표시하려 한다는 것이 가책 이유였다.[64]
그 책봉문을 보면, 짐은 중대한 사명을 띠고 선대 임금들의 뒤를 이어받
아 안으로는 황실의 번영을 생각하여 화목한 분위기를 조성하고 밖으로
는 藩國의 세자에게까지 사랑하는 마음을 새로 다진다고 시작하였다. 그
리고 고려 왕태자는 일찍부터 명예를 떨쳤고 황제의 책봉을 받았으며 國
公으로 승진되어 왕후의 반열에 서게 되었다. 외직으로는 節制의 실권을
쥐었고 내적으로는 평장사의 높은 벼슬을 받았지만, 능히 너그러운 태도
로서 남을 포용하고 자기 자신을 검칙하고 있다. 내가 그대의 영민한 재
주를 생각하여 특전을 내려 侍中으로 겸하여 책봉하고 特進을 가한다고
하였다.[65] 이때 태자에게 전달된 예물 중 革輅가 특징적이다.[66]

---

64) 『高麗史』 卷8, 世家8, 文宗 19년(1065) 4월 癸巳, “卿鑿楹稟訓 早居世子之榮
　繼組分封 爰列上公之爵 束蒾屬行於成禮 編笋思洽於洪恩 兼示頒霈 用昭眷
　屬今差利州管內觀察使耶律迪 衛尉卿麻晏如等 充封冊使副 賜卿冠服 車輅
　銀器匹段 鞍馬 弓箭 酒等 具如別錄 至可領也”.
65) 『高麗史』 卷8, 世家8, 文宗 19년 4월 癸巳, “朕奉圓靈之休命 承列聖之慶謀 內
　則懷帝室之茂親 方深雍睦 外則眷王藩之令胄 更厚撫綏 其有玉蔓延華 珠躩
　挺粹 然毓躬於震域 諒馳懇於宸庭 會逢乂精之期 增峻厖鴻之號 宜加異數 用
　浹殊休 咨爾順義軍節度 朔武等州觀察處置等使 崇祿大夫 檢校太尉 同中書
　門下平章事 使持節朔州諸軍事 行朔州刺史 上柱國 三韓國公 食邑三千戶 食
　實封五百戶 王勳 國棟奇材 天球偉器 把淸猷而照俗 包茂略以經時 識君臣父
　子之儀 知禮樂詩書之敎 矧夙推於令譽 嘗優被於恩章 進秩國公 憐親藩后 碧
　幢按部 操節制之雄權 黃閣調元 領平章之鋸任 而能寬以涵物 原而律身 載量
　英敏之才 爰降寵嘉之典 英飛鳳綍 貴珥貂綏 兼益崇階 倂昭盛紀 是用 遣利州
　管內觀察使 耶律迪 副使守衛尉卿 麻晏如 持節備禮 冊命爾 爲兼侍中 加特進
　餘如故 於戲 一時之遇 千古所稀 念繼世之勳 予不忘於獎邵 懸匡邦之志 爾宜
　盡於勤能 無恃寵以驕人 勉竭忠而奉主 服是丕訓 永保休貞”.
66) 『文淵閣四庫全書』 656冊, 『皇朝禮器圖式』 卷11, 鹵簿2, 皇帝鹵簿2, 「皇帝大
　駕鹵簿革輅」 640쪽.

<그림 1> 皇帝大駕鹵簿革輅

　　지금까지 살핀 5회의 文宗代 책봉 내역을 官爵별로 정리하면 다음과
같다.

① 開府儀同三司 守太保兼侍中 上柱國 高麗國王 食邑7,000戶 食實封
　　1,000戶 兼 賜匡時致理竭節功臣號
② 守太傅兼中書令 高麗國王 加食邑 3,000戶 食實封300戶 仍賜資忠奉
　　上四字功臣 階勳如故
③ 守太師 加食邑 5,000戶 食實封 500戶
④ 兼尙書令 加食邑 5,000戶 食實封 200戶
⑤ 食邑 3,000戶 食實封 300戶 守正保義四字功臣

　　이상의 5회에 걸친 책봉 내역을 종합하면 '開府儀同三司 守太師兼尙書
令 上柱國 高麗國王 食邑 23,000戶 食實封 2,300戶 兼 匡時致理竭節資忠
奉上守正保義功臣'이다. 이 관작이 문종이 遼에서 받은 종합적이고 최종

적인 책봉 내역이다. 위에서 살핀 것처럼 문종대는 요의 자발적 책봉이
주종을 이룬다.

문종 사후 즉위한 順宗은 태자 시절부터 遼로부터 세 차례나 책봉을
받았다.[67] 그러나 즉위한 후 부왕의 喪中에 사망하였기 때문에 책봉을 받
을 기회가 없었다.[68] 그의 遺詔에 "뜻밖에도 居喪 중에 과도한 애통과 쌓
인 근심으로 병이 생겨(積憂成患) 시일이 지날수록 점점 더하고 낫지 않
으며 첫 겨울이 되면서는 마침내 위중해지게 되었다"[69]고 하였다. 37세
의 순종이 간직한 쌓인 근심[積憂]의 실체가 단지 부왕의 死去 때문인지
는 의문이다. 다만 문종대에 요에 의한 국왕 책봉의 활성화와 함께 세자
였던 順宗이 그들로부터 책봉에서 우대받은 사실은 주목된다.

3. 宣宗∼睿宗代의 책봉

고려 문종대에 宋과 통교를 재개하자 요가 영토 획정 등을 요구하며
고려를 압박하였다. 宣宗代(1083∼1094) 초반에는 양국의 긴장이 야기되
었고, 이로 인해 요와의 관계를 다시 강화하였다. 선종대는 전략상 중요
한 압록강 이동 지역을 영구적으로 확보하기 위하여 이 지역에 城柵을 설
치하고 權場 등 遼의 영토 침해 행위를 중지한다는 조건으로 그들과 긴밀
한 관계를 유지하였다.[70] 그리하여 선종 2년(1085)에 요로부터 '特進 檢

---

67) 『高麗史』 卷8, 世家8, 文宗 9년(1055) 5월, "三韓國公"; 同 11년(1057) 3월,
 "王太子 爲順義軍節度使 朔武等州觀察處置等使 崇祿大夫 檢校太尉 同中書
 門下平章事 使持節 朔州諸軍事 行朔州刺史 上柱國 三韓國公 食邑三千戶 食
 實封五百戶"; 同 19년(1065) 4월, "兼侍中特進".

68) 『遼史』 卷24, 本紀24, 道宗 4년(1083) 8월, "高麗王徽薨"; 同 9월, "以高麗王
 徽子三韓國公 勳權知國事"; 同 12월, "高麗三韓國公 王勳薨".

69) 『高麗史』 卷9, 世家9, 順宗 卽位年 10월 乙未, "不謂居喪 過哀 積憂成患 經時
 累朔 有加無瘳 爰及冬初 遂至大漸".

70) 朴宗基, 「高麗中期 對外政策의 變化에 대하여 - 宣宗代를 중심으로」, 『韓國學
 論叢』 16, 1993.

校太師兼中書令 上柱國 食邑一萬戶 食實封一千戶'의 책봉을 받았다.[71]

<표 4> 宣宗~獻宗代 冊封官爵

王代	西紀	冊封官爵名	典據
宣宗 2	1085.11	特進 檢校太師兼中書令 上柱國 食邑一萬戶 食實封一千戶	『史』, 『要』
獻宗 卽位年	1094.12	驃騎大將軍 檢校太尉兼中書令 上柱國 高麗國王 食邑七千戶 食實封七百戶	『史』, 『要』

다음 헌종은 '驃騎大將軍 檢校太尉兼中書令 上柱國 高麗國王 食邑 7,000戶 食實封 700戶'로 起復시켰다. 해당 관리로 하여금 날짜를 정하여 冊命 절차를 갖추게 하려 했으나 헌종의 양위로 공식적인 冊命 절차는 밟지 못한 채 사망하였다. 그런데 헌종이 수여받은 '驃騎大將軍'이라는 관작은 유례가 없는 특징적인 것이다.[72] 遼는 王太子에게는 武散階를 주었지

---

71) 『高麗史節要』卷6, 宣宗 2년 11월, "遼遣 保靜軍節度使蕭璋 崇祿卿溫嶠等 來冊王 爲特進 檢校太師兼中書令 上柱國 食邑一萬戶 食實封一千戶 兼賜冠冕 車馬 圭印 衣帶 綵段等物 王受冊于南郊";『遼史』卷24, 本紀24, 道宗 4년 (1085) 11월, "遣使 冊三韓國公 王勳子運 爲高麗國王".

72) 『遼史』卷26, 本紀26, 道宗 6년(1095) 11월, "高麗王昱疾 命其子顒 權知國事";『高麗史節要』卷6, 獻宗 卽位年(1094) 12월, "遼……起復使守崇祿卿 郭人文 亦於乾德殿 傳詔起復 爲驃騎大將軍 檢校太尉兼中書令 上柱國 高麗國王 食邑七千戶 食實封七百戶."『遼史』百官志에는 武散階 설명이 없어서 고려 헌종에게 주어진 이 驃騎大將軍의 位階를 알 수 없다. 이 驃騎大將軍은 고려 자체적으로는 武散階의 最高職이었다. 고려의 武散階 제정은 995년(성종 14)의 일로서(『高麗史』卷77, 百官志, 武散階, "國初武官亦以大匡 正匡 佐丞 大相爲階 成宗十四年 定武散階 凡二十有九 從一品曰驃騎大將軍……從九品下曰 陪戎副尉") 鄕吏, 耽羅의 왕족, 女眞의 추장, 노령의 兵士, 工匠, 樂人등을 그 대상으로 하였다(旗田巍, 「高麗の武散階」, 『朝鮮學報』21·22合輯, 1961/『朝鮮中世社會史の硏究』, 法政大學出版局, 1972, 381~382쪽). 이는 신분적 한계에서 오는 불만을 해소시켜주기 위한 조처였으며(洪承基, 「高麗時代의 工匠」, 『震檀學報』40, 1975), 특정인들에게 주어진 영예적 칭호였다(고려의 武散階에 대해서는 朴龍雲, 「高麗時代의 官職과 官階」, 『高麗時代 官階·官職 硏究』, 고려대학교출판부, 1997, 44~48쪽 참조). 이는 고려 관료조직의 특성으로서 武班들은 文散階을 받았다.

만 고려 국왕에게는 武散階를 사여하지 않았다. 헌종 즉위년(1094) 12월에 있었던 驃騎大將軍이 전부다. 이후로도 요가 고려국왕 책봉시 무산계를 사여한 일은 없다.

한편 헌종 즉위 후 母后가 수렴청정을 하자 정국이 불안해졌다. 이때 鷄林公 熙의 왕위계승 의욕을 미리 감지한 李資義가 자신의 경제력과 사병집단을 이용하여 漢山侯 昀을 추대하려는 사건이 발생하였다. 계림공은 당시 군사권을 장악하고 있던 邵台輔, 王國髦와 연결하여 이자의 난을 무산시키고 즉위하였으니 그가 바로 肅宗이다.[73]

비상 수단으로 즉위한 肅宗은 대외적으로 遼 皇帝의 지지를 받아 국내 반대세력의 반발을 막아야 했다. 그리하여 숙종은 遼-宋에 대한 양단 외교를 통하여 균형 잡힌 국제외교를 전개하였다. 그는 遼 皇帝의 생일은 물론 宋 皇帝의 생일에도 자진하여 축하 행사를 개경에서 시행하였다. 요에는 사절을 보내 축하한 반면 송에는 사절 파견 없이 국내의 寺院에서 축하하였다.[74]

肅宗代는 여진 정벌과 관련하여 遼에 대해 적극적인 정책을 폈다.[75] 遼를 우위에 둔 선종대의 대외정책은 숙종대의 대외 정책과 국내 정치에도 영향을 미쳤다. 숙종대의 화폐 주조, 여진 정벌, 외척정치 배제, 국왕권 강화 등 이른바 '新法'의 시행은 이 같은 배경 속에서 등장한 것이다.[76] 遼에 대한 각종 謝使의 파견[77] 역시 같은 차원에서 이루어진 것이다.

정변을 통해 집권하여 왕권 강화에 비상한 관심을 기울인 숙종대부터 고려는 北宋의 新法을 수용하여 개혁을 이끌어 갔다.

肅宗~睿宗 초년에 걸친 貨幣政策과 別武班 설치, 睿宗과 仁宗代의 儒學振興政策이 그 대표적인 개혁이라 할 수 있다.[78] 숙종은 遼와 정식으로

---

73) 南仁國, 「高麗 肅宗의 即位過程과 王權强化」, 『歷史敎育論集』 5, 1983.
74) 『高麗史』 卷7, 肅宗 8년 9월 丙辰, 庚申.
75) 金渭顯, 『契丹的東北政策』, 臺北 : 華世出版社, 1981.
76) 朴宗基, 「高麗中期 對外政策의 變化에 대하여 - 宣宗代를 중심으로」, 『韓國學論叢』 16, 1993.
77) 朴漢男, 「북방 민족과의 관계」, 『한국사』 15, 국사편찬위원회, 1995, 337쪽.

사대 관계를 맺어 굳건한 유대를 맺는 한편, 宋에 대해서도 소홀치 않는
등거리·실리 외교를 취하였다. 북으로 大遼와 사귀고 남으로 大宋을 섬
긴다는 숙종의 언급은 이러한 점을 확인시켜 준다.

고려의 외교는 현실적으로 송보다는 요에 대해 훨씬 강도 높은 事大의
禮를 다하였다.[79] 숙종은 遼帝의 이름을 避諱하여 자신의 이름 熙를 顒으
로 고쳤다.[80] 숙종에 대한 요의 첫 책봉은 재위 2년(1097)에 시행되었
다.[81] 책봉문은 다음과 같다.

朕이 하늘의 도움과 조상의 유훈으로 천하를 통치한 지 43년이 지났
다. 안으로 백성을 편안하게 하고 밖으로 諸侯를 무마하여 옳은 길로 나
가게 하였다. 고려는 동방에 사직을 세워 그 지역이 북으로 龍泉에 이루
고 서로 압록강에 접하였으며, 우리의 年號를 묻고 貢物을 바쳤다.

지난번 고려의 國王[宣宗]이 세상을 떠나자 그의 맏아들이 슬픔을 참
고 왕위를 계승하였다. 그후 表文을 거듭 보내 자기가 病中에 있음을 말
하고 정권을 叔父에게 위임하기를 소망하였다. 경은 임시로 國事를 담
당하면서 우리나라를 성심으로 대하고 있다. 생각건대 일국에서의 지위
가 이미 국왕으로 높아졌으니 반드시 正式으로 名分을 밝혀야 한다. 이
에 禮典에 근거하여 특별히 책명을 보낸다.

權知高麗國王事 熙는 천지 오행의 정기를 타고 나서 九流의 文藝, 학
술에 통달하고 七雄의 세력 관계를 이론으로 판단하였다. 왕위에 오르자

---

78) 鄭修芽,『高麗中期 改革政治와 北宋新法의 受容』, 西江大 博士學位論文,
   1999.

79) 이런 점은 宋 哲宗이 사망하자 숙종이 大安寺에서 명복을 빌고자 할 때 諫官
   의 만류로 정지한 사례에서 볼 수 있다(『高麗史』肅宗 5년(1100) 5월 辛巳).
   숙종은 다른 왕대에 비하여 '某某賀'라는 使臣의 파견이 두드러지는데, 이도 숙
   종의 對遼자세를 보여준다.

93) 鄭求福,「高麗朝의 避諱法에 관한 연구」,『李基白先生古稀紀念韓國史學論叢
   (上)』, 一潮閣, 1994 ; 鄭求福,「高麗朝의 避諱法」,『韓國中世史學史(Ⅰ)』, 集
   文堂, 1999, 432쪽.

81)『高麗史節要』卷11, 肅宗 2년(1097) 12월, "遼臨海軍節度使 耶律思齊 太僕卿
   李湘 來冊王 爲特進 檢校太尉兼中書令 上柱國 高麗王 食邑一千戶 食實封七
   百戶 賜玉冊 圭印 冠冕 車輅 章服 鞍馬 匹段等物 王受冊于南郊".

政事 처리에 근본을 튼튼히 하여 왕실을 편안하게 하였고, 계책을 깊이 생각하여 覇業을 이루었다.

비록 芝蘭처럼 재질이 아름다운 형제가 많고 騏驥와 같이 날쌘 자손들이 있다고 하나 종묘를 주관하는 데야 그대 외에 누가 있는가? 이에 좋은 점괘에 의거하고 법전을 상고하여 정중한 문건과 진귀한 물건을 주려 한다.

이에 정사로서 臨海軍節度使 檢校太傅兼御史中丞 耶律思齊와 副使로서 大僕卿 昭文館直學士 李湘 등에게 신임장을 주어 보내 그대를 特進 檢校太尉兼中書令 上柱國 高麗國王 食邑 1,000戶 食實封 700戶로 책봉한다.

우리 태조로부터 나에 이르기까지 공덕을 입히고 봉토를 주었다. 황실을 보호하고 교화를 선포하는 데는 대대로 내려오는 법이 있으며 공납을 보내고 예빙을 하는 데는 일정한 제도가 있다. 양국의 우호 관계를 길이 계속하기 위하여 조심하라.[82]

이 책봉문에는 다른 고려 국왕에 대한 책봉문의 구절과 내용상 다른 점이 있다. "비록 芝蘭처럼 재질이 아름다운 형제가 많고 騏驥와 같이 날쌘 자손들이 있다고 하나 종묘를 주관하는 데야 그대 외에 누가 있는가?" 라는 댐고에서 알 수 있듯이 숙종을 필요 이상으로 추켜세우는 등 그의

---

82)『高麗史』卷11, 世家11, 肅宗 2년(1097) 12월 癸巳, "朕 以昊蒼眷祐 祖宗貽範 統臨天下 四十有三載矣 外康百姓 內撫諸侯 咸底于道 而海隅立社 北抵龍泉 西極鴨綠 祇禀正朔 奉輪琛賷 乃者 先臣告謝 嫡嗣銜哀 旣則苫塊 俾襲茅土 疊抗章奏 懇稱疾恙 願歸諸父 庸荷崇構 尋依虔請 適委權莅 而能竭節事大 瀝誠恭上 矧念一方之位 旣崇千乘之名 所宜必正 爰行典禮 特行冊命 咨爾權知高麗國王事熙 肖二儀之間氣 含五行之淳烈 九流藝術 通乎默識 七雄勢數 斷乎雅論 暨特政柄 專裁時務 楨幹立而宗室安 帷幄深而伯圖定 雖兄弟猶芝蘭 叢生于卞圃 子孫如麒驥 競馳乎辰野 主其祀者 非爾而誰 爰從龜筮 講求憲物 鐵券丹書 約堅帶勵 金印紫綬 榮配車服 是用遣使臨海軍節度使 檢校太傅兼御史中丞 耶律思齊 使副大僕卿 昭文館直學士 李湘 持節備禮 冊命爾 特進 檢校太尉兼中書令 上柱國 高麗國王 食邑一千戶 食實封七百戶 於戱 肇我太祖 嗣及冲人 積功累德 剖符錫壤 于蕃于宣 家世有遺法 日朝日會 歲時有常制 永表東夏 與遼無極 其惟敬哉".

즉위 배경을 투시하고 있는 듯한 구절과 당부의 말이 이채롭다. 숙종이 이자의 난을 진압하고 선양을 통해 왕위에 오른 즉위 배경을 遼에서 알고 있었다고 짐작된다. 숙종에 대한 책봉이 지연된 것도 이때문일 것이다. 앞서 본 대로 文宗代에는 遼의 자발적인 책봉이 많았으나, 肅宗代에는 遼의 견제와 숙종의 책봉 주청이 교차한 뒤인 즉위 2년에 책봉이 이루어졌다.[83]

요의 견제는 숙종을 노심초사하게 만들었다. 요에서 퇴위한 前王 헌종에 대하여 조서를 계속 보내어 問病하는가 하면, 생일에 사신을 보내어 그의 존재를 상기시킴으로써 숙종을 견제하였다. 이에 대해 숙종은 사대를 통하여 자신의 正統性을 요로부터 인정받고자 하였고, 과연 즉위 2년만에 책봉을 받는 데 성공하였다. 이 책봉에 크게 감격한 숙종은 책봉 의식에서 수고한 관원들에게 厚賜하였다.[84]

숙종은 요로부터 책봉을 받은 뒤 宋에 윤관을 파견하여 즉위의 사실을 알렸다. 국내의 다난한 사정 때문에 使臣이 늦었음을 통보하자[85] 송에서도 이를 인정하였다.[86] 이제 숙종은 요와 송으로부터 공식적으로 인정을 받음으로써 국제적 정통성을 확보하였다.[87]

송의 인정을 확인한 숙종은 요에 元子의 책봉을 요청하여(1099, 숙종 4),[88] 다음 해(1100) 5월 그 실행을 통보받았다. 요에서 태자에게 사여한

---

83) 이번 책봉에서 수여된 식읍 1천호는 7천호의 誤記이다. 다음에 나오는 숙종 9년 책봉문에 숙종을 고려 국왕 '食邑七千戶 食實封七百戶'(『高麗史節要』 卷11, 世家11, 肅宗 9년 4월)에 봉하였기 때문이다. 이 숙종 9년의 7,000호는 바로 숙종이 처음 遼에서 받은 관작을 나열하는 중에 기록되어 있는 사실이다. 따라서 숙종이 처음 책봉될 때 받은 食邑은 一千戶가 아닌 七千戶였다. 漢字'七'에서 한 획이 탈락하여 '一'字로 『高麗史』에 수록되었기 때문에 발생한 오류이다.

84) 『高麗史』 卷11, 世家11, 肅宗 3년(1098) 1월 詔書.

85) 『高麗史』 卷11, 肅宗 3년(1098) 6월 己未, 表文.

86) 『高麗史』 卷11, 肅宗 4년(1099) 6월 癸未, 宋 詔書.

87) 숙종은 顯宗 13년 설치 후 제 기능을 발휘하지 못하던 詹事府의 기능을 강화하여 왕위 계승권자에 대한 확고한 위치를 강화하였다.

88) 『高麗史』 卷11, 世家11, 肅宗 4년(1099) 10월 辛亥, "告奏兼密進使 文翼如遼 請賜元子冊命." 이때의 元子 책봉 요청을 肅宗 자신에 대한 책봉을 주청한 것

관작은 ‘順義軍節度 朔州等州觀察處置等使 崇祿大夫 檢校太傅 同中書門
下平章事 使持節 朔州諸軍事 行朔州刺史 上柱國 三韓國公 食邑三千戶 食
實封五百戶’였다.89) 이때 숙종은 직접 儀杖을 갖추고 遼의 使臣을 영접하
는 성의를 다하였다.90) 태자에 대한 詔書에 보면, 경이 선대의 뒤를 이어
멀리 동방을 통치하면서 장차 세자를 세우기 위하여 天朝의 동의를 기다
리고 있다. 경의 요청에 대해 朕의 생각을 밝힌 바 있거니와 특별히 사신
을 파견하여 公爵으로 책봉하는 특전을 줌으로써 짐의 후의를 보이고자
한다면서 侯를 三韓國公으로 책봉하겠다고 하였다.91) 冊封文은 다음과
같다.

　　짐은 조상 위업을 7대째 받았으며 100대를 서로 전할 나라의 전통을
이었다. 돌이켜 보건대 고려는 東方의 정기를 타고 태어나 어려서부터
훌륭한 인재였다. 글을 배우는 데 부지런하여 詩書禮樂의 원리를 알아
냈으며 덕을 닦는 데 허물이 없어서 父子君臣의 의리에 충실하다. 조상
때부터 충렬을 서로 계승하여 내내 높은 평가를 받아 온 공로가 있으니
후계자에게 응당 경사가 미쳐야 한다. 하물며 그대는 국왕의 長子로서

으로 『遼史』는 기록하였다(『遼史』 卷26, 本紀26, 道宗6, 壽隆 5년(1099) 10월
　　己亥朔, “高麗王顒 遣使乞封冊”).

89) 『遼史』 卷26, 道宗 6년(1100) 12월, “是歲 封高麗王顒 爲三韓國公”(顒下長子
　　侯三字脫. 按據『高麗史』卷11) ; 『高麗史』 卷11, 世家11, 肅宗 5년(1100) 10
　　월 壬子, “順義軍節度 朔武等州觀察處置等使 崇祿大夫 檢校太傅 同中書門
　　下平章事 使持節朔州諸軍事 行朔州刺史 上柱國 三韓國公 食邑三千戶 食實
　　封五百戶”.

90) 『高麗史』 卷11, 世家11, 肅宗 5년(1100) 5월 壬午. 책봉사 蕭好古가 귀국하는
　　길에 表文을 부쳐 사례하였다.

91) 『遼史』 卷26, 道宗 6년(1100) 12월, “是歲 封高麗王顒 爲三韓國公”(顒下長子
　　侯三字脫. 按據『高麗史』卷11) ; 『高麗史節要』 卷6, 肅宗 5년(1100) 10월, “遼
　　遣高州管內觀察使 蕭好古 衛尉卿高士寧 來冊王太子 爲順義軍節度 朔州等
　　州觀察處置等使 崇祿大夫 檢校太傅 同中書門下平章事 使持節 朔州諸軍事
　　行朔州刺史 上柱國 三韓國公 食邑三千戶 食實封五百戶 賜印綬 車輅 衣帶
　　匹段 鞍馬 弓箭等物 王與太子如南郊受冊 其印綬 簡冊 車輅 幷別賜衣對 匹
　　段 鞍馬 弓箭諸物 具如別錄”.

일찍부터 아름다운 이름을 떨치고 있지 않은가! 모든 이웃나라 중에서 짐의 일념이 그리 몰리게 된다.

이에 정사로 高州管內觀察使 蕭好古와 부사로 守衛尉卿 高士寧 등을 보내 신임장과 예물을 갖추어 그대를 順義軍節度 朔,武等州觀察處置等使 崇祿大夫 檢校太傅 同中書門下平章事 使持節 朔州諸軍事 行朔州刺史 上柱國 三韓國公 食邑 3,000戶 食實封 500戶로 책봉한다. 山河를 두고 맹세하여 신의를 서로 전해 왔으니 그대는 이미 우리와 함께 이 기쁨을 가질 만하며 활과 도끼로써 정벌의 권한을 맡겼으니 그대는 우리와 함께 힘을 다해야 한다. 오직 효성스럽고 공경해야만 천성에 부합될 수 있으며, 겸허하고 화순해야 물정에 맞을 수 있는 것이니 경계하고 조심하여 朕의 말을 명심하라.[92]

숙종이 왕태자에 대한 책봉을 遼에 요청한 사실은 주목된다. 숙종은 정통성 확보에 冊封과 施恩을 이용하고 있으며 후계자에 대한 遼의 승인을 미리 받아둠으로써 자기 後代 왕위 계승의 안전판을 마련하였다고 하겠다. 따라서 遼의 숙종에 대한 책봉은 그 중요성이 지대하였으며, 숙종이 태자와 더불어 책명 의식에 참여한 것도 그 지대한 관심을 반영하는 著例이다.[93]

---

92) 『高麗史』卷11, 世家11, 肅宗 5년(1100) 10월 壬子, "朕荷七星之丕圖 紹百王之正統 眷言日域 夾輔天朝 雖纘乃世封 已臨於舊服 而寵玆國嗣 未備於彝儀 申勅有司 率修故事 藏辰順卜 異數爰頒 咨爾高麗國王熙長子俁 生稟元精 幼成令器 就學克敏 究詩書禮樂之源 率德罔愆 合父子君臣之義 祖先而下 忠烈相承永惟尊獎之勞 固有嗣續之慶 矧居嫡胄 載茂嘉聞 四履之閒 一心所係 是用 遣使高州管內觀察使蕭好古 副使守衛尉卿高士寧等 持節備禮 冊命爾 爲順義軍節度朔武等州觀察處置等使 崇祿大夫 檢校太傅 同中書門下平章事 使持節朔州諸軍事 行朔州刺史 上柱國 三韓國公 食邑三千戶 食實封五百戶 於戲 誓山河而傳信汝旣同保其休 賜弓鉞而儤征 汝亦共宣其力 惟孝敬 可以協天性 惟謙和 可以順物情 戒哉欽哉 無替朕之嘉命".

93) 肅宗은 신 都邑을 건설하기 위해 양주, 남경 등에 대한 相을 보게 하였고, 신라의 원효를 大聖和諍國師, 의상을 大聖圓敎國師로 삼았다. 그리고 많은 詩를 지어 신료들에게 그에 대한 答詩를 바치도록 강요함으로써 그의 집권력을 실현해 갔다고 생각된다. 숙종 小作의 詩들은 이러한 측면에서 주목된다.

숙종에 대한 두 번째 가책은 재위 9년(1104) 4월에 있었다. 이번 가책은 天祚帝의 尊號 加上과 관련이 있었다. 요는 황제의 존호 가상 사실을 고려에 미리 알려주고[94] 황제의 冊禮 사실을 전하는 '報冊使'가 조서를 전하였다. 그에 의하면, 여러 제후국에서 글을 보내 朕같이 박덕한 사람을 아름다운 칭호로써 추장하려 하기에 이를 사양할 수 없어서 冊封儀禮를 시행키로 결정하였다고 예의 謙辭를 나열하였다.[95] 이 황제의 존호 가상이 있은 지 1년여가 지난 뒤 그 施恩의 일환으로 고려 국왕과 태자에 대한 加冊이 있었다. 그 조서에서는 황제가 尊號를 받은 것과 관련하여 하늘에 告하였으며 諸侯들의 축하를 받고 모든 인접국과 경사를 함께하고자 한다고 하였다.[96]

이때의 冊封文에 따르면, 황제가 근래 여러 사람의 희망에 따라 부득이 큰 칭호를 받았으며, 일찍이 우리 道宗 때부터 양국이 관계를 맺어 번방으로서의 굳은 정은 산을 두고 맹세하였고 그후 지금까지 7년 동안 태평무사하였다면서 忠勤奉國功臣 開府儀同三司 守太尉兼中書令 上柱國 高麗國王 食邑 7,000戶 食實封 700戶로 가책하였다.[97] 이 책봉에서 숙종은

---

94) 『高麗史節要』卷11, 世家11, 肅宗 8년(1103) 6월, "遼遣 邊唐英 來報受冊." 이 무렵 송나라 國信使가 이례적으로 鞍馬를 선물하였다.

95) 『高麗史』卷12, 世家12, 肅宗 8년(1103) 6월 丙寅.

96) 『高麗史』卷12, 世家12, 肅宗 9년(1104) 4월 甲子, "朕以推尊薦號 肆類告成 覲群后以講儀 越庶邦而同慶 卿白茅苴社 玄菟開疆 礪山銘受國之功 航海納來庭之 適均霈澤 爰議增封 當體之恩 永符深睠 今差安遠軍節度使 耶律嘉謨 等 備禮 往彼冊命 其簡冊 車輅 幷賜衣對 匹段 鞍馬 弓箭 諸物 具如別錄".

97) 『高麗史』卷11, 世家11, 肅宗 9년 4월 甲子, "軒立諸侯 肇分于萬國 漢封異姓 始建於八王 朕 祇遹先猷 紹隆正統 近從衆欲 勉受洪名 在正朔之所同 覃惠澤 而已急 眷言日域 虔奉天朝 封疆廣於七雄 功烈高於五覇 式當均慶 特議疏封 申擇令辰 誕敷休命 咨爾 特進 檢校太尉兼中書令 上柱國 高麗國王 食邑七千 戶 食實封七百戶 王顯 夙鍾開氣 生稟元精 負文武之長材 知君臣之大體 十枝 若木 森森聳奉日之標 九曲洪河 浩浩得祖宗之勢 粵從道廟 慶襲王藩 益恭表 海之勤 武喪礪山之誓 一方俾乂 七載于玆 屬成茅絖之儀 當被蓼蕭之澤 是用 遣使安遠軍節度使 耶律嘉謨 副使利州管內觀察使 夏資睦 持節備禮 冊命爾 爲忠勤奉國功臣 開府儀同三司 守太尉兼中書令 上柱國 高麗國王 食邑七千 戶 食實封七百戶 於戲 恩隆九錫 在子旣廣於榮封 業茂一匡 宜汝愈勤於夾輔

忠勤奉國이라는 공신호를 받았는데 공신호가 서두에 나오는 점이 이례적이다. 대체로 공신호는 관작의 끝에 기재되는 곳아 관례였다. 숙종에 대한 책봉은 즉위 배경에 문제가 있던 그에게 정통성을 부여해 주는 중대한 의미를 지녔다고 하겠다.

이상과 같이 숙종이 요에서 받은 책봉의 종합은 '開府儀同三司 守太尉兼中書令 上柱國 高麗國王 食邑 8,000戶 食實封 1,400戶 忠勤奉國功臣'이다. 여기서 숙종과 태자가 받은 관직 가운데 변화된 부분은, 特進에서 開府儀同三司로, 檢校太尉兼中書令에서 守太尉兼中書令으로 昇階한 것이다.

숙종은 집권 과정에 무리가 있었으나 北宋의 新法을 수용하여 부국강병하고자 노력하였다. 그는 요에 대해서도 事大의 의례를 갖춤으로써 고려의 안정에 노력하였다. 이러한 숙종을 두고 뒷날 高宗이 太廟에 袷祭를 지내고 존호를 추존할 때 제5실 숙종실에 올린 玉冊에 이런 구절이 있다. "나랏일이 혼란하였을 때 이를 다시 수습하였고 왕실을 부흥시켰으며 백성들이 그의 공덕을 구가한다."[98]

요에서 숙종에게 두 번째 관작을 사여할 때 太子에 대한 加冊도 함께 이루어졌다. 요에서 숙종에게 보낸 태자 책봉에 대한 詔書에서 여러 사람들의 의사에 순응하여 마지 못해 큰 칭호를 받은 후 안으로는 대소 백관이 다 특별한 은전을 입었고 밖으로는 원근 公侯들에게 전부 아름다운 명칭을 붙여 주었다고 하였다. 그리하여 장래 국사를 담당할 태자의 미덕을 높이 평가하여 三韓國公으로 책봉케 한다는 내용이다.[99]

이 조서가 전달된 후 태자가 단위에 올라 冊命을 받았고 숙종은 이 행사를 관람하였다. 숙종대는 요에서 王과 함께 太子를 동시에 책봉하는 것

勉腹丕訓 永孚于休".

98)『高麗史』卷22, 世家22, 高宗 2년(1215) 10월 乙未.

99)『高麗史』卷12, 世家12, 肅宗 9년(1104) 4월 庚午, "朕紹開正統 奄宅多方 俯順群情 勉膺顯號 內則百官大小 咸被於優恩 外則九服公侯 悉加於渥名卿 嗣延祖構 尊獎皇朝 嘉玆奕世之忠勤 寵爾承家之令嫡 特遣軺馿 往將冊儀玆諭至懷 式昭殊眷 今差耶律師傅等 備禮往彼 冊命卿長子三韓國公".

이 큰 특징이다. 冊封文에서는, 황제가 이번에 寶冊의 禮를 받은 것과 관련하여 모든 藩邦에 경사를 고루 나누려고 한다. 경은 선대의 덕을 이어짐의 冊封을 받은 후 우리와의 관계를 성실하게 유지하여 왔다. 이에 특전을 실시함으로써 종래의 떳떳한 제도를 거듭 빛내려 하는 것이니 지극한 마음과 특별한 관심을 알아야 한다면서 책봉하겠다는 뜻을 전하였다.100) 또한 황제가 여러 사람들의 요청에 응하여 높은 칭호를 받은 후 모든 나라와 함께 큰 경사를 고루 나누려 한다면서, 돌이켜 보건대 고려는 우리나라[요]와 대대로 업적을 나타내어 국왕의 봉작을 받았으며 일국의 직책을 다하여 우리의 정책에 순응하였다. 그대는 국왕의 어진 아들로 일찍이 上公의 관작을 받았거니와 전례에 의하여 떳떳한 법의 절차를 거듭 밝히려 한다고 하였다.101)

太子에게 지급된 官爵의 변화는 다음과 같다.

① 順義軍節度 朔武等州觀察處置等使 崇祿大夫 檢校太傅 同中書門下平章事 使持節 朔州諸軍事 行朔州刺史 上柱國 三韓國公 食邑 3,000戶 食實封 500戶

② 順義軍節度 朔武等州觀察處置等使 特進 校太尉兼侍中 使持節 朔

---

100) 『高麗史』卷12, 世家12, 肅宗 9년(1104) 4월 庚午, "朕誕承駿命 祗紹鴻圖膺寶冊以展儀 際藩方以均慶 卿 克家毓德 體疏國封 翊成尊獎之勞 深悉忠勤之力 適覃恩渥 申煥彝章 當副至懷 用昭殊眷 今差泰州管內觀察使耶律師傅 備禮往彼冊命 其簡冊 車輅 別賜衣對 匹段 鞍馬 弓箭諸物 具如別錄".

101) 『高麗史』卷12, 世家12, 肅宗 9년(1104) 4월 庚午, "朕荷天地之靈休 席祖宗之丕構 勉膺群請 方舉于尊稱 思與庶邦 普均于鉅慶 眷言東表 夾輔皇朝累葉宣勞 分於王爵 一方述職 恪服於帝猷 載惟嫡胄之良 早宅上公之貴 若稽前訓 申煥異儀 咨爾順義軍節度 使持節 朔州諸軍事 行朔州刺史 上柱國 三韓國公 食邑三千戶 食實封五百戶 王俁 器度淵宏 風猷沖粹 幼昭雅德 資孝敬以封君親 夙蘊令圖 秉文武而翊軍國 緜克嗣 于家範 俾慶襲於國封 領茅壇節制之權 同槐府平章之寄 會束薊以崇禮 宜及薰而霈恩 是用 遣使泰州管內觀察使耶律師傅 副使鴻臚卿 張織等 持節備禮 冊命爾 爲順義軍節度 朔武等州觀察處置等使 特進 檢校太尉兼侍中 使持節 朔州諸軍事 行朔州刺史 上柱國 三韓國公 食邑三千戶 食實封五百戶 於戲 鏤竹泥金 示優加於眷屬 若帶如礪 當共保於安榮 爾其忠順以律 躬慈和而無衆 副朕嘉命 厥惟懋哉".

州諸軍事 行朔州刺史 上柱國 三韓國公 食邑 3,000戶 食實封 500戶

太子에 대한 식읍의 사여는 文宗과 肅宗代에만 나타난다. 숙종의 태자
는 식읍 3,000호와 식실봉 300호를 받았는데 문종대와 유사하다. 문종 11
년(1057)에 遼는 문종에 대한 책봉과 더불어 태자도 三韓國公에 책봉하
면서 식읍 3,000戶와 식실봉 500戶를 사여하였다.

다음 睿宗代는 고려 전기 사회의 제반 모순이 사회 저변에서 폭발하는
시기였다.[102] 감무 파견 등에서 볼 수 있듯이 이 시기는 고려 전기적 질
서의 모순을 무인 정변으로 마무리하는 단계가 시작되는 때였다.

고려는 1116년(예종 11)부터 女眞의 흥기로 인해 遼의 연호를 폐지하
고 甲子만 사용해야 했다. 1126년(仁宗 4)에는 金에 사신을 파견하여 스
스로 臣이라 칭하고 1142년(仁宗 20)에는 그들로부터 책봉을 받기 시작
하였다.

12세기의 사회적 변화는 생산력과 그 관계의 변화를 기저에 두고 있었
다.[103] 무인정권의 성립 후 田柴科體制의 문제점이 표출되고,[104] 집권층

---

102) 元昌愛, 「高麗 中・後期 監務增置와 地方制度의 變遷」, 『淸溪史學』 1, 1984 ;
　　羅恪淳, 「高麗時代의 監務에 대한 硏究」, 『溪村閔丙河敎授 停年紀念史學論
　　叢』, 1988 ; 金東洙, 「고려 중후기의 監務파견」, 『全南史學』 3, 1989 ; 이인재,
　　「고려 중후기 지방제 개혁과 감무」, 『外大史學』 3, 1990 ; 金秉仁, 「高麗 睿宗代
　　監務의 設置背景」, 『全南史學』 8, 1994.
103) 고려중기 이후의 생산력 문제는 다음 논고가 참조된다. 魏恩淑, 「12세기 농업
　　기술의 발전」, 『釜大史學』 12, 1988 ; 魏恩淑, 「高麗時代 農業技術과 生産力
　　硏究」, 『國史館論叢』 17, 1990 ; 魏恩淑, 「농업 생산력의 발전」, 『高麗後期 農
　　業經濟硏究』, 혜안, 1998 ; 채웅석, 「12・13세기 향촌 사회의 변동과 '민'의 대
　　응」, 『역사와 현실』 3, 1990 ; 김상호, 「12세기 民田의 所有關係와 民의 動向」,
　　서울大 碩士學位論文, 1991 ; 이평래, 「고려 후기 수리시설의 확충과 수전 개
　　발」, 『역사와 현실』 5, 1991 ; 李宗峯, 「高麗後期 農業政策과 土地開墾」, 『釜大
　　史學』 15・16합집, 1992 ; 李宗峯, 「고려시기 수전 농업의 발달과 이앙법」, 『韓
　　國文化硏究』 6, 1993.
104) 고려 후기 토지 탈점에 대해서는 다음 논고가 참조된다. 宋炳基, 「高麗時代의
　　農莊 - 12世紀 以後를 中心으로」, 『韓國史硏究』 3, 1969 ; 有井之德, 「高麗朝에
　　있어서의 土地奪占에 관하여」, 『歷史敎育』 17-8, 1969/『高麗李朝史의 硏究』,

의 토지탈점과 조세제도의 파행적 운영 등이 지속되었다. 이로 인하여 고려 사회에는 民의 流亡과 陳田 발생 등이 항상적으로 존재하게 되었다.[105] 이러한 사회적 분위기에서 12세기 후반 들어 농민항쟁이 전면적으로 폭발하였다.

이러한 예종대에 遼로부터의 마지막 책봉을 받았다.[106] 遼에서 예종을 책봉하기에 앞서 전달한 詔書에서는 예종이 즉위한 지 3년이 지나도록 우리나라에 충실하였기에 특별히 책명을 주어 영예를 더욱 빛내고자 하니 나라를 번영케 하여 영원히 복종하라고 당부하였다.[107]

이 睿宗 3년(1108)의 天祚帝 冊封詔書는 그들의 쇠약함을 여실히 보여준다.

1985 재수록 ; 姜晉哲, 「田柴科體制의 崩壞」, 『高麗土地制度史研究』, 1980 ; 姜晉哲, 「高麗의 農莊에 대한 一研究 - 民田의 奪占에 의해서 형성된 權力型農莊의 實態追究」, 『史叢』 23, 1980/『韓國中世土地所有研究』, 1989 ; 박종진, 「고려 무인집권기의 토지지배와 경제시책」, 『역사와 현실』 17, 1995 ; 李仁在, 「高麗 中·後期 收租地 奪占의 類型과 性格」, 『東方學志』 93, 1996.

105) 고려 후기의 지방제 변화를 州縣에 의한 屬縣 수탈을 위시한 구조적 모순이노정되는 과정으로 설명한 논고는 다음과 같다. 朴宗基, 「部曲制의 변질」, 『高麗時代 部曲制 研究』, 서울대출판부, 1990 ; 金晧東, 「군현제의 시각에서 바라본 12·13세기 농민 항쟁의 역사적 배경」, 『역사연구』 5, 1995. 고려 후기 여러 가지 경제적 폐단에 대해서는 다음 논고가 참조된다. 안병우, 「高麗後期 臨時稅 징수의 배경과 類型」, 『한신논문집』 15, 1988 ; 채웅석, 「高麗後期 地方支配政策의 變化와 '貢戶'의 파악」, 『논문집』 1, 카톨릭대학교, 1995/「지방제도의 변화와 '貢戶'파악」, 『高麗時代 國家와 地方社會』, 서울대출판부, 2000, 233~265쪽에 재수록 ; 朴鍾進, 「高麗末 朝鮮初 貢物制의 改編과 그 性格」, 『韓國學研究』 6, 1996.

106) 『高麗史節要』 卷7, 睿宗 3년(1108) 2월, "遼遣 崇祿卿張枚 來命王落起復 淸安軍節度使 蕭良 益州管內觀察使李仁洽 來冊王爲 守太尉兼中書令 加食邑 賜官冕 車輅 衣帶 匹段 鞍馬等物 王受冊于南郊" ; 『遼史』 卷27, 本紀27, 天祚皇帝1, "封高麗王俣爲三韓國公 贈其父顒爲高麗國王(按『高麗史』 卷11, 壽昌二年 已封顒爲高麗王 六年已封俣爲三韓國公)".

107) 『高麗史』 卷13, 世家13, 睿宗 3년(1108) 2월 丙午, "卿越自先臣 恪脩常職 爰及後嗣 祗受舊封 迨經三載之期 克懋一匡之績 特頒詔冊 益煥寵靈 式靖爾邦 永服予命 今差淸安軍節度使蕭良 益州管內管察使李仁洽 充封冊使副所有冠冕 車輅 衣帶 匹段 鞍馬等諸物 具如別錄".

帝王은 하늘을 편하게 하고 제후들에게 지역을 나누어주며 제후들은 각각 자기 일국을 지키면서 제왕의 통제를 받는다. 윗사람은 官爵을 후하게 주고 아랫사람은 자기 정성을 바쳐야 한다. 이에 대해서는 예로부터 일정한 憲章이 있다. 돌이켜 보건대 高麗는 우리의 藩邦으로서 그대가 왕태자였을 때 벌써 우리에게 책봉을 요청하였으나, 봉토 의식을 치르지 못하였고 책명 사신도 제때에 보내지 못하였다. 이에 길흉을 가리고 禮文을 상고하니 시기가 매우 좋고 예문에도 부합된다.

高麗國王 侯는 역대로 내려오면서 나라를 통치하여 왔다. 백성을 사랑하는 정책은 전국에 침투되었고 충렬의 미풍은 국사에 기록되어 있다. 그대는 선대의 교훈을 실천에 옮겨서 信義와 仁和가 일찍부터 국왕의 자격을 갖추었고 詩書와 禮樂은 아름다운 풍속으로 화합하였으며 평소에 축적된 성의로 하여 매사를 절도에 맞게 처리하고 있다. 처음에는 公爵을 주어 三韓에 封土를 나누었고(三韓國公), 지금은 왕위를 계승하여 일국을 다스리면서 정사에는 덕을 앞세우고 백성에게는 은혜로써 대한다는 그대의 명성을 듣고 짐은 대단히 기쁘다.

사실이 이러하건대 어찌 사신을 보내어 禮物을 갖추고 책명을 줌으로써 은혜를 베풀지 않겠는가? 그리하여 경의 품계는 王(三階[108])과 같게 높이고 職位는 兩省(정승)의 직책과 같게 하여 심복보다 귀중하도다. 이에 사신에게 신임장을 주어 보내 禮를 갖추어 그대를 守太尉兼中書令으로 책봉하고 食邑을 더 준다. 시작을 잘 하면 마지막도 잘 될 것이요 마음이 성실하면 표면에 나타나는 것이니 매일같이 六德을 엄격하게 지켜 모든 일을 밝게 처리하고 영원히 한결같은 마음으로 우리나라를 대하며 모든 일에 계책을 옳게 세우면 행복을 누리리라. 이리하여 宗廟, 社稷을 길이 받들며 자손만대에 무궁토록 전할 것이니 그대는 조심하여 이 말을 잊지 말라.[109]

---

108) 三階는 임금의 섬돌로 王을 가리킨다.『管子』「立三階之上 南面而受要」의 註에 "君之路(正)寢 前有三階"라는 구절이 있다.

109)『高麗史』卷12, 世家12, 睿宗 3년(1108) 2월 丙午, "朕以王者 底綏四海 利建於侯封 諸侯 各守一方 會歸於王統 故上必優於爵命 下克貢其忠誠 歷古已來 舊章斯在 乃眷東土 于蕃上國 繫樹嫡之有初 寔纂服之猶賴 然白茅苴土 早裂於封圻 而靑蓋駕車 未膺於典冊 爰協龜筮 載考禮文 涓辰孔臧 賦命惟允 咨爾 高麗國王 侯 乃祖乃父 有邦有家 愛政治於隅夷 忠烈銘於舜鼎 迪厥攸訓 裕于

예종은 이미 왕태자 시절에 두 차례에 걸쳐 遼로부터 태자 책봉을 받은 사실이 있어서 예종 3년(1108)의 책봉은 고려 국왕으로서는 처음이지만, 실은 세 번째 加冊이 된다. 그런 까닭에 食邑을 加한다고 표현한 것이다. 遼가 고려 국왕을 책봉하면서 수여한 官爵에는 공신호가 다수 엿보인다.110)

한편, 睿宗 5년(1110) 6월에는 宋의 皇帝가 사신을 파견하여 선물과 친서를 내리면서도 冊封은 遼와 중복되는 일이라면서 피하였다.111) 이 사실도 송이 요를 견제하는 의미에서 고려 국왕을 회유하는 의미를 띤 것이다. 宋帝는 親筆의 글을 비밀리에 고려에 보내 요의 약화를 틈타 고려를 자기 세력으로 확보하고자 하였다. 이때 遼는 새롭게 흥기하는 女眞에게 밀리고 있는 상황이어서 고려에 援兵을 요청하는 열악한 상황이었다.

仁宗 1년(1123) 6월에 宋 國信使가 도착하였다. 당시 고려는 遼의 책봉을 받고 있었으므로 송은 고려 국왕을 정식으로 책봉을 하지 못하고 다만 칭호에서 權字를 쓰지 않음으로써 고려 국왕을 정식 왕으로 대우하는 편

乃躬信義仁和 夙成於覇器 詩書禮樂 孰尙於人文 靜以治誠 動斯中道 始疏公
爵 分土於三韓 乃嗣王封 正名於一字 而能率政以德政 且又養民以惠民 厥績
著聞 朕甚嘉止 盍以馳輶而備物 俾其賜策以申恩 秩乃三階 望隆於樞軸 位之
兩省 寄重於服心 是用遺使 持節備禮 冊命爾 爲守太尉兼中書令 加食邑 於虖
善其始 克有厥終 篤諸中 乃施于外 日嚴六德以亮采 永肩一心以事君 咸若厥
猷 允孚于吉 承之廟社而無斁 傳之子孫而不窮 欽哉 以服玆命".

110) 공신호를 사여하는 규정이 『遼史』에는 보이지 않아서 그 제도의 체계를 헤아리기가 쉽지 않다. 遼代에 高麗國王에게 주어진 功臣號는 다음과 같다.

王代	冊封時期	功臣號
穆宗 10	1007. 2	守義保邦推誠奉聖
靖宗 5	1039. 4	輸忠保義奉國
靖宗 9	1043.11	同德致理
文宗 1	1047. 9	匡時致理竭節
文宗 3	1049. 1	資忠奉上
文宗 19	1065. 4	守正保義
肅宗 9	1104. 4	忠勤奉國

111) 『高麗史節要』卷7, 睿宗 5년(1110) 6月, "聞王已受北朝冊命 南北兩朝 通好百年 義同兄弟 故不復冊王".

법을 사용하였다. 그런 상황에서 송은 고려로 하여금 자기 나라에 책봉을 요청할 것을 권유하였으나,[112] 고려 인종은 喪期를 마치지 않았다는 이유로 책봉 요청의 권유를 유보하였다.

<표 5> 肅宗~睿宗代 冊封官爵

王代	西紀	冊封官爵名	典據
肅宗 2	1097.12	特進 檢校太尉兼中書令 上柱國 高麗王 食邑七千戶 食實封七百戶 *食邑 一千戶를 七千戶로 교정(필자 沈註)	『史』,『要』
太子 (肅宗5)	1100.10	王太子 爲順義軍節度 朔武州等州觀察處置等使 崇祿大夫 檢校太傅 同中書門下平章事 使持節 朔州諸軍事 行朔州刺史 上柱國 三韓國公 食邑三千戶 食實封五百戶	『史』,『要』
肅宗 9		忠勤奉國功臣 開府儀同三司 守太尉兼中書令 上柱國 高麗國王 食邑七千戶 食實封七百戶	『史』,『要』
太子	1104.4	順義軍節度 朔武等州觀察處置等使 特進 檢校太尉兼侍中 使持節 朔州諸軍事 行朔州刺史 上柱國 三韓國公 食邑三千戶 食實封五百戶	『史』,『要』
睿宗	1108.2	守太尉兼中書令 加食邑	

한편 고려 국왕에게 주어진 食邑은 그의 위상을 나타내 주는 명목상의 의미를 띠는데, 책봉을 시행한 국가 중 식읍의 賜與가 가장 활발했던 나라가 遼다. 북방 민족인 요가 활발히 식읍을 사여한 까닭은 정복왕조로서의 그들의 국가적 성격에서 찾아진다. 북방 민족으로서 중원을 정복하여 터를 잡고 살았던 요는 자민족 보호에 크게 신경을 쓰는 한편, 중화의식을 모방하려 했음이 지적되고 있다. 요는 이 식읍의 사여를 통하여 변방의 고려를 제후국으로 인식하고 그 제후에게 시혜를 베푼다는 의식이 있었다고 해석된다.

다음 표에서 보는 바와 같이 食邑과 食實封이 함께 나타나는 시기는 주로 遼代다.

---

112) 『高麗史』 卷15, 世家15, 仁宗 1年(1123) 6월 癸卯.

<표 6> 遼代 高麗國王 食邑賜與

王代	西紀	食邑	食實封
穆宗　10	1007. 2	7,000戶	700戶
顯宗　13	1022. 4	10,000戶	1,000戶
靖宗　5	1039. 4	7,000戶	1,000戶
靖宗　9	1043.11	3,000戶	300戶
文宗　1	1047. 9	7,000戶	1,000戶
文宗　3	1049. 1	3,000戶	300戶
文宗　9	1055. 5	5,000戶	500戶
文宗　11	1057. 3	5,000戶	200戶
		300戶(太子)	500戶(太子)
文宗　19	1065. 4	3,000戶	300戶
宣宗　2	1085.11	10,000戶	1,000戶
獻宗卽位	1094.12	7,000戶	700戶
肅宗　2	1097.12	7,000戶	700戶
肅宗　5	1100.10	3,000戶	500戶
肅宗　9	1104. 4	7,000戶	700戶
		3,000戶(太子)	500戶(太子)
睿宗　3	1108. 2	加食邑	

　　여기에서의 遼代의 食邑과 食實封의 비율을 보면 대략 10 : 1 정도 된다. 즉 전체 食邑과 食實封의 比는 98,000戶 : 10,900戶인데, 총 17개 사례 가운데 12사례가 10 : 1이므로 이 비율이 일반적이라 할 수 있다.113)

---

113) 고려에서도 식읍과 식실봉의 지급이 10 : 1의 비율로 일정한 관계가 있었음이 지적되었다(尹漢宅, 「高麗前期 慶源 李氏家의 科田支配」, 『역사연구』 1, 1992, 90~91쪽). 이 논문은 高麗時代의 통치 조직과 경제적 토대를 연결시켜 보려고 慶源 李氏家의 토지 지배관계(원 집필자의 '家領地')를 분석한 것인데, 食邑과 食實封과의 비율이 1/10 내지 1/8이었다고 지적하였다(91쪽). 국왕 책봉상의 식읍과 식실봉은 국내에서와 마찬가지로 10 : 1의 비율이었다. 이는 1/10稅라는 天下通法과 관련이 있지 않을까 한다. 즉 이러한 1/10稅의 古來의 通法이 高麗國王 冊封上의 食邑 지급에도 적용되었던 것이다. 王建이 즉위하여 내세운 取民有道의 명목도 1/10稅를 강조하고 있다(『高麗史節要』 卷1, 太祖 1年(918) 7월, 詔書 ; 『高麗史』 卷78, 志32, 食貨1, 田制, 祿科田 ; 金載名, 「田結稅의 內容과 性格」, 『高麗稅役制度史硏究』, 精神文化硏究院 博士學位 論文, 1994, 61~84쪽).
이 시기 다른 나라에 주어진 식읍과 식실봉의 비율은 고려와 비율이 다르다. *『宋史』 卷485, 列傳240, 外國1, 夏國上.

		食邑	食實封	比率	
穆宗 10	(1007. 2)	7,000 :	700 =	10 : 1	
顯宗 13	(1022)	10,000 :	1,000 =	10 : 1	
靖宗 5	(1039)	7,000 :	1,000 =	10 : 1.4	
靖宗 9	(1043)	3,000 :	300 =	10 : 1	
文宗 1	(1047)	7,000 :	1,000 =	10 : 1.4	
文宗 3	(1049)	3,000 :	300 =	10 : 1	(加封)
文宗 9	(1055)	5,000 :	500 =	10 : 1	(加封)
文宗 11	(1057)	5,000 :	200 =	25 : 1	(加封)
文宗 11	(太子)	3,000 :	300 =	10 : 1	
文宗 19	(1065)	3,000 :	300 =	10 : 1	(加封)
宣宗 2	(1085)	10,000 :	1,000 =	10 : 1	
獻宗卽位	(1094)	7,000 :	700 =	10 : 1	
肅宗 2	(1097)	1,000 :	700 =	10 : 7	
肅宗 5	(1100)	3,000 :	500 =	10 : 1.7	
肅宗 9	(1104)	7,000 :	700 =	10 : 1	
毅宗 2	(1148)	10,000 :	1,000 =	10 : 1	
康宗 1	(1212)	10,000 :	1,000 =	10 : 1	
總合		98,000 :	10,900		

　고려 국왕에게 주어진 관작에서 食邑과 食實封의 戶數가 실제성을 가
질 수는 없었다. 이는 다만 명목상의 우대에 불과한 것으로, 식읍과 식실
봉의 戶數가 많아지는 것은 고려에 대한 우대의 정도가 높아지는 사실을
말해준다. 식읍의 受得 戶數가 많은 때는 顯宗 13년(1022), 宣宗 2년
(1085)으로 10,000호의 식읍과 1,000호의 식실봉이었다. 모두 10 : 1의 비

　至道 3년(997) 12월 (李繼遷) 加邑 1,000戶 實封 200戶
　景德 3년(1006)　(李德明) 食邑 6,000戶 食實封 1,000戶
＊『宋史』卷488, 列傳247, 外國4, 交趾.
　雍熙 2년(985) 10월 食邑 3,000戶
　端拱 1년(988)　進邑 1,000戶 實封 500戶
　順化 1년(990)　食邑 1,000戶 實封 400戶
＊『西夏紀事本末』, 文海出版社, 130쪽.
　乾興 1년(1022) 1월 (趙德明進) 加食邑 1,000戶 食實封 400戶

율이 적용되었다. 康宗 1년(1212)에 金도 食邑 10,000戶와 食實封 1,000戶를 사여하고 있음이 보이나, 太祖시에는 食邑 10,000戶의 사여만이 있을 뿐 食實封은 없었다. 이를 볼 때 고려시대 국왕이 중국 제 왕조에서 사여받은 식읍은 10,000호를 넘지 않았다. 그것도 현재 太祖, 宣宗, 康宗代에만 보인다. 더불어 식실봉에서도 1,000호를 제한선으로 하였다.

이상의 내용을 정리하면 다음과 같다. 우선 對遼 관계가 보다 더 세밀히 연구될 필요가 있음을 지적하고자 한다. 遼는 독자적인 통치 방식과 문화 발전, 그리고 대외적 통제를 통하여 오랜 세월 동안 동아시아의 패자로 군림할 수 있었다. 항쟁사적 시각에서 기존에 경원시했던 麗-遼 간 경제 교류에 대해서도 재고할 필요가 있다. 여-요 간의 무역은 使行 무역이 주종을 이루고 있으나,114) 거란 대장경의 수입 등에서 보는 바와 같이 그들 문화의 고려에 대한 영향을 재고할 필요가 있다.115)

遼代 고려국왕 책봉의 큰 특징은 요 황제의 尊號 加上에 따른 施恩으로서의 加冊이 많다는 것이다.

遼代에는 고려 국왕에 대한 책봉과 함께 太子에 대한 책봉이 몇 차례 보인다. 이는 요의 고려 후계왕에 대한 승인을 통하여 자신들의 권위를 드러내려는 의도였고, 고려 역시 그들의 권위가 필요하였다고 생각된다. 顯宗의 태자는 '高麗國公', 文宗과 肅宗代의 태자는 '三韓國公'으로 책봉되었다. 요에 의한 태자 책봉은 고려의 왕권 세습을 안정시키는 데 도움이 되었을 것이다. 태자에 대한 食邑 사여는 文宗과 肅宗代에만 나타난다. 오대・송・금에는 태자에 대한 책봉이 없으며, 元代에 들어서는 麗元

---

114) 李貞熙, 「고려 전기 對遼貿易」, 『지역과 역사』 4, 부산경남역사연구소, 1997 ; 李貞熙, 『고려시대 세제의 연구』, 국학자료원, 2000, 276~325쪽.

115) 요 황제 중에서 道宗은 崇佛者로 유명하다. 그는 『御製華嚴經贊』을 짓고(『遼史』 道宗2, 咸雍 4년(1068)), 부처 사리를 모셨으며(『遼史』 道宗2, 咸雍 7년 (1071) 8월, "置佛骨于招仙浮圖") 화엄경을 찬양하였다(『遼史』 道宗3, 咸雍 8년 7월 丁未, "御書華嚴經五頌"). 고려에도 佛經을 보내 주기까지 하였다 (『遼史』 道宗3, 咸雍 8년 12월 庚寅, "賜高麗佛經一藏"). 고려와 요의 문화 교류의 한 장면이다.

의 특수 관계상 왕세자 책봉이 행해졌다. 그러므로 원대 이전에는 遼만이 고려 태자를 책봉하였던 셈이 된다.

遼代에는 宋代에 자주 보이는 '檢校太尉'나 '使持節', '都督' 등의 관작은 거의 보이지 않는 반면, '開府儀同三司'와 같은 文散階의 수여가 주류를 이룬다. 요대의 고려국왕 책봉에서 주목되는 사실의 하나는 食邑의 사여다. 태조가 後晉에서 식읍을 받은 사실은 있지만, 중국 제 왕조에 의한 책봉에서 식읍의 사여가 나타나고 있는 것은 주로 요대임을 확인하였다. 이는 요가 중원을 정복하고 중화적 질서를 원용하고 있었기 때문으로 해석된다. 식읍의 사여는 봉건제적 질서의 추구로 인식될 수 있기 때문이다.

<표 7> 遼代 高麗國王 冊封官爵의 綜合

王代	冊封·加冊回數	冊封官爵名
成宗	1	開府儀同三司 尚書令
穆宗	3	守義保邦推誠奉聖功臣 開府儀同三司 守尚書令兼政事令 上柱國 食邑七千戶 食實封七百戶 高麗國王
顯宗	1	開府儀同三司 守尚書令 上柱國 高麗國王 食邑一萬戶 食實封一千戶
德宗	×	×
靖宗	2	開府儀同三司 守太傅兼中書令 上柱國 食邑一萬戶 食實封一千三百戶 輸忠保義奉國同德致理功臣 高麗國王
文宗	5	開府儀同三司 守太師兼尚書令 上柱國 高麗國王 食邑 23,000戶 食實封 2,300戶 兼 匡時致理竭節資忠奉上守正保義功臣
順宗	×	×
宣宗	1	特進 檢校太師兼中書令 上柱國 食邑一萬戶 食實封一千戶
獻宗	1	驃騎大將軍 檢校太尉兼中書令 上柱國 高麗國王 食邑七千戶 食實封七百戶
肅宗	2	開府儀同三司 守太尉兼中書令 上柱國 忠勤奉國功臣 食邑八千戶 食實封一千四百戶 高麗國王
睿宗	3	順義軍節度 特進 守太尉兼中書令 同中書門下平章事 使持節 朔州諸軍事 行朔州刺史 上柱國 食邑三千戶 食實封五百戶 高麗國王

*×는 國王으로서 책봉 받지 못한 경우.

고려 국왕에 대한 공신호의 사여는 五代와 金國에서는 나타나지 않는다. 그리고 遼는 義字를 많이 사용하고 있다. 遼로부터 공신호를 수여받은 왕은 穆宗·靖宗·文宗 그리고 肅宗이었다. 肅宗이 받은 忠勤奉國號는 遼가 고려의 내정을 파악하고 있다는 반증이다. 그에 대한 공신호의 부여는 숙종 집권의 정통성을 인정해 주는 사실로 받아들여졌으며 그 집권에 대한 도전의 방지에 기여하였다. 위의 <표 7>은 요에서 고려 국왕에게 주었던 관작을 왕대별로 종합하여 나타낸 것이다.

遼代의 고려 국왕 책봉은 공신호의 수여와 책봉에 따른 禮物이 많다는 점도 특징적이다. 遼는 고려와 宋으로부터 鐵을 수입해 가는 등 많은 교역이 있었고, 실제로 遼의 문화 수준이 文字 제정, 大藏經 조판, 불교 발달 등에서 확인되듯이 괄목할 만한 수준에 이르렀기 때문에 가능하였다고 하겠다. 10~12세기의 특징적 모습인 先帝 유물의 頒賜도 이 시기의 특징이었다. 그리고 遼代의 고려 국왕 冊封使는 주로 契丹人과 漢人으로 某某 觀察使가 많으며, 책봉사의 성씨는 蕭氏와 耶律氏가 주종을 이룬다.116)

요의 세력이 쇠약해지면서 宋의 고려 접근이 활발하였다. 송의 고려 접근에는 국왕에 대한 책봉을 빌미로 삼는 예에서 보듯이 국가 간의 외교에서 국왕 책봉은 그 의미가 크다고 하겠다. 요의 고려국왕 책봉은 고려왕 즉위시에 이 사실을 인정하는 책봉이 있고, 遼에서 尊號 加上과 같은 황제의 위엄을 과시하기 위한 행사의 경우 그 施恩의 하나로서 進封·加冊이 있었다. 이때 고려 국왕과 태자에 대한 加冊 내지는 進封이 자주 시행되었다. 서하나 후당에게 皇帝로 책봉하는 경우처럼 帝國으로서 현실적 역량이 작을 경우 회유책으로서 책봉을 이용하였다. 金에 쫓기던 遼의 天祚帝는 西夏의 援兵과 이에 따른 고마움 등이 얽혀 西夏王을 '西夏皇帝'로 책봉한 사례가 있었다. 왕태자에 대한 책봉은 고려 국왕의 권위를 고양시키는 것은 물론 후계구도를 확고히 해주는 의미도 있었다고 하겠다.

---

116) 遼에서 파견된 高麗國王 冊封使는 다음과 같다.

西 紀	冊封正使		冊封副使	
	官 職	姓 名	官 職	姓 名
成宗15(996)	翰林學士	張幹	忠正軍節度使	蕭熟葛
穆宗 2(999)	右常侍	劉績		
穆宗10(1007)		耶律延貴		
顯宗13(1022)	御史大夫上將軍	蕭懷禮		
顯宗14(1023)	左散騎常侍	武白		耶律克恭
靖宗 5(1039)	大理卿	韓保衡		
靖宗 9(1043)	監門衛上將軍	蕭愼微	尙書禮部侍郎	韓紹文
文宗 1(1047)	福州管內觀察使	宋璘		
文宗 3(1049)	千牛衛上將軍	蕭維德	御史大夫	王守道
文宗 9(1055)	匡義軍節度使饒州刺史兼御史大夫	耶律革	崇祿卿護軍	陳顗
	利州刺史	蕭祿		
文宗11(1057)	天德軍節度使	蕭繼從	左千牛衛上將軍	王守拙
	利州管內觀察使	蕭素	司農卿	柴德滋
文宗19(1065)	寧遠軍節度使	耶律寧	益州管內觀察使	丁文通
	利州管內觀察使	耶律迪	衛尉卿	厤晏如
宣宗 2(1085)	保靜軍節度使	蕭璋	崇祿卿	溫嶠
肅宗 2(1097)	臨海軍節度使檢校太傅兼御史中丞	耶律思齊	太僕卿昭文館直學士	李湘
肅宗 5(1100)	高州管內觀察使	蕭好古	守衛尉卿	高士寧
肅宗 9(1104)	安遠軍節度使	耶律嘉謀	利州管內觀察使	夏資睦
	泰州管內觀察使	耶律師傅	鴻臚卿	張織
睿6宗3(1108)	清安軍節度使	蕭良	益州管內觀察使	李仁洽

제4장 고려와 金의 책봉관계

女眞族은 古代로부터 肅愼·挹婁·勿吉·靺鞨로 불렸고 1115년 金國을 설립한 뒤 동아시아의 패권을 장악하였다. 여진족의 金[1]은 帝國으로 발전하기 이전부터 고려와 긴밀한 유대를 맺으면서 고려를 上國으로 섬기고 그에 따른 혜택을 누렸다. 그들은 필요할 때마다 고려에 특산물을 바치고 생필품을 받아가는가 하면, 집단으로 투탁하여 고려에 정착하고 그 수장이 고려의 官爵을 하사받기도 하는 등 고려국의 藩屛으로 인식되었다.[2]

이때문에 여진족은 고려에 대하여 은혜롭게 생각하고 있었다. 그리고 여진에 관작을 내렸던 고려는 내적으로는 皇帝요 외적으로는 諸侯격의 外侯內帝적인 '擬制皇帝國' 체제를 갖추었으나, 金이 강력한 세력으로 성

---

1) 이들은 송화강 서남쪽의 熟女眞과 두만강 유역의 生女眞으로 나뉘어 살아오다가 生女眞 完顔部의 阿骨打가 全 女眞을 통합하고 새로운 東亞의 강자로 부상하였다. 遼와 蒙古가 유목적 성격이 강한 민족이었음에 비하여 여진족은 半農·半牧的 생활을 하였고 그들보다 더욱 漢化하였다는 특징이 있다. 여진족이 세운 金國은 변방 민족으로서 만주 지역을 통일하고 주변의 華北一帶까지 점유하여 정복 왕조를 구축하였다(李鉉, 「金代 戶口問題에 대하여」, 『慶南大學校論文集』 9, 1982). 金國의 역대 황제는 다음과 같다. 1. 太祖(1115~1122) 2. 太宗(1123~1134) 3. 熙宗(1135~1148) 4. 海陵王(1149~1160) 5. 世宗(1161~1189) 6. 章宗(1190~1208) 7. 永濟(=衛紹王, 1209~1213) 8. 宣宗(1213~1223) 9. 哀宗(1224~1233) 10. 末帝(1234)
한편 遼代의 女眞을 주로 '女直'이라 칭하고 있는데, 이는 遼 興宗의 이름 宗眞을 避諱하였기 때문이다(金毓黻, 『宋遼金史』, 臺灣商務印書館, 1947, 59쪽).
2) 朴玉杰, 『高麗時代의 歸化人 硏究』, 國學資料院, 1996.

장하여 고려에 稱臣上表를 요구하였다.3) 이에 대한 고려 조정의 의견이
분분한 가운데 일부 문신들은 漢의 匈奴에 대한 정책이나 宋의 遼에 대한
정책을 예로 들어 대금 사대를 주장하였다. 이는 당시 李資謙의 정치적
이해와 부합하였고 金富佾 등의 주장으로4) 관철되었다. 당시 금에 대한
이러한 사대불가피론은 국제 정세에 대한 정확한 파악에서 나왔다는 지
적에 동감한다.5) 이 사대불가피론은 고려의 실리를 추구하는 현실적인
대외정책에 기인한다고 하겠다.6)

---

3) 『高麗史』卷12, 世家12, 睿宗 12년 3월, "兄大女眞金國皇帝 致書于弟高麗國
王……惟王許我和親 結爲兄弟".

4) 金富儀는 새로운 패자로 등장한 金國 등에 事大할 것을 주장하여, 현실 정세를
인정하고 합리화하려는 입장이었다. 「金國이 새로 遼를 격파하고 사신을 파견
하여 兄弟관계를 맺자고 청하였다. 대신들은 불가하다고 말하고, 사신을 처형
하자는 사람도 있었다. 金富儀가 홀로 성소하기를, "신이 깊이 생각해보니 漢
나라가 匈奴에게, 그리고 唐나라가 突厥에 대하여 신하로 대하기도 하고 혹은
公主를 시집보내기도 하여 무릇 화친할 만한 것은 하지 않은 것이 없습니다.
지금 宋도 遼와 伯叔兄弟가 되어 대대로 화친하여 서로 통하고 있습니다. 天子
의 높음은 천하에 대적할 만한 상대가 없는 것이나, 오랑캐 나라에 굴복하여
섬기는 것은 곧 이른바, '聖人인 임시방편으로 道를 이룬다'고 하는 것으로 국
가를 지키는 좋은 계책인 것입니다. 신이 엎드려 원하건대, 왕께서는 길고 멀리
내다보는 계책을 생각하셔서 국가를 보존하여 후회함이 없도록 하십시오"라
하였다. 宰樞들이 모두 비웃고 또 배척하였다. 왕이 드디어 回報하지 않았다
(『高麗史』卷97, 金富儀傳)」.

5) 朴漢男, 「북방 민족과의 관계」, 『한국사 15』, 국편, 1995, 346쪽.

6) 사대 불가피론은 과거 宋·遼와의 稱臣事大의 근거와도 통하는 정책이다. 그
근거는 금국이 이전에는 소국으로서 고려와 遼를 섬겼으나 ① 지금은 갑자기
흥왕하여 요·송을 멸망시켰고, ② 정치를 잘하고 군사가 날로 성하여 강대해
지고 있으며, ③ 우리와 국경을 접하고 있으므로 형편상 섬기지 않을 수 없으
며, ④ 소국이 대국을 섬기는 것은 先王들의 道理였다는 논거였다(『高麗史』
卷15, 世家15, 仁宗 4년 3월 辛卯). 이때의 사대론은 후에 대몽항전 과정에서
최우가 강화 천도를 기도하자 兪升旦이 제기한 대몽강화론과 유사하다. 고려
의 實利的 전통이 맥을 잇고 있는 듯하다(『高麗史』卷102, 列傳15, 兪升旦傳,
"兪升旦이 말하기를, 小로서 大를 섬기는 것이 옳은 일입니다. 섬김을 禮로서
행하고 사귐을 信義로서 한다면 저들이 무슨 명목으로 우리를 괴롭게 하오리
까? 城郭과 社稷을 버리고 海島에서 구차히 세월을 보내면서 壯丁들은 주륙을
당하고 노약자들은 포로가 되게 함은 국가를 위하여 좋은 계책이 아닌 것입니

고려의 대금 사대는 송이 紹興條約(1142)으로 金의 책봉을 받은 것과
상관성이 있어 보인다. 이 조약으로 송은 세폐로 銀 25만 냥과 비단 25만
필을 금에 바치게 되니, 중국 왕조는 이제 이민족에게 신하의 禮를 취하
는 형세가 되었다. 고려와 금이 통교한 지 16년 만에 책봉이 있게 된 것은
금의 對宋 문제 처리와 관련 있다고 짐작된다.7) 그후 송에서는 사신을 파
견하여 금을 공략하기 위한 군사적 협력을 요청했으나, 고려는 경제난을
이유로 들어 완곡하게 회피하였다. 遼(1125)와 北宋(1127)이 망하고 南宋
이 존재하긴 했지만 대륙은 金만이 권력을 행사하는 상황이 되었다. 고려
는 남송의 간곡한 협력 요청을 거절하면서 국제정세에 대처해 나갔다.

　金을 건설한 여진족이 고려에 대해 위압적인 자세를 보인 것은 당시
동아시아의 패권을 차지한 자신감의 표출이었다. 睿宗代에 尹瓘을 사령
관으로 하는 고려의 대부대가 여진 지역을 점령하고 9城을 축조하였다.8)
그 뒤 중요한 생활 터전을 상실한 여진족은 고려 정부에 9성의 환부를 애
걸하였고, 돌려받을 즈음 고려 정부에 복종할 것을 하늘에 두고 맹세하였
다. 그들에 대한 고려군의 '英州廳壁記' 등에는 帝國으로서의 위엄이 엿보
인다.9)

　고려의 지배를 받던 여진족이 이제 父母之國으로 부르던 고려 국왕으
로부터 稱臣上表를 받고, 더욱이 고려 국왕을 자신들의 諸侯로 승인하는

　　다").

7) 漢族이 북방족에게 稱臣事大한 전례는 있었다. 隋末唐初에 突厥로부터 군사
　　적 지원을 받고자 부득이 '稱臣納貢'한 사실이 그것으로(卞麟錫, 「隋末唐初 中
　　國의 突厥에 대한 '稱臣事'의 學說史的 考察」, 『東方學志』 80, 1993), 당시 동
　　아시아 국제 관계의 변동의 폭이 상당히 컸던 것이다.

8) 고려 중기 女眞 정벌과 고려의 政局 動向에 대해서는 다음 논문이 참조된다.
　　秋明燁, 「11世紀後半～12世紀初 女眞征伐 問題와 政局動向」, 『韓國史論』 45,
　　2001.

9) 『高麗史』 卷96, 列傳9, 尹瓘傳, "각 성의 주민들 중에서 현명하고 재간이 있어
　　능히 임무를 감당할 만한 사람을 선택하여 그 지방을 鎭撫하게 하였으니 이것
　　이 곧 시경에 이른바 '정복하고 선무하려 왕실의 울타리로 삼았다'는 것과 같은
　　것이다(選其顯達而有賢材 能堪其任者 鎭撫之 詩所謂 于蕃于宣 以蕃王室者
　　也)".

책봉의례를 시행한 사실은 중대 사건이었다. 고려의 對金 事大는 시간이 흐르면서 묘지명에서도 '大金' '北朝' 등으로 표현하는 예를 통해 접할 수 있다. 여기서 北朝란 당시 금을 北國, 송을 西國이라 부르던 데서 온 상대적 용어였다. 고려인들은 현실적으로 금에 사대를 하였지만 실질적으로는 송과의 관계를 항상 염두에 두는 양단 외교를 전개하였는데, 그것이 北朝, 北國, 西國 등의 표현으로 나타났다고 하겠다. 이 장에서는 금에 의한 고려국왕 책봉의 내용이 전후 시기의 그것에 비하여 어떠한 차이를 보이고 있는지, 그리고 그 특징이 무엇인지 알아본다.

1. 仁宗~毅宗代 책봉

1126년은 금에 의하여 송의 두 황제가 끌려가는 '靖康의 變'이 있었던 해다.[10] 대륙의 주도권을 金이 장악한 사실과 고려의 對金 稱臣은 상관성이 짙었는바, 칭신 결과 그들의 군사적 침략을 받지 않았다. 고려는 금과 군신 관계를 체결한 이후(1126, 인종 4) 16년이 지난 1142년(仁宗 20)에 처음으로 책봉을 받았다.[11] 그런데 金代의 고려 국왕에 대한 책봉은 '開府儀同三司 上柱國 高麗國王'으로 관작이 동일하였다. 전후 시기에 비하여 女眞族의 金은 고려 국왕에 대하여 1회씩의 책봉만 시행하고 進封이

---

10) 烏雅束의 동생 阿骨打에 의하여 金이 건국되자(睿宗 10년, 1115), 그들은 宋과 협력하여 遼를 攻滅하였을 뿐만 아니라(1125) 宋의 수도 汴京(開封)을 공략하여 宋帝父子 徽宗·欽宗을 비롯하여 9천여 명을 납치하는 소위 靖康之變(1126)이라는 대사건을 일으켰다. 이런 분위기에서 金은 과거에 상국이었던 고려를 아우국으로, 나아가 臣下국가로 변화시키고자 하였다(『高麗史』 卷14, 世家14, 睿宗 12年(1117) 3月 癸丑, "兄大女眞金國皇帝致書于弟高麗國王…… 惟王許我和親結爲兄弟以成 世世無窮之好"). 靖康의 變으로 宋朝의 존립이 위협을 받았으나 金國의 중원 지배는 힘겨운 실정이었다. 이를 상쇄하기 위하여 금은 張邦昌을 앞세워 괴뢰국 楚國을 세웠지만 33일 천하로 끝나고 말았다. 이어서 1130년에는 劉豫를 세워 齊國을 설립하여 皇帝로 冊立하였다.

11) 『高麗史節要』 卷15, 世家15, 仁宗 20(1142) 5월, "開府儀同三司 上柱國 高麗國王".

나 加冊은 시행하지 않은 특징이 두드러진다.[12] 仁宗과 毅宗의 책봉관작
은 다음과 같다.

<표 1> 仁宗~毅宗代 冊封

王代	西紀	官爵名	典據
仁宗 20	1142.5	儀同三司 柱國 高麗國王 又加 開府儀同三司 上柱國 高麗國王	『史』, 『要』
毅宗 2	1148.5	開府儀同三司 上柱國 高麗國王 食邑一萬戶 食實封一千戶	『史』, 『要』, 『東文選』

고려와 금은 수많은 사신의 왕래가 있었음에도 불구하고 고려 측의 책
봉 요청이나 그에 관한 기사는 보이지 않는다. 아마도 金에 의한 고려 국
왕의 책봉이 지연된 것은 保州 문제 때문이 아닌가 한다.[13] 保州는 원래
압록강 방면의 교통의 요지로서 거란이 이미 남방 진출의 기지로서, 고려
는 북방 진출의 교두보로서 중히 여기던 곳이었다.

이 지역은 국가적으로 중요한 곳이었기에 고려는 이를 회복하기 위하
여 노력하였고, 마침내 遼와 金의 교체기에 큰 희생 없이 획득할 수 있었
다. 그러나 金은 자국의 태조가 허락하여 고려가 그곳을 획득할 수 있었
던 만큼, 이에 대한 감사의 뜻으로 완전한 외교문서 형식을 갖추어 충성
을 간절히 표현한 誓書를 바치라고 하였다.[14] 고려 국왕의 책봉이 지연된
것은 保州 문제 외에도 고려에 대한 금의 의심이 많았기 때문이다.[15]

고려 국왕에 대한 책봉이 지연된 또 하나의 이유는 金의 내부 사정 때

---

12) 고려는 인종대에서 제 신료들에 대한 식읍의 수여가 가장 활발한 편인 데(金基
德,『高麗封爵制 研究』, 청년사, 1998 ; 李炳熙, 「식읍 및 기타의 사전」,『한국
사 14』, 국편, 1993, 269쪽, "고려 시기에는 목종에서 의종 초에 이르는 약 1세기
반 동안, 대체로 11세기에서 12세기 중엽에 가장 활발하게 식읍이 수여되었
다") 비하여, 고려 국왕에 대한 식읍의 사여는 그 以前代에서 활발하였다. 이는
고려의 식읍 사여가 이 遼代의 영향을 받았다는 사실을 암시한다.
13) 朴漢男,『高麗의 對金外交政策 研究』, 成均館大 博士學位論文, 1993.
14) 朴漢男, 위의 博士學位論文, 44~47쪽 참조.
15) 朴漢男, 「북방 민족과의 관계」,『한국사 15』, 국편, 1995, 344쪽.

문이 아닌가 한다. 예컨대 金의 章宗은 송을 통치하기 위한 수단의 하나로 楚國을 세우고 張邦昌을 황제로 책립하여,16) 國號를 大楚라 하고 그를 大楚皇帝로 책봉하였으며 수도를 金陵에 두었다. 이 楚國 황제는 금국 황제의 藩臣이다. 하지만 괴뢰정부인 초국은 33일 만에 사라졌다.17)

당시 동아시아 정세는 金으로부터 위협을 받고 있던 宋이 고려에 援兵을 요청하여 긴밀한 접근을 수차 시도하는 등 金과 宋이 대립하고 있던 상황이라 고려로서는 金에 즉각 책봉을 요청하지 않고 정세를 관망하였던 것으로 여겨진다. 고려의 이러한 對宋 관계를 알고 있던 金은 고려의 稱臣에 대한 본의를 확인한 후 책봉하고자 하였다. 金이 고려에 信標를

---

16) 李唐,『遼金元史』, 香港宏業書局出版, 1961, 39쪽, "維會五年 歲次 丁未 三月 辛亥朔 皇帝若曰……僉曰 太宰張邦昌 天毓疏通 神資睿哲 處位著忠良之譽 居家間孝友之名 乃人情之所繫 擇其賢者 非子而誰 是用遣使 特進尙書左僕射 同知樞密院事 監修國史 上柱國 南陽郡開國公 食邑三千戶 食實封二百戶 韓資政……持節備禮……冊命爾爲皇帝 以理斯民 國號大楚 都於金陵……永作藩臣" ; 睿宗 5년 6월에, 고려에 사신으로 온 張邦昌이 비로 金에 의하여 '大楚皇帝'로 冊封된 자이다. 그가 잠시 高麗國王으로 있었다는 허황된 기록이 전한다.『三朝北盟會編』卷105에 인용된『中興姓氏錄』의 叛逆傳에, "張邦昌字能言 元符三年 以甲科 累遷工部尙書 使於高麗國 適高麗國王死 國人重中國之使 權立邦昌爲國王"의 기록이 그것이다(楊渭生,「所謂權立張邦昌爲高麗國王辨」,『宋麗關係史研究』, 杭州大學出版社, 1997, 484~487쪽).

17) 金國 皇帝는 자신이 세운 楚國의 왕인 張邦昌을 '大楚皇帝'로, 齊國의 왕인 劉豫를 '齊皇帝'로 책봉한 것은 자신이 하늘의 명을 받아 만방을 통치한다는 이념에 기반하였다. 중원을 지배한 황제, 즉 天子의 입장에서는 천자가 아닌 황제는 몇 명이든 존재할 수 있었고, 나아가 대부분은 황제보다 아랫 단계인 諸侯王이었다. 楚國과 齊國의 변천은 다음과 같다. 立劉豫爲大齊皇帝 世修子禮(『金史』卷3, 本紀3, 天會 8년(1130) 9월 戊申) → 仍詔齊自今稱臣勿稱子(天會 13년(1135) 正月 癸酉) → 廢齊國 降封劉豫蜀王(天會 15년(1137) 11월 丙午)・徙蜀王劉豫臨潢府(同 12월). 중국 중심의 천하 질서에서 天子는 오로지 한 사람뿐이었고, 이 천자 아래 여러 명의 황제나 왕이 존재할 수 있었다. 이점은 요에서 後唐의 石敬瑭을 皇帝로, 멸망 전에 天祚帝가 西夏의 이계순을 皇帝로 책봉하는 사실에서 그 일단을 볼 수 있다(이 점은 西夏에게 시달리던 宋이 西夏王 李元昊를 책봉하는 사실과 유사하다.『遼史』卷11, 本紀11, 仁宗 3년(1043) 4월, "遣保安軍判官邵良佐使元昊 許封冊爲夏國主 歲賜絹十萬匹 茶三萬斤" ; 同 4년 12월 乙未, "封曩霄爲夏國主").

요구한 것은 그들이 西夏에 신표를 요구한 것과 같은 맥락인 것이다.[18)
고려 국왕에 대한 책봉에 즈음한 詔書는 다음과 같다.

> 九禮를 갖추어 冊命함은 周禮에 근거하였고,[19) 諸侯를 왕이라 칭함은
> 漢나라 제도를 따랐다. 卿은 대대로 내려온 信約을 준수하고 좋은 計圖
> 를 실천하였다. 즉위한 때로부터 藩邦으로서의 도리에 충실하여 지금까
> 지 여러 해가 되도록 한결같은 마음을 변치 않고 있으니, 마땅히 책봉을
> 해야 하겠다. 이에 勅使를 보내 경의 임무를 엄격히 지키며 朕의 말을
> 명심하라. 이제 사신을 파견하여 책봉하고 九旒冠 하나, 九章服 한 벌,
> 玉珪 하나, 金印 한 개, 玉冊 하나, 象輅 하나, 말 네 필을 주는 바이며
> 별도로 의복, 피륙, 기명 등 약간과 안장 고삐를 갖춘 말[鞍轡馬] 세 필과
> 散馬 네 필을 준다.[20)

인종이 선왕의 뒤를 이어 사대에 충실하고 있다면서 고려가 藩邦으로
서 충실했기 때문에 책봉한다는 것이다. 조서에 이어 전달된 冊封文은 다
음과 같다.

> 옛날 제왕들이 천하의 경계를 획정하고 제후를 책봉함에 있어 대개 공
> 정한 세습제를 적용하였다. 짐이 황제의 위치에서 옛 일을 상고하여 오
> 직 덕망 있고 어진 사람을 우대함으로써 天道를 받들려 한다. 경은 영특
> 하고 호방한 기백에 아름답고 순진한 자질을 겸비하여 어려서부터 孝·
> 友·誠·敬으로써 부모를 섬긴다는 명성이 높았고 왕위를 계승하게 되
> 자 더욱 덕행이 높아졌다. 돌이켜 보건대 귀국의 선왕들은 충성과 신의

---

18) 閔丙勳,『西夏後期交聘史研究』, 中央大 博士學位論文, 1991, 71쪽, 각주 18).
19)『周禮』春官 大宗伯, "以九儀之命 正邦國之位 一命受職 再命受服 三命受位
    四命受器 五命賜則 六命賜官 七命賜國 八命作牧 九命作伯".
20)『高麗史』卷17, 世家17, 仁宗 20년(1142) 5월 戊午, "九儀錫賜 禮本於周禮諸
    侯稱王事 從於漢制 卿世遵信約躬踐 令猷肇從嗣守之 初克謹稱藩之義累年
    于此一德 不渝宜封冊之 遂行飭使輅而往使 恪守爾典恭聽 朕言今遣使冊命
    仍賜九旒冠一頂 九章服一副 玉珪一面 金印一面 玉冊一副 象輅一 馬四匹 別
    賜 衣對匹段器用若干 鞍轡馬三匹 散馬四匹".

를 숭상하여 大邦을 섬겼다. 혜택을 끼치는 교훈을 간직하여 그후 수백
년을 지나 卿도 선왕들의 성실한 뜻을 계승하였다. 밤낮으로 삼가고 공
경하여 악한 자를 제거하고 선한 자를 격려함으로써 법도를 준수함은 선
왕들보다 훌륭하다.

이를 짐이 매우 가상히 여기면서도 여러 해가 지나도록 책명을 보내지
못하여 公議에 어긋날까 두려운지라 이제 持節使를 파견하여 卿을 儀同
三司 柱國 高麗國王으로 책봉하여 짐의 藩輔로 삼는다. 하늘의 이치는
믿기 어려우며 운명이란 고정된 것이 아니다. 덕을 좋아하는 사람에게
온갖 상서가 있으며 義理를 지키지 않으면 강한 자가 약한 자를 없애니
貴함을 자랑하지 말며 富함을 넘치지 말며 감히 편안한 데에서 게을리
하지 말라. 짐의 말대로 함으로써 많은 복을 받아 백성들과 함께 길이
태평을 누린다면 이 아니 장하겠는가![21]

이 1142년의 책봉 내역은 특이하게 儀同三司(從1品) 柱國을 수여한 뒤
開府儀同三司(從1品上) 上柱國을 더해 주었다. 尊王의 뜻이 돈독하므로
開府儀同三司 上柱國으로 올린다는 조서가 연속하여 내려진 것이다. 宋
代나 遼代의 책봉에서는 즉위 후에 시행하는 책봉과 이어서 관작을 진급
시키는 加冊이 다수 있었으나 金代에는 그러한 가책이 없었다. 따라서
1142년의 경우만이 유일한 加冊인 셈이다. 그 가책 형태도 기왕의 형태와
는 달리 책봉과 가책을 동시에 시행하였다는 점에서 특이하다. 위 冊封文
에서 보았듯이 먼저 儀同三司 柱國 高麗國王으로 책봉한 다음 곧바로 詔
書를 주어 開府儀同三司 上柱國 高麗國王으로 관직만 승급시키고 王爵은

---

21)『高麗史』卷17, 世家17, 仁宗 20년(1142) 5월 戊午, “昔先王 彊理天下 昔命六
　　服 率因世守 用丕協于大公肆 朕君臨若稽隆古 亦惟崇德象賢 以奉若天道 咨
　　爾英氣 邁往淑質純茂 粤自早歲 以孝友誠敬 事親有聞 逮其纘承 祗德彌邵 眷
　　爾先哲 克篤忠貞 以謹事大邦 懷保惠訓 載祀數百 用詒燕于爾躬爾亦迪知 忧
　　恂夙夜 兢翼芟刈崇激式克敬典 乃增裕于前烈 朕甚嘉之 越玆旣累年 而典冊
　　未 稱大懼怫鬱公議 今遣使持節 冊命爾爲儀同三司 柱國 高麗國王 永爲我藩
　　輔 於戲 惟天難忱 惟命不于常人之攸 好德降之百祥 義之不庸 彊自取弱 勿矜
　　于貴 勿溢于富勿敢怠于安康 聽一人之猷訓 以嚮受多福 其以有民 世享豈不
　　偉歟”.

<표 2> 金代 皇帝 尊號 加上과 高麗國王 冊封

皇帝	年號		西紀(高麗王)	尊號名	高麗王 冊封與否
太祖	收國	1년	1115(睿宗 10)	(群臣奉上尊號)	×
太祖	收國	2년	1116(睿宗 11)	大聖皇帝	×
太宗				×	×
熙宗	皇統	1년	1141(仁宗 19)	崇天體道欽明文武聖德皇帝	◎
海陵王	天德	2년	1150(毅宗 4)	法天膺運睿武宣文大明聖孝皇帝	×
海陵王	正隆	1년	1156(毅宗 10)	聖文神武皇帝	×
世宗	大定	1년	1161(毅宗 15)	仁明聖孝皇帝(明은 德의 誤記)	×
世宗	大定	5년	1165(毅宗 19)	應天興祚仁德聖孝皇帝	×
世宗	大定	11년	1171(明宗 1)	應天興祚欽文廣武仁德聖孝皇帝	×
章宗	太和	1년	1201(神宗 4)	×(復請上尊號, 不許)	×
衛紹王				×	×
宣宗				×	×
哀宗				×	×

* ◎, ×는 尊號加上에 따른 고려국왕 책봉 여부.
　典據 : 『金史』 本紀.

그대로 '高麗國王'이었다. 아래의 조서를 보면, 그 가책의 이유가 황제에
대한 尊號 加上 때문이었음을 알 수 있다.

　　朕이 先代의 유업을 공손히 계승하여 천하를 다스리게 되었다. 朕에
대한 높은 稱號는 부득이 여러 사람들의 추대하는 뜻을 좋은 것이니 나
의 은혜를 안팎에 고루 미치게 하겠다. 귀국은 누대로 내려오면서 어진
임금들이 서로 爵位를 계승하였으며, 尊王의 뜻을 돈독히 하였기에 마
땅히 爵位를 높이는 영광을 받아야 한다. 사신에게 冊書를 보내니 국왕
의 지위를 누리기 바란다.[22]

위 조서에 의하면 이 책봉은 金의 3대 황제 熙宗(1135~1148)에 대한
尊號 加上을 기념하여 고려 국왕을 昇階시켜 준 것이다. 이때 금의 群臣

---

22) 『高麗史』 卷17, 世家17, 仁宗 20년(1142) 5월 戊午, "朕恭承先業 奄有庶邦賓
　　賚以名 勉徇樂推之意 由中及外 惟均大賚之恩 奕世撫封象賢 嗣爵夙篤 尊王
　　之義 宜膺進秩之榮 屬使傳之 往馳申命書 而用錫尙綏 闕位永妥于休".

이 熙宗에게 올린 존호는 '崇天體道欽明文武聖德皇帝'였다.[23] 황제의 존호 가상에 따른 고려 국왕이나 기타 번국 諸侯王에 대한 가책은 산견되는 바로서 金代에도 예외가 아니었다.

금대의 고려국왕 책봉은 고려 국왕별로 단 1회만 시행되었으나 이번의 仁宗에 대한 책봉은, 冊封과 加冊이 같은 使臣에 의하여 시행되었다. 이 가책 조서도 이들 사신 일행이 동봉하였다. 실제상으로는 한 번의 冊封 使行으로 두 번의 冊命을 시행한 셈이다. 금대 황제의 尊號 加上은 여러 차례 시행되었으나, 고려 국왕이 그와 관련하여 加冊을 받은 것은 仁宗뿐이다. 앞의 <표 2>는 그 사실을 도표로 나타낸 것이다.

遼代에도 興宗, 道宗, 天祚帝 시기에 황제에 대한 존호 가상에 따른 시은책의 일환으로 고려 국왕을 加冊하였다. 遼의 존호 가상은 황제의 위엄과 그의 통치에 일조하는 행위였다. 金은 존호 가상의 기념으로 熙宗 시에만 고려의 仁宗을 책봉하였다.

같은 시기인 1142년에 南宋의 고종은 秦檜[24]의 和議論을 수용하여 靖康의 變 이래 17년 만에 굴욕적인 평화가 성립되었다. '紹興條約'이 그것이다. 이때 화의론에 반대하던 岳飛를 처형하고 金國을 事大하기로 하였다. 이에 따라 南宋 황제가 金으로부터 책봉을 받게 되었고,[25] 이때 이루

---

23) 『金史』 卷4, 本紀4, 皇統 1년(1141) 正月 庚戌.

24) 秦會(1090~1126) : 남송 초기의 정치가. 1131년 이후 24년간 재상 자리에 있었다. 그 동안 남침을 거듭하는 金軍에 대처하여 철저한 항전을 주장하는 군벌이다. 攘夷論의 입장에서 실지 회복을 주장하는 여론을 누르고 1142년 淮河의 秦嶺 산맥을 잇는 선을 국경으로 하여 금과 남송이 중국을 남북으로 나누어 영유할 것을 和議하였다. 그 조건으로 송은 금에 대하여 신하의 예를 취하고 歲幣를 바치게 되었다. 그는 유능한 관리였으나 정권 유지를 위해 '문자의 獄'을 일으켜 반대파를 억압하였다. 이에 따라 옥사한 岳飛가 민족의 영웅으로 존경된 데 반하여 그에게는 간신이라는 낙인이 찍혔다. 고려 仁宗 3년(1148)에 李深, 智之用이 宋의 秦會에게 金을 정복한다는 명목으로 고려의 길을 빌리면, 자신들이 內應할테니 고려를 점령하라고 공모하다 발각되어 주륙된 사실이 있다 (『高麗史』 卷17, 世家17, 仁宗 3년 10월 丁卯, "通書宋大師秦會 以爲若以伐金 爲名假道高麗 我內應則 高麗可圖也").

25) 『金史』 卷4, 本紀4, 熙宗 皇統 2년(1142) 3월 丙辰, "遣左宣徽使劉筈 以袞冕

어진 南宋 皇帝에 대한 金의 책봉은 漢族의 전통적인 華夷思想에 일대 충격을 가한 중대한 사건이었다.[26] 이러한 송의 상황은 交趾에 대한 책봉에서도 표출되었다. 지금까지 '交趾郡王'으로 책봉하던 관례를 깨고 '安南國王'으로 책봉함으로써 '郡王'에서 '國王'으로 지위를 격상시킨 것이다. 이는 大越을 '安南'이라는 독립국가로 인정한다는 의미로서, 이후 대륙 왕조에서 大越을 安南이라 부르게 되었다.

고려는 이 책봉에 대하여 사례하였으며, 그 사례의 글에 고려 측의 공식적인 감사의 뜻이 적혀 있다.[27] 그러나 이 감사의 글이 外交文書 형식

主冊 冊宋康王爲帝";『金史』卷77, 列傳15, 宗弼傳, "皇帝若曰 咨爾宋康王趙構 不弔 天降喪于爾邦亟瀆齊盟 自貽顚覆 俾爾越在江表 用勤我師旅 蓋十有八年于玆 朕用震悼 斯民其何罪 今天其悔禍 誕誘爾衷 封奏押至 願身列于藩輔 今遣光祿大夫 左宣徽使劉筈等 持節冊命爾爲帝 國號宋 世服臣職 永爲藩翰 嗚呼欽哉 其恭聽朕命." 外山軍治,「熙宗皇統年間における宋との講和」,『金朝史硏究』, 同朋舍, 1969, 381쪽.

26) 오구라 사다오 지음, 박경희 옮김,『베트남사』, 일빛, 1999, 87쪽.

27)『東文選』卷34,「回冊封表」, 表箋, "封冊使 明武大將軍 完顔宗禮와 禮副使 翰林直學士 田殼(原文에 穀으로 되어 있으나, 殼(각)의 誤記이다. '殼兄穀'참조) 등이 이르러 詔書와 官誥를 전하며, 聖慈께서 신에게 開府儀同三司 上柱國을 加授하고 나머지는 종전대로 한다 함은 엎드려 받았습니다. 漢恩이 넓고 넓으사 먼 곳이라고 차별하지 않으시고 周誥가 丁寧하고 거듭 優典을 頒賜하시니 몸을 굽혀 절하며 자신을 반성하매 무슨 공이 있겠습니까? …… 官誥를 주어 먼 곳의 충성을 격려하고 최고의 光華를 휘감아 주니, 영광이 다른 나라에 비하여 훨씬 다르고 羨望이 반드시 만국에 가득할 것이니, 감격하고 울렁거려 몸둘 바를 알지 못하겠습니다. 마땅히 내려 주신 訓辭를 잠시라도 잊지 않아 제 몸을 다스리고 시종 충성을 다하여 더욱 저의 직책을 생각하여 애써 조그만 공로를 바침으로써 生成의 恩을 보답하고자 합니다." ;『東文選』卷34,「謝冊表」, 表箋, "小國이 일직부터 외람되이 屬國의 하나로써 先朝로부터 이미 은혜를 외람되이 받았는데, 이에 近臣을 보내 세상에 드문 은전을 거행하시어 이미 청토에 거행하시고 또 詔書를 내려 開府의 벼슬을 띠게 하시고 柱國의 品을 더해 주시니 襃稱이 지나치게 넘치고 寵恩을 무엇으로 갚겠습니까? 명령을 세 번 사양하기 어렵고 구부려 엎드리매 더욱 두 번 명하시오니 황공하여 대관절 어찌 먼 나라에서 이런 은혜를 받자옵는지요. 신이 삼가 마땅히 우럴 訓辭를 지켜 행하여 힘써 충성을 다하여 들어가 入朝하는데 어찌 春秋의 차례만을 지킬 뿐이겠습니까. 천자의 덕화를 선포하여 侯伯의 직책을 떨어뜨리지 않으려 하나이다".

을 띤 것임을 염두에 둔다면 이 謝表가 과연 고려의 진심에서 배어 나온 것인지 아니면 의례적인 수사인지는 구분하기 어렵다.

책봉 의식은 仁宗 20년(1142)까지는 관례적으로 南郊[28]에서 이루어졌던 데 비하여, 이후로는 金使 完顔宗禮 등이 자기 나라의 지시라 하여 처음으로 왕궁에서 조서를 전달하였다.[29] 책봉사 일행이 보통 130여 명이었음을 고려하면 그들을 맞이하고 의식을 거행하는 책봉 행사가 장중했으리라는 것은 충분히 짐작된다. 책봉 의식에서 시행되는 拜禮야말로 君臣關係를 명확히 나타내는 儀禮였다.

遼와의 관계를 사신 영접 절차[禮]의 면에서 분석해 보면, 고려는 요에게 책봉을 받았으나 그 위상은 君臣관계가 아니라 賓客關係였다는 연구도 있으나[30] 사대관계의 제반 '儀式' 행위가 자주성과는 거리가 멀다는 점도 인정할 필요가 있다.

毅宗은 사신을 金에 파견하여 즉위 사실을 알려 책명을 요청하였고, 금은 의종이 3년상을 마치자 책봉사를 파견하여 開府儀同三司 上柱國 高麗國王으로 책봉하였다.[31] 현재 이 冊封文은 전하지 않고 책봉에 대한 謝表만 남아 있다.[32]

---

28) 南郊에 대해서는 다음의 글이 참조된다. 劉仁善, 「베트남의 傳統的 王權槪念」, 『東亞史上의 王權』, 東洋史學會, 1993, 200~201쪽 ; 李成九, 「中國古代의 市의 觀念과 機能」, 『東洋史學研究』36, 1991 ; 琴章泰, 「祭天儀禮의 歷史的 考察」, 『大東文化研究』25, 1990, 167쪽 ; 李熙德, 「祈雨行事와 五行說」, 『高麗儒教政治思想의 研究 - 高麗時代 天文·五行說과 孝思想을 중심으로』, 一潮閣, 1984, 165쪽. 遼에 의한 成宗 15년의 책봉 의식은 西郊에서 거행된바 있다. 南郊는 圓丘壇이 있던 곳으로, 地神 祭祀하던 北郊와 대칭을 이루는 곳이다. 『隋書』卷6, 儀禮1 ;『通典』卷43, 禮3, 吉2, 郊天下.

29) 『高麗史』卷17, 世家17, 仁宗 20년(1142) 5월 戊午, "故事 受冊命 必於南郊 今宗禮等 奉朝廷指揮 始於王宮 頒詔".

30) 奧村周司, 「使節迎接禮より見た高麗の外交姿勢」, 『史觀』110, 1984.

31) 『金史』卷4, 本紀4, 熙宗 2년(皇統 8, 1148) 2月 甲寅, "以大理卿宗安等 爲高麗王晛封冊使" ;『高麗史節要』卷11, 毅宗 2년(1148) 5월, "金遣完顔愼之 來命王落起復 大理卿完顔宗安 禮部侍郎蔡松年 來冊王 爲開府儀同三司 上柱國 高麗國王".

32) 5일에 封冊使 大理卿 完顔宗眼(眼이 原文에는 海로 되어 있으나 이것은 眼의

2. 무인정권기의 책봉

毅宗 24년(1170)의 武人政變은 문무반의 대립보다 의종대 말기 측근 내료·문신과 측근 무신 사이의 권력투쟁이라는 성격이 강하였다.[33] 이 정변으로 의종은 축출된 후 살해되었다. 그런데 살해된 의종은 金에 의해 정식으로 책봉된 고려의 국왕이었다. 그러므로 그의 축출에 대해서는 정당한 명분이 있어야 했는바, 이로 인해 무인 집권자들은 對金 관계에서 난항을 겪었다.

무인 집권기에 즉위한 왕들의 책봉은 고려 측의 告奏使와 請冊使의 파견이 있은 연후에 시행되었다.[34] 무인 집권 초기의 對金 외교 현안은 明

誤記임)과 禮部侍郎 蔡松年 등이 이르러 聖慈께서 신에게 주신 官誥와 玉冊 한 벌을 받으니, 신에게 開府儀同三司 上柱國 高麗國王을 제수하시고 食邑 1 만호와 食實封 1천호를 주시었습니다. 使節이 문득 이르러 冊詔를 받으니 안으로 감격되어 황공을 더합니다. (中謝) 신이 먼저 東海에 살면서 외람 되게 世傳의 직책을 맡아 貢物을 계속 바쳐 역사책에 끊임없이 쓰여지기를 바라고 삼가 속국의 법도를 지켜 겨우 아비의 끼친 규모를 떨어뜨리지 않았나이다. 일찍이 補佐의 공이 적었으니 襃賞의 은전에 합당하지 못한데도, 이제 뜻밖에 睿聖께서 은총을 내리시어 茅土를 나누어 봉해 주시고 수레와 의복을 주시며 내지 1품의 벼슬을 주시고 眞王의 爵에 列하게 하시는 동시에 공로를 보답하는 名號를 내려 주시고 食邑을 더하는 優遇를 베풀어 獎勵함이 심히 은혜로워 계급이 더욱 높습니다.

생각건대 신의 아비가 두 번 命을 받으시어 바야흐로 승진되어서도 오히려 이 같은 수레와 의복의 내리심을 받지 못하였는데, 신이 一朝에 아울러 받게되었으니 어찌 이렇듯 遭遇가 기특합니까. 이는 대개 황제 폐하의 道가 온 누리에 비치고 덕화가 변방에까지 젖어 벼슬을 수여하심이 내외에 고르고 은혜를 나누심이 먼 곳에까지 미치니 빛이 사방에 한하고 歡呼가 一境에 가득합니다. 크게 아름다운 天子의 命을 받들어 晉伯을 받들어 선양함을 기약하며 咫尺에서 뵙는 듯한 위엄을 우러러 오직 齊侯의 隕越(송구해 넘어짐)을 두려워 합니다. 어찌 감히 蕃宣의 功效를 스스로 다하지 않겠습니까. 맹세코 충효의 정성을 잊지 않겠으며 雲天을 우러러 바라보는 것도 逢예의 그지없는 행복이겠습니까 (『東文選』 卷34, 「又」, 表箋).

33) 채웅석, 「의종대 정국의 추이와 정치운영」, 『역사와 현실』 9, 1994.

34) 『金史』 卷7, 本紀7, 世宗中 大定 11년(1171) 4월, "高麗國王晛弟晧 廢其主自立 詐稱讓國 遣使以表來上".

宗의 책봉을 받는 문제였다.35) 1170년 8월에 집권한 무인들은 9월 들어
明宗을 옹립하고 10월에 工部郎中 庾應圭를 金에 파견하여 毅宗이 병으
로 讓位했다는 表를 전하고 襲位를 인정받으려 했다.36)

그러나 金은 처음부터 고려의 정변을 의심하여 신 왕의 즉위를 곧바로
인정하려 들지 않았다.37) 당시 金 皇帝는 名君으로 칭송되는 世宗(1162~
1187)으로 藩國의 諸侯王이 자신의 승인이나 묵인도 없이 자의적으로 교
체된다는 사실은 용납하기 어려웠다고 하겠다. 이는 帝國의 自尊과 체면
을 상하게 하는 행위였다. 뿐만 아니라 정변에 의한 고려 국왕의 폐립은
金國을 중심으로 하는 책봉제도에도 손상을 입히는 일이었고, 황제의 名
義로 행해진 '高麗國王'의 의미가 사라짐을 의미하였기 때문이다. 무인
집권기의 책봉은 다음과 같다.

<표 3> 明宗~康宗代 冊封

王代	西紀	官爵名	典據
明宗 2	1172.5	開府儀同三司 高麗國王	『史』『要』
神宗 2	1199.4	開府儀同三司 高麗國王	『史』『要』
熙宗 2	1206.4	(未詳)	『史』『要』
康宗 1	1212.7	開府儀同三司 上柱國 高麗國王 食邑一萬戶 食實封一千戶	『史』『要』

대체로 고려 측 기록에는 대륙 왕조가 자발적으로 冊命한 것인 듯 기
록되어 있으나, 상대편 史書에는 고려에서 책봉을 요청하는 사신이 왔다
고 서술되어 있다. 1170년 무신정변으로 즉위한 明宗은 다음해(1171) 12
월, 禮部侍郎 張翼明 등을 파견해 책봉을 요청하였다.38) 여기서 보는 '告

---

35) 朴漢男, 「북방 민족과의 관계」, 『한국사 15』, 국편, 1995, 354쪽.

36) 『高麗史』 卷19, 世家19, 明宗 卽位年(1170) 10월, "遣工部郎中庾應圭 賚表如
金前王表曰……新王表曰……".

37) 한국 역사상 조선 光海君의 즉위와 그에 대한 책봉 문제가 난항을 겪게 된 例
가 있다. 李迎春, 『朝鮮後期 王位繼承의 正統性論爭 硏究』, 精神文化硏究院
博士學位論文, 1994 ; 韓明基, 「광해군대의 대명 관계」, 『임진왜란과 한중관
계』, 역사비평사, 1999.

奏'는 책봉을 요청하는 내용으로 추정된다.

명종은 이미 즉위년(1170) 10월에 工部郎中 庾應圭를 金에 보내어 先王(仁宗)의 遺言으로 즉위하였음을 알렸는데, 金은 이를 의심하여 1171년 7월에 完顔을 詢問使로 삼아 고려에 파견하였다. 이 해 12월에 張翼明 등을 금에 보내어 告奏하였는데, 이는 책봉을 요청하는 사행으로 확인된다.39) 宋·遼·金 3史 중에서『金史』가 비교적 충실한 史書이므로 위 冊封 요청도 신빙할 수 있을 것이다.

당시 金 世宗은 고려의 사신 庾應圭가 소지한 表文과 국왕 폐립의 설명을 믿지 않았다. 따라서 무인 정권에 의한 국왕 책봉 요청에 대해 전왕의 양위를 허락할 수 없다는 조서를 유응규에게 주어 고려로 돌려보내려 했으나, 유응규가 新王의 즉위를 인정받지 못하여 왕명을 더럽혔으므로 죽음을 택하겠다며 1주일 동안 단식투쟁을 벌였다. 이에 감복한 金 世宗은 詢問使를 파견하겠다는 것으로 그를 위로하여 보냈다고 한다.

이런 과정을 거쳐 명종 2년(1172) 5월, 大府監 烏古論仲榮과 한림직학사 張享을 파견하여 책봉 의식을 거행하였다.40) 冊文에서 고려는 냇물과 같이 많은 福祚가 다하지 않았고 역사가 장구하여 자손들로서 계통을 이었다고 하였다. 그리고 정상적인 경우가 아닐 때에는 형제간에 서로 傳하는 법도 있다고 한 뒤, 兄王의 병환이 위중하게 되매 사심 없는 마음으로 왕위를 그대에게 양여코자 글을 거듭 보냄으로써 나의 동의를 구하였다고 하였다. 그러므로 형제간의 아름다운 뜻대로 조상의 뒤를 계승시키려 한다면서 禍福은 자초하는 것이니 음란하거나 교만하지 말아야 하며 항

---

38)『高麗史節要』卷12, 明宗 1년 12月, "遣侍郎張翼明 都部署黃公遇 如金告奏".

39)『金史』卷134, 外國下, 高麗, 大定 11年(1171) 12月, "晧遣其禮部侍郎 張翼明 等 請封".

40)『金史』卷7, 本紀 7, 世宗中 大定 11年(1171) 4月, "高麗國王睍弟晧 廢其主 自立詐稱讓國 遣使以表來上"; 同 大定 11年(1171) 5月, "詔遣吏部侍郎靖 使高麗問故"; 同 大定 12年(1172) 3月, "詔遣宿直將軍烏古論思列冊封王晧 爲高麗國王";『高麗史節要』卷12, 明宗 2년(1172) 5月, "金遣 大府監上輕車都尉 烏古論仲榮 翰林直學士張享 來冊王 爲開府儀同三司 高麗國王 仍賜冕服 金印 象輅 鞍馬 匹段 弓矢等物".

상 하늘의 위엄을 두려워할 줄 알아야만 나라가 길이 편안하다고 훈계하였다. 그리고 능히 할 수 없다고 이르지 말고 오로지 마음을 다하여 자신의 말을 명심하라고 하였다.[41]

이처럼 明宗에 대한 책봉은 상당한 진통을 겪은 뒤에야 성사되었다. 명종은 무인 집권자들에 의하여 옹립된 왕이었으나 책봉문에서는 그 사실을 덮어두고 있다. 그리고 金에 대한 事大에 성실할 것을 강조하였다. 이때 동봉한 詔書에서는 "그대는 원대한 경륜을 품어 백성들의 신망을 받고 있으며 王弟로서 前人의 餘功을 돈독히 하고 형제의 선양을 받아 국사를 담당하게 되었으니"[42] 예물과 축하를 받아야 할 것이라고 책봉 이유를 밝혔다. 책봉에 대하여 고려는 回冊封表, 謝冊封表를 보내 감사의 뜻을 표하였다.[43]

명종을 책봉하기 위한 사절단이 입국하였을 때 조정에서는 그들을 맞이할 준비가 미비한 상황이었다. 따라서 급히 전각을 영조하여 그에 대비하였으나,[44] 이는 당시 무인 집권 초기의 어수선한 상황을 짐작케 하는

---

41) 『高麗史』卷19, 世家19, 明宗 2년(1172) 5월 壬午, "崇德象賢 若稽于古 承家開國 以正其功 粤惟 表海之舊封 未艾如川之多祚 所從來遠 雖子孫 勿替其傳 惟不于常 有兄弟相及之道 世將于是享德 人亦宜無聞言 爰契師虞 往敷天寵 咨爾晧 遠大以爲任賢明 而自將地處 彼邦之懿 親才雄爾衆之令望緊 乃祖乃父 實維藩維垣前烈用弘嗣賢不乏 盖根深則枝茂 積厚者 流光餘慶 曷歸汝躬 是在屬友于之疾 其殆不瘳 推公耳之心 自爲克讓申以敷奏達于聽聞 是用 成斯美於天倫 代厥後于先正 今遣使命 爾爲開府儀同三司 高麗國王 永爲藩輔 於戲 社稷旣有所受德業 莫或不勤 律乃邦民謹 爾後度禍福 惟人所召 切戒于淫佚驕邪 夙夜畏天之威 庶可以安寧長久罔曰 不克惟旣 厥心往哉 惟休無替 朕命".

42) 『高麗史』卷19, 世家19, 明宗 2년, "卿令圖經遠 雅望得民 以介弟之 懿親篤前人之餘烈 恭承友讓".

43) 朴漢男, 「崔惟淸의 生涯와 詩文分析 -『東人之文四六』 등에 수록된 詩文을 중심으로」, 『國史館論叢』24, 1991, 138쪽. 이 表文의 작성자는 崔惟淸이고 검열자는 金富軾이다.

44) 許興植 編著, 『韓國金石全文』 中世 下, 933쪽, "辛卯歲 變□木 梁宮闕煨燼 會 □□大金封冊使節臨境 國朝接迎 無處所 倉黃營葺大觀殿及□慶宮 公以宮闕都監綠事 恪恭趨事 不日成之".

대목이다. 이 무렵 무인 집권에 반대하는 反武人亂인 김보당과 조위총의
난이 있었으며, 고려 당국자들은 이러한 국내적 혼란상을 金 측에 알리지
않으려고 使臣의 使行路를 변경하기도 하였다.[45]

明宗 13년(1183)에 病死한 慶大升을 이어 집권한 李義旼을 최충헌이
제거하였다. 최충헌은 이의민의 黨與를 처단하고 封事 10조를 올리는 등
개혁정치를 표방하였고 명종을 폐하고 54세의 神宗을 옹립하였다.[46] 최
충헌은 金에 사신을 파견하여 명종이 노약하여 傳位했음을 알리고 承襲
을 요청하여 몇 차례의 의심 끝에 1199년(神宗 2) 4월에 책봉하였다.

고려시기 일대를 통하여 新王은 즉위와 함께 중국에 그 사실을 알리고
冊封을 통해 그 정당성을 인정받았다. 神宗의 경우는 최충헌 등에 의하여
옹립된 상태라, 金으로부터의 승습 인정은 국왕의 정통성을 확보하는 데
중요한 관건이 되는 것이었다. 그런데 무인 정권은 金을 上國으로 섬기는
儀禮만 잘 한다면 고려 權臣에 의한 국왕 정권 교체에는 간섭하지 않는다
는 그들의 입장을 파악한 것으로 보인다. 그래서 명종·신종이 폐위되고
새로운 왕을 옹립한 뒤에도 매번 전왕이 병이 심하여 군국기무와 금에 대
한 事大儀禮를 준수할 수 없어 양위한다는 명분으로 신왕 책봉을 요구하
였던 것이다.[47] 책봉문에서 兄王의 병이 날로 더하므로 아들에게 줄 왕위
를 경에게 주려고 글[露章]을 보내왔다면서 그 성의가 가상하여 그 말을
믿고 儀式을 차려[管] 그대에게 왕위를 계승시키고자 한다고 하였다.[48]

---

45) 許興植, 「林惟正의 『百家衣集』」, 『季刊 書誌學報』 12, 1994, 19쪽.

46) 최충헌이 명종을 폐한 뒤 金國을 의식하여 평량공 旼을 영입하였다. 금에 이름
이 알려져 있는 王弟를 즉위케 함으로써 金의 의심에서 벗어나고자 하였던 것
이다. 朴晋材가 '縝과 旼 모두 왕의 자격이 있으나, 金國에서 縝의 존재를 모르
고 있으므로 그를 옹립하면 금에서 왕위를 찬탈하였다고 할 것이니 旼을 즉위
케 하는 것이 좋을 듯 하다고(『高麗史節要』 卷13, 明宗 27년 9월 ; 『高麗史』
卷129, 列傳42, 崔忠獻傳) 주장하여 旼의 즉위가 실현되니 곧 神宗이었다. 즉
위시 54세였던 神宗은 인종의 5子로 毅宗, 明宗과는 同母弟였다.

47) 朴漢男, 「북방 민족과의 관계」, 『한국사 15』, 국편, 1995, 357쪽.

48) 『高麗史』 卷21, 神宗 2년(1199) 5월 辛丑, "昨土尙規 所以就傳於國政 象賢立
德 亦惟安享於世封 粵箕子之故區 寔卜韓之舊壤 根本固而所庇者久 枝葉茂
而其承者藩 享玆世及之休 卒自慶流之求載 敷新渥庸煥異恩 咨爾暉稟性 安

이렇게 해서 신종에 대한 책봉이 결정되었다.

이때 完顔愈 등이 고려 조정에 도착하여 殿에 올라 책봉 의식을 거행하였다.[49] 金은 大理卿 完顔愈와 兵部侍郎 趙琢 등을 封冊使로 파견하였는데 그들과 함께 온 人馬로서 上節이 18명이고, 散上節이 14명, 中節이 27명, 下節이 100명, 수레 21량, 말 14필, 綱擔夫가 100명이었다. 사절단의 방대한 규모를 보여주는데, 이는 책봉의 중요성을 시사한다.[50]

崔忠獻에 의하여 옹립된 神宗은 재위 7년 향년 61세로 생을 마감하는데, 마지막까지 최충헌의 은혜를 잊지 못해 예의 '木偶人'으로서의 역할에 시종 충실하였다. 최충헌이 神宗의 嫡長子를 추대하였다. 당시 24세의 청년이었던 熙宗은 즉위 직후 金의 起復 詔書가 도착하여 왕의 업무를 독려하였다.[51] 그뒤 재위 2년(1206. 4)에 金의 책봉을 받았다.[52]

그런데 金使를 영접하게 되어 있는 宣慶殿과 大觀殿에 있는 의자와 병풍이 너무 오래되어 먼지가 앉고 더러워져 있었다. 왕이 최충헌의 아들인 장군 瑀에게 명령하여 宣慶殿 병풍에는 洪範을 써 붙이고 大觀殿에는 無逸篇을 붙인 다음 金使를 영접하게 하였다.[53] 왕이 책명을 받기 위하여

和持心恊睦賢明　素出於天性　名譽寢稱於國人　屬其兄病　且日加捨其子位　將汝畀露章來上　誠意可嘉肆　朕聽之　具孚管邦儀而往代　今遣大將軍大理卿完顔愈　持節冊命爾　爲開府儀同三司　永爲藩輔　於戲　俎豆遺俗尙循舊者　有年昆弟傳家復　聯芳而累葉　宜克念於綿遠　以無忘於寵綏　往敬乃心其服朕命".

49) 책봉의식 등 詔書를 맞이하는 儀禮는『高麗史』卷65, 志19, 禮7,「迎北朝詔使儀」·「迎北朝起復告勅使儀」참조.

50)『高麗史』卷21, 神宗 2년(1199) 4월 乙酉, "金遣封冊使 大理卿完顔愈 尙書兵部侍郎趙琢等來 上節十八人 散上節十四人 中絶二十七人 下節一百人 車二十一兩 馬一十四匹 綱擔夫 一百人" ; 許興植 編著,「柳光植 墓地銘」,『韓國金石全文』中世下, 987~989쪽, "戊午夏累遷工部員外郎 歷左□□□□□ 金國□冊使 百餘人至國 家以重地□之命".

51)『高麗史』卷21, 世家21, 熙宗 즉위년 6월 己亥 ;『金史』卷12, 本紀12, 章宗4, 太和 4년 4월. 이때의 起復 詔書는 張東翼,『元代麗史資料集成』, 서울대출판부, 1997, 345~346쪽에 揭載되어 있다.

52)『高麗史』卷21, 世家21, 熙宗 2년(1206) 4월 甲子, "金遣大理卿利刺光祖 少府監馬黯 來冊王".

53)『高麗史』卷21, 世家21, 熙宗 2년(1206) 4월 甲子.

좌승선 鄭叔瞻을 금 사신에게 보내 예식 거행 장소에 대하여 상의케 하였더니, 금 사신이 宣慶殿에서 책명을 받고 대관전에서 연회를 차리고 昇平門 밖에서 詔書를 접수하는 게 좋겠다고 하였다.

이에 대하여 왕이 崔忠獻에게 묻자 최충헌은 "전 임금 때는 宣慶殿이 화재를 겪었기 때문에 大觀殿에서 책명을 받고 昇平門 밖에서 조서를 접수한 것인데, 지금은 正殿이 이미 완성되었으니 어찌 잠시 정하였던 제도에 구애되어 함부로 옛 규정을 위반하겠습니까?"라고 하였다. 왕이 그의 말을 따랐다고 한다.54)

한편 최충헌에 의하여 옹립된 熙宗은 항상 그에게 恩門相國이라 칭하고 晉康公으로 책봉하고 興寧府를 세우는 등 자신을 추대한 데 대한 보답을 하였다. 당시 최충헌의 門客이 3천이었다는 사실에서도 보듯이 그의 권세는 극에 달하여, 왕과 일단의 추종자들이 최충헌 제거를 시도하였다. 최충헌이 입궐한 때를 노린 시해 기도는 결국 미수로 끝났으나, 이 사건은 최충헌으로 하여금 '머리털이 곤두설 만큼(毛髮盡堅)' 치를 떨게 만들었다.55) 嫡長子로서 적법하게 즉위하여 최충헌 일파의 독단을 참을 수 없어56) 제거를 시도하였던 희종은 이 사건으로 31세의 나이로 폐위되었고57) 60세의 康宗이 국왕에 추대되었다.

金은 말기에 자국에 반항의 기세를 보이지 않는 고려를 통해 황실의 권위를 유지하기 위해, 최씨 무인 집권자가 세운 康宗에게 이례적인 爵位와 禮物을 하사하였다. 예컨대 康宗에 대한 책봉 예물 중에는 19척이나 되는 象輅가 있었다.58) 仁宗도 金에서 象輅를 받았는데 이것을 타고 太廟

---

54) 『高麗史』 卷21, 世家21, 熙宗 2년 4월 癸酉.
55) 『高麗史』 卷129, 列傳42, 崔忠獻傳.
56) 朴東百, 『高麗 王位繼承 硏究』, 東亞大 博士學位論文, 1989, 94쪽.
57) 熙宗은 폐위된 뒤 26년간을 더 생존하여 57세에 사거했다. 이는 아마도 무인 집권자들에게 그의 존재가 반역이나 反武人 세력의 결집을 기도할 만큼 위협으로 생각되지 않았다고 하겠다.
58) 皇帝의 鹵簿행렬에 동원되는 수레는 玉輅, 金輅, 木輅, 象輅, 革輅 등이 있다. 『文淵閣四庫全書』 656冊/『皇朝禮器圖式』 卷11, 鹵簿2, 皇帝鹵簿, 「皇帝大駕鹵簿象輅」(130쪽).

에 참배하러 갔으며 圓丘에 가서 제사를 지내기도 하는 등 실제로 儀典에
사용하였다.59) 康宗이 받은 象輅는 높이가 19척이나 되어 궁중 안으로 들
여오는 일이 쉽지 않았다. 상로가 들어올 廣化門의 높이가 15척에 불과하
였기 때문이다. 이에 상로의 높이를 적당히 낮추어서 廣化門으로 들이겠
다고 하자, 金 사신은 象輅 체제는 다 일정한 방식이 있으니 높이를 낮추
어서는 안 된다고 하였다. 결국 廣化門의 문턱 밑을 파고 상로 꼭대기의
三輪을 떼어서 끌어들였다.60) 開京의 廣化門은 城外 각 官署와 통하는 문
으로 중요한 위치에 있었다.61) 이때 전달된 象輅는 異姓의 관리에게 주는
것이었다.62)

  康宗은 원래 최충헌 집권 초기에 쫓겨난 明宗의 太子였으니, 말하자면
자신이 몰아낸 사람이 그를 왕으로 옹립한 셈이다. 老人 國王 강종은 무
인 집권기 동안에 행해진 金의 마지막 책봉을 받았다.63) 이번 책봉에 대
해서는 금의 힐문이나 詢問使의 파견이 없었던 것은 蒙古 勃興이라는 동
아시아 정세의 변동과 최씨 정권의 권력기구 강화가 그 원인으로 생각된
다.64)

---

59) 『高麗史』 卷72, 志26, 「輿服」, "仁宗 二十五年 五月 金主賜象輅 十月 遣事于
    大廟乘之".
60) 『高麗史』 卷21, 世家21, 康宗 1年(1212) 7월 壬申, "所賜象輅 高十九尺 廣化
    門 高纔十五尺 請裁損入門 金使答曰 象輅之制 皆有定式 不可增損 乃掘閾下
    地去頂三輪挽入".
61) 朴龍雲, 『고려시대 開京 연구』, 一志社, 1996.
62) 象輅는 象牙로 裝飾한 帝王이 타는 수레의 이름이다. 『周禮』 春官 巾車 "象輅
    朱樊纓 七就建大赤以朝異姓以封"의 주에, 「象路 以象飾諸末 象路無鉤 以朱
    飾勒而已」. 五輅는 『周禮』에 "왕은 五輅이다"하였는데, 그 중 王輅는 제사에
    쓰이므로 주지 않았으니 가장 귀하며, 金輅는 동성의 종족에게 주었고 象輅는
    異姓의 관리에게 주는 것이며, 革輅는 지방 관리에게 주었다. 그리고 木輅는
    변방 국가에 주는 것으로 가장 위상이 낮다(『龍飛御天歌』 제32장, 註解).
63) 『高麗史節要』 卷14, 康宗 1년(1212) 7월, "金遣大理卿王顔惟基 來冊王 爲開
    府儀同三司 上柱國 高麗國王 賜車服 金印 匹段 鞍馬 弓矢等物 金使 欲入自
    儀鳳正門 王命知奏事琴儀 往諭曰 天子之巡狩方嶽 自古有之 若大國 柱躍小
    國 當入自何門耶 惟基答曰 天子出入 括中門而何 儀曰 然則人臣由正門 可乎
    惟基 大服其言 乃入自西門".

<그림 2> 皇帝鹵簿象輅[65]

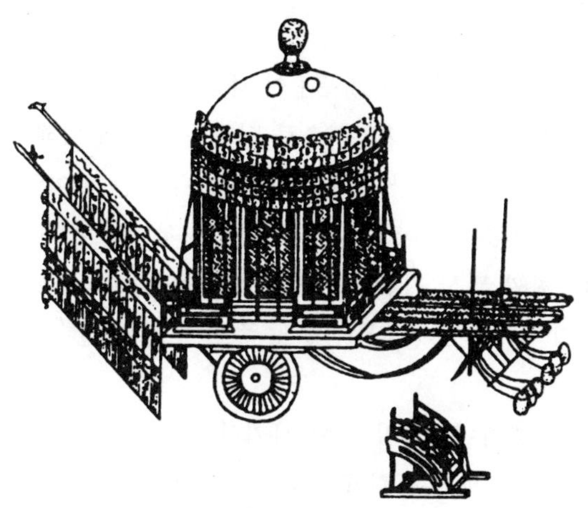

이때의 詔書에서는 근자에 前王이 양위하면서 경이 현명하다고 하면서
왕위를 잇도록 승인해줄 것을 청하였기에 사신을 파견한다고 하였다.[66]
그리고 冊封文에서는 高麗가 제후의 법도에 근실하여 왕위를 주고받음에
서로 사양하는 미풍을 가지고 있다고 칭송하고, 보내온 글을 받고 특별히
허락한다고 하였다. 그리고 고려를 總攬하여 강종의 권한에 맡기며, 작위
를 표시하는 수레와 의복을 주어 그 영광을 빛나게 하니 충실한 마음으로
이 뜻을 체득하여 업무에 근면하여 금 황제의 말을 명심하라고 당부하였
다.[67]

---

64) 趙啓纘,「高麗 武臣執權期의 對金關係考」,『大學院論文集』8, 東亞大學校大
    學院, 1984, 34쪽.

65)『文淵閣四庫全書』656冊/『皇朝禮器圖式』卷11, 鹵簿2, 皇帝鹵簿,「皇帝大駕
    鹵簿象輅」, 130쪽.

66)『高麗史』卷21, 世家21, 康宗 1년(1212) 7월 壬申, "邇者 前王乃以國讓謂卿賢
    淑祈授世封 肆臨遣於使輶俾就 加於錫命 益思忠恪茂對寵光 今差使明虎大將
    軍 大理卿 完顔惟基 副使翰林直學士 大中大夫 張翰 往彼冊命 乃賜卿 車服
    金印 匹段 弓箭 鞍馬等物 具如別錄".

이번의 책봉은 즉위 후 즉시 책봉이 시행된 사실이 특징이다. 이는 고려가 금나라에 대해 事大의 형식을 갖추어 상국으로서 예우해 주면 내정에는 간섭할 의사가 없었다는 사실을 증시한다.68) 여기서 康宗代 食邑 사여는 金의 永濟(1209~1213) 衛紹王이 내외로 위기에 처해 있었던 상황에서 찾아야 할 것이다.69) 내외적으로 어려운 상황에 처해 있던 금나라의 입장에서 보면 고려의 국왕 책봉 요청은 고무적인 일이었다. 이에 金은 자국에 반항의 기세를 보이지 않는 고려를 통해서라도 황실의 권위를 유지하기 위해, 최씨 무신 집권자가 세운 康宗을 고려국왕으로 책봉하면서 유일하게 이례적인 官爵인 ‘上柱國’을 주고70) 많은 禮物을 하사하였다고 믿어진다.71)

강종이 즉위 후 1년 8개월 만에 사거하고 그 아들 高宗이 즉위하였다 (1212). 이 무렵 금에서는 황제(衛紹王)가 살해되고 宣宗이 즉위했으나 몽고의 침입에 시달리고 있었다. 최충헌 집권기의 말기였던 고려는 대륙의 사정과 관련하여 고종의 冊封을 요청하지 않았다. 금 내부의 혼란과

---

67) 『高麗史』卷21, 世家21, 康宗 1年(1212) 7월 壬申, “朕操馭貴之資 職代天之命 凡預疏榮之例 必崇過厚之恩 矧惟東藩 謹乃侯度 頃屬授承之際 克敦揖讓之風 載開控章 特從開許 權高麗國王事王示吳 性資愷悌 學問淵源 內推樂善之誠 外蔚好賢之望 稽之理命則有愜假以政權則克勝 使付囑者 得稱知人 傳授者 果爲有託 顧玆一擧 豈匪兩全 是用 正爾眞封 豊斯新渥 於戱 摠山五部界之茅社加車服九命 煥其旗章 向肩忠盡之心 益體寵綏之意 勉修爾職 祗服 朕言可特授開府儀同三司 上柱國 高麗國王 食邑一萬戶 食實封一千戶 仍令有擇日 備禮冊命”.

68) 朴漢男, 「북방 민족과의 관계」, 『한국사 15』, 국편, 1995, 357쪽.

69) 내외의 위기는 오늘의 만주지역에서 大安 3년(1211)에 거란인 耶律留哥가 배반하여 몽고에 귀부하였고, 북중국의 산동에서 강소에 걸쳐서 반역이 일어난 사실을 들 수 있다. 하남 지역에서도 40만의 여진인이 이주하여 식량문제가 발생하였고 불환 지폐인 交鈔의 가치가 하락하여 물가가 올랐으므로 위기 상황에 직면해 있었다(日本東亞研究所 編, 서병국 역, 『이민족의 중국통치사』, 대륙연구소출판부, 132쪽).

72) 官爵은 武臣執權期 이후 金代의 高麗國王 冊封에서 보이지 않는 ‘上柱國’이 康宗의 책봉 내역에 포함됨을 의미한다.

71) 朴漢南, 「使臣往來를 통해 본 對金外交政策」, 『高麗의 對金外交政策研究』, 成均館大 博士學位論文, 1993, 148쪽.

몽고의 발흥으로 책봉을 요청하지 않았다고 하겠다.

46년간 재위한 高宗은 최이가 집권한 1231년(高宗 18)부터 40년간 몽고와 대치하였으므로 金國에 의한 책봉은 없었다. 그들의 책봉을 받을 여유도 없었을 뿐더러, 동아시아 패자가 蒙古로 일변한 상황에서 책봉의 필요성은 소멸되었다고 하겠다. 金 말기에 고려는 그들로부터 책봉을 받으려 적극 노력하지도 않았고 그들과의 연락통로도 막혀 있는 실정이었다.[72] 고종의 책봉은 元干涉期의 忠宣王 때에 追贈되었다.[73]

---

72) 李奎報,「上大金皇帝表」,『東國李相國集』卷28, "朝天路阻 戀闕情深";『高麗史』卷23, 世家23, 高宗 20년(1233) 3월, "司諫崔璘 封表如金 路梗未至而還".

73) 追贈은 死去한 君王에 대한 책봉으로 대체로 生前의 관작에 進號 또는 加號하였다(金鍾完,「冊封關係」,『中國南北朝史硏究 - 朝貢·交聘關係를 중심으로』, 一潮閣, 1995, 138쪽). 고구려의 예로 北魏는 長壽王이 죽은 뒤(491) '車騎大將軍 太傅 遼東郡開國公 高句麗王'으로 추증하였다. 이는 북위가 外國王에게 준 최초의 추증이기도 하였다(朴漢濟,「胡漢體制의 確立과 그 構造」,『中國中世胡漢體制硏究』, 一潮閣, 1988, 215쪽). 후일의 일이지만 洪福源이 死後에 瀋陽侯로 책봉된 일도 있었다(『元史』卷154, 列傳41, 洪福源傳). 훗날 충선왕이 원에서 武宗을 擁立하는 데 공을 세우고 자신의 세력을 과시할 수 있었을 때 황실에 주청하여 고종과 원종 그리고 충렬왕의 追贈을 받을 수 있었다. 바로 忠憲, 忠敬, 忠烈 등의 시호였다.
『高麗史』卷33, 世家33, 忠宣王 2年, "敦信明義保節貞亮濟美翊順功臣 太師 開府儀同三司 尙書右丞相 上柱國 高麗國王 諡忠憲"·"端誠奉化保慶亮節康濟佐理功臣 太師 開府儀同三司 尙書右丞相 上柱國 高麗國王 諡忠敬"·"純誠守正推忠宣力定遠保節寅亮弘化奉慶功臣 太師 開府儀同三司 尙書右丞相 上柱國 高麗國王 諡忠烈"
李齊賢,「忠憲王世家」,『益齋亂藁』卷9上/『高麗名賢集』2, 成大 大東文化硏究院;張東翼 編,『元代麗史資料集成』, 서울대출판부, 1997, 68~77쪽의 다음 글(張伯淳,「封降高麗國王公主制」;姚燧,「高麗國王 封曾祖父母 父母制」;王構,「高麗國王 封曾祖父母 父母制」) 참조.

3. 賜與된 官爵의 검토

金代의 고려국왕 책봉은 加冊이 없었다. 따라서 宋·遼 시대의 책봉에서 보이는 加冊·進封을 대비하여 검토할 수 없다.

1) 文散階

唐에서는 문·무 양반의 官階로 문산계와 무산계가 분립되어 있었던데 비해 고려에서는 문산계만이 官階로 기능하였다. 고려는 형식상 문·무산계를 병용하면서도, 문무 양반은 모두 문산계를 받고 무산계는 향리나 여진의 추장 등 양반과는 구별되는 인원에게 주어졌다.

金代 文官階는 모두 42階로 구성되어 있는데, 從5品 이상은 上中下 3단계로 구분되었으며 正6品 이하는 上下의 2단계로 이루어져 있다.[74] 여기서 고려 국왕에게는 從1品上의 開府儀同三司가 주어졌다. 金代의 정1품직은 三師, 三公[75]과 尙書令뿐이고, 武散官은 정3품이 최고였으며 그 이

---

74) 金代 文官의 品位는 다음과 같다.

品位	官名	品位	官名	品位	官名
從1品上	開府儀同三司	正4品上	正議大夫	從6品上	奉直大夫
中	儀同三司	中	通議大夫	下	奉訓大夫
中次	特進	下	嘉議大夫	正7品上	承德郎
下	崇進	從4品上	大中大夫	下	承直郎
正2品上	金紫光祿大夫	中	中大夫	從7品上	承務郎
下	銀青榮祿大夫	下	少中大夫	下	儒林郎
從2品上	光祿大夫	正5品上	中議大夫	正8品上	文林郎
下	榮祿大夫	中	中憲大夫	下	承仕郎
正3品上	資德大夫	下	中順大夫	從8品上	徵事郎
中	資政大夫	從5品上	朝請大夫	下	從事郎
下	資善大夫	中	朝散大夫	正9品上	登仕郎
從3品上	正奉大夫	下	朝列大夫	下	將仕郎
中	通奉大夫	正6品上	奉政大夫	從9品上	登仕佐郎
下	中奉大夫	下	奉議大夫	下	將仕佐郎

＊典據:『金史』卷55, 志36, 百官1, 文官九品.

상의 승급은 文資를 띠는바,[76] 고려 왕에게는 三師나 三公 및 尙書令을
제수하지 않았다. 이는 遼代나 宋代 그리고 元代에 주어진 관직에 비하면
좀 낮은 지위에 속하는 것이며 단순한 것이었다. 고려 국왕은 王爵을 받
았으나, 金代 封爵 규정에는 王爵이 보이지 않는다.[77] 國公과 郡王이 正
從1품이었으며 王은 그 윗단계의 親王이나 分封王의 성격을 갖는다고 하
겠다.

　고려 왕이 받은 勳位는 주로 上柱國이었다. 다만 仁宗이 柱國(從2品)을
받은 후 즉시 上柱國으로 昇階시킨 사실이 돋보인다. 그 밖에 毅宗과 康
宗이 正2品의 上柱國을 받았다.[78] 고려 국왕은 金나라 최상위의 관품과
훈위를 받았던 것이다.

2) 食邑

金에서 고려 국왕에게 식읍을 사여한 기록[79]은 두 번 나온다. 金代 식

---

75) 『金史』卷55, 志36, 百官1, "三師 太師 太傅 太保 各一員 皆正一品 師範一人
　　義刑四海"·"三公 太尉 司徒 司空 各一員 皆正一品 論道經邦 燮理陰陽".
76) 『金史』卷55, 志36, 百官1, 武散官, "凡仕至從二品以上 至從一品者 改容文資".
77) 金의 爵名과 品位는 다음과 같다.

爵名	品位	爵名	品位
郡王·國公	正從1品	郡伯	正從4品
郡公	正從2品	縣子	正5品
郡侯	正從3品	縣男	從5品

　　＊典據：『金史』卷55, 志36, 百官1, 封爵.
78) 金의 勳級은 다음과 같다.

勳名	品位	勳名	品位
上柱國	正2品	上騎都尉	正5品
柱國	從2品	騎都尉	從5品
上護軍	正3品	驍騎尉	正6品
護軍	從3品	飛騎尉	從6品
上輕車都尉	正4品	雲騎尉	正7品
輕車都尉	從4品	武騎尉	從7品

　　＊典據：『金史』卷55, 志36, 百官1, 凡勳級.
79) 金代에 高麗國王에게 주어진 食邑은 다음과 같다.

읍 사여의 규정80)에 따르면 王에게는 食邑 10,000戶와 食實封 1,000戶를 지급하도록 되어 있어 대략 그 비율이 10 : 1이다. 고려 국왕에 대한 식읍과 식실봉도 이 규정에 의거하여 주어졌다. 기록상으로는 毅宗과 康宗에게만 식읍이 지급되었으나, 다른 고려 국왕의 경우는 관작을 史書에 수록하는 과정에서 삭제되거나 누락되었다고 짐작된다.

식읍의 사여는 공신호와 관계가 있다. 毅宗 2년(1148) 5월 1만 호의 식읍 사여는 『東文選』에서 그 기록이 확인되고, 康宗 1년(1212) 7월 1만 호의 사여는 『高麗史』에 보인다. 이 康宗代 食邑 사여는 앞서 金代의 고려 국왕 책봉에서는 볼 수 없었다. 이때 金의 永濟(1209~1213) 衛紹王은 대내외적으로 위기에 처해 있었다. 이러한 정국에 고려 국왕의 책봉 요청이 있었기에 康宗에세응 이례적인 爵位와 禮物을 하사하였다고 파악된다. 곤경에 처해 있던 金朝에게 고려의 국왕 책봉 요청은 감격스러운 일이었을 것이며,81) 이것이 고려에 대한 厚待로 나타난 것이다. 후의 일이지만 北元도 고려를 親北元 세력으로 묶어 두려는 의도에서 자진해서 책봉하는 사례가 두드러진다.

고려 국왕에 대한 책봉은 관작의 사여와 더불어 일정한 禮物이 주어졌다. 金代의 고려국왕 책봉에 따른 예물 내용은 다음과 같다.

王代	食邑	食實封	典 據
毅宗 2	10,000戶	1,000戶	『東文選』卷34, 崔惟淸「表箋」
康宗 1	10,000戶	1,000戶	『高麗史』康宗 元年 6月

80) 金의 食邑賜與에 관한 規定은 다음과 같다.

爵名	食邑	食實封	爵名	食邑	食實封
王	10,000戶	1,000戶	郡侯	1,000戶	100戶
郡王	5,000戶	500戶	郡伯	700戶	×
國公	3,000戶	300戶	縣子	500戶	×
郡公	2,000戶	200戶	縣男	300戶	×

* 典據 : 『金史』卷55, 志36, 百官1, 凡食邑.

81) 이 점은 원이 北元으로 밀려나 있을 때 고려의 사신이 元服을 입고 조빙하자 크게 감격하고 있는 점과도 상통한다.

<표 4> 金代 高麗國王 冊封 禮物

王代	禮物名
仁宗20(1142)	九旒冠 1頂, 九章服 1벌, 玉珪 1개, 金印 1개, 玉冊 1부, 象輅 1채, 말 4필. 별도로 의복, 피륙, 기명 등 약간, 안장 고삐를 갖춘 말(鞍轡馬) 3필, 散馬 4필
毅宗 2(1148)	未詳
明宗 2(1172)	九旒冠 1頂, 九章服 1벌, 玉珪 1개, 玉冊 1부, 金印 1개, 馳紐象輅 1채, 말 4필, 특별히 보낸 의복 5벌, 세의착(細衣著) 2백필, 細弓 1개, 수리[鷲] 깃으로 만든 큰 화살 28개, 안장 고삐를 갖춘 말[鞍轡馬] 2필, 散馬 7필
神宗 2(1199)	수레, 의복, 金印, 匹段, 弓, 箭, 鞍馬
熙宗 2(1206)	未詳
康宗 1(1212)	수레, 의복, 金印, 匹段, 弓, 箭, 鞍馬

고려 국왕에 대한 冊封 禮物은 수레인 象輅, 天子가 諸侯에게 信標로 주는 玉珪, 諸侯王의 권위를 상징하는 九章服 그리고 각종 儀式 행사에 사용할 수 있는 鞍馬 등이었다. 玉珪의 珪는 瑞玉이라고도 하며 天地를 본받아 上圓下方의 형태를 갖고 있다. 天子가 諸侯를 책봉할 때 信標로 주었던 玉으로 만든 笏(圭, 手版)이 그것이다.

국왕 책봉에 따른 金代의 예물은 대개 비슷하였다. 이때 보내준 예물은 九旒冠 하나, 九章服 한 벌, 玉珪 한 개, 玉冊 한 부, 金印 한 개, 馳紐 象輅 한 채, 말 4필과 특별히 보낸 의복 5벌, 細衣著 2백필, 細弓 하나, 수리(鷲) 의 깃으로 만든 큰 화살 28개, 안장과 굴레를 갖춘 말 2필, 散馬 7필 등 이었다. 황제로부터 받는 예물 가운데 왕을 상징하는 중요한 禮服이 九章服이다.

황제는 원래 12章服을 입고 제후는 황제로부터 하사 받아 九章服을 입는다. 구장복은 皇帝의 袞龍袍에 놓은 12가지 繡에서 3가지를 제외한 것이다. 12가지 수에는 ① 日 ② 月 ③ 星 ④ 山 ⑤ 龍 ⑥ 華蟲[꿩] ⑦ 宗彝 [호랑이와 원숭이] ⑧ 藻[수초] ⑨ 火 ⑩ 粉米[쌀] ⑪ 黼[도끼무늬] ⑫ 黻 [弓이 서로 등을 대고 있는 형태의 무늬]이 있는데, 구장복은 이 중에서 ①, ②, ③을 제외한다. 그리고 구장복의 上衣에는 山, 龍, 華蟲, 宗彝, 火의 무늬가, 下衣에는 藻, 粉米, 黼, 黻의 무늬가 새겨져 있다.

<그림 3> 九章服[82]

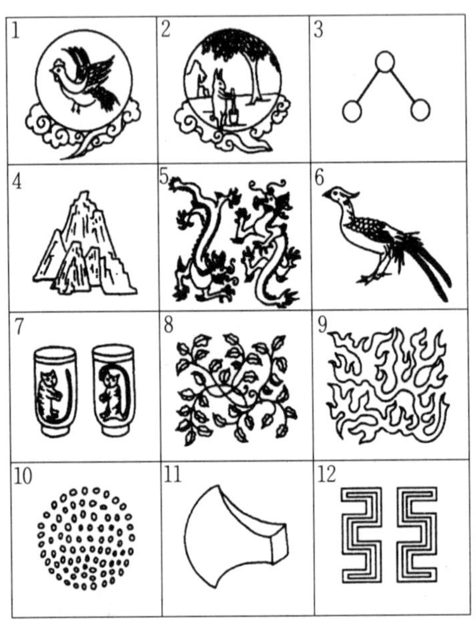

　　山은 사람들이 우러러봄을 상징하고, 龍은 자유자재로 변화하는 능력을 상징하며, 華蟲[꿩]은 화려한 무늬를 모방하였다. 宗彝에서 호랑이는 勇猛, 원숭이는 智慧를 상징한다. 하의에 들어가는 藻[수초]는 화려한 문양을 본뜬 것이며, 粉米[쌀]는 사람을 기르는 속성을 나타낸다. 黼[도끼무늬]는 물건을 잘라내는 속성을 상징하고, 黻은 백성들이 악을 버리고 선을 향한다는 사실을 나타낸다. 이상의 문양들은 王 자체를 상징하기도 하고, 왕이 갖추어야 할 德性을 뜻하기도 한다.[83]

　　한편 책봉 시에 주어지는 의식용 말로서 鞍馬가 있다. 안마는 안장이 갖춰진 말인데 궁중의 각종 행사에 동원되었을 것으로 짐작된다. 그 모습은 仗馬와 다름이 없었다. 仗馬 역시 儀式用이었기 때문이다.

<그림 4> 仗馬圖[84]

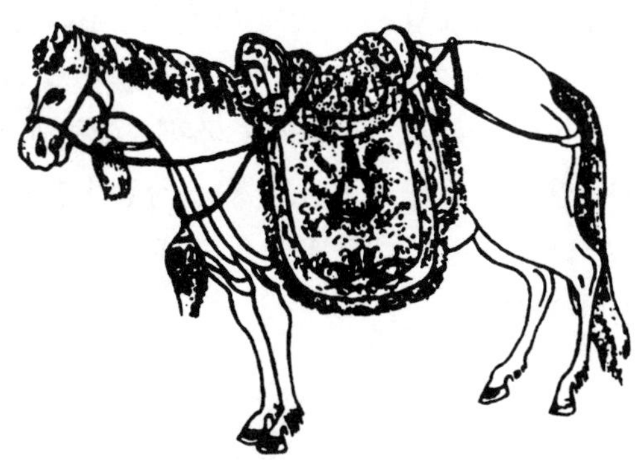

이상을 정리하면 다음과 같다. 무인 집권 초기 의종 폐위와 최충헌의 明宗과 熙宗의 폐립에 즈음하여 金國에 보낸 表文에는 고려의 실상과 정반대되는 말로 그들에게 꾸며댔다. 이에 대해 금은 詢問使와 宣問使를 파견하여 고려의 실상을 파악하고 자신들의 상국으로서의 위신을 세워 보려 했으나 고려 집정자들의 완강한 저항으로 소기의 성과를 거두지 못하였다. 이런 점이 金에 의한 冊封權 행사의 실상이었다. 금은 고려의 내부 사정이야 어떻든 자신들에게 事大만 한다면 고려 국왕의 교체에는 간섭치 않으려 하였고 고려의 주청을 대체로 추인하는 선에서 책봉을 수여하였다.

고려의 집권 세력들도 국왕 교체 시에 冊封國인 金의 반응에 크게 신경써야 했으며 이것이 국왕 폐립을 그나마 빈발하지 못하게 한 원인의 하나였다고 하겠다. 뿐만 아니라 고려 국왕이 무인 집권기에 완전히 축출되지 않고 명맥을 유지하며 儀禮的인 존재로서라도 社稷을 유지할 수 있었

---

84) 『文淵閣四庫全書』656/『皇朝禮器圖式』卷11, 鹵簿2, 皇帝鹵簿2, 「皇帝大駕鹵簿仗馬」, 139쪽. 이 그림과 같이 고려국왕 책봉시에 鞍馬(안장 갖춘 말)를 예물로 주었다. 이는 고려 왕궁의 각종 행사에 의식용으로 사용되었을 仗馬 역시 같은 의식용 말이었으므로 鞍馬와 仗馬는 같은 종류이다.

던 중요한 배경의 하나가 책봉국인 金의 인준이었다.

고려 외교의 한 특징이 實利 추구였다는 일반적 이해를 염두에 둔다면 對金 事大의 遵行도 그에 부합된다. 金에 의한 明宗의 책봉 지연만 제외하면 對金 事大 기간 중의 책봉은 비교적 순탄하였다. 고려 내부의 무인 집정자의 존재를 추인해 주고 그들에 의한 국왕 교체를 事大之禮의 준행을 보장받으면서 인준해 주는 선에서 책봉을 시행하였다.

금에서 내려준 고려 국왕에 대한 관작은 전후 다른 왕조의 그것에 비하여 다음과 같이 단순하다.

<표 5> 金代 高麗國王 冊封의 綜合

王代	冊封·加冊回數	冊封官爵의 綜合
仁宗 20	2	儀同三司 柱國 高麗國王 又加 開府儀同三司 上柱國 高麗國王
毅宗 2	1	開府儀同三司 上柱國 高麗國王 食邑一萬戶 食實封一千戶
明宗 2	1	開府儀同三司 高麗國王
神宗 2	1	開府儀同三司 高麗國王
熙宗 2	1	(未詳)
康宗 1	1	開府儀同三司 上柱國 高麗國王 食邑一萬戶 食實封一千戶

金의 고려 국왕의 책봉 내역을 보면 다음과 같은 특징이 두드러진다. 먼저 책봉 내역은 '開府儀同三司 上柱國 高麗國王'으로 동일하다. 전후시기에 보이는 加冊이 거의 없다. 五代나 이후 遼와 元의 예와 같이 책봉 내역에서 官的 변화의 모습을 찾아보기 어렵다. 仁宗을 제외하면 加冊·進封이 없으며 功臣號도 주지 않았다. 필자는『高麗史』가 책봉 기사와 책봉에 관한 한 동아시아 史書 가운데 가장 완전한 형태와 자료를 보존하고 있다고 확신한다. 그럼에도 희종에 대한 관작과 책문은 삭제된 것으로 추정된다.

冊封 使臣을 보면, 여진인과 漢人을 副官으로 파견하는 사례가 빈번하였다.[85] 冊封使 구성의 특징은 正使는 完顔氏의 女眞 王族이나 武官 등이고 副使는 漢族이거나 文翰官 출신들로 구성되었다는 점이다. 책봉 사절

단의 규모는 많게는 300명 선이었던 것으로 짐작된다. 다양한 종류의 使行 중에서 책봉 사절단의 인원이 가장 많았다고 하겠다. 반면에 책봉에 대한 謝禮 사절단의 대표에는 고려 武官이 기왕의 선례를 깨고 임명되었는데, 이는 무인 집권기의 시대상을 반영한다.

금의 고려국왕 책봉을 보면, 책봉 내역이 단순하고 冊封文의 天子적 태도나 危壓性 역시 다른 帝國의 책봉에 비하면 미약한 편이었다. 이는 지난날 上國이었던 고려에 대한 약간의 의기소침한 자세로 이해된다. 또한 金國은 고려에 국왕 외에도 무인 집정자가 있었음을 인지하였으나 이에 대해서는 의식하지 않았다.

崔忠獻의 국왕 폐립과 옹립은 책봉의 외피를 쓰고 거듭 파행을 낳았다. 무인 집권기 동안에 고려의 국왕이 그 지위를 유지할 수 있었던 배경의 하나가 이 같은 金의 '相對役으로서 국왕'의 존재였다고 하겠다. 여기에 국가제도 외의 책봉을 받은 국왕의 靈威的 권위인 呪術的·司祭的[86] 성격의 왕권도 왕조를 유지시킨 원동력의 하나가 되었다.

고려의 무신 집권자들은 국왕을 교체한 뒤 例의 金에 대한 '事大之禮의 遵行을 위하여' 교체하였다고 報告하고 있으며, 金帝는 짐짓 모른 체 이를 대체로 승인하였다. 금에 대한 稱臣事大가 遵行되는 상황에서 그들은 고려의 내정을 간섭치 않았다. 이러한 金의 태도는 고려의 무인 집권자들을 오래 존속시킨 원인의 하나가 되기도 하였다.

무인집권 시기의 고려 국왕들은 金의 책봉을 받음으로로써 국내적으로

---

85) 金代 高麗國王 冊封使는 다음과 같다.

西紀	正使		副使	
	官職	姓名	官職	姓名
仁宗20(1142)	大府監	完顔宗禮	翰林直學士	田轂
毅宗 2(1148)	大理卿	完顔宗安	禮部侍郎	蔡松年
明宗 2(1172)	太府監上輕車都尉	烏古論仲榮	翰林直學士	張享
神宗 2(1199)	大將軍 大理卿	完顔愈	兵部侍郎	趙琢
熙宗 2(1206)	大理卿	移刺光祖	小府監	馬黯
康宗 1(1212)	明虎大將軍大理卿	完顔惟基	翰林直學士大中大夫	張翰

86) 秦榮一,「高麗前期의 災異思想에 관한 一考 - 君王의 성격과 관련하여」,『高麗史의 諸問題』, 三英社, 1986.

權臣에 대한 일정한 견제력을 가질 수 있었다고 하겠으나, 金의 冊封權 행사에 대한 소극적인 대처로 인하여 국왕 廢立이 자행되었다. 이는 遼에게 책봉을 받은 목종을 고려에서 자의적으로 폐위한 사실이 침략의 名分이 되었던 현종대와 대비되는 것이다. 金國은 '事大之禮'의 충실을 도모하기 위하여 왕이 교체되었다는 고려 측의 表文을 추인하고 황제국으로서 자신들의 위상과 체면을 거스르지 않는 한 權臣에 의한 고려 국왕의 교체는 그들에게 중차대한 문제가 아니라고 여겼던 것이다.

제5장 고려와 元의 책봉관계

쿠빌라이(Khubilai＝世祖, 재위 1260～1294)의 즉위로 蒙古는 유목적 전통을 탈피하여 중국식 황제국으로 전환하면서 漢族 왕조처럼 국명을 元으로 고치고 연호를 제정하였으며, 중국식 官僚制를 채용하는 등 농경민족을 지배하는 데 적합한 체제로 탈바꿈하였다. 이러한 元의 등장은 이전의 동아시아 세력 균형이 무너지고 일원적 지배체제로 전환하는 계기가 되었는바, 기왕의 唐 - 新羅 - 渤海로 구성되었던 삼각구도와 고려시대의 그것이 붕괴되는 사태를 야기하였다.[1]

몽고는 끊임없이 정복사업에 힘을 기울임으로써 그들의 유목적 分封制를 이어가고자 하였다. 실제로 몽골의 대외 정복 사업은 자신들의 재산을 증식시키기 위한 징기스칸 일가의 공동사업으로서, 그들이 점령한 도시에서 심한 약탈을 자행하고 필요한 사람을 제외한 모든 주민을 몰살하고 성벽을 붕괴하였다. 공격은 마치 매들이 비둘기 떼를 덮치듯 하고, 수레바퀴보다 키가 큰 사람은 모두 죽였다[2]는 몽고족이 이제 世祖 즉위를 전환점으로 해서 중국화하였다. 몽고가 漢法으로 漢地를 다스리는 방책으로 전환하면서 對高麗 관계도 이에 부응하여 조절되었다.

---

1) Peter I. Yun, 「The Mongol Conguest and Destruction of Triangular interstate Relation in NE Asia」, 『Rethinking the Tribute System : Korean States and Northeast Asian Interstate Rwlation, 600-1600』, A dissertation submitted in partial satisfaction of the requirement for the degree of Philosophy in East Asian Languages and Cultures, University of California, Los Angeles, 1998, pp. 130～149.

2) 金浩東, 「蒙古帝國의 形成과 展開」, 『講座中國史 Ⅲ』, 1989, 261～263쪽.

징기스칸 이래 확립된 몽고의 分封制는 몽고 제국의 기본적인 정치, 사회적 조직 형성의 원리였다.[3] 몽고가 정복전쟁을 지속한 원인의 하나는 정복지를 分封하기 위한 것이었다. 分封은 배타적인 소유권을 전제로 하였기 때문에 이것은 地方分權化를 촉진하였다. 그리하여 몽고는 사실상 元과 4 汗國으로 분리되었다.

몽고 침략에 저항하던 고려는 쿠빌라이와 고려 태자의 만남을 통하여 그들과 새로운 관계를 정립하였다. 몽고와의 강화차 떠났던 고려 태자가 소지한 表文에는 기왕에 權臣이 兵權을 잡고 있어서 사대하지 못했음을 밝히고 이제 만대를 내려가면서 섬기겠다고 약속이 들어 있다.[4] 이때 태자가 만났던 쿠빌라이가 칸(汗)에 오르고 고려 태자도 즉위하여(元宗) 고려와 元은 새로운 관계로 접어들었다.

고려는 南宋보다 10여 년 앞서 元에 굴복함으로써 남송과 형성하였던 2대 방어전선을 무너뜨리고 동아시아 세력균형에 커다란 변화를 초래하였다.[5] 원 세조는 고려뿐 아니라 安南에도 사신 孟甲과 李俊文을 파견하여 황제의 즉위를 알림과 동시에 왕의 子弟를 입조시켜 신속을 요구하였다. 이에 安南은 1262년 陳奉公 玩深과 玩演 등을 파견하고, 원 세조는 安南의 太宗을 '安南國王'으로 책봉하였다.[6]

---

3) 징기스칸은 즉위 직후 어머니와 동생들에게 병사들을 분배하였다(金浩東, 「蒙古帝國의 形成과 展開」, 『講座中國史 Ⅲ』, 지식산업사, 1989, 281쪽. 『蒙古秘史』에는 45,000명을 분배하였다고 한 반면에, 『集史』(일 한국 재상, 파들울라 라시드 웃 딘 著)에는 28,000명의 병사를 주었다고 기록되어 있다. 징기스칸은 서역 원정 결과 얻은 광대한 영토를 분봉하였다. 장남 조치에게는 남러시아 草原을, 차남 차가타이에게는 투르키스탄을, 3남 오고타이(太宗)에게는 알타이 산맥 서쪽을, 그리고 末子 툴루이에게는 몽골 본토를 사후에 상속케 하였다. 징기스칸 사후 툴루이는 주위의 압력에 못이겨 오고타이에게 왕위를 넘겨주었는데, 이때 耶律楚材의 설득이 주효하였다.

4) 金坵, 『止浦集』 卷2, 表箋 「告奏表」 ; 『高麗史』 卷24, 世家24, 高宗 46년 4월 甲午.

5) 許興植, 「現實觀과 佛敎思想」, 『眞靜國師와 湖山錄』, 民族社, 1995, 86쪽.

6) 『元史』 卷4, 世祖本紀, 中統 2년 7월 壬午 ; 『元史』 卷209, 安南傳, 中統 2년 ; 『大越史記全書』 紹隆 4년 夏6월 ; 盧啓鉉, 「安南의 對元戰爭과 外交政策」,

원과의 관계 속에서 고려는 왕조를 존속하고 土風을 고치지 않는다는 혜택을 받았지만 국왕을 비롯한 고려의 상층 지배구조가 원에 강하게 예속되었다. 이는 고려에 대한 원의 강력한 내정간섭을 낳았고 따라서 이 시기를 '元干涉期'라 부를 수 있다. 이 시기 고려 국왕의 교체는 원 황실에 의하여 강압적으로 이루어졌으므로 그 책봉 官爵의 내용과 의미도 이전 시기와 구별된다.

1. 고려의 對蒙講和와 '冊封-朝覲體制'의 성립

고려는 원의 지배를 받았으나 왕조를 유지하고 원 황실과 통혼함으로써 고려에 대한 수탈을 어느 정도 차단하였다. 원 간섭기의 양국 관계는 世祖舊制와 重祚로 표현된다. 고려 국왕이 원에 의하여 교체되는 重祚 현상은 이전의 대외관계에서 볼 수 없는 특수한 경우로 고려 전기의 冊封-朝貢체제로 대표되는 대외관계의 변형이라 하겠다. 元에 의한 重祚는 고려 국왕에 대한 그 이전 시기의 追認에서 '任命'으로 변화하였음을 의미하고 冊封의 규제력이 現實化하였음을 뜻한다.7)

원에 의해 임명된 고려의 국왕은 원 황실에 朝覲함으로써 그들의 정치적 후견을 확인하고 고려의 제반 정치 사회적 현안을 해결해 나갔다.8) 이러한 사정은 고려 국왕이 元 황실에 자주 朝覲할 필요성을 증대시켰다. 필자는 이러한 양국 관계를 冊封-朝覲體制로 칭하고자 한다.9) 冊封-朝覲

『國際法學會論叢』, 1967 ; 盧啓鉉, 『韓國外交史論』, 大旺社, 1984, 270~294쪽.
7) 重祚 현상은 忠烈王과 忠宣王, 그리고 忠肅王과 忠惠王 사이에서 일어났다. 재위 기간은 다음과 같다. 25대 忠烈王(1274~1298/1298~1308), 26대 忠宣王(1298~1298/1308~1313), 27대 忠肅王(1313~1330), 28대 忠惠王(1330~1332/1339~1344).
8) 예컨대 忠烈王의 入元行績을 분석한 다음 글이 참조된다. 金惠苑, 「忠烈王 入元行績의 性格」, 『高麗史의 諸問題』, 三榮社, 1986.
9) 朝覲은 謁見과 같다. "천자가 병풍에 의지하여 설 때 제후가 北面하여 天子를 알현하는 것을 '覲', 天子가 宁(천자가 조회를 받는 장소)에 의지하여 서면 모

體制는 기왕의 事大처럼 정기적, 부정기적인 使節團의 왕래보다 國王이 직접 元都에 입궐하여 황제를 알현하고 고려의 제반 현안을 해결해 가는 방식을 말한다. 원 간섭기에는 그 전후시기에 빈번했던 朝貢 使節의 파견이 줄어들고, 그 대신에 국왕이 직접 元都에 행차하여 皇帝를 朝覲하는 형식으로 바뀌었던 것이다.[10] 이는 원이 책봉을 통하여 고려 국왕을 자기들의 영향력 아래 묶어 두고자 했던 정책과 연관이 있다. 원 간섭기의 상황은 고려 국왕으로 하여금 원의 책봉을 받고자 노력하게 하였다. 나아가 고려 국왕은 원 조정에 직접 朝覲함으로써 자신의 정치적 기반을 굳히고, 더불어 원의 공물 요구 등 현안을 직접 해결하기 위해 노력하였다.

고려와 원은 충렬왕과 충선왕을 거치면서 양국 관계의 안정을 되찾았다. 충선왕 2년(1310)에 왕의 요청으로 高宗과 元宗에 대한 追贈이 시행되었는데, 추증은 死去한 고종과 원종에 대한 冊封과 같았다.[11]

고종과 원종은 재위 기간 동안 대몽 항쟁과 강화의 과정을 거치면서 대외적으로 책봉-조공 관계를 정립하지 못하였다. 추증된 책봉 내역은 다음과 같다.

든 公들은 東面하고 제후는 西面하는 것을 '朝'라 한다(天子依當而立 諸侯北面而見天子曰 覲, 天子當宁而立 諸公東面 諸侯西面曰 朝)".

10) 張東翼, 「대외관계」, 『중세사강의』, 한국중세사학회 편, 1997, 227쪽, "고려의 왕위 계승, 왕후 책봉과 같은 冊名下賜에 따른 제반 의식이 크게 생략되어 대부분 規式대로 이루어지지 않았고, 고려의 각종 사신에 대한 答使 파견 및 조공에 대한 回賜도 정례화되지 않았다." 『拙稿千百』 卷2, 「送鄭仲孚書狀官序」의 관련 원문은 다음과 같다. "自臣附皇元以來 以舅甥之好 視同一家 事敦情實 禮省節文 苟有奏稟 一分乘傳 直達帝所世無虛月 故使不復擇人 恩至渥也".

11) 追贈은 대체로 생전의 관작에 進號 또는 加號하였다(金鍾完, 「冊封關係」, 『中國南北朝史硏究 - 朝貢‧交聘關係를 중심으로』, 一潮閣, 1995, 138쪽). 고구려의 예로 北魏는 長壽王이 죽은 뒤(491) '車騎大將軍 太傅 遼東郡開國公 高句麗王'으로 추증하였다. 이는 북위가 外國王에게 준 최초의 추증이기도 하였다(朴漢濟, 「胡漢體制의 確立과 그 構造」, 『中國中世胡漢體制硏究』, 一潮閣, 1988, 215쪽). 후일의 일이지만 洪福源이 死後에 瀋陽侯로 책봉되었다(『元史』 卷154, 列傳41, 洪福源傳).

<표 1> 元의 高宗·元宗 追贈

王代	西紀	追贈된 冊封 官爵名
高宗(忠憲王)	1310.6(忠宣王 2)	贈敦信明義保節貞亮濟美翊順功臣 太師 開府儀同三司 尚書右丞相 上柱國 高麗國王 諡忠憲
元宗(忠敬王)	1310.6(忠宣王 2)	贈端誠奉化保慶亮節康濟佐理功臣 太師 開府儀同三司 尚書右丞相 上柱國 高麗國王 諡忠敬

高宗(忠憲王)은 敦信明義保節貞亮濟美翊順功臣 太師 開府儀同三司 尚書右丞相 上柱國 高麗國王 諡忠憲으로 추증되었다. 고종은 46년간의 재위 기간을 통하여 줄곧 외세의 침입에 시달렸다. 고종대 전반에는 蒙古, 東晉과 金 등의 침입이 있었고, 후반에는 몽고의 본격적인 침략에 의하여 고초를 겪었다. 이러한 사정으로 고종은 책봉을 받지 못했다. 고종은 재위 45년(1258)에 최씨 정권이 붕괴되자 그 다음 해(1259)에 사거하였다. 元宗이 뒤를 이어 즉위하였다. 원종은 쿠빌라이로부터 공식적으로 책봉은 받은 바 없으나, 뒤에 보는 대로 고려국왕에 추인되었고, 충선왕 때 다시 追贈된 것이다.

한편 1304년 汗의 정통성을 둘러싸고 40년 동안 지속되었던 원의 東西양 세력 간의 갈등이 비로소 아물고 화의가 성립되었다.[12] 훗날 충선왕은 원에서 武宗을 擁立하는 데 공을 세우고 자신의 세력을 과시할 수 있게 되었다. 그래서, 황실에 주청하여 고종과 원종 그리고 충렬왕의 追贈을 받을 수 있었다.[13]

원 간섭기에는 고려 제반 제도의 개편[14]과 더불어 封爵制가 封君制로 변화하는 등 변화의 폭이 컸는바, [15] 諡號마저 원으로부터 하사받았다. 忠憲王(高宗), 忠敬王(元宗), 그리고 忠烈王 등이 그 예이고 이후의 諸王

---

12) 李玠奭,「元朝 中期 支配體制의 再編과 그 構造 - 지배 세력의 재편을 중심으로」,『慶北史學』20, 1997, 4쪽.

13)『高麗史』卷33, 世家33, 忠宣王 2년, "純誠守正推忠宣力定遠保節寅亮弘化奉慶功臣 太師 開府儀同三司 尚書右丞相 上柱國 高麗國王 諡忠烈".

14) 李益柱,「충선왕 즉위년(1298) '개혁 정치'의 성격 - 官制 개편을 중심으로」,『역사와 현실』7, 1992.

15) 金基德,『高麗封爵制研究』, 청년사, 1998.

역시 그러하였다. 원은 고려왕의 시호에 '忠'字를 즐겨 사용하였는데,[16) 이는 元에 대한 충성을 강조하려는 의도로 보인다. 高宗을 추증하면서는 다음과 같은 원 武宗의 制文이 전달되었다.

옛적 太祖 황제가 漠北에서 일어나 東으로 征討하고 깃발을 휘날리며 畿田을 男服에 나누어 덕을 밝히고 위엄을 보이니, 향하는 곳마다 臣妾이 되었으나 오직 三韓만이 항복치 않았다. 천자의 군대[天戈]가 한 차례 이르자 故 高麗國王 王皞이 기회와 시운을 깊이 살피어 항복하였다. …… 그때 얼음이 얼어붙고 눈이 몹시 차가워서 군사들의 饋餉이 어려웠는데 王皞이 풍요하게 대접하고 군중의 여러 물품을 공급하여 군사들로 하여금 편히 자고 배부르게 먹도록 하였다. 그리고 군사를 일으킴에 여러 器仗을 도와 모든 것이 충족되도록 하였으며 군사를 더 징발하여 남은 도적을 섬멸케 하였으니 국가의 기초를 만들고 왕실에 공훈을 세우고 백성을 安保하고 나라를 일으킨 공로가 누구와도 비길 수 없다. …… 그러므로 敦信明義保節貞亮濟美翊順功臣 太師 開府儀同三司 尙書右丞相 上柱國 高麗國王 諡忠憲을 추증한다.[17)

이 忠憲王 世家는 李齊賢의 작품으로 원 나라에서 고려 사신에게 王朝史를 물을 때 답변하기 위한 자료였다.[18) 이 글에서 원은 자신들의 정벌지역 중 순순히 항복치 않았던 고려가 스스로 臣服한 사실이 고려 백성을 구하고 나라를 일으켰다고 하였다. 그래서 太師 開府儀同三司 尙書右丞相 上柱國 高麗國王으로 책봉한다는 내용이다. 여기서 右丞相은 원 최고의 관직이고 太師도 3公 중 상위였으며, 勳位인 上柱國 역시 정1품의 최상급이다.

---

16) 諡法에 의하면 忠은 ① 盛裏絶固 ② 臨患不忘國 ③ 推賢盡誠 ④ 廉公方正의 4가지 의미를 함유하고 있다(宋 蘇洵 撰, 『諡法』/『欽定四庫全書』 史部).

17) 李齊賢, 「忠憲王世家」, 『益齋亂藁』 卷9上/『高麗名賢集』 2, 成大 大東文化研究院, 321쪽.

18) 鄭求福, 『高麗時代 史學史研究』, 西江大 博士學位論文, 1985, 189쪽 ; 鄭求福, 「李齊賢의 歷史意識」, 『韓國古典심포지움』 2, 一潮閣, 1985, 135쪽 ; 鄭求福, 「高麗朝의 史家와 史書」, 『韓國中世史學史 Ⅰ』, 集文堂, 1999.

고종과 동시에 追贈된 元宗(忠敬王)에 대하여 살피면 다음과 같다. 林衍은 金俊을 제거한 후(원종 9), 安慶公 淐을 즉위케 하였다. 원종으로부터 위협을 느꼈던 林衍이 왕을 교체하였으나 원의 압력으로 원종을 곧 복위하였던 것이다.[19] 훗날 충렬왕이 되는 太子가 원종 10년 무렵에 몽고 공주와 혼인이 정해진 점도 원의 힘을 배경으로 원종이 復位할 수 있는 기반이 되었다.

몽고는 그곳에 머물고 있던 고려의 王倎(원종)을 국왕으로 옹립하여 귀국시키면 자신들이 전쟁 없이 고려를 얻을 수 있다고 믿었다.[20] 몽고병의 호위를 받고 귀국한 원종을 國王으로 책봉하였다.[21] 원종에 대한 몽고의 冊封儀式은 없었으나 쿠빌라이의 冊命을 받고 고려 국왕으로 추인되었다. 다음 기록이 그것이다.

짐이 천명에 순응하여 조상들의 큰 공적을 받았으며 위로 천도를 생각하여 온 천하 백성들을 원근과 대소의 차별이 없이 一視同人하고 있다. 그대가 우리나라에 귀순하였기에 내가 벌써 그대를 國王으로 승인하였다.[22]

후일의 공민왕 13년(1364)의 기록에서도 칭송하는 구절이 있다. "우리

---

19) 金塘澤, 「林衍政權과 高麗의 開京還都」, 『李基白先生古稀紀念 韓國史學論叢 (上)』, 一潮閣, 1994, 803쪽, "몽고는 세자를 東安公에 책봉하여 임연을 치게하려 하였다." 林衍政權에 대한 연구는 다음의 논고가 참고된다. 成鳳鉉, 「林衍政權에 관한 研究」, 『湖西史學』 16, 1988 ; 閔賢九, 「李藏用 小考」, 『韓國學論叢』 3, 1980 ; 閔賢九, 「蒙古軍·金方慶·三別抄」, 『韓國史市民講座』 8, 1991.

20) 『元史』 卷4, 本紀4, 世祖1, 中統 1년(1260) 3월 辛卯, "陝西宣慰使廉希憲言 高麗國王 嘗遣其世子倎入覲 會憲宗將兵攻宋 倎留三年不遣 今聞其父已死若立倎 遣其國 彼必懷德於我 是不煩兵而得一國也".

21) 『元史』 卷4, 本紀4, 世祖1, 中統 1년 6월, "高麗國王王倎 遣其子 永安公僖判司宰事韓卽來賀卽位 以國王封冊 王印及虎符賜之".

22) 『高麗史』 卷25, 世家25, 元宗 1년(1260) 4월 庚申, "以爾歸款 旣冊爲王" ; 『高麗史節要』 卷18, 元宗 1년 4월, "太子卽位于康安殿 蒙古遣其多大 詔以爾歸款旣冊爲王".

世祖 황제께서 천하를 통일할 때 고려 국왕 睍이 소문을 듣고 귀부하였으므로 그에게 王의 爵位를 수여하였으며 인척 관계까지 맺어 오늘날까지 오랫 동안 계속하여 왔다"[23)는 표현이 그것인데, 여기에서 '王의 爵位'는 冊封이다.

원종대는 무인 집권자, 국왕, 관료 세력으로 정치세력화할 수 있으나,[24] 역시 국왕과 元 황제와의 밀착이 정국을 이끌어가는 추동력이었다. 원 세조는 자신의 쿠데타에 큰 힘이 되어준 당시 고려 태자 원종에 대한 고마움을 간직하였으며 원종은 이를 빌미로 원에 적극 밀착하였다. 원의 還都 요구와 집권 무인의 대립 사이에서 원종은 원의 세력을 바탕으로 왕권을 강화하면서 무인 세력을 제거하였으며, 두 차례에 걸친 入朝를 통하여 현안을 해결하고자 노력하였다.

林衍에 의하여 폐립되었던 元宗이 元의 군사력을 배경으로 복위되었던 사실에서 보듯이, 원종대 정치사는 시종 원과의 긴밀한 관계에서 찾을 수 있다. 15년의 재위 기간을 통하여 원종은 원에 대해 臣屬하면서도 고려의 현실적 어려움을 사실대로 원에 전함으로써 그들의 수탈을 최소화하고자 하였다. 고려는 좁고 산물이 없다는 식의 하소연으로 일관함으로써 그들의 수탈을 막고자 하였던 것이다.

고려 정부와 원이 講和함으로써 긴 항쟁은 막을 내렸으나 三別抄의 반발이 남아 있었다. 어제의 적이 오늘의 血盟이 되는 순간이었다. 상황이 호전되는 속에서 고려의 인사 중에는 麗蒙講和에 반기를 든 삼별초를 극도로 혐오하는 분위기까지 떠돌았다.[25] 麗蒙聯合軍은 珍島와 濟州島의 삼별초를 토벌한 뒤 日本遠征(東征)의 대장정에 합류하였다. 元 世祖의 최대 관심사 중의 하나였던 일본 정벌에는 고려의 물적·인적 자원의 동

---

23) 『高麗史』 卷40, 世家40, 恭愍王 13년 10월 「復位詔書」, "我世祖皇帝 混一文軌 高麗王 睍 向風歸附 授以王爵 遂結懿親 迨玆有年 朝貢不絶".

24) 강성원, 「원종대의 권력 구조와 정국의 변화」, 『역사와 현실』 17, 1995.

25) 삼별초의 珍島 정부에 대하여 李穎은 "미친 개가 주인을 보고 짖으면서 진도에 모여 산다"고 하였다(許興植, 『眞靜國師와 湖山錄』, 民族社, 1995, 25쪽의 「夏署已來許」 참조).

원이 불가피하였다. 이러한 사정들이 고려와 원을 더욱 밀착하게 만들었으며 원과 고려의 특수한 관계를 형성하였다.

고려가 원에 복속되어 있음을 각종 表文의 서두에 기록하고, 황제의 德化에 힘입어 고려가 생존한다고 하였다. 이는 고려의 생존 방략이었고 實利 외교의 한 표현이었다. 이러한 상황에 기반하여 고려는 원의 수탈을 최소화하고자 하였다. 그리고 원과의 혼인을 통하여 고려가 그들의 天下一家에 편입됨으로써 왕실의 운신 폭을 넓혀 놓았고, 이후 왕들이 원의 駙馬가 됨으로써 고려 사회 내부에서 국왕의 위상을 굳히는 결과를 얻었다. 다음 자료는 충선왕대에 追贈된 元宗에 대한 制文이다.

> 高麗國王 王植은 훈계를 공경히 받들어 義方을 지향하였고 修身하여 道를 따라 吉하였다. …… 世祖의 풍운이 열리자 三韓의 강토에 거듭 다다랐다. 從容하게 事機에 맞추었고 급한 시기에도 禮法을 잊지 않았다. 밝은 조정에 幣帛을 먼저 보내어 선량한 큰 아들이 왔다. …… 太師는 나라의 담장이기에 벼슬로 그의 귀함을 모시고, 군자는 나라의 福祉와 같기에 禮制로 그의 어진 것을 높인다. …… 端誠奉化保慶亮節康濟佐理功臣 太師 開府儀同三司 尙書右丞相 上柱國 高麗國王의 諡를 忠敬으로 추증한다.26)

이 자료 역시 원종에 대한 책봉문의 성격을 갖는데, 원의 입장에서는 원종의 귀부 사실을 높이 평가하였다. 몽고에서 世祖 시대가 열리고 漢法으로 漢地를 다스리는 시대가 도래하자 고려는 元에 대한 禮를 잊지 않았다고 하였다. 원종의 入朝에 대한 고무적인 평가도 드러나 있다. 元은 이러한 원종의 노력을 평가하였고 그 결과가 긴 관작명으로 이루어진 추증이었다. 그 관작명은 忠宣王代에 端誠奉化保慶亮節康濟佐理功臣 太師 開府儀同三司 尙書右丞相 上柱國 高麗國王 諡忠敬이다.27) 이러한 추증은

---

26) 李齊賢, 「忠憲王世家」, 『益齋亂藁』 卷9上/『高麗名賢集 2』, 成大 大東文化研究.

27) 이때 고종과 원종에 대한 추증과 더불어 왕비인 柳氏와 金氏에게도 高麗王妃

훗날 충선왕이 원에서 武宗을 擁立하는 데 공을 세우고, 자기 세력을 과시할 때 황실에 주청하여 성사되었다.

2. 忠烈王代의 책봉

충렬왕대에는 고려와 원이 甥舅關係를 정립하였다.[28] 이 관계는 遼와 西夏의 경우에도 존재하였다. 이후 원 간섭기는 이 '甥舅關係'가 그 기본적인 혈연관계로 작용하여 책봉에도 적용되었다. 한편 쿠빌라이의 등극에 대하여 아우 아릭뵈케(阿里不哥)를 비롯한 카라코룸(和林)의 王公들은 일제히 반발하였다. 마침내 아릭뵈케를 大汗으로 옹립하여 양파의 충

으로 책봉하였다. 고려 태조의 유씨 부인도 왕비로 책봉된 바 있다. 고려시대 동안 세 번의 왕비 책봉이 있었으나, 고종과 원종대는 死後 추증이라는 점이 다르다.

28) 고려와 원의 관계는 '冊封-朝覲體制' 내지 '甥舅(사위와 장인)關係'로 정의할 수 있다. 후자와 관련되는 典據는 다음과 같다. ①『拙稿千百』卷2,「送鄭仲孚書狀官序」, "自臣附皇元以來 以舅甥之好 視同一家 事敦情實 禮省節文 苟有奏稟 一分乘傳 直達帝所 世無虛月 故使不復擇人 恩至渥也" ② 李齊賢,「忠憲王世家」,『益齋亂藁』卷9上/『高麗名賢集 2』, 成大 大東文化硏究院. 충렬왕 死後, 武宗이 내린 추증문에도 "아버지가 거친 땅을 개척하니 아들은 다시 즐겨 파종하였으며, 그는 짐을 장인(舅)이라 칭하고 나는 그를 사위(甥)라 부른다. ③『高麗史』卷37, 忠穆王 卽位年(1344) 5月 甲午, "東方有國 盖數百年 北面歸朝已三四世 不謂人倫之多變 致煩天討之屢 加顧惟甥舅之親(동방에 나라 있은 지 대개 수백 년이 되었고 우리나라에 歸依한 것도 3~4대가 지났다. 그런데 뜻밖에 人倫의 변고가 많아서 조정의 처벌이 여러 번 있었다. 돌이켜 생각건대 우리 두 나라의 관계는 장인과 사위의 인척인 동시에 또 군신의 의리까지 거듭되었다)" ④『牧隱文藁』卷18,「唐城府院君洪康敬公墓地銘」, "高麗之於大廟也戎臣 結爲兄弟於初 天子定爲甥舅後 百有餘年 魚水相得 矧今殿下 卽周之姬姒也 三韓之幸於斯爲大"
   한편, 西夏와 遼도 甥舅관계를 맺었다. 그 사례는 다음과 같다. ⓐ『遼史』卷12, 聖宗紀, 統和 7년(989) 3月 戊戌, "以王子帳耶律襄之女封義成公主 下嫁李繼遷"; ⓑ『遼史』卷18, 興宗紀, 景福 1년(1031) 12月, "是歲 以興平公主 下嫁夏國王李德昭子元昊 以元昊爲夏國公駙馬都尉"; ⓒ『遼史』卷27, 天祚帝紀, 乾統 5년(1105) 3月 壬申, "以族女南仙封成安公主 下嫁夏國王李乾順".

돌은 불가피해졌는데, 중국의 자원을 배경으로 世祖 편이 우세한 가운데 戰況이 진전되었다. 아릭뵈케가 패하여 형제는 화해하였지만 그를 지원한 세력들인 太宗 오고타이의 자손들은 여전히 불만을 품어 후세의 화근거리를 남겼다.

世祖는 改行漢法·祖述變通으로 중국을 통치하고[29] 고려와는 世祖舊制[30]로 관계를 맺었다고 논해진다. 필자는 고려와 원의 관계는 앞에서도 언급한 바 있듯이 '冊封-朝覲體制'와 '甥舅關係'로 정의할 수 있다고 생각한다. 고려는 원과 강화한 뒤 영토 면에서도 쌍성총관부와 동녕부 등이 원의 직할령화함으로써 이전의 新羅보다 작은 영토를 소유한 특징이 있다.[31] 그리고 元代 이전에는 책봉국에 의하여 왕이 교체되지 않았으나, 元 干涉期에는 사정이 전혀 달라졌다. 고려 국왕이 원에 의하여 강제로 교체되는 重祚 현상이 나타났으며, 이러한 사정 때문에 고려의 왕들은 元의 정세에 민감하게 반응할 수밖에 없었고, 국왕 책봉도 예전과는 變容된 형태를 보인다. 원의 책봉은 실제로 국왕을 교체하는 것이었으므로 高麗의 주권이 크게 침해받은 셈이다.[32] 그럼에도 원의 고려 지배는 다른 피정복 지역과는 비교가 되지 않을 만큼 특례적이었다. 원 왕실과 혼인하였던 것도 유일하게 고려뿐이었다는 사실도 상기할 필요가 있다.[33]

한편 충렬왕대는 고려의 諸侯國 體制로서의 외양을 확연히 하였다. 元에 表文을 보내는 儀式이 시작되고[34] 八關會 행사에 쓰는 '聖壽萬年'의

---

29) 李玠奭, 『14世紀初 元朝支配體制의 再編과 그 배경』, 서울大 博士學位論文, 1998.

30) 주채혁, 「몽골-고려사 연구의 재검토 - 몽골-고려사의 성격 검토」, 『國史館論叢』 8, 국편, 1989 ; 李益柱, 『高麗·元關係의 構造와 高麗後期 政治體制』, 서울大 博士學位論文, 1996.

31) Gari Ledyard, "Yin and Yang in the China - Manchuria - Korea Triangle," *China among Equals : The Middle Kingdom and its Neighbors, 10th-14th Centuries,* University of California Press, 1983, p. 325.

32) 金翰奎, 『한중관계사 I 』, 아르케, 1999, 513쪽.

33) 이는 漢·唐代의 和蕃公主와 같은 국제 간의 和親 관계를 표현하는 특수 양식이다(金翰奎, 『한중관계사 I 』, 아르케, 1999, 512쪽).

34) 『高麗史』 卷65, 志19, 禮7 「進大明表箋儀」, 忠烈王 28년 8월 甲子, "百官備禮

4字도 '慶曆千秋'로 고쳤으며, '萬歲'도 '千歲'로 부르게 하였다. 그리고 왕의 행차 시에 黃土를 길에 뿌리던 것도 금하였다.[35] 봉작제가 봉군제로 변화하는 등 고려는 명실공히 제후국 체제로 변화하였다. 使臣團 규모도 예전에는 100명 이상 되었으나, 사신 한 명이 驛馬를 타고 황제 처소에 곧장 갔다.[36] 이러한 원간섭기의 첫 왕인 충렬왕대에 이루어진 冊封 내용은 다음과 같다.

<표 2> 忠烈王 冊封

王	西紀	冊封官爵名	典據
忠烈王卽位年	1274. 7	高麗國王	『元史』
忠烈王　6	1280.12	開府儀同三司 中書省左丞相 行中書省事	『史』, 『要』
忠烈王　9	1283. 6	征東中書省左丞相	『史』, 『要』
忠烈王　14	1288. 4	征東行尙書省左丞相	『史』, 『要』
忠烈王　17	1291. 9	征東行中書省左丞相	『史』, 『要』
忠烈王　19	1293. 3	太保 推忠宣力定遠功臣	『史』, 『要』, 『元史』
(忠烈王　21)	1295. 5	(고려에서 '太師中書令' 官職요청, 不許)	『史』, 『要』
忠宣王卽位年 (忠烈王　24)	1298. 1	推忠宣力定遠保節功臣 開府儀同三司 太尉 附馬 上柱國 逸壽王	『史』, 『要』
忠烈王　33	1307. 8	純誠守正推忠宣力定遠保節功臣 開府儀同三司 太尉征東行中書省右丞相 上柱國 高麗國王	『史』, 『要』
忠烈王(追贈)	1310. 6 (忠宣王　2)	純誠守正推忠宣力定遠保節寅亮弘化奉慶功臣 太師開府儀同三司 尙書右丞相 上柱國 高麗國王 諡忠烈	『史』, 『要』

　　충렬왕은 쿠빌라이의 사위로서 원 조정에서 위상이 높았다. 원 황실의 연회나 행사 때는 자리 서열이 분명했는데 그가 일곱 번째 자리에 앉았다

　　儀 拜賀聖節表 送于迎賓館拜表之禮 始此".

35) 『高麗史』 卷65, 志23, 禮11 「仲冬八關會儀」, 忠烈王 1년 11월 庚申, "幸本闕 設八關會 改金鼇山額 聖壽萬年四字 爲慶曆千秋 其一人有慶 八表來庭 天下泰平等字 皆改之呼 萬歲爲呼千歲 輦路禁鋪黃土".

36) 『拙稿千百』 卷2, 「送鄭仲孚書狀官序」, "禮省節文 苟有奏稟 一分乘傳 直達帝所".

는 것은 원 조정에서 강한 영향력을 가지고 있다는 반증이었다.37) 그는 世子 시절에 원 세조로부터 特進 上柱國 東安公으로 제수되었으나 사양하였다.38) 이는 文散階로서 特進은 正1品에 속한다. 정1품은 銀靑光祿大夫에서 金紫光祿大夫로, 이어서 崇進, 特進, 儀同三司, 開府儀同三司의 순으로 위계가 정해져 있었다.39)

세자 시절의 충렬왕은 元宗 폐립 사건이 있었던 시기에 元都에 머물고 있었다. 귀국길에 오른 태자가 국경에 이르렀으나 父王의 폐위 소식을 듣고 다시 元都로 귀환하였다. 이에 世祖는 그를 '特進 上柱國 東安公'으로 제수하고, 호위를 위해 군사 3천여 명을 붙여주었다. 上柱國은 勳階상 正1品이니, 10개의 勳階 중에서 최상위의 것을 제수한 셈이다.40) 다만 世子

---

37) 몽고 궁정의 연회는 성대하였다. 대칸은 1만 2천명의 騎兵들로 하여금 호위토록 했고, 연회시에 대군주의 식탁은 다른 식탁에 비하여 훨씬 높았다. 첫째 부인이 칸의 왼쪽에 앉고, 약간 낮은 오른쪽에는 아들들이 당당한 모습으로 자리하였으며, 손자나 황실에 속하는 친족들은 머리가 대군주의 발에 올 정도의 위치에 앉았다고 한다(김호동 역주, 『마르코폴로의 동방견문록』, 사계절, 2000, 248~249쪽). 충렬왕은 수레를 타고 궁중을 출입했다는데, 이는 파격적인 대우임에 틀림없다. 한편, "쿠빌라이의 생일(天壽節)은 1215년(乙亥) 음력 8월 28일(乙卯)이었고, 이날 치르는 축하 의식은 '天壽聖節受朝儀'라 불렀다(『元史』卷 67, 禮樂志)".

38) 『元史』卷6, 世祖 至元 6년 9월 己未.

39) 元代의 文散階는 다음과 같다.

文散階	品位	文散階	品位	文散階	品位	文散階	品位
開府儀同三司		正奉大夫		中順大夫	正4品	承務郎	從6品
儀同三司		通大奉夫	從2品	朝請大夫		文林郎	正7品
特進	正1品	中奉大夫		朝山大夫	從4品	承事郎	
崇進		正議大夫		朝列大夫		徵事郎	從7品
金紫光祿大夫		通議大夫	正3品	奉政大夫		從事郎	
銀靑榮祿大夫		嘉議大夫		奉議大夫	正5品	登仕郎	正8品
光祿大夫	從1品	太中大夫		奉直大夫		將仕郎	
榮祿大夫		中大夫	從3品	奉訓大夫	從5品	登仕佐郎	
資德大夫		亞中大夫		承德郎		登仕佐郎	從8品
資政大夫	正2品	中議大夫		承直郎	正6品	將仕佐郎	
資善大夫		中憲大夫	正4品	儒林郎	從6品	將仕佐郎	

* 典據 : 『元史』卷91, 志41上, 百官7.

에게 東安公이라는 公爵이 제수된 것은 아직 왕이 되기 전의 세자의 몸이었기 때문인 것으로 이해된다. 公으로 책봉된 태자는 후에 왕으로 즉위하면서 高麗國王으로 책봉되었다.

그런데 원대의 爵等에 따르면, 公은 郡公(從2품)과 國公(正2품)으로 나뉘는데 고려 태자에게는 東安公이 제수된 것[41]은 왜일까? 일단 원이 고려의 세자에게 東安公이라는 제2등급의 작위를 지급한 것은, 이것이 元 내부의 親王이나 宗室에 대한 封爵이 아니었기 때문이다. 元 종실이었다면 高麗郡公이나 高麗國公 혹은 三韓國公 등으로 책봉되었을 것이다. 즉 고려가 독자성을 가진 나라였기에 ‘東安公’으로 제수하였다고 이해된다. 그런데 태자는 원의 이 東安公 제수에 대해 거절 의사를 밝혔는데, “차등 있는 爵位에 대한 國人들의 반발을 의식한 것”[42]이었다.[43]

忠烈王 즉위년(1274) 6월에 원종이 죽자 다음 달에 원에서 同知上都留

---

40) 元代의 勳階는 다음과 같다.

勳名	品位	勳名	品位
上柱國	正1品	輕車都尉	從3品
柱國	從1品	上騎都尉	正4品
上護軍	正2品	騎都尉	從4品
護軍	從2品	驍騎尉	正5品
上輕車都尉	正3品	飛騎尉	從5品

　　* 典據：『元史』卷91, 志41上, 百官7.

41) 元代의 爵과 品位는 다음과 같다.

爵名	品位	爵名	品位
王	正1品	郡侯	正3品/從3品
郡王	從1品	郡伯	正4品/從4品
國公	正2品	縣子	正5品
郡公	從2品	縣男	從5品

　*『元史』卷91, 志41上, 百官7.

42)『高麗史』卷106, 列傳19, 金暄傳, “忠烈以世子在元 帝議欲冊爲東安公 遣兵來討衍 會暄以聖節使書狀如元 上書言 賊若聞 世子受冊爲公 必諭國人曰上國已削王爵 當除矣 莫如死守社稷 則人皆信之 如此難以歲月 下非朝廷利也 帝允之”.

43) 金惠苑,「麗元王室通婚의 成立과 特徵 - 元公主出身 王妃의 家系를 중심으로」,『梨大史苑』24·25合輯, 1989, 166쪽.

守事 張煥을 파견하여 충렬왕을 高麗國王으로 책봉하였다.44) 元 皇帝의 詔書는 이전 시기의 책봉 조서와는 달리 미사여구가 포함되어 있지 않는 간단한 형식을 취하고 있다.

> 국왕이 살아 있을 때 여러 번 말하기를 '세자는 가히 왕위를 계승할 만하다'고 하였으므로 이제 세자에게 국왕 업무의 계승을 명한다. 무릇 고려 국왕에게 소속된 대소 관원들은 모두 그의 통제를 받으라.45)

이는 충렬왕을 즉위와 동시에 고려 국왕으로 봉한 것이다. 이전과 다른 점이 있다면, 책봉이 즉위와 거의 동시에 이루어졌다는 것인데, 원 간섭기 고려국왕 책봉의 일반적인 경우라 하겠다.

충렬왕에 대한 원의 加冊은 1280년(忠烈王 6) 11월에 있었는데, 이는 南宋 정벌이 있은 다음 해였다. 왕이 우승지 趙仁規, 大將軍 印侯를 원에 파견하여 중서성에 글을 보내 加冊을 요청하는 글에서 "諸侯가 入相함은 古來의 道理인데 遼와 金 양국이 우리 조상을 冊封하여 開府儀同三司를 삼았고 내 또한 외람되이 聖眷을 입어 일찍이 特進 上柱國에 拜하였으니 이로써 헤아려 보면 諸侯로서 上國 宰輔의 職을 소유하는 사실은 고금의 例가 있다"46)고 하면서 원의 征東行省이 大小 군정과 公事를 왕과 상의하여 시행케 해달라고 요청하였다. 그리고 使臣을 差發하여 朝廷에 갈 때

---

44) 『元史』 卷8, 本紀8, 世祖 5, 中統 11년(1274) 7월, "高麗國王 王禃薨 遣使以遺表來上 且言世子甚孝謹 可付後事勅 同知上都留守司事張煥 冊諶爲高麗國王";『高麗史節要』 卷19, 忠烈王 卽位年(1274) 戊辰, "王至自元 帝遣使 詔諭 翌日 王受詔于康安殿 詔曰 國王在日 屢言 世子可以承替 今命世子承襲 凡在所屬竝聽節制 於是服黃袍 卽位 受朝賀".

45) 『高麗史』 卷28, 世家28, 忠烈王 卽位年(1274) 8월 己巳, "詔曰 國王在日 屢言 世子可以承替 今命世子承襲 國王句當 凡在所屬竝聽節制".

46) 『高麗史』 卷29, 世家29, 忠烈王 6년 11월 己酉 ;『高麗史節要』 卷29, 世家29, 忠烈王 6년(1280) 11월, "遣右承旨趙仁規 大將軍印侯 如元 上中書省書曰 小國已備兵船九百艄軍一萬……以至器械皆備庶 幾盡力 以報聖恩 又竊念諸侯 入相 古之道也 遼金兩國 冊我祖先 爲開府儀同三司 予亦猥蒙聖恩曾拜 特進 上柱國 諸侯而帶上國宰輔之職 古今有例伏望善奏".

에도 반드시 賤介와 더불어 같이 가게 해줄 것을 요청하였다.

위와 같은 요청에 접한 원은 趙仁規, 印侯가 귀국할 때 동봉한 조서에 '開府儀同三司 中書省左丞相 行中書省事'로 책봉한다고 하였다.47) 이때 주어진 관작이 『元史』에는 '右丞相'이라 되어 있는데,48) 이는 오류라고 생각한다. 元 官制에 따르면 위계 순서상 左丞相 다음이 右丞相으로 정해져 있는바, 이때의 책봉 이후 이어지는 가책에서 충렬왕의 관직이 左丞相으로 나오기 때문이다.

고려의 역대 국왕 중 원의 右丞相직을 역임한 경우로는 충렬왕이 사후에 추증된 예가 있다. 그리고 恭愍王이 反元정치를 펼 때 북으로 쫓겨난 北元이 공민왕을 회유할 목적으로 右丞相職을 제수한 일이 있을 뿐이다. 원의 仁宗이 충선왕을 右丞相에 제수하려 했던 적이 있긴 하지만 이때는 본인의 사양으로 무산되었다. 이는 충선왕이 右丞相이 되어 원의 중앙관료로 전환하게 될 경우 政敵을 양산하고 고려 국정에 대한 거리감이 생겨 그의 在元 생활에 방해 요소가 되리라 판단했기 때문이다. 그러므로 생전에 右丞相직을 받은 것은 공민왕뿐이고, 게다가 이때는 고려가 이미 北元을 떠나 明에 완전히 전도된 상태였으므로 북원의 丞相직 제수는 무의미하다 할 수 있다.

이 무렵 충렬왕 7년(1281)으로 예정된 東征에 원은 洪茶丘 등을 원정군의 지휘자로 결정하였으므로 왕에게 위협이 되었다. 따라서 이를 저지하기 위하여 충렬왕은 親朝를 통해 3만 병력으로 助征할 것을 조건으로 '七事'를 요구하여 일부를 관철시켰다. 이때 충렬왕은 中書省左丞相 行中書省事로서 東征을 위한 征東行省 장관에 임명되었다.49) 왕은 정동행성의

---

47) 『元史』卷11, 本紀11, 世祖8, 忠烈王 6년(1280) 10월, "加高麗國王 王昛開府儀同三司 中書左丞相 行中書省事";『高麗史節要』卷20, 忠烈王 6년(1280) 12월, "趙仁規 印侯 還自元 帝冊王 爲開府儀同三司 中書省左丞相 行中書省事 賜印".

48) 『元史』卷11, 本紀11, 世祖8, 至元 17년(1280) 12월 癸酉.

49) 李益柱,「高麗 忠烈王代의 政治狀況과 政治勢力의 性格」,『韓國史論』18, 1988, 182쪽.

책임자가 됨으로써 日本 遠征 준비에서 고려가 입을 피해를 완화시키고 자국의 이익을 지켰다. 이러한 연유로 고려 국왕의 元 皇室 내에서의 지위 격상이 절실하였으며 開府儀同三司 中書省左丞相 行中書省事의 가책은 그 결실이었다.

세 번째 忠烈王의 가책은 재위 9년(1283) 6월에 시행되었다.[50] 조인규가 원에서 돌아왔는데 황제가 왕을 征東中書省 左丞相으로 책봉하고 駙馬高麗國王은 이전과 같으며 阿塔海와 함께 일을 보라고 명령하였다. 忠烈王 14년(1288) 4월에 郎將 金精이 원에서 돌아왔는데 詔書를 통해 왕을 征東行尙書省 左丞相으로 책봉하였다.[51] 재위 9년과 14년의 가책은 그 관작에 征東行省이 들어가 있는 사실로 미루어, 東征과 관련이 있다고 추정된다.

忠烈王 17년(1291) 9월에는 다섯 번째 가책이 있었는데, 그 바로 한 해 전인 충렬왕 16년(1290)에 哈丹(카단) 군대 수만 명이 화주, 등주 등을 함락시켰다. 그들은 사람을 잔인하게 죽였으며 부녀자를 윤간하고 살해하여 脯를 떴다고 한다. 이 해에 세자가 황제를 만나 보고 哈丹[52]을 토벌해 달라고 요청하자 那蠻歹 大王에게 명하여 군대 1만 명을 거느리고 토벌케 하였다.[53] 이는 책봉 관계상 피책봉국인 고려의 안전을 위해 군대를 출동시킨 麗-元 책봉 관계의 한 특징이라고 하겠다.

카단 적을 물리친 뒤인 충렬왕 17년(1291)에 원에서 홍중경을 보내 왕에게 征東行中書省 左丞相의 관직을 주었다.[54] 원의 관제개혁에서 尙書

---

50) 『高麗史』 卷29, 世家29, 忠烈王 9년 6월 癸未, "帝冊王 爲征東中書省左丞相 依前駙馬高麗國王" ; 『高麗史節要』 卷20, 忠烈王 9년 6월 癸未, "元冊王 爲征東中書省左丞相".

51) 『高麗史』 卷30, 忠烈王 14년 4월 乙卯, "郎將金精 還自元 詔以王 爲征東行尙書省左丞相" ; 『高麗史節要』 卷21, 忠烈王 14년 4월 乙卯, "元詔 以王爲征東行尙書省左丞相".

52) 哈丹賊은 原文에 丹兵으로 나오기 때문에 기존에 이를 契丹兵으로 오해한 경우(『新增東國輿地勝覽』 등)가 있었다. 李仁在, 「1291년 카단(哈丹)의 치악성 침입과 원충갑의 항전」, 『韓國思想과 文化』 7 참조.

53) 『高麗史』 卷30, 忠烈王 17년(1291) 正月 癸亥.

省을 中書省으로 환원하면서 충렬왕의 관직도 환원한 경우다. 이때 세자도 特進 上柱國 高麗國 王世子로 책봉하였다.[55] 官爵 수여와 金印의 하사 후 詔書에서 "나라를 계승하는 면에서 보면 세자는 왕의 嫡子지만 친척 관계로 보면 곧 나의 外孫이다. 이에 入告의 誠謹을 가상히 여겨 藩國의 세자로 임명하니 직분에 힘써 나라의 은혜에 보답하라"[56]고 일렀다.

이 무렵 고려에서 지급된 功臣 詔書에 보면, 충렬왕이 원에서 받은 책봉 관작을 실제로 사용하고 있다. 책봉 관작을 실제 문서에 사용하는 경우는 충선왕이 퇴위 후 자칭한 太尉王과 함께 고려시대 사상 드문 예에 속한다.[57]

여섯 번째 가책은 충렬왕 19년(1293) 3월의 일로, 이때 皇帝의 칙서에서는 "경은 대대로 국왕의 작위를 지켜 왔고 우리 집안과 혼인하였으며

---

54) 『高麗史節要』卷23, 忠烈王 17년 9월, "元遣洪重慶 授王爲征東行中書省左丞相".

55) 『元史』卷16, 本紀16, 世祖 13(1291, 至元 28) 5월, "高麗國王 乞以其子爲世子 詔立 爲高麗王世子 授特進 上柱國 賜銀印";『高麗史節要』卷21, 忠烈王 17년(1291) 9월, "帝授世子 特進 上柱國 高麗國王世子 賜金印 仍賜水精杯 犀角 蓮葉盞 玉杯 珍味以寵之".

56) 『高麗史』卷30, 世家30, 忠烈王 17년 9월 己亥.

57) 忠烈王 18년에 주어진 金汝盂 功臣敎書에서는 실제로 원에서 왕에게 수여한 冊封官爵이 사용되고 있다는 사실이 확인된다. 그 공신 교서의 지급자를 '皇帝 福蔭裏 特進 上柱國 開府儀同三司 征東行中書省右丞相 駙馬高麗國王'으로 표현하고 있다(「鄭仁卿功臣敎書」, 『韓國古代中世古文書硏究』, 서울대출판부, 2000, 29쪽;「金汝盂功臣敎書」, 앞의 책, 32쪽). 문서의 형식이 '皇帝福蔭裏'로 시작하는데, 이 문구는 元干涉 하의 고려 현실을 반영한다(崔沿植,「고려시대 국왕문서의 종류와 기능」, 『國史館論叢』87, 1999, 162쪽). 그런데 이 교서에 사용된 '特進 上柱國 開府儀同三司 征東行中書省右丞相 駙馬高麗國王'의 관작 중에서 '右丞相'은 충렬왕 33년(1307)에 받은 관작인데, 충렬왕 18년의 공신 교서에 사용되고 있음은 의문이다. 이 교서가 瑞山鄭氏家乘에 필사되는 와중에 左丞相을 右丞相으로 誤記했을 가능성이 있다. 그것도 아니라면『元史』의 기록대로 이미 충렬왕 6년에 右丞相을 제수받았다(『元史』卷11, 本紀11, 世祖8, 至元 17년(1280) 12월 癸酉)고 하겠으나, 가능성이 희박하다. 충렬왕이 충선왕에게 傳位하고 원으로부터 逸壽王으로 호칭된 것과 충선왕 퇴위 후 太尉王으로 자칭하였는데 이것 역시 책봉 관작을 사용한 사례이다. 백제 武寧王 誌石에 '寧東大將軍 百濟斯麻王'이라는 爵號도 책봉을 받은 관작명이다.

藩屛의 공을 宣揚하였으므로 포상하는 은총을 보여야 하겠다. 推忠宣力
定遠功臣의 칭호를 賜하니 더욱 그 功을 盛하게 하여 나의 명령에 보답하
라”[58]고 하였다. 『元史』에는 이때 太保를 賜하였다고 수록되어 있으나,
고려 측 기록에는 보이지 않는다.[59] 또 원 世祖가 충렬왕 18년에 공신호
를 주었다고 되어 있는데, 명칭에 대해서는 기록이 없다. 이는 고려의 요
청에 따른 것으로, 다음 해 元帝는 推忠宣力定遠의 칭호를 하사하였다.
공신호의 사여 이유는 “세대를 내려오면서 국왕의 작위를 지켜 왔고 元
황실과 혼인하였으며 藩屛의 공을 세운”[60] 데 대한 보상이었다. 이 공신
호의 하사에 대하여 大殿에서 기념 연회를 열었다. 이때 왕의 공신 칭호
수여에 대하여 安珦이 詩를 지어 축하하였더니 왕이 그에게 쌀 50석을 주
는가 하면,[61] 7월에는 印侯를 원에 보내 황제의 생일을 축하면서 功臣號
의 하사에 대하여 사은하였다.

충렬왕 21년(1295) 8월에는 일곱 번째 가책을 요청하였으나 허락받지
못하였다. 충렬왕은 재위 21년(1295) 5월에 찬성사 印侯를 원에 파견하여
세자의 혼례를 청함과 동시에 좌승지 柳庇를 보내 자신을 ‘太師 中書令’
으로 승급시켜줄 것 등 네 가지 사항을 요청했다.[62] 그러나 元의 成宗은

---

58) 『高麗史』 卷30, 世家30, 忠烈王 19년(1293) 3월 乙酉, “帝勑曰 卿世守王爵選
尙我家 載揚藩屛之功 宣示褒嘉之寵 可賜號 推忠宣力定遠功臣 益茂厥功 對
揚休命”;『元史』 卷17, 本紀17, 世祖 14년(1292) 2월, “詔加高麗王 王昛 太保
仍賜功臣之號”;『元史』, 高麗傳, 至元 30年(1293) 2月, “遣使入奏 復更名昛
及乞功臣號 制曰 特進 上柱國 開府儀同三司 征東行中書省左丞相 附馬 高麗
王昛 世守王爵選尙我家 載旌藩屛之功 宣示褒嘉之寵 加賜號 推忠宣力定遠
功臣 餘如故 益懋厥勳 對揚休命”.

59) 『元史』 卷17, 本紀17, 世祖 14년(1292) 2월, “詔加高麗王 王昛 太保 仍賜功臣
之號”.

60) 『元史』 卷208, 列傳95, 外夷1, 至元 30년(1293) 2월, “及乞功臣號 制曰 特進
上柱國 開府儀同三司 征東行中書省左丞相 附馬……加賜號 推忠宣力定遠
功”;『元史』 卷17, 本紀17, 世祖 14년(1292, 至元 29) 2월, “詔加高麗王 王昛
太保 仍賜功臣之號”;『高麗史』 卷31, 世家31 및 『高麗史節要』 卷21, 忠烈王
19년(1293) 3월, “帝勑曰 卿世守王爵 選尙我家 載揚藩屛之功 宣示褒嘉之寵
可賜號 推忠宣力定遠功臣 益茂厥功 對揚休命”.

61) 『高麗史』 卷30, 世家30, 忠烈王 19년 4월 癸丑.

허락하지 않았다. 충렬왕은 死去한 후 太師에는 추증되었으나 中書令은 끝내 받지 못하였다. 네 가지 요청 가운데 '太師 中書令'은 中書省의 최고의 자리로 정원 1명에 가장 우대받는 자리다.[63]

이 충렬왕 21년의 관작 요청은 고려 국왕이 직접 요구하였다는 사실이 주목된다. 이미 太保를 賜하였다는 사실을 염두에 두면,[64] 이때의 太師직 요구는 순서상 옳다. 따라서 원 성종이 이 요구를 거부했던 것은 세조 사후 成宗이 갖고 있던 고려에 대한 부정적 인식이 원인의 하나였다. 齊國大長公主가 세조의 제 2황후의 딸이었으므로 그녀를 인정치 않으려 한 사실에도 이유가 있었다.

元代에 3公에 제수된 사람은 얼마 되지 않는다.[65] 고려 국왕으로서 이 3公 중 하나라도 제수받은 왕은 아무도 없다. 다만 追贈으로 高宗, 元宗과 忠烈王이 '太師'를 받았을 뿐이다. 이때는 고려 忠宣王과 인연이 깊은 원의 武宗이 在位할 때여서 충선왕의 추증 요청이 쉽게 수용되었다고 하겠다. 이처럼 원래 3공이 元 內僚들에게도 수여된 예가 극히 드물었던 점을 염두에 두면, 忠烈王의 太師와 中書令 요구가 거부된 것도 이상한 일이 아닐 것이다.

征東行省은 東征(日本遠征)을 위하여 설치하였으나, 다른 행성들과 달리 그 수장인 丞相을 고려 국왕이 겸하였으며 屬官을 선발할 권한을 갖고 있었다.[66] 고려 국왕에게 내려진 征東行省직은 左丞相이 최고였는데, 유일하게 충렬왕에게만 右丞相이 追贈되었다. 앞서 언급했듯이 원대에는 左보다는 右가 높아서 좌승상보다 우승상이 상위였다.[67]

---

62) 『高麗史』 卷31, 忠烈王 21년(1295) 5월 丁亥, 찬성사 印侯를 원에 보내 다음과 같은 사항을 요청하였다. ① 세자의 결혼 주청 ② 좌승지 유비를 보내 왕에게 太師 中書令의 관직을 더 줄 것 ③ 公主에게 인장을 보내줄 것 ④ 세자의 印章을 고쳐줄 것 등.

63) 『元史』 卷85, 志35, 百官1. 3公(正1品)은 太師, 太傅, 太保 각각 1명씩으로 '以道燮陰陽 經邦國'하였다. 中書令은 1명으로 '典領百官 會決庶務'하였다.

64) 『元史』 卷17, 本紀17, 世祖 14년(1292) 2월, "詔加高麗王 王昛 太保仍賜功臣之號".

65) 元代의 3公 역임자는 다음과 같다.

충렬왕 23년(1297) 7월에 왕과 공주가 고려로 귀환한 뒤 얼마 안 되어 공주가 사망하였다. 세자는 공주의 사망이 궁인 無比 탓이라 하여 그를 살해하고 일당 40여 명을 귀양보내었다. 세자에 의한 측근세력의 제거에 반발한 충렬왕은 원에 傳位를 간청하였다.

충렬왕 24년(1298) 1월에 일곱 번째 가책이 있었다. 충렬왕이 傳位할 것을 요청하자 元 황제가 咸寧侯 王維를 보내 나라 사람들을 타이르는 詔書에서 "세자에게 開府儀同三司 征東行中書省左丞相 附馬 上柱國 高麗

皇帝	太保	太傅	太師
太祖	明安	禿懷	木華黎, 阿海
定宗	×	×	×
憲宗	×	×	×
世祖	劉秉忠	×	×
成宗	月赤察兒, 塔剌海	完澤, 哈剌哈孫	月赤察兒
武宗	三寶奴	乞台普, 濟忽魯忽答, 帖可	阿剌不花, 脫兒赤顔
仁宗	曲出	帖可, 伯忽, 朶解㝖	阿撒罕, 鐵木迭兒
英宗	曲出	朶解㝖	鐵木迭兒
泰定	伯顔察兒, 禿忽魯	朶解㝖	伯忽, 按塔出
文宗	伯顔	伯答沙	燕鐵木兒
順帝	燕不鄰, 定住, 馬札兒台, 探馬赤, 伯撒里, 別兒怯不花, 阿魯圖, 搠思監, 太平, 孛羅帖木兒, 禿堅帖木兒, 也速	撒敦, 完者帖木兒, 塔失海牙, 脫脫, 汪家奴, 衆家奴, 太平, 老章, 擴廓帖木兒	燕鐵木兒, 伯顔, 馬札兒台, 脫脫, 汪家奴, 伯撒里

* 典據 : 『元史』 卷100~101, 表5上~下, 三公表 1~2.

66) 『元史』 卷91, 志41上, 百官7, 「行中書省」, 行中書省은 11개 지역에 설치되었다. 즉, ① 河南江北等處行中書省 ② 江浙等處行中書省 ③ 江西等處行中書省 ④ 湖廣等處行中書省 ⑤ 陝西等處行中書省 ⑥ 四川等處行中書省 ⑦ 遼陽等處行中書省 ⑧ 甘肅等處行中書省 ⑨ 嶺北等處行中書省 ⑩ 雲南等處行中書省 ⑪ 征東等處行中書省이 그것인바, 이 중 征東等處行中書省은 흔히 征東行省으로 부르거니와 至元 20년에 日本정벌을 위하여 고려에 설치하였다. 여기에는 高麗王이 丞相을 겸하였으며 屬官을 선발할 권한이 있었다(以高麗王兼領丞相 得自奏選屬官).

67) 원대의 右丞相과 左丞相은 각 1명으로 정1품직이었으며 六官을 통솔하고 百司를 거느리는 직위였다(『元史』 卷85, 志35, 百官1. 右丞相 左丞相 각 1명, 정1품, "統六官 率百司").

國王의 왕위를 계승케 하고, (충렬)왕에게는 推忠宣力定遠保節功臣 開府儀同三司 太尉駙馬 上柱國 逸壽王을 더 제수하여 우대하는 뜻을 표한다. 나라에 중대한 일이 있거든 반드시 훈계 격려하여 성공시키도록 하라"[68]고 하였다. 이 조서와 같이 충선왕은 충렬왕의 요구에 따라 고려 국왕에 책봉되었다.

충렬왕 33년(1307)의 공신호는 그가 神孝寺에서 눈을 감기 전에 元으로부터 받은 것이다. "그대에게 특별히 純誠守正推忠宣力定遠保節功臣 開府儀同三司 太尉 征東行中書省 右丞相 上柱國 高麗國王의 작위를 더하여 주니 그대는 짐의 후대하는 뜻을 알라"[69]고 하였다. 이때 공신호는 純誠守正推忠宣力定遠保節로 다소 긴데, 이는 이전의 공신호에 純誠守正의 칭호를 더한 것이다. 이 칭호는 왕이 죽은 후 고려 조정에서 號로 올려지기도 했다. 그런데 有司가 충렬왕의 諡號를 올리자고 한 데 대해 왕이 "上國이 있는데 내가 또 竹冊, 玉冊을 청하는 것이 합당한가" 하므로 '純誠守正上昇大王'이라는 號만 올렸다고 한다.[70] 上昇 단어만 덧붙인 것이다.

충렬왕 사후 충선왕은 시종 원에 체류하면서 정치를 하였으므로 체류비용 등 고려의 부담이 적지 않았다. 그는 고려 정치권력의 원천인 燕都를 벗어나지 않으려 하였고, 이러한 과정에서 世子 鑑과 그 從者 金重義 등을 살해하는[71] 사건이 있었다. 충선왕은 세자 鑑에게 양위함으로써 元帝의 귀국 명령을 피하고 고려 정국을 조종하려고 하였으나 이러한 의도

---

68)『高麗史』卷31, 世家31, 忠烈王 24년 1월 甲辰 및 『高麗史節要』卷22, 忠烈王 24년 正月, "授世子 開府儀同三司 征東行中書省左丞相 附馬 上柱國 高麗國王 加授王 推忠宣力定遠保節功臣 開府儀同三司 太尉 附馬 上柱國 逸壽王 以示優崇之意 國有重務 尙須訓勵 聿底于成";『元史』卷19, 本紀19, 成宗 2년(1297) 11월 丁丑, "詔以高麗王世子謜 爲開府儀同三司 征東行中書省左丞相 駙馬 上柱國 高麗國王 仍加授王昛 爲推忠宣力定遠保節功臣 開府儀同三司 太尉 附馬 上柱國 逸壽王".

69)『高麗史』卷32, 世家32, 忠烈王 33년(1307) 8월 辛亥.

70)『高麗史節要』卷23, 忠宣王 卽位年(1307) 10월.

71)『高麗史』卷33, 世家33, 忠宣王 2년(1310) 5월 乙巳.

가 세자에 의하여 빛나가게 되자 아들을 살해하지 않았을까 짐작된다.

충렬왕이 1307년 8월 퇴위에 즈음하여 太尉가 되자 朴仁範이 올린 詩를 통해서 고려 국왕에 책봉된 사실을 축하하였다.[72] 충선왕 2년(1310)에는 고려의 요청으로 원으로부터 父王에 대한 시호가 내려졌다.[73] 武宗의 制文을 보면 다음과 같다.

> 朕이 天下를 살피건대 백성과 社稷을 두고 王이 된 자는 오직 三韓뿐이오, 조종으로부터 신하된 지 백여 년이 되었다. 아버지가 거친 땅을 개척하니 아들은 다시 즐겨 파종하였으며, 그는 짐을 장인[舅]이라 칭하고 짐은 그를 사위[甥]라 부른다. 이미 功勳에다 親戚의 정의를 더하였으니, 귀하고 부하게 하는 것이 마땅한 일이다. 事大의 禮를 능히 먼저 하였으니 어찌 追崇의 恩典을 미루겠는가. …… 純誠守正推忠宣力定遠保節寅亮弘化奉慶功臣 太師 開府儀同三司 尙書右丞相 上柱國 高麗國王 謚忠烈을 내린다.[74]

몽고의 침입을 받고 社稷을 유지한 나라는 고려뿐이고, 충렬왕은 원 황실과 혼인을 한 최초의 왕으로서 사위와 장인의 甥舅關係를 맺었다. 이 관계는 이후 전통이 되었으니, 충렬왕의 元朝에 대한 공훈과 여기에 姻戚의 정을 더하였으니 추증해 마땅하다는 의미다. 이 추증을 통하여 충렬왕은 받고 싶어했던 右丞相의 지위를 얻게 되었다.

---

72) 朴仁範, 「封賀聖上受太尉冊命初襲王封」, 『東文選』卷12, 七言律詩, "漢皇께서 동녘을 眷顧하시는 뜻이 깊어 / 우리 임금 事大의 정성을 갸륵히 여기셨네 / 여덟 금 詔書가 하늘에서 내려와 / 하늘의 가장 높은 곳(九霄)의 사신이 해가(日邊)에 임하였네 / 대궐에 뜬 瑞氣는 구름같이 엉기었고 / 붉은 뜰에 綸音 선포되네 / 微臣이 다행히 班列에 참여하여 끝없는 기쁨으로 서툰 詩를 바치나이다".

73) 『高麗史』卷33, 世家33, 忠宣王 2년(1310) 6월 乙未, "純誠守正推忠宣力定遠保節寅亮弘化奉慶功臣 太師 開府儀同三司 尙書右丞相 上柱國 高麗國王 謚忠烈".

74) 李齊賢, 「忠憲王世家」, 『益齋亂藁』卷9上/『高麗名賢集 2』, 成大 大東文化研究.

원 간섭 초기의 충렬왕은 원의 수탈과 압제를 원 황실에 적극 밀착하는 방략으로 완화해 나갔다. 그리고 국왕 책봉을 적극 활용하여 왕 자신의 지위를 높이고자 하였다.[75] 충렬왕은 원에 자신의 책봉 관작을 進封시켜 달라는 요청을 적극 개진하였고 그 중 일부가 수용되어 元 황실에서 자신의 입지를 공고히 하였다. 9회에 걸쳐 충렬왕이 재위 및 사후에 추증받은 관작을 종합한 최종 官爵은 '太師 開府儀同三司 太尉駙馬 尙書右丞相 上柱國(逸壽王) 高麗國王 純誠守正推忠宣力定遠保節亮弘化奉慶功臣 諡忠烈'이다. 원 간섭기의 고려 국왕 중 충렬왕은 아마 死後까지 추증됨으로써 가장 우대받은 왕이었다고 할 수 있다.

3. 忠宣王의 武宗 옹립과 책봉

忠宣王은 世子 시절인 충렬왕 17년(1291)에 特進 上柱國 高麗國王世子로 첫 번째 책봉을 받았다. 그 후 충렬왕 21년(1295)에는 왕이 귀국할 때 황제가 그에게 '儀同三司 上柱國 高麗王世子 領都僉議使司'로 두 번째의 가책을 하고[76] 두 개의 銀印을 주면서 다음과 같이 일렀다.

그대는 어려서부터 부모의 교훈을 받아 일찍이 영재의 자질을 나타냈다. 우리 황실의 외손으로 태어나 고려인들의 한결같은 欽仰을 받고 있으며 선대 皇帝를 섬김에 恭勤함을 다하였다. 여러 논의에 참여하여 명

---

75) 충렬왕은 재위 기간 중 11번 元에 入朝하여 고려의 實利를 취하기 위한 활동을 전개하였다. 그 활동에는 駐屯軍 철수, 達魯花赤 폐지, 行省官의 복구 등 원의 내정 간섭을 저지시키기 위한 것, 그리고 失地 회복과 고려의 儀式과 風俗을 보존하는 것이 포함되었다. 이와 함께 王과 公主의 冊封과 爵名의 추가 등 元帝國 內에서 고려의 위치를 다지는 것들이 많았다. 충렬왕의 入元行績은 自主的인 것이라 하겠다. 이러한 忠烈王의 入元 行績에 대해서는 다음 논문 참조. 金惠苑, 「忠烈王 入元行績의 性格」, 『高麗史의 諸問題』, 三榮社, 1986.

76) 『高麗史節要』卷21, 忠烈王 21년(1295) 8월 戊午, "世子至自元 帝冊爲儀同三司 上柱國 高麗王世子 領都僉議使司 賜銀印" ; 『元史』卷19, 本紀19, 成宗 2년(1296) 7월, "高麗王世子王璋 爲儀同三司 領都僉議司事".

성이 높아졌다. 이에 은총은 儀章에 빛나고 동시에 品位를 높여 준다. 경의 공로를 표창하여 왕위를 계승케 하며 황실 외척으로 특별히 우대한다. 그대는 아들로서 효도하고 신하로서 충성하라. 규범을 정성껏 지켜 자기의 본분[素履]을 잃지 않음으로써 오늘의 영광에 보답하도록 노력하라.77)

충선왕은 그의 50년의 생애(1275~1325) 중 많은 시간을 元都에서 보냈다. 그가 받은 책봉 내역은 다음과 같다.

<표 3> 忠宣王 冊封官爵

冊封時期	西紀	冊封官爵名	典據
王世子(忠烈王 17)	1291. 9	特進 上柱國 高麗國王世子	『史』, 『要』
王世子(忠烈王 21)	1295. 8	儀同三司 上柱國 高麗王世子 領都簽議使司	『史』, 『元史』
忠宣王 卽位年	1298. 1	開府儀同三司 征東行中書省左丞相 附馬 上柱國 高麗國王	『史』, 『要』
忠宣王(前王)	1308. 5	開府儀同三司 太子太傅 上柱國 附馬都尉 進封瀋陽王 推忠揆義協謀佐運功臣	『史』, 『要』
忠宣王 復位年	1308.10	開府儀同三司 太子太師 上柱國 附馬都尉 審陽王征東行尚書省右丞相 高麗國王(行中書省이 行尚書省으로 개칭)	『史』, 『要』
忠宣王 2	1310. 4	賜高麗王璋 功臣號 改封瀋王	『元史』
忠肅王 1	1314. 3	右丞相 제수 → 辭讓	『要』

세 번째이면서 국왕으로서 받은 첫 번째 책봉은 1298년 1월에 있었다. 그는 즉위하여 새로운 정치를 펴고자 했으나 원에 의하여 재위 8개월 만에 강제로 퇴위 당하였다. "충선왕은 너무도 독단을 행하고 처결하는 것이 정당하지 못하여 여러 사람의 마음이 의심하며 두려워했다"78)는 것이

---

77) 『高麗史』 卷33, 世家33, 忠宣王 卽位年(1308), "幼稟義方 夙標令器 繫我家之 自出 爲藩輔之具瞻逮事 先皇恭勤備著 預聞庶議 聲譽加隆 爰寵賁於儀章 仍 峻升於命秩 敍其勞 詔其舊宜懿戚特優 子惟孝臣 惟忠尙成規 恪守毋愆素履 茂對榮光".
78) 『高麗史節要』 卷22, 忠烈王 24년 8월 壬申.

퇴위 이유였다. 그의 이러한 독단적인 정치 주도와 함께 公主와의 不和도 하나의 원인이 되었다. 퇴위 당한 이후 곧 원으로부터 入朝를 강요받고[79] 충렬왕 복위가 강제되었다.

충선왕에 대한 네 번째 가책은 1308년 前王으로서 太子太傅에 봉한 것이다. 이는 武宗이 즉위하고 仁宗이 皇太子에 책봉되면서 충선왕을 太子太師로 승급시킨 경우였다.

한편 원 황제 成宗이 죽자 帝位를 두고 安西王 阿難答(Ananda)와 懷寧王 海山(Khaishan, 武宗)이 대립하였다. 이 대결에서 내륙 아시아에서 군사적 명성을 떨치던 武宗이 3만 병력으로 上都에 도착하여 정권을 장악하였다.[80] 충선왕과 친분이 두터웠던 武宗의 세력 장악은, 고려 국왕 부자간의 대립을 아들의 승리로 종결짓는 데 결정적인 역할을 하였다.[81] 1298년에 즉위하여 혁신정치를 펴려다 강제로 퇴위 당한 충선왕은 그후 10여 년간 원에 체류하면서 武宗 擁立에 공을 세움으로써(1308년 5월)[82] 藩陽王에 봉해졌다.[83] 이때 그는 '推忠 揆義 恊謀 佐運功臣'에 봉해졌

79) 이때 安珦이 충선왕을 호종하여 갈 때 지은 詩는 이렇다(『晦軒實紀』第1卷 遺集, 「從忠宣王如元時感唫」, 1984, 全州大 湖南學硏究所). "백구호 걸쳐 입은 기린 공자 / 산호 옥패와 녹로 검 옆에 차고 / 중국의 문물보니 季札이 생각나고 / 塗山에 옥잡으니 扶屢가 부끄럽네 / 關河에 쌓인 눈 더미에 마음이 서글프고 / 옛 변방 느릅나무 눈에 익어라 / 이 한몸 끝없는 슬픔이라면 / 중원 천하에 오랑캐가 皇帝라니……"[麒麟公子白裘狐 寶玦珊瑚釰轆轤 上國觀風思季札 塗山贄玉愧扶屢 傷心漠漠關河雪 慣眼依依古塞楡 最是此生無限痛 百年天下帝單于(王以世子再如元 先生亦再赴 故云慣眼依依)].
80) Haiao chi-ching, *The Cambridge History of China*, Vol. 6, Cambridge University Press, 1994, pp. 506~507.
81) 高柄翊, 「高麗 忠宣王의 元 武宗擁立」, 『東亞交涉史의 研究』, 서울대출판부, 1970, 293~303쪽.
82) 高柄翊, 「忠宣王의 武宗擁立」, 『歷史學報』17·18집, 1962 ; 高柄翊, 『東亞交涉史의 研究』, 서울대출판부, 1970. 武宗의 집권과 財政 상황에 대해서는 다음 논문에 자세하다. 李玠奭, 「元朝 中期의 財政改革과 그 意義」, 『慶北史學』19, 1996 ; 李玠奭, 「元朝 中期 支配體制의 再編과 그 構造 - 지배 세력의 재편을 중심으로」, 『慶北史學』20, 1997.
83) 『元史』卷22, 武宗1, 大德 11년(1307) 6월, "進封高麗王 王璋 爲藩陽王 加太子太傅 附馬都尉" ; 『高麗史節要』卷23, 忠烈王 34년(1308) 5월, "知密直司事

다.84) 공신호에서 보이는 忠, 義, 協, 佐 등의 자구는 충선왕의 武宗 옹립에 대한 도움과 공과를 나타내 주는 것으로 생각된다. 또한 太子太傅에서 太子太師로의 승급은 숙위 시절 忠宣王과 仁宗과의 관계가 친밀하였다는 사실을 암시한다.85)

충선왕은 元 太子의 명을 받아 公主 改嫁를 책동하던 王惟紹, 宋邦英 등을 燕京의 私邸에 억류하고 부친인 충렬왕도 慶壽寺에 幽閉시키는 등 고려의 실권을 장악하였다.86) 瀋陽王에 책봉된 다음 귀국하여 復位한 충선왕은 복위 직후 발표한 教書에서 기왕의 정치에 대한 대대적인 교정을 시도하였다.87) 그리고 고려의 제반 관제도 제후국에 맞게 개편하면서 국

朴暄 還自元 帝以前王定策功 特授開府儀同三司 太子太傅 上柱國 附馬都尉 進封瀋陽王 又令入中書省參議政事 賜金虎符玉帶七寶帶碧鈿金帶 及黃金五百兩銀五千兩 皇后皇太子 亦寵待所 賜珍寶錦綺 未可勝計";『高麗史節要』卷23, 忠宣王 즉위년(1308) 10월, "元遣使來冊王 爲征東行中書省右丞相 高麗國王 依前開府儀同三司 太子太師 上柱國 附馬都尉 審陽王".

84) 李齊賢,「忠憲王世家」,『益齋亂藁』卷9上/『高麗名賢集 2』, 成大 大東文化研究, 321쪽, "奉仁宗掃內難以迎武宗 功爲第一 封瀋陽王 推忠揆義恊謀佐運功臣 駙馬都尉 勳上柱國 階開府儀同三司".

85) 李昇漢,「高麗 忠宣王代의 瀋陽王 被封과 在元 政治活動」,『全南史學』2, 1988, 10쪽 각주 22) 참조.

86) 『高麗史』卷32, 忠烈王 33년(1307) 3월 辛卯, "前王 奉太子旨 捕王惟紹 宋邦英宋璘 韓愼 宋均 金忠義 崔湞 及 其黨惡者 囚之于邸 遷王於慶壽寺 自是王拱手而國政歸于前王".

87) 『高麗史』卷33, 世家33, 忠宣王「卽位 教書」, ① 카단(哈丹)賊의 침입시 原州가 항복치 않고 싸운 공훈을 더욱 기리기 위하여 방어에 공로가 있던 자들을 포상 ② 삼한 벽상공신, 전쟁에서 희생된 공신 자손, 공신 자손으로 남반에 속한 자는 동반으로 고쳐 줄 것 ③ 문무 양반의 정로와 잡로에 있는 사람으로써 관직에 임명된 사람에게는 同正職까지 줄 것, 향직이 만기된 자는 위계를 올려 줄 것 ④ 각 기관 이속들에게 조동을 한 번만 허용, 근시와 다방 관속들은 직위 승급, 입사는 초입사 허락, 남반은 동반으로 고쳐 줄 것 ⑤ 승려의 批職이 너무 많음 ⑥ 귀양간 자들 중 반역, 불충, 살인 등을 제외한 사람들을 구제할 것 ⑦ 일본에 호송사로 갔던 부지밀직사사로 치사한 金有成과 供驛令 郭麟 등의 자손을 등용할 것(『高麗史』卷109, 列傳22, 朴全之傳).
충선왕의 개혁 정치에는 洪子藩의 개혁안이 영향을 미쳤다. 朴鍾進,「忠宣王代의 財政改革策과 그 性格」,『韓國史論』9, 1983 ; 盧鏞弼,「洪子藩의 '便民

내의 封爵制度도 封君制로 바뀌었다. 이 충선왕 즉위년에 시행된 封君制로의 변화는 일단은 고려를 元의 諸侯國에 위치시키려 한 충선왕의 입장이 반영되어 있다.[88] 원 제국을 새롭게 일신한 武宗은 創治改法의 정신으로 개혁을 실시하였는바,[89] 이 무종은 定策의 功勞에 대한 보답으로 충선왕을 瀋陽王으로 책봉하였다. 이때의 冊封詔書는 다음과 같다.

推忠揆義協謀佐運功臣 開府儀同三司 征東行中書省左丞相 附馬 王璋은 世祖의 外孫이요 선왕의 貴한 사위다. 내가 왕위를 계승할 당시에 실로 협찬의 공훈이 있었다. 착한 일에는 상을 주고 악한 자에게는 벌을 주는 지극히 공평한 일로서 부모에게 효도하고 임금에게 충성하는 큰 절조[大節]를 保全하게 하겠다. 특별히 경에게 開府儀同三司 太子太傅 上柱國 附馬都尉를 수여하고 審陽王으로 進封시킨다.[90]

十八事'에 대한 研究」,『歷史學報』102, 1984 ; 金光哲, 「洪子藩 研究 - 忠烈王代 政治와 社會의 일면」,『慶南史學』창간호, 1984.

88) 金基德,『高麗時代封爵制研究』, 청년사, 1998, 146쪽. 忠宣王 復位年의 官制改編에 대해서는 다음 논문이 참고된다. 朴宰佑, 「高麗 忠宣王代 政治運營과 政治勢力 動向」,『韓國史論』29, 1993 ; 李益柱, 「忠宣王 復位와 麗元關係의 變遷」,『高麗·元關係의 構造와 高麗後期 政治體制』, 서울大 博士學位論文. 忠宣王 復位年의 여러 改革에 대해서는 다음 논문이 참고된다. 朴鍾進, 「忠宣王代의 財政改革策과 그 性格」,『韓國史論』9, 1983 ; 姜順吉, 「忠宣王의 鹽法改革과 鹽戶」,『韓國史研究』48, 1985 ; 權寧國, 「14世紀 榷鹽制의 成立과 運用」,『韓國史論』13, 1985 ; 權寧國, 「14세기 전반 '개혁 정치'의 내용과 그 성격」,『역사와 현실』7, 1992 ; 김광철, 「개혁 정치의 추진과 신진사대부」,『한국사 19』, 1996 ; 金炯秀, 「忠宣王의 復位와 復位敎書의 性格」,『大邱史學』56, 1998.

89) 李玠奭,『14世紀初 元朝支配體制의 再編과 그 배경』, 서울大 博士學位論文, 1988.

90)『高麗史』卷33, 世家33, 忠宣王 復位年(1308) 5월 戊寅, "咨爾推忠揆義協謀佐運功臣 開府儀同三司 征東行中書省左丞相 附馬 王璋 世祖外孫 先朝貴壻 方朕讚承之始 寔參翊贊之功 以賞善罰惡之至公保 孝父忠君之大節 可特授開府儀同三司 太子太傅 上柱國 駙馬都尉 進封 瀋陽王" ;『高麗史』卷32, 世家32, 忠烈王 34년(1308) 5月 戊寅, "知密直司事朴瑄 自元 帝以前王定策功 封瀋陽王".

위 책문에서 보이듯 충선왕은 武宗 추대에 功勞가 있었다. 제1의 공을 세운 것 같지는 않다는 견해가 있기는 하지만,[91] 어쨌든 충선왕은 在元시절의 교분으로 인하여 仁宗과 더불어 武宗을 옹립하였다.[92] 따라서 인종의 입장에서 보면 충선왕의 功이 第一이었다고 하겠다.[93] 忠宣王이 元의 武宗을 옹립한 공으로 심양왕에 책봉된 것을 기념한 박원항의 祝詩가 남아 있다.[94] 충선왕 復位年의 詔書는 다음과 같다.

경은 東藩으로 臣職을 대대로 지켜 왔다. 아들이 부친의 왕위를 이어받는 것은 법제에 부합되는 일이다. 근자에 고려왕 王昛가 유서로써 그 아들 王璋에게 왕위를 계승시켜 줄 것을 요청하였다. 짐이 생각건대 경은 우리 조부의 외손이요 晉王의 사위이며 훌륭한 사고력과 위대한 공은 모두 칭찬할 만한 것이 있었다. 오랫동안 황실에 있으면서 매사에 충실하였기에 특별히 征東行中書省右丞相 高麗國王의 자리를 주었으며, 開府儀同三司 太子太師 上柱國 駙馬都尉 瀋陽王의 벼슬은 그 전대로 계승케 한다. 지금부터는 더욱 천의를 두려워하고 황실에 성의를 다할 것이며 국내의 모든 사업과 직책을 이전 규례대로 준수하고 만백성은 그 生業에 안착하도록 하라.[95]

---

91) 高柄翊,「高麗 忠宣王의 元 武宗 擁立」,『歷史學報』17·18, 1962 ; 高柄翊,『東亞交涉史 硏究』, 서울대출판부, 293~303쪽.

92) 李齊賢,「忠憲王世家」,『益齋亂藁』卷9上/『高麗名賢集 2』, 成大大東文化硏究, 321쪽, "王與丞相達罕等定策 奉仁宗掃內難以迎武宗 功爲第一 封瀋陽王".

93) 李昇漢,「高麗 忠宣王代의 瀋陽王 被封과 在元 政治活動」,『全南史學』2, 1988, 16쪽.

94) 朴元恒,「主上除太傅瀋陽王」,『東文選』卷15, 七言律詩, "玉詔가 碧縷門에서 내리시어 / 새로이 太傅로 제수하사 동녘의 藩邦을 삼으셨다 / 천년 만에 임금을 만나 山河로 맹세하고 / 삼대째 勤王하여 雨露의 은혜를 받으셨다 / 菟郡의 뽕과 삼이 나라 강토 보태주고 / 鶴城의 꽃과 달이 宮園으로 들어오네 / 賀客을 맞으시느라 날마다 바쁘신데 / 또 부름 받자오시와 至尊께 謁見하시네".

95)『高麗史』卷33, 世家33, 忠宣王 즉위년(1308) 10월 辛亥, "爾東藩世守 臣職子承父爵 典制具存 近高麗王王昛 遺奏以其子王璋襲爵 朕惟王璋親 聖祖之甥懿 乃宗姬之壻 嘉謀偉業俱有可稱 久侍闕庭 備殫忠力 特授征東行中書省右丞相 高麗國王 依前開府儀同三司 太子太師 上柱國 駙馬都尉 瀋陽王 自今以

충렬왕의 양위 의사로 인해 왕의 자리를 아들로 대신한다는 내용이다.
이후 定策의 功으로 瀋王으로 進封된 충선왕은 대단한 세력을 과시하였
다.[96) 瀋王으로서 그는 元의 諸王의 반열에 속했고 서열 39위였다. 이는
고려왕의 서열 41위보다 더 높다. 이후 瀋王은 조카 暠에게 전해져 고려
국왕과 경쟁하는 형세를 보이게 된다.[97]

한편 충선왕 2년 고려의 요청으로 원으로부터 高宗과 元宗 및 父王에
대한 시호가 내려졌다[98]는 점에 대해서는 앞에서 언급하였다. 이 3대에
대한 추증이 있은 후, 충선왕은 그의 2년에 世子 鑑(廣陵君)과 그 從者 金
重義 등을 살해하였다.[99] 이유는 자세하지 않으나 왕위계승과 관련하여
무고에 걸린 듯하기도 하고,[100] 충선왕파와 세자 鑑의 從者들 사이에 모
종의 정치적 갈등이 불러온 결과인 것도 같으나, 확언할 수 없다. 당시 고

始益謹畏天下之戒 勉修事上之誠 群工庶職 各守常規 士庶緇黃 無失其業".
96) 『元史』 卷23, 本紀23, 武宗 2년(1310) 4월, "賜高麗王璋 功臣號 改封 瀋王".
97) 瀋陽王은 다음과 같이 계승되었다.

受冊封者	封爵名	在位	冊封經緯
忠宣王	瀋陽王	1307-1310	武宗擁立의 功
忠宣王	瀋王	1310-1316	行省體系確立
王暠	瀋王	1316-1328	襲爵
脫脫不花	瀋王	1354-1376	襲爵·漢人蜂起 鎭壓

瀋陽王의 변천과 정치, 경제적 위상에 관해서는 다음 논문이 참조된다. 金惠
苑, 「高麗後期 瀋(陽)王의 政治·經濟的 基盤」, 『國史館論叢』 49, 1993 ; 金惠
苑, 『高麗後期 瀋(陽)王 研究』, 梨花女大 博士學位論文, 1998.
98) 『高麗史』 卷33, 世家33, 忠宣王 2년(1310) 6월 乙未.
高宗：贈 敦信明義 保節貞亮 美翊順功臣 太師開府儀同三司 尙書右丞相 上
柱國 高麗國王 諡忠憲
元宗：贈 端誠奉化 保慶亮節 康濟佐理功臣 太師開府儀同三司 尙書右丞相
上柱國 高麗國王 諡忠敬
忠烈王：純誠守正推忠宣力定遠保節寅亮弘化奉慶功臣 太師 開府儀同三司
尙書右丞相 上柱國 高麗國王 諡忠烈
99) 『高麗史』 卷33, 世家33, 忠宣王 2년(1310) 5월 乙巳, "王殺世子鑑 及其從者
金重義等".
100) 黃雲龍은 "전위 후 충선왕이 정치에 간섭하려는 계획을 세자가 반대한다는 誣
告때문이었을 것"으로 추측하였다(黃雲龍, 『高麗閔族研究』, 東亞大出版部,
1990 改訂版).

려 조정은 국왕의 在元 활동으로 곤란한 점이 많았으므로 崔有渰을 비롯한 고려 중신들은 왕의 還國을 바라고 있었던 점이 주목된다.[101]

이런 상황에서 충선왕은 세자 鑑에게 전위함으로써 歸國을 피하고 원에서 영향력을 발휘하고자 하였다. 그런데 尹碩[102]이나 朴全之[103] 등 從臣들은 세자의 동생 江陵君(忠肅王)을 지지하고 있었는데, 그들의 뜻과는 반대로 형인 廣陵君 鑑이 世子로 책봉되자[104] 江陵君을 지지하던 從臣들이 여기에 반대하였을 것이다. 나아가 국왕의 還國을 원했던 金深·李思溫 등의 還國派 인사들과, 국왕의 환국에 반대하는 權漢功·崔誠之·朴景亮 등을 구금하는 데 서명한 수백 명이 세자의 죽음과 관련이 있다고 하겠다. 결국 尹碩, 朴全之, 金深, 李思溫, 그리고 수백 명의 인사들이 충선왕의 世子 살해와 관련이 있다고 사료된다.

충선왕은 高麗國王職을 유지한 채로는 在元 생활을 계속할 수 없었으므로 왕위를 傳位하고 元都에 머물면서 고려 정치를 지속적으로 주도할 수 있는 방도를 택하였다. 그리하여 충선왕 5년 3월에 忠肅王에게 양위하고 자신은 계속 고려 정국을 주도하려고 하였다. 上王이 된 충선왕에게 元 仁宗이 右丞相직을 제수하고자 하였으나 다음 자료처럼 사양하였다.

右丞相 禿魯가 파직되자 皇帝[仁宗]께서 上王[忠宣王]을 丞相으로 임명하였다. 이에 상왕이 사양하면서 말하기를 "臣은 小國을 맡는 일도 책임을 다하지 못할까 두려워 아들에게 傳位하기를 청했는데 하물며 皇

---

101) 『高麗史節要』 卷23, 忠宣王 1년 4월, "遣吳挺珪如元 賀受尊號 政丞崔有渰等 仍上箋於王請還國 時帝及皇后皇太子 待王甚寵故 王不納".

102) 『高麗史』 卷124, 列傳37, 尹碩傳, "(尹)碩忠宣時爲別將 元使至以盞立王前元 使傳帝旨 令兩王子入侍 碩聞之默自念 吾當從弟 歸告其父 父曰 兒計失矣所 以從王子者 爲後日計 兄在而弟先有國乎 碩曰 吾亦知其然然 吾見少則敬心 見長則否 此所以決吾策也 遂從之 長早亡 少則忠肅也".

103) 『高麗史』 卷109, 列傳22, 朴全之傳, "忠宣嘗召入內 廣平江陵二君侍王 令各 書名 以示曰 誰享國者 全之不敢對王 固要之良久 避席曰 觀兩君筆蹟 亞君當 璧矣 不數月 廣平卒 江陵果爲嗣其識見 如此".

104) 『高麗史』 卷91, 列傳4, 世子鑑傳, "世子鑑 小字宜忠 嘗爲廣陵君 後封世子 忠宣二年 王在元 殺鑑及從者金義重等".

室의 上相을 어찌 맡을 수 있겠습니까? 어떻게 영화를 탐내어 폐하의 밝은 知鑑에 누를 끼치겠습니까? 감히 목숨을 걸고 주청합니다." 황제가 웃으며 이르기를 "경이 본래부터 권력을 잘 피하는 것을 안다"고 하였다.105)

충선왕에 대한 仁宗의 총애는 지대하였다. 충선왕에게는 그만한 능력과 공훈이 있었음에도 불구하고 右丞相직을 굳이 사양한 이유는 政敵들의 시기를 피하기 위해서였다. 즉 그가 만약 원 황실의 右丞相직을 맡게 되면 그를 반대하는 세력들의 구체적인 표적이 될 가능성이 훨씬 커지는 것은 물론이고, 아울러 우승상직은 원 황실의 직책이으므로 이를 수락할 경우 원 제국의 중앙관료로의 변질도 여의치 않았을 것이다.106)

右丞相이라면 正1品직의 최고 직책으로서, 天子를 돕고 萬事를 總理하는 자리다.107) 따라서 충선왕에 대한 우승상직 제수는 특례적인 것이라 하겠으며 충선왕의 인종과의 각별한 관계에서만 가능한 경우였다. 충렬왕과 충선왕은 세자 시절에 特進으로 책봉된 뒤 즉위 후에 開府儀同三司로 진급되었다. 원대 문산계 정1품은 銀靑光祿大夫에서 金紫光祿大夫로, 그리고 崇進, 特進, 儀同三司, 開府儀同三司의 순으로 位階가 되어 있었다. 여기서 충렬왕은 特進에서 開府儀同三司로 승급하였고 충선왕은 特進에서 儀同三司, 그리고 開府儀同三司의 순서로 진급한 것이다.

충숙왕 7년(1320) 1월, 충선왕의 막강한 후원자가 되어 주던 仁宗 황제가 사망하면서 충선왕의 운명도 내리막길을 걸었다. 이역 땅 吐藩으로 유배의 길을 떠난 후 종말을 맞고 더 이상의 책봉도 없었다. 충선왕이 원에서 받은 책봉 내역을 종합하면 '開府儀同三司 太子太師 上柱國 附馬都尉

---

105)『高麗史節要』卷24, 忠肅王 1年 3월, "右丞相禿魯罷 帝爲上王爲相 王固辭曰 臣小國藩宣之寄 猶懼不任 乞付於子 況朝廷之上相哉 安敢貪榮冒處 以累陛下之明 敢以死請 帝笑曰 固知卿善避權也".

106) 李昇漢,「高麗 忠宣王의 瀋陽王 被封과 在元 政治活動」,『全南史學』2, 1988, 35쪽.

107)『元史』卷85, 志35, 百官1, 左丞相 右丞相, "左丞相 右丞相 各一員 正一品 銀印 統六官 率百司 居令之次 令缺 則總省事 佐天子理萬機 國初 職名未詳".

審陽王 征東行尙書省右丞相 推忠揆義協謀佐運功臣 高麗國王'이고 이러한 官爵은 충선왕에 대한 元 황실의 평가라 할 수 있다.

4. 忠肅王~忠定王代의 책봉

忠肅王은 부왕인 충선왕과의 불화로 재위 기간 중 4년을 元都에 억류되어 있어야 했다. 그동안 附元 세력들은 황제 英宗의 총애를 받던 藩王 暠를 고려 국왕으로 옹립하려고 하였다. 원의 충숙왕에 대한 지나친 간섭은 그로 하여금 매사에 의욕을 잃게 만들었고,108) 그들의 압력으로 결국 충숙왕은 퇴위하였다. 충숙왕~충목왕대의 책봉 내역은 다음과 같다.

<표 4> 忠肅王~忠定王代의 冊封

國王	冊封時期	冊封官爵名
忠肅王 卽位年	1313. 3	金紫光祿大夫征東行中書省左丞相上柱國高麗國王
忠肅王世子 暠	1316. 3	開府儀同三司 藩王
忠肅王 4年	1317.11	開府儀同三司 附馬 高麗國王
忠惠王 卽位年	1330. 2	開府儀同三司 征東行中書省左丞相 上柱國 高麗國王
忠穆王 卽位年	1344. 5	開府儀同三司 征東行中書省左丞相 上柱國 高麗國王
忠定王	×	×

충선왕은 江陵大君 燾(충숙왕)를 동행하고 원 황제에게 傳位를 요청하였고 이 요청은 받아들여졌다. 당시 원 조정이 충선왕에게 귀국을 권하는데 대해 회피할 구실을 찾기 위해 행동이었다.109) 책문에서는 "고려국 왕세자 燾는 우리의 勳戚으로서 대대로 우리의 諸侯國이 되었다. 이제 경의

---

108) 金塘澤, 「高麗 忠惠王과 元의 갈등」, 『歷史學報』142, 1994 ; 金塘澤, 『元干涉下의 高麗政治史』, 一潮閣, 1998, 104쪽.

109) 『高麗史節要』卷23, 忠肅王 卽位年(1313) 3월, "王以長子 江陵大君燾 見于帝 請傳位 帝冊爲金紫光祿大夫 征東行中書省左丞相 上柱國 高麗國王 是時 元欲王歸國 王無以爲辭 乃遜其位" ; 『元史』卷23, 本紀23, 武宗 2년(1313), "高麗王辭位 以世子王燾 爲征東行中書省左丞相 上柱國 封高麗國王".

부친이 왕위에서 물러나 편안함을 도모코자 하므로 그대가 대를 이어 王家를 빛내라. 이제 성대한 典禮에 의하여 禮章을 보내며 특별히 金紫光祿大夫 征東行中書省左丞相 上柱國 高麗國王을 제수하니 충효의 마음을 굳게 하여 길이 백성들의 복리를 위하여 힘쓰라"110)고 하였다.

충숙왕은 즉위년에 旻天寺에서 백관을 모아 놓고 황제가 왕을 책봉한 조서를 선포하였다. 이후 3년 후에(1316년 3월) 충선왕은 瀋王 자리를 조카 暠에게 넘겨주고 太尉王으로 자칭하였다.111) 원은 1317년(충숙왕 4)에 왕을 金紫光祿大夫에서 開府儀同三司로 昇階시켰다.112)

이 무렵 심왕을 고려왕으로 옹립하려는 움직임이 있었다. 전 찬성사 權漢功 등이 심왕 暠를 왕으로 세우고자 원에 요청하기 위해 慈雲寺에서 백관을 모아 의논하였다. 그리하여 원 中書省에 서면을 제출키로 하였으며 권한공 등이 다시 그 절에 모여 중서성에 보낼 문서에 서명을 받았다. 이때 절반도 안 되어 갑자기 우박이 쏟아져 무산되는 일이 발생하였다고 전한다.113)

충렬왕과 충선왕이 세자 시절에 特進으로 책봉된 뒤 즉위 후에 開府儀同三司로 진급된 데 비해, 충숙왕은 즉위 후에 金紫光祿大夫로 책봉되고 4년 여가 지나서 開府儀同三司로 진급되었다. 특진과 금자광록대부는 같은 1품에 속하는 문산계이나 위계상 特進이 높았다. 이렇게 충숙왕에게 金紫光祿大夫의 낮은 위계로부터 시작하여 開府儀同三司로 昇階시킨 이

---

110) 『高麗史』卷34, 世家34, 忠宣王 5년(1313) 3월 甲寅, "咨爾 高麗王世子燾國縣 勳戚 世立藩維 乃父釋位以圖安 肆爾承家而弘慶 爰稽隆典 載賜休章 可特授 金紫光祿大夫 征東行中書省左丞相 上柱國 高麗國王 尙堅忠孝之心 永底人 民之祐".

111) 『元史』卷25, 本紀25, 仁宗 2년(1316) 3월, "特授高麗世子王暠 開府儀同三司 瀋王";『高麗史節要』卷24, 忠肅王 3년 3월, "上王奏于帝傳瀋王位 于世子暠 自稱太尉王 帝授暠 開府儀同三司 瀋王".

112) 『高麗史』卷34, 世家34, 忠肅王 4년(1317) 11월, "贊成事權漢功還自元 帝冊王 爲開府儀同三司 駙馬 高麗王";『高麗史節要』卷24, 忠肅王 4년 11월, "帝冊 王 爲開府儀同三司 附馬 高麗國王".

113) 『高麗史』卷35, 世家35, 忠肅王 9년(1323) 8월 丙戌.

유로는 몇 가지를 들 수 있다. 먼저 충숙왕이 元나라 공주 소생이 아닌 점과 元 宗室의 공주와 혼인하지 않은 점, 그리고 당시까지 충숙왕보다 그 아버지인 충선왕을 더 신임한 점[114]을 꼽을 수 있다. 瀋王 暠를 충숙왕보다 앞서 '開府儀同三司'로 책봉한 것[115]도 이러한 충숙왕의 여러 조건에서 기인하였다고 생각된다.

그런데 충숙왕이 재위 3년에 營王의 딸과 혼인함으로써 원 황실의 후원을 배경으로 왕권을 강화할 수 있는 배경을 얻게 되고, 나아가 開府儀同三司로 승계될 수 있었다고 하겠다. 결국 충숙왕이 받은 두 번의 책봉 내역을 종합하면 '開府儀同三司 征東行中書省左丞相 上柱國 駙馬高麗國王'이다.

忠惠王은 부왕의 양위[116]로 1330년(충숙왕 17)에 즉위하였다. 원은 충혜왕 즉위년(1330년 2월)에 그를 高麗國王으로 책봉하였다. 그 책봉문에서는, 경은 부왕의 퇴위로 인하여 嫡系로서 왕위를 계승하였다. 우리나라를 잘 保衛한 그대 조상들의 충의를 잊지 말고, 黃河가 마르고 泰山이 숫돌처럼 닳도록 영원히 우리 大邦의 慶事를 굳게 하라고 당부하였다. 그리하여 開府儀同三司 征東行中書省左丞相 上柱國 高麗國王의 직을 특별히 제수한다고 하였다.[117]

주지하듯이 충혜왕은 君主로서는 이해하기 힘들 정도로 荒淫無度하였고 惡小들과 어울렸다.[118] 그는 자신의 개인적인 재정 기구를 이용하여

---

114) 金惠苑, 「麗元王室通婚의 成立과 特徵 - 元公主出身 王妃의 家系를 중심으로」, 『梨大史苑』 24·25合輯, 1989, 182~183쪽, 각주 92) 참조.

115) 『高麗史節要』 卷24, 忠肅王 3년 3월.

116) 『高麗史』 卷35, 忠肅王 16년 10월 庚戌.

117) 『高麗史』 卷36, 世家36, 忠惠王 卽位年(1330), "世篤忠貞 足任人民之寄家興仁讓 宜膺爵土之傳 庸非其人 胡能立國 咨爾高麗國世子 王禎肇由懿戚獲建鴻名奕葉相 仍奉聲敎而彌謹歷年滋久 守臣節而靡虧 玆因內父之求閑 爰承正系攸屬 於戲藩維宗社毋望 爾先世之忠 帶礪山河 永固我大邦之慶 勉修令德 丕集繁禧 可特授 開府儀同三司 征東行中書省左丞相 上柱國 高麗國王".

118) 金昌洙, 「麗代 惡小考」, 『史學研究』 12, 1961 ; 蔡雄錫, 「高麗 중·후기 無賴와 豪俠의 행태와 그 성격」, 『역사와 현실』 8, 1992.

蓄財하였으며[119] 인사 운영에서도 파행성을 드러냈다. 그의 정치는 극단적인 私的 형태로 운영되었던 까닭에 원에 의해 즉위한 지 2년 만에 물러났다. 이후 원은 1332년(충숙왕 후1년) 2월에 원에서 충숙왕을 복위시켰다.[120] 충혜왕에게 국정처리 능력이 없다는 이유에서였다. 그러나 그 배경에는 그의 정치적 후원자 燕帖木兒의 정적인 伯顔이 정치적 실력자로 대두한 점,[121] 충혜왕에 대한 원의 불만 등이 내재되어 있었다.[122]

퇴위 당한 충혜왕은 元都에 들어갔는데, 충숙왕이 사망한 1년 뒤 새로운 원의 실력자 脫脫의 건의로 복위하였다.[123] 그러나 복위한 지 4년 만에(1343) 또다시 원에 의하여 압송되었다. 이는 충혜왕의 왕권강화를 통한 反元的 태도 때문이었다.[124] 그는 揭陽縣으로 유배되던 중 岳陽에서 운명하였다.[125]

충혜왕의 장남이었던 忠穆王은 4년 동안 왕위에 있다가 12세의 나이로 사망하였다. 그는 즉위년(1344) 5월에 원으로부터 '開府儀同三司 征東行中書省左丞相 上柱國 高麗國王'으로 책봉되었다. 이는 충혜왕의 책봉 관작과 동일하며,[126] 征東行省左丞相직은 세습되었다. 한편 1344년에는 元帝國의 쇠퇴를 가속화시킨 黃河의 대범람이 발생하였다. 黃河 河口가 바뀔 만큼 커다란 대홍수로 100만 호 이상이 굶주리고, 人肉까지 먹는 비참

---

119) 전병무, 「고려 충혜왕의 상업활동과 재정정책」, 『역사와 현실』 10, 1993.

120) 『元史』 卷36, 本紀36, 文宗5, 至順 3년(1332) 1월 癸酉, "命高麗國王王燾 仍爲
　　高麗國王 賜金印 初燾有疾 命其子(禎)襲王爵 至是 燾疾愈 故復位".

121) 『高麗史』 卷109, 列傳 22, 李兆年傳.

122) 金塘澤, 『元干涉下의 高麗政治史』, 一潮閣, 1998, 107쪽.

123) 『高麗史節要』 卷25, 忠惠王 後1年 正月.

124) 金塘澤, 『元干涉下의 高麗政治史』, 一潮閣, 1998, 113쪽.

125) 충혜왕의 이런 비극을 岳陽之禍라 부르기도 한다(『高麗史』 卷111, 宋天逢傳 ;
　　金龍善 編, 「金光載墓地銘」, 『高麗墓地銘集成』, 翰林大 아시아文化硏究所,
　　1993, 564쪽).

126) 『高麗史節要』 卷25, 忠穆王 卽位年(1344) 4월, "王至 自元翌日 元使桑哥頒詔
　　曰 昔我祖宗奄有萬方……一朝後嗣 不克繼承 逐失世爵在 朕奚忍又念 海隅
　　蒼生 皆朕赤子 久塗炭 良切予懷 乃命其子人 禿麻朶兒兄 仍襲 征東行省左丞
　　相 高麗國王" ;同 5월, "元遣李麻秦瑾 來冊王 爲開府儀同三司 征東行中書
　　省左丞相 上柱國 高麗國王".

한 상태에 빠지게 되었다.127) 충목왕이 책봉된 시기는 바로 이 무렵으로, 사실 원 내부 사정은 급속히 어려워져 가던 시기였다.

책봉문을 보면 고려가 元에 歸依한 것도 3~4대가 지났다고 하면서 뜻 밖에 人倫의 변고가 많아서 조정의 처벌이 여러 번 있었다고 하였다. 그리고 두 나라의 관계는 甥舅 관계인 동시에 또 君臣의 의리까지 거듭되었다고 강조하였다. 八思麻朶兒只(충목왕)는 아직 나이는 어리나 영민한 바탕이 있어서 父師의 교훈이 없이도 백성들의 곤란한 사정을 알고 있으므로 전례와 같이 왕위를 계승케 한다고 하였다. 그리고 이미 높은 자리에 올랐으니, 새로 天命을 받았다면서 노성한 인물들을 무시하지 말고 곤궁한 백성들을 학대하지 말며 자만하지 말라고 하였다. 더불어 그대의 조상이 큰 나라에 복종하던 정성을 생각하여 자기의 국가를 보존하고 그대의 부친이 실패한 교훈을 살려 백성들에게 이로운 정사를 하라고 당부하였다.128)

충목왕을 이어 忠惠王의 서자였던 忠定王이 즉위하였다. 그러나 그 역시 재위 3년 만에 15세의 나이로 사망하였다. 그가 즉위하였을 때, 李齊賢이 작성한 新王 冊封을 원하는 上表文에는 여러 관원들이 왕의 冊封이 있기만을 기다리고 있다든가, 고려는 아직 귀순하지 않은 일본과 이웃하고 있기 때문에 하루라도 왕이 없어서는 안 되는 실정을 들어 책봉을 주청하고 있다.129) 그럼에도 불구하고 그는 원에 의해 廢位되고 공민왕이 즉위

---

127) 미야자키 마사카쓰, 이규조 옮김, 『정화의 남해 대원정』, 일빛, 1999, 63쪽.

128) 『高麗史』 卷37, 忠穆王 卽位年(1344) 5月 甲午, "東方有國 盖數百年 北面歸朝已三四世 不謂人倫之多變 致煩天討之屢 加顧惟甥舅之親 重以君臣之義 用明保夫小子 俾獲承于先王 咨爾八禿麻朶兒只韶齔之年 英敏之器 非有父師之訓 已知稼穡之難 式紹王討匪 加于舊載登宰路 其命維新 毋侮老成 毋虐鰥寡 毋謂已知 毋恃已能 思乃祖事大之誠 以保其社稷 謹爾父亡身之戒 而利其民人 所以輯寧 爾邦亦惟敬典在德 於戲 內外交正尚盖 前人之愆 左右皆賢 永篤後來之慶其聽 朕命毋易 攸言 可特授開府儀同三司 征東行中書省左丞相 上柱國 嗣封高麗國王"

129) 『高麗史』 卷37, 忠定王 卽位年(1348) 12月 己卯, "百僚拳拳 佇聞侯命之有歸"·"本國隣於日本 不廷之邦 不可一日而無主".

한 후 강화도에서 피살되었다.

5. 고려말의 책봉관계

元은 1344년(忠穆王 卽位年) 황하의 대범람으로 인하여 어려워진 농업 위기를 극복하기 위하여 1351년 15만 명의 백성과 2만 명의 병사를 징발하여 治水 공사에 투입하였다. 이때 가혹한 치수 공사에 내몰린 백성들 속에서 韓山童이 미륵의 출현을 예언하는 白蓮敎[130]를 이끌며 蒙古人 지배의 타도와 개벽을 슬로건으로 봉기를 도모하였다. 그가 체포된 후에는 劉福通이 元 帝國의 타도를 외치면서 擧兵하였다. 이들은 붉은 두건을 표지로 삼았기 때문에 '紅巾軍' 또는 '紅軍'이라 일컬어지는바, 紅巾軍은 10만 명이 넘는 세력을 규합하였다.

이 밖에 백련교의 지도자 徐壽輝는 호북성에서 황제를 자칭했으며, 1352년에는 안휘성 정원현의 지주인 郭子興이 濠州를 거점으로 봉기하였다. 이 무렵 朱元璋도 郭子興 軍에 들어갔다. 1353년에는 양자강 델타 지대의 소금 밀매 상인이던 張士誠이 봉기하여 高郵縣을 거점으로 세력을 넓혀 나갔다. 1348년에는 절강성 태주의 해적난을 이용해 봉기한 소금 판매상 출신의 方國珍도 元 帝國의 동요에 편승하여 세력을 확장하였다. 이리하여 불과 2~3년 사이에 黃河 유역에서 揚子江 유역에 이르는 광대한 지역이 元 帝國이 손도 댈 수 없을 정도로 혼란상태에 빠져들었다.[131]

1) 恭愍王代 反元 政策과 對明 事大로의 전환

忠穆王이 早死하자 元은 충혜왕의 아들 忠定王으로 하여금 대를 잇게

---

130) 崔甲洵, 『中國 近世 民間宗敎 硏究』, 東國大 博士學位論文, 1993 참조. 이 논문에서는 南宋代 茅子元의 敎說에서 淸代의 諸의 敎派의 교리 및 활동에 이르는 白蓮敎에 대하여 서술하고 있다.

131) 미야자키 마사카쓰, 이규조 옮김, 『정화의 남해 대원정』, 일빛, 1999, 65~66쪽.

하였다. 충정왕은 곧 폐위되어 강화로 갔다가 공민왕 1년에 살해되었다. 원에 의해 지명된 恭愍王은 귀국하여 고려의 혁신정치를 표방하며 여러 가지 개혁을 실시하였다.[132] 즉 재위 1년(1352) 1월에 剃頭辮髮을 금지하고[133] 政房을 혁파하였으며,[134] 재위 2년에는 田民辨正都監의 田民別監을 제도에 파견하여 잘못된 토지제도를 고치려 하였다.[135] 주지하듯이 공민왕이 즉위한 14세기 후반은 국내외적으로 정세가 복잡하게 전개되었다.[136] 공민왕의 초기 개혁정치도 벽에 부딪히기 시작하였다. 趙日新의 난, 奇轍 일파의 준동 등이 그것이다. 공민왕이 받은 책봉 내역은 다음과 같다.

---

132) 恭愍王代의 改革政治에 대해서는 다음 논고가 참조된다. 閔賢九, 「辛旽의 執權과 그 政治的 性格(上·下)」, 『歷史學報』 38·40, 1968 ; 黃乙順, 『高麗 恭愍王代의 改革과 그 性格에 관한 硏究』, 東亞大 博士學位論文, 1989 ; 閔賢九, 「恭愍王의 反元的 改革政治에 대한 一考察」, 『震檀學報』 68, 1990 ; 閔賢九, 「高麗 恭愍王代 反元的 改革政治의 展開過程」, 『擇窩許善道先生 停年紀念 韓國史學論叢』, 1992 ; 閔賢九, 「高麗 恭愍王代의 '誅奇轍功臣'에 대한 검토 -反元的 改革政治의 主導勢力」, 『李基白先生古稀紀念 韓國史學論叢』, 1994 ; 白仁鎬, 「恭愍王 20년의 改革과 그 性格」, 『考古歷史學志』 7, 1991 ; 이익주, 「공민왕대 개혁의 추이와 신흥유신의 성장」, 『역사와 현실』 15, 1995 ; 洪榮義, 「恭愍王 初期 改革政治와 政治勢力의 推移(上·下) - 元年·5년의 改革方案을 중심으로」, 『史學硏究』 42, 43·44, 1990·1992 ; 김기덕, 「14세기 후반 개혁 정치의 내용과 그 성격」, 『14세기 고려의 정치와 사회』, 민음사, 1994.
133) 『高麗史節要』 卷26, 恭愍王 1年 正月.
134) 『高麗史』 卷38, 世家38, 恭愍王 1년 2월 乙亥. 고려 말에는 政房의 置廢가 자주 반복되었다. 정방에 대한 전반적인 이해는 金昌賢, 『高麗後期 政房硏究』, 高麗大 民族文化硏究所, 1998 참조.
135) 『高麗史』 卷78, 志32, 食貨1, 田制 經理, 恭愍王 2년 11월.
136) 중국 호남성 형주에서 1331년에 무서운 질병이 발생하여 그곳 인구의 90%가 죽었고, 1351~1354년에도 많은 사상자를 냈다. 그 후 전국으로 확산되었는데, 元朝의 中國 支配가 약화된 원인 중의 하나를 이 질병의 만연으로 든다. 1331년의 전염병은 실은 흑사병으로서 이것이 중앙아시아를 거쳐 1347년에는 크리미아 반도에까지 도달하였다(맥닐, 허정 역, 『전염병과 인류의 역사』, 1992, 한울, 4~5장). 한편, 중국에서 1600~1700년 사이에 인구 증가가 없었던 원인이 이 시기에 기온이 내려가서 농작물 생육기간이 상대적으로 짧아졌던 데에 있다고 지적된다(정철웅 역, 『중국의 인구』, 책세상, 1994).

<표 5> 恭愍王　冊封

高麗王	授封國	西紀	冊封官爵名	典據
恭愍王卽位年		1351.10	元江陵大君祺爲國王	『史』, 『要』
恭愍王　5		1356. 2	親仁保(輔於『元史』)義宣力奉國彰惠靖遠功臣	『史』, 『要』
恭愍王　12	元	1363	恭愍王 廢位, 德興君(塔思帖木兒) 임명⇒원 조정내의 문서상 논의로 한정됨.	『史』, 『要』
恭愍王　14		1365. 3	太尉	『史』, 『要』
恭愍王　18		1369. 3	右丞相	『史』, 『要』
恭愍王　19	明	1370. 5	冊王(高麗國王)	『史』, 『要』, 『元史』

　　恭愍王 卽位年(1351)의 책봉 내역은 高麗國王이었다.[137] 원에서 공민왕(江陵大君 王祺)을 국왕으로 책봉하고 斷事官 完者不花를 보내 모든 창고와 궁실을 봉인하고 국새를 회수하여 갔다.[138]

　　두 번째 가책은 공민왕 5년(1356)에 있었다. 元은 이 무렵 高麗國王과 瀋王 그리고 奇皇后 일족의 敬王 등의 삼각체제로 왕을 책봉하였다.[139] 기황후 일족에 대한 책봉은 황후에 대한 예우에 해당하겠으나,[140] 고려 왕실의 입장에서는 껄끄러운 존재가 아닐 수 없었다. 이는 원의 분열정책의 일환이라 하겠다.

　　그러나 고려의 奇皇后 세력도 공민왕의 反元 정책이 본격화되면서 변하였다. 奇轍, 權謙, 盧頙 등이 반역을 도모하다 처단되었고[141] 그들 친척

---

137) 『元史』卷42, 本紀42, 順帝 5년(1351) 9월, "詔以高麗國王 不答失里之弟 伯顔帖木兒 襲其王封 不答失里之子 遂廢".

138) 『高麗史節要』卷26, 忠定王 3년(1351) 10월, "元以江陵大君祺爲王 遣斷事官 完者不花 封倉庫 收國璽以歸 王遜于江華".

139) 원이 奇完者不花를 보내 榮安王을 敬王으로 고쳐 책봉하고 그의 조상 3대에게 왕위를 추증하였다(『高麗史』卷39, 世家39, 恭愍王 5년(1356) 5월 戊子, "元遣奇完者不花 來改冊榮安王 爲敬王 追贈三代爲王"). 원에서 고려의 기황후 祖上 3대를 王으로 추증한 것은 奇皇后 一族에 대한 特別 禮遇이다.

140) 『元史』卷114, 列傳1, 后妃1, 完者忽都皇后奇氏傳, "高麗人 生皇太子愛猷識理達臘 家微 用后貴 三世皆奉王爵".

141) 池內宏, 「高麗恭愍王の元に對する反抗の運動」, 『東洋學報』7-1, 1917 ; 池內宏, 『滿鮮史硏究 - 中世篇3』, 吉川弘文館, 1963.

들이 모두 도주하였다. 그리고 征東行省理問所도 철폐되었으며 쌍성총관부도 무력으로 수복하였다. 이어서 6월에는 至正 年號도 정지하여 원과의 관계를 단절하였다.

이 반원 정책의 기저에는 元 帝國의 쇠퇴라는 요인이 크게 작용하였다. 元末이 되면 중국 내지에서 반원 기운과 함께 여러 群雄들이 할거하면서 각기 힘을 겨루고 있었다. 원이 漠北의 카라코룸(和林)으로 물러가고 중원에는 漢族인 朱元璋에 의해 明이 건국되었다. 明 太祖 洪武帝[142]는 즉위와 개국의 소식을 諸國에 전하여 새로운 君臣關係의 수립을 원하였다.

고려는 공민왕 3년의 高郵城 전투에 참가한 권겸, 인당 등이 귀국하여 南賊의 기세가 날로 성함과 고려군이 선전하고 있음을 알렸다.[143] 쇠약해져 가는 원의 상태를 파악한 공민왕은 漢人群雄들과 번다한 관계를 가지면서 정세를 파악하였다.[144] 고려는 이미 원의 쇠망을 감지하고 이에 대해 대비하였다. 이러한 상황에서 공민왕은 본격적인 反元政治를 펼 수 있

---

142) 洪武라는 연호는 그의 혁혁한 武德을 顯揚한 것이며 주원장이 죽은 후 주어진 廟號는 太祖, 諡號는 高皇帝(정확하게는 「開天行道肇基立極大聖至神 仁文義武俊德成功高皇帝」이나 흔히 「高皇帝」라 함)이다. 주원장은 그 연호에 따라 洪武帝라 부르기도 하고 또 묘호에 의해 태조라 칭하기도 한다. 명 태조 이후 中國에서는 明淸시대를 통하여 一世一元制가 되어 연호로서 황제를 표현하는 습관이 나타났다.
　그리고 明이라는 국호의 유래에 대하여는 白蓮敎 敎典 가운데의 「大小明王出 世開元經」에서 明이 나온 것으로, 한림아의 '小明'의 뒤를 이어 '大明'의 칭호를 사용했다는 설(和田淸, 「明の太祖と紅巾の賊」, 『東洋學報』13-2, 140쪽), 國姓인 朱와 관련을 가진 朱明이라는 말에서 나왔다는 설(和田淸, 「明の國號について」, 『史學雜誌』 42-5), 마니교(明敎)의 明王出世사상에 근원을 두고 있다는 설(吳晗, 「大明帝國和明敎」, 『朱元璋傳』, 香港傳記文學社出版, 1976, 105쪽), 오행사상에서 남방은 火에 속하고 陽이며 神으로는 祝融이 머무는 곳인데, 주원장은 남방에서 일어났고 應天은 또한 전설상 火神인 祝融이 거하던 옛터로 그가 북상하여 大都를 공격하여 元을 물리치는 것은 陽이 陰을 물리치는 것이고 明이 暗을 이기는 것이 된다는 데서 기인한 것(陳梧桐, 『洪武帝大傳』, 208쪽)이라는 등 여러 설이 있다[全淳東, 『明王朝成立史硏究』, 개신, 2000, 121쪽, 각주 268)을 재인용].
143) 『高麗史』 卷38, 世家38, 恭愍王 4년(1355) 5월.
144) 金惠苑, 「高麗 恭愍王代 對外政策과 漢人群雄」, 『白山學報』 51, 1988.

는 자신감을 갖게 되었다.[145] 이는 예의 형세와 실리를 중시하는 고려 외교의 전통을 보여준다.

공민왕의 반원정치에 대해 北元은 회유책과 강압책을 사용하였다. 북원이 공민왕 5년(1356) 2월에 '親仁保義宣力奉國彰惠靖遠功臣號'를 사여한 것도[146] 반원 분위기를 완화시키려는 시도였다.[147] 즉 원의 입장에서는 동아시아 정세를 재빨리 파악한 고려가 자신들에게 異心을 품지 않을까 하는 우려에서 '功臣號'[148]를 하사하였다고 판단된다. 이 공신 칭호는 공민왕 4년(1355) 11월에 원에서 제수되었으나,[149] 고려에 전달된 시기는 다음 해 2월이었다.

공신호의 하사에 대해 고려는 다음과 같이 謝意를 표하고 충성을 다짐하였다.

---

145) 元의 駙馬國으로서 100여 년이나 친밀한 관계를 유지해 오던 고려가 다른 어느 지역보다 먼저 反元 改革을 단행한 것은 形勢를 중시하는 인식에서 나온 것이다(김순자, 「元·明교체와 麗末鮮初의 華夷論」, 『한국중세사연구』 10, 한국중세사학회, 2001).

146) 『元史』 卷44, 本紀44, 順帝 7년(1355), "賜高麗國王 伯顔帖木兒 爲親仁輔義宣忠奉國彰惠靖遠功臣"; 『高麗史節要』 卷26, 恭愍王 5년(1356) 2월, "元 賜王 功臣號 曰親仁保義宣力奉國彰惠靖遠".

147) 공민왕이 원에서 12字 공신호를 받자 奇轍이 祝詩를 올리는 가운데 稱臣치 않음으로써 恭愍王의 심기를 대단히 불쾌하게 만든 일이 있었다(『高麗史』 卷131, 列傳44, 叛逆5, 奇轍, "元賜王功臣號 轍適自遼陽 來覲母 作詩賀王 不稱臣").

148) 元代에 高麗國王에게 주어진 功臣號는 다음과 같다.

國王	冊封時期	功臣號	典據
忠烈王18	1292. 2	(錫功臣之號)	『元史』 17, 本紀17, 世祖14
忠烈王19	1293. 3	推忠宣力定遠	『史』, 『要』
忠宣王 卽位年	1297.12	推忠宣力定遠保節	『元史』 19, 本紀19, 成宗2 『史』, 『要』
忠烈王33	1307. 8	純誠守正推忠宣力定遠保節	『史』, 『要』
恭愍王 5	1355.11	親仁輔義宣忠奉國彰惠靖遠	『元史』 44, 本紀44, 順帝7
	1356. 2	親仁保義宣力奉國彰惠靖遠	『史』, 『要』

149) 『元史』 卷44, 本紀44, 順帝 7년(至正 15년, 1355) 11월 申亥, "賜高麗國王 伯顔帖木兒 爲親仁輔義宣忠奉國彰惠靖遠功臣".

(謝表) 至正 16년(1356) 1월 20일에 사신들이 中書都堂에 宣命한 鈞旨 삼가 받들고 이르니, 신이 삼가 온 나라의 臣僚와 함께 예의를 갖추어 省에 나가 맞이하여 대궐을 바라보며 공경히 받았습니다. 엎드려 宣命의 節文을 읽어 보니 臣에게 親仁保義宣忠奉國彰惠靖遠 功臣을 내렸으므로, 臣은 머리를 조아려 두 번 절하였습니다. 정신이 아득하고 눈물이 흘러 기쁨을 이기지 못하겠으니, 감격한 마음이 끝이 없습니다.150)

천년에 한 번이나 있는 드문 당신이 준 이 稱號를 받으니 천하 만국이 다 귀를 기울여 세상에 드문 이 영예의 소식을 듣고 있습니다. 이것을 뼈에 아로새긴들 잊을 수 있겠습니까? 몸이 가루가 되어도 보답하기 어려울 것입니다. …… 臣은 어려서부터 폐하의 밑에 있으면서 궁궐을 보위하였으나 사소한 공로도 없었으며 왕위를 이어 이 땅을 지키면서도 조그마한 공적도 없었습니다. 그런데 뜻밖에 12字의 아름다운 칭호가 백 가지에서 한 가지의 재능도 없는 저에게 잘못 오게 되었습니다. 폐하께서는 累代 功效를 기억하시고 폐하를 사모한 신의 성의를 고맙게 여겨 詔書를 내려 공훈 높은 신하들의 대열에 넣어 주셨습니다.151)

위와 같이 겉으로는 감격해하는 듯하면서 원에 대해 충성을 맹세하면서도 공민왕은 짐짓 딴청을 부리고 있다. 이를 통해 보더라도 국왕 책봉은 책봉국에 의한 일방적인 시혜가 아니었다는 사실을 확인할 수 있다.

---

150) 李齊賢,「謝功臣號表」,『益齋亂藁』/『高麗名賢集 2』, 成大 大東文化研究院, 1973, 310쪽 ; 민족문화추진회,『익재집Ⅰ』, 1967, 248~249쪽, "「謝功臣表」謝表 言至正十六年一月二十日 使臣等 以中書省都堂鈞旨 欽奉宣命而至 臣謹與一國臣僚備禮儀 出城恭迎 望闕受 伏讀宣命節文 授臣親仁保義宣忠奉國彰惠靖遠功臣 臣頓首拜手 神魂隕越 涕泗交頤不知蹈舞感激無窮者".

151)『高麗史』卷39, 世家39, 恭愍王 5년(1356) 2월 甲戌, "千載一時 欣戴自天之命 四方萬國 聾聞稀代之榮 銘骨何忘 紛身雜報 欽惟皇帝陛下 以簡臨下 惟精執中 率祖攸行 不怒而威 不言而信 順帝之則 所過者化 所存者神 至如草木之生成 皆是乾坤之休養 臣爰從弱歲 獲覿淸光 充宿衛於龍樓 既乏絲毫之補 襲藩宣於鰈域 亦微寸尺之功 何圖十有二字之褒 謬及百無一能之品 伏遇皇帝陛下 記累世勤王之效燐 愚臣戀主之誠 特垂綸綍之言 用比鼎鐘之列 臣謹當志求仁而務惠於物 身服義而願忠於君 保遠民蠢蠢之情 庶幾致於安靖 嚴上國明明之訓 嚴不奉以周旋".

공민왕은 이처럼 극히 겸양한 謝表를 올렸음에도 불구하고 공신호의 하사가 있은 지 4개월 만인 1356년 6월 원의 至正 연호의 사용을 금지하면서 본격적인 反元 정치에 돌입하였다.152)

원은 이러한 공민왕의 태도에 크게 반발하였다. 그들은 고려의 節日使를 감금하고 80만 大兵을 동원하여 정벌하겠다는 위협을 가하여 왔다. 그들과의 정면대결은 피해야겠다고 생각한 공민왕은 폐지한 원의 연호를 다시 사용하고, 西北面을 공격케 했던 印璫을 사형시킴으로써 北元에 사과하였다.

공민왕의 개혁정치는 洪彦博을 비롯한 측근을 중심으로 한 것이어서 일정하게 한계성을 지니고 있었다. 여기에 공민왕 8년과 10년에 漢族의 반란세력인 하남의 韓山童이 이끄는 紅巾賊이 침입하여 그의 개혁정치는 큰 타격을 입게 되었다. 福州로 몽진하였다가 귀경하던 왕을 興王寺에서 시해하려는 金鏞 등의 시해 사건도 발생하였다. 친원파의 준동 때문에 왕은 생명까지 위협받는 지경에 이르렀다.

공민왕 12년(1363) 5월 원 조정에서 文書上 기황후 세력을 등에 업은 崔濡의 책동으로 공민왕을 廢位하고153) 충선왕의 서자로 일찍이 출가한 德興君(塔思帖木兒)을 왕으로 삼았다.154) 이러한 北元의 조치는 공민왕의 반원정치에 대한 그들의 고려 지배정책의 일환이라 하겠다. 이에 공민왕은 민감한 반응을 보이면서 신하 중에 두 마음을 가진 자가 있음을 의심하여 이부상서 洪師範을 서북면 體察使로 임명하여 그 진위를 살피게 하였다.155)

---

152) 이 謝表를 지은 李齊賢의 본심이 어떠했는지 의문이다. 이 글과 같이 외형상 크게 감복하고 있으나 책봉문이나 謝表에 나타난 내용과 실제의 태도는 차이가 있음을 알 수 있다.

153) 『元史』 本紀46, 順帝9, 順帝 22년(1362) 12월, "帝以讒廢高麗王 伯顔帖木兒 立塔思帖木兒爲王 國人上書言 舊王不當廢 新王不當立之故 初皇后奇氏宗族在高麗 恃寵驕橫 伯顔帖木兒 屢戒筋不悛 高麗王 遂盡殺奇氏族".

154) 『高麗史節要』 卷26, 恭愍王 即位年(1352) 10월 ; 『元史』 卷46, 本紀46, 順帝9, 至元 22년 是歲, "帝以讒廢高麗王 伯顔帖木兒 立塔思帖木兒爲王".

155) 『高麗史』 卷41, 世家41, 恭愍王 11년(1362) 12월 癸酉.

　원은 이어서 崔濡에게 1만의 군사를 주어 고려를 정벌케 했으나 崔瑩, 李成桂 등에 의하여 격퇴되었다. 이러한 사정에 따라 元은 공민왕을 다시 복위시키고 반역자 崔濡를 압송하는 선에서 麗·元 관계를 정비하였다.
　그러나 이 공민왕의 폐위와 복위는 모두 실제가 아니라 원의 조정에서 文書上으로만 시행된 것이었다. 공민왕 13년(1364) 10월 元은 翰林學士 承旨 奇田龍을 파견하여 공민왕의 복위를 통지하였다. 이때 공민왕은 폐위된 왕이므로 詔使를 교외에서 맞이하지 않겠노라며 자신의 의사를 굽히지 않았다.156) 공민왕에 대한 復位敎書에서는 世祖 皇帝가 천하를 통일할 때 고려 王暾이 소문을 듣고 귀부하였으므로 그에게 王의 爵位를 수여하였으며 인척 관계까지 맺어 오늘날까지 오랫동안 계속되었다고 하였다. 그동안 조공이 끊어지지 않았고 그대 伯顔帖木兒는 선조의 世業을 계승하여 해마다 직무에 충실하였다고도 하였다. 그런데 뜻밖에 崔濡가 가만히 음험한 흉계를 품고 맹랑한 출세욕에 사로잡혀 權臣 搠思監에게 의지하여 그와 戚族관계를 맺었으며 환관 朴不花와 결탁하여 사실을 날조하고 주청하여 조서를 내리게 함으로써 죄 없는 그대를 폐위시켰을 뿐만 아니라 군사적 충돌까지 일으켜 일방의 지역을 소란케 하였으니 내가 길이 한탄한다고 후회하였다. 그리하여 伯顔帖木兒에게 爵位를 회복시킴으로써 백성을 잘 통치하고 짐의 東藩으로 삼으니 더욱 忠孝에 힘써 功勳을 보존하라고 하였다.157)

---

156)『高麗史』卷65, 志19, 禮7 迎大明無詔勅使儀, 恭愍王 13년 10월 辛丑, “元遣翰林學士承旨奇田龍 詔王復位 君臣請王郊迎 王不允曰 吾有所受止命 百官迎之 且曰 詔使若問 寡人不郊迎宜 對曰 寡君嘗獲罪天朝貶爵 今誰復位 未承明命不敢迎詔使入國 寡君親承復爵之命 然後當冕服更受明命 使至問之 果以爲然 王以便服出行省聽旨 乃具冕服拜命”.

157)『高麗史』卷40, 世家40, 恭愍王 13년(1364) 10月 辛丑, “我世祖皇帝 混一文軌 高麗王暾 向風歸附 授以王爵 遂結懿親 迨玆有年 朝貢不絶 汝伯顔帖木兒 克承先業 世篤勤勞 比者禾賊 陸梁轉掠遼瀋之境 犯其疆場 乃能出奇制勝 殲除群醜 璽章寶玉 復歸天府 功在我家 允有光于前烈 不圖崔濡 陰萌險譎妄希進用 倚權臣搠思監爲葭莩構 閹官朴不花爲媒 擘朦聾奏請 詔旨無辜易位 爰及干戈一方騷然 朕所深嘆厥 今公論昭著 重以臺評 是用大明黜陟 其塔思帖木兒 收還印綬 卑居永平肆命 伯顔帖木兒 仍復舊爵綬 輯其民爲朕東藩爾其益

공민왕 14년(1365)에 있었던 세 번째 가책에서는 '太尉'를 사여하였다. 이에 대해 李穡이 작성한 고려의 「太尉謝表」에서는 "선대의 업을 이어 닦아서 바야흐로 千里의 封함을 받았고 황제의 마음에서 선택하시어 三公의 벼슬을 주시니 은혜가 바란 바가 아니며 느낌과 부끄러움이 함께한 다면서 臣이 어찌 가문의 이름을 보존하여 皇帝의 덕화를 더욱 드러내지 않겠습니까. 九重宮闕이 비록 멀지만 황제의 옷이 빛남을 보는 것 같고, 사방이 대강 편안하니 오직 岡陵의 수를 축원할 뿐입니다"158)라고 하였다.

공민왕의 개혁정치는 辛旽의 등용으로 한층 힘을 얻게 되었다. 왕은 신돈에게 親筆로 맹약159)을 하고 정사를 같이 의논하였다. 공민왕 17년 1368년 1월에 遼陽省 平章 洪寶寶와 哈刺不火 등이 客省大使 卜顔帖木兒를 보내 통고하기를 "明勢가 강하다"고 하였다. 그리하여 9월에 백관에게 명하여 明과 통교하는 문제를 논의하라 하였다.160) 대륙의 정세에 신속히 대응하는 고려 조정의 모습이었다.

공민왕 18년(1369)에 北元이 공민왕에게 우승상을 제수하였다. 공민왕에 대한 네 번째 가책인 동시에 元의 마지막 官爵 제수였다. 1367년 주원장은 건국에 즈음하여 주변의 여러 국가들에게 조공을 바치고 복속할 것을 요구하는 國書를 보냈다. 이때 고려가 동아시아의 여러 나라 중 가장 먼저 사신을 파견했다고 한다.161)

篤忠孝 無替厥勳尙欽哉".

158) 李穡,『東文選』卷38, 表箋,「太尉謝表」, "踐修先緒 方膺千里之封 迪簡上心 又錫三公之命 恩非望及 感與愧幷 伏念臣 斗筲譾材 藩輔遺裔 由弱歲入承睿 眷以致立揚 雖寸心恒抱愚衷 莫伸報效 偶値豕蛇之類 小輸犬馬之誠 然蠅止 樊 竟中遭誣構之禍 如魚脫網 實上荷保全之私 甫獲更生 節無他望 忽星軺之 戾止 驚聖書之在玆 欲辭讓則近名 故繩俛焉就職 遠慚止足 深戒滿盈云云 運撫中興 仁同一視 遂頒茂渥 以寵遐方 臣敢不謹保家聲 益彰聖化 九霄雖遠 如瞻黼黻之光 四境粗安 惟祝岡陵之壽".

159)『高麗史』卷132, 列傳45, 辛旽傳, "王乃手寫盟辭曰 師救我 我救師 死生以之 無惑人言 佛天證明 於是 與議國政".

160)『高麗史』卷41, 世家41, 恭愍王 17년(1368) 9월 丁巳, "王令百官議通事".

161) 宋濂,『宋學士全集』補遺2,「送無逸勤公出使還郷省親序」/張東翼,「明代의

고려는 공민왕 19년(1376)에 명의 책봉을 받았다. 관작은 단순화하여 '高麗國王'이었다. 이 무렵인 1372년에 琉球의 中山王 察度 역시 明으로부터 그들 역사상 최초로 책봉을 받았다.162) 琉球는 明과 책봉-조공 관계를 통하여 번성하였고 이를 자랑삼아 금석문에 기록하여 현존하고 있다.163)

공민왕은 內宰樞制의 신설, 田民辨正都監을 통한 개혁, 成均館 重營 등 많은 업적에도 불구하고, 재위 18년(1369)경부터 개혁을 주도하던 신돈에게 정세가 불리하게 전개되었다. 신돈 개혁정치의 부작용이 나타나고 루害로 흉년이 들어 백성들의 삶이 더욱 고달퍼졌으며, 마침 元明 교체기를 이용한 東寧府 정벌로 武將 세력들의 힘이 강화된 것이 그것이다. 여기에 신돈의 邪行까지 중첩되면서 공민왕 19년부터는 왕의 親政이 재개되었다. 이리하여 권문세족과 태후에 의하여 신돈은 살해되어 그의 개혁정치도 막을 내리고 정치는 다시 이전 상태로 복구되었다.

원대 고려 국왕에 대한 관직은 左丞相이 상례였다. 공민왕 18년의 右丞相 제수는 고려의 친명정책에 따른 北元의 급박한 사정에 기인한다. 그들은 국세가 기울어 가는 절박한 상황에서 고려의 도움을 절실히 필요로 하였으므로 관례를 깨면서까지 생존한 고려 국왕에게 右丞相직을 제수하였다. 우승상직은 충렬왕이 제수받은 적이 있으나, 이는 충선왕의 요청에 따른 것이었으므로, 공민왕 18년의 右丞相 제수는 원의 고려국왕 책봉에서 特例에 속한다. 이러한 특별 대우에도 불구하고 고려는 국제 정세의 형세에 따라 다음 해인 1370년에 明으로부터의 책봉을 받았다.

고려 외교의 특성은 현실적인 대륙의 지배세력에게 事大하고 그로부터 책봉을 받는다는 점이다. 이는 形勢論的 外交였다. 다원적인 국제질서 속

文集에 수록된 記事」, 『元代麗史資料集成』, 서울대출판부, 1997.

162) 高良倉吉, 『新版 琉球の時代』, 那覇 : ひるぎ社, 1989.

163) 塚田淸策, 『琉球國碑文記』, 東京大學術出版會, 1970, 59쪽, 「安國山樹華木之記」, "琉球爲國三分 中山都其中焉 俗尙惇重信義 自漢唐迨今 中國□□□□ 貢方物□航海不絶 大明皇帝 嘉其忠勤 特賜衣冠印章 宴賚使者 □諸番 永樂 丁酉其國相懷機 奉王命 朝于天京 觀中國禮樂文物之盛 覽名山大川之壯 便還 樂世之豊 悅民之和." 이에 대한 사실은 조동일, 1999 『문명권의 동질성과 이질성』, 지식산업사, 1999, 46~47쪽 참조.

에서 고려는 그 한 축을 이루고 있었으나,164) 원 간섭기로 들어가면서 그 질서가 무너졌다. 그러나 漢族의 明이 성립되면서 일국 대 일국의 대외관계가 다시 정립되었다. 따라서 공민왕의 친명정책과 명으로부터의 책봉 수령은 고려가 동아시아 질서의 새로운 재편을 재빨리 파악하고 그 새로운 체제 속으로 진입해 갔음을 의미한다.

공민왕은 재위 19년(1370)에 明으로부터 책봉을 받았다. 고려는 恭愍王 18년(1369) 4월, 명의 사신 偰斯가 와서 '大明皇帝'의 璽書를 전달한 후165) 5월부터 至正 연호의 사용을 중지하였다. 이어서 金陵에 사신을 파견하여 등극을 축하하고 영원히 섬기겠다고 다짐하였다.166) 같은 해 11월에 北元의 사신 瑞原君 盧블을 黃州에서 살해하고 명에 원의 金印을 바침으로써 親明 태도를 분명히 하였다. 이리하여 차후 禑王 즉위 후 明使 피살사건을 계기로 北元과 다시 통교할 때까지 親明外交가 주류를 이루게 되었다. 明 太祖의 恭愍王에 대한 誥命은 다음과 같다.

고려왕 王顓은 대대로 朝鮮을 지켜 전왕의 일을 계승하고, 중국을 받들어 동쪽의 훌륭한 藩國이 되었다. 내가 천하를 평정하였을 때 使臣을 파견하여 이 사실을 告知하고 표문과 공물을 바쳐 성의를 다하였다. 이는 본래 文風에 익숙하여 신하로서의 업무를 잘 수행하기 때문이니 더욱 가상히 여겨 표창한다. 이제 사신을 파견하여 印綬를 가지고 가서 그대를 高麗國王으로 책봉한다. 무릇 일체의 儀禮, 制度와 服飾은 본래의 풍습을 따르라. 百姓과 社稷을 보존하고 封爵을 승습함은 典禮를 따르도록 할 것이며 영원토록 자손에게 전하여 변방의 藩鎭을 이룩하라. 나의 訓辭를 받들어 더욱더 福祿을 누리라!167)

---

164) 박종기, 「실리와 공존, 줄타기 외교전술」, 『5백년 고려사』, 푸른역사, 1999, 254쪽.

165) 『高麗史節要』卷29, 恭愍王 19년(1370) 5월, "帝遣 尙寶司丞偰斯 來冊王 仍賜印 及錦段 凡儀制服用 許從本俗".

166) 『高麗史』卷41, 世家41, 恭愍王 18년(1369) 5월 甲辰, "願恒貢蘄傾之懇".

167) 『高麗史』卷41, 世家41, 恭愍王 18年(1369) 5月 甲辰, "咨爾 高麗國王 王顓 世守朝鮮 紹前三之令緒 恪遵華夏爲東土之名 藩當四方之旣平 專使而往報卽 陳表貢 備悉忠誠 良由素習於文風 斯克勤修於臣職 允宜嘉尙 是用襃崇 今遣

명 태조는 고려의 신속한 親明政策에 고무되었다고 하겠다. 위 자료를 보면, 공민왕은 단지 '高麗國王'으로 책봉되고 앞선 시기에 보이던 官職 기사는 소멸되었다. 이는 조선시대의 국왕들이 明과 淸으로부터 받았던 관작의 모델격이라 하겠다. 鄭夢周는 이를 두고 "大明이 龍興하여 四海를 다 차지하게 되자 전왕이신 공민왕이 天命을 밝게 알아 表文을 받들어 臣下를 칭하였다. 이리하여 明 皇帝가 가상히 여겨 王爵을 봉하였다"168)고 하였다. 그만큼 명의 공민왕 책봉은 고려로서는 중요한 사안이었다. 이때 보낸 誥命 외에 「封高麗國王詔」169)도 있는데, 내용은 이와 비슷하다.

이러한 明과 高麗의 우호적인 관계는 명이 1371년(공민왕 20, 洪武 4년)부터 遼東 지역에 定遼都尉(遼東指揮使司)를 설치하면서부터 달라지기 시작하였다.170) 공민왕 22년(1371)에 명 태조의 발언을 전하는 기사에 의하면, 高麗의 對明 불성실을 힐책하고 고려가 北元과 계속 통교하고 있는 데 대한 의혹을 제시하였다.171) 이후 명의 고려에 대한 고압적 자세가

使賚印 仍封爾 爲高麗王 凡儀制 服用 許從本俗 於戲 保民社稷 而襲封式遵 典禮傳子孫於永世作鎭邊陲 其服訓辭 益綏福履".

168) 『高麗史』 卷117, 列傳30, 鄭夢周傳.

169) 張東翼, 「附錄 : 第2章 明代의 文集에 수록된 記事」, 『元代麗史資料集成』, 서울대출판부, 1997, 365쪽, 「封高麗國王詔」 ; 程敏政編, 『皇明文衡』 1, 詔(王褘 (1322~1373) 作) ; 『四庫全書』 別集5/『王忠文集』 12, 詔, 「封高麗國王詔」, "朕肇膺正統 誕撫多方乃眷 高麗襲朝鮮之遺壞 克尊中夏 逾渤海而稱臣 頃詔 使之往臨 卽表詞之來 上有嘉 方物良仞衷情 蓋由夙慕於華風 用是恪修於臣 職 況爾三韓之累世 皆愼始終屬 玆四海之一家 何殊內外 爰稽彝制 再錫眞封 今遣某官賚印 仍封爾爲高麗國王 於戲 保民社而王 纂榮懷於舊服守禮義之 國 作屛翰於東藩 其始自今毋替 朕命故玆詔 示想宜知悉." 이 글은 『海東繹 史』에도 수록되어 있다. 『海東繹史』 卷54, 藝文志13, 中國文1, 「封高麗國王 詔」.

170) 金成俊, 「高麗와 元·明關係」, 『한국사 8』, 국편, 1973, 185쪽.

171) 『高麗史』 卷44, 世家44, 恭愍王 22년(1371) 7월 壬子. ① 明使 孫內侍 독살 혐의 ② 賀正使에 偵察人이 많다 ③ 商賈를 가탁한 偵察人이 많다 ④ 遼東의 吳王과 통교하는 일 ⑤ 納合出과 통하여 牛家莊을 침입한 일 ⑥ 濟州馬의 진상이 미흡한 일 ⑦ 이제부터 海路로 오지 말 것 등. 元·明교체기 고려의 對中國 관계에 대한 전반적인 이해는 다음 논문에 자세하다. 金順子, 「元·明의 교체와 對中國關係의 변화」, 『麗末鮮初 對元·明關係 研究』, 延世大 博士學位

계속되고 국내 정정이 불안한 가운데 공민왕도 재위 23년(1372) 만에 반대파의 사주를 받은 子弟衛 소속의 崔萬生, 洪倫에 의해 피살되었다.

2) 고려말 政局의 변동과 국왕책봉

공민왕의 피살 이후 고려의 정국은 왕위 계승을 놓고 삼파전이 전개되었다. 李仁任 일파의 江寧大君 禑를 옹립하려는 움직임과 明德太后와 慶福興 세력에 의한 다른 종실 추대 움직임, 그리고 친원파에 의한 瀋王 暠의 孫子인 篤朶不花를 추대하려는 움직임이 그것이다. 이러한 상황에서 이인임 일파에 의한 禑王 옹립이 성사되어, 정국의 주도권은 이인임과 崔瑩 등의 무장세력에게 넘어갔다.

(1) 禑王代 元·明 兩端外交와 국왕책봉[172]

禑王代에는 과거 공민왕대에 형성된 신흥 유신들의 세력화로 인하여 신구 세력의 갈등이 부각되었다. 특히 對外關係를 둘러싼 대립과 갈등은 고려 정국에 커다란 문제가 되었다. 공민왕의 反元親明 정책에도 불구하고 明의 수탈이 강화되는 상황에서 왕이 시해되고, 이인임 일파의 지원으로 즉위한 禑王은 정치적으로 많은 난관에 봉착하였다. 특히 明이 우왕에 대한 책봉을 지연시켰기 때문에 이인임 정권에게는 이 문제를 긴급하게

論文, 2000.

172) 공민왕대 이후는 고려의 反元政治와 明에 의한 大都의 함락, 그리고 元의 北歸로 인하여 실상 元干涉期로 칭할 수 없으나, 그들의 잔존세력에 의한 고려 정국의 영향을 감안하여 이 글에 포함하였다. 1368년 朱元璋의 明나라에 의하여 元의 수도였던 大都가 함락되자, 上都로 이주한 元은 계속되는 明의 추격을 피하여 카라코룸에 도읍을 정하고 알타이 산맥 以東에서 흥안령산맥 以西지역을 약 20여 년간 통치하다가 1388년에 멸망하였다. 카라코룸에 정착한 지 2년 만에 順帝가 병사하고(『元史』 卷47, 本紀47, 順帝10, "帝因痢疾 殂於應昌 壽五十") 황태자 아유시리다라(愛猷識禮達臘)가 즉위하니 이가 昭宗이었다. 그가 국력 회복에 노력했으나 내부적 혼란이 지속되었고 그 뒤를 이은 토구스 테므르는 왕족인 에스델에게 피살되고 말았다.

해결해야 했다. 이러한 상황을 타개하기 위해 北元으로부터 책봉을 받는
가 하면173) 명 측에도 책봉을 거듭 요청하였다. 우왕은 明에 대하여 공민
왕의 親明정책을 적극 강조하면서174) 父王 諡號와 자신의 책봉을 요청하
였다. 따라서 이때의 고려 대외정책은 對明 관계 쪽으로 기울어져 있었으
며, 이 관계의 호전을 위하여 北元을 이용하였다고 하겠다. 우왕이 北元
과 明에서 받은 책봉 내역은 다음과 같다.

<표 6> 禑王 冊封

王	授封國	西紀	冊封官爵名	典據
禑王 3	北元	1377. 2	開府儀同三司 征東行省左丞相 高麗國王	『史』, 『要』
禑王 6		1380. 2	太尉	『史』, 『要』
禑王 11	明	1385. 9	冊禑爲王(高麗國王)	『史』, 『要』, 『明史』

공민왕이 재위 23년 만인 1372년에 피살되고, 그 후 두 달이 지나 고려
에 貢馬를 징수하러 온 明使 蔡斌이 살해되자 고려와 명의 관계는 급격히
냉각되었다. 즉 우왕 즉위년(1374) 11월, 귀국하던 명사 蔡斌을 호송관 金
義가 살해하고 北元으로 도망하는 사건이 발생하였다. 우왕대의 친명, 친
원 사대의 문제는 당시 정세상 고려의 생존 논리와 긴밀한 관련이 있다.
공민왕 5년(1356) 이후 친명정책을 추진하다 우왕대에 元・明의 兩端
外交175)로 전환하게 된 이유는 명의 고려에 대한 과도한 공납 요구에 기
인하였다.176) 명 태조는 고려의 이반이나 그들의 영향권에서 멀어지는 것

---

173) 金順子, 『麗末鮮初 對元・明關係 研究』, 延世大 博士學位論文, 2000, 51쪽.
174) 『高麗史』 卷133, 列傳46, 禑王 2년 9월 戊辰, "忠敬王首先 歸順世祖"; 同 4년
    3월, "小邦而歸附 斯克勤於侯"; 同 11년 5월, "臣父先臣顓 當聖上之勃興 先
    諸藩而歸附欽遵正朔".
175) 金成俊, 「高麗와 元・麗關係」, 『한국사 8』, 국편, 1974, 193~197쪽.
176) 이 문제는 명측의 당시 경제 상황을 세밀하게 검토할 필요가 있다. 왜냐하면
    詔書에 보면 명 태조 朱元章은 누누히 강조하는, '고려의 진심'을 보고 싶어서
    공물을 요구한다는 사실에 주목하고자 한다. 「공물로 명이 부자 되겠는가 / 고
    려는 땅이 1~2천리가 되므로 人才가 있을 것 아닌가 / 세금 감면을 허락한다
    / 고려의 간첩이 횡행한다 / 요동에서 교역하는 말들 다 실하지 못한 것들이다」

을 방지하고, 고려 군사력을 약화시키는 방편의 일환으로 말[馬]의 수탈에 신경을 썼는데, 이는 주원장의 거듭되는 충고와 위협을 통해 간취할 수 있다. 明 太祖는 至正 24년(1364) 부하들에 의하여 吳王으로 옹립될 때, "건국 초에는 무엇보다 먼저 紀綱이 바로 서야 한다"고 강조하였다.177) 국내적 기강뿐 아니라 주변 제국에 대하여도 天下를 평정한 그에게는 紀綱 확립이 필요하였으므로 고려에 대한 외압을 증대시켰다고 추정된다.

한편 고려는 명의 압력에 대한 대응 수단으로서 北元과 통교하였다. 막북에서 쇠망해 가던 北元의 朝廷을 찾은 고려 사신들은 큰 환대를 받았음에 틀림없다. 이런 연유로 北元은 고려의 요청이 없음에도 불구하고 고려 국왕의 官爵을 높여주었다고 짐작된다. 바로 우왕에 대한 '開府儀同三司 征東行省左丞相 高麗國王'의 책봉이 그것이다.178) 北元의 이러한 관작 사여를 고려가 받아들인 것은 對明 압력 수단의 하나였지만 우왕의 입장에서는 자신의 권위와 관련하여 고무적인 일로 여겨졌을 것이다. 이 우왕 3년(1377) 12월에 있었던 北元의 冊封詔書는 다음과 같다.

하늘의 명을 받은 황제인 짐은 牟尼奴(禑王)에게 諭示한다. 짐은 천명을 받고 만방을 통솔하고 있다. 世祖 皇帝의 聖德과 神功은 그 혜택이 天下에 미쳤다. 그때 高麗는 바다 한쪽 구석에 있었으나 능히 덕을 우러러보며 大義를 지켜 솔선 귀의한 후, 臣服하였으므로 世祖皇帝가 이를 嘉尙히 여겨 공주를 시집보냈다. 그대의 조상으로 하여금 三韓을 개척하여 우리의 동쪽 藩國이 되게 한 지 이미 100년이 되었다.

등 그의 高麗觀과 더불어 실상을 좀더 파악할 것이 요구된다. 明의 고려 물자 (특히 馬) 수탈은 고려에 현실적인 고난을 초래하였으나, 明의 입장에서는 그 수탈 물자가 그들의 재정에 얼마만큼 보탬이 되었는지 가늠해 볼 일이다. 고려의 곤란에도 불구하고 명의 貢馬 요구가 심했다는 사실은, 고려에 대한 군사적 무력화와 더불어 고려의 명에 대한 충성도나 本心을 파악하기 위한 하나의 수단이 아니었을까 한다.

178) 全淳東,「明太祖의 御製大誥에 대한 一考」,『忠北史學』2, 1989, 93쪽.
178) 『高麗史節要』卷30, 禑王 3년(1377) 2월, "北元 遣翰林承旨 孛剌的 冊禑爲 開府儀同三司 征東行省左丞相 高麗國王".

그런데 전년에 伯顔帖木兒(恭愍王)가 세상을 떠났을 때 그대들이 왕
위를 계승한다는 사실만 보고하였고, 王子가 있다는 사실을 언급치 않았
기에 우리나라에서는 고려 왕실의 세대가 단절됨을 근심하여 그대의 族
親 중에서 賢良한 자를 골라 대를 계승케 한 것이 바로 脫脫不花에 대
한 冊命이었다. 이제 듣건대 伯顔帖木兒는 아들 牟尼奴가 있다 하므로
사신을 보내 물었던바 牟尼奴의 조모 洪氏(공민왕의 생모인 明德太后)
의 편지도 함께 와서 모든 사실을 알게 되었다.

무릇 아비가 죽으면 아들이 계승하는 것이 고금에 통하는 도리라. 이
치에 합당하다면 결정된 일이라 한들 시정하기가 무엇이 어려우랴? 이
제 牟尼奴를 征東行省左丞相 高麗國王으로 임명한다. 옛 일을 상고하
고 賢人을 본받는 것은 오직 나라를 잘 다스리려고 하는 것이니 그대는
그 마음을 더욱 가다듬어 나의 백성을 보호하고 다스리라! 그리하여 그
대의 조상들이 우리나라를 보호하던[藩輔] 의리에 어긋남이 없게 한다
면 忠孝의 도리가 바로 여기에 있는 것이다.179)

억지로 위세를 부리려는 북원의 모습이 가련하다. 예전의 영광을 배경
으로 오늘의 허세를 가리고자 하는 북원의 모습이 역력히 나타나 있다.
당시 동아시아 정세는 北元의 쇠퇴와 明의 약진으로 표현된다. 따라서 고
려 정권 담당자들에게 시급한 것은 하루빨리 明과의 관계를 정상화시키
고 그들로부터 책봉을 받는 일이었다. 대륙을 제패하고 일어선 明과의 관
계를 우호적으로 증진시키는 일은 고려의 생존과도 깊은 연관을 맺고 있
었기 때문이다. "고려가 계속해서 명에게 요청한 가장 중요한 것은 前王
의 請諡 및 今王의 請襲이었고, 다음이 歲貢(金銀布. 布貢 및 馬貢)의 감

---

179) 『高麗史』 卷133, 列傳46, 辛禑傳, "天眷命皇帝聖旨 諭牟尼奴 粤惟我國家受
  天景命 統承萬方 世祖皇帝 聖德神功 澤被四表 惟時高麗 雖介在海隅 能仰德
  執義 率先來臣 以順以忠 帝用嘉之 爰降鬼主 俾爾祖啓壞三韓 作我東藩百年
  于前歲 伯顔帖木兒沒爾衆以繼襲之典 上章有司而不言 有子國家恤彼宗社廢
  殞乃簡爾族之良用承闕世 是以有脫脫不花之命 今者來言 伯顔帖木兒 有嗣
  牟尼奴 在故遣使往問 而祖母洪氏 請章偕至 夫父死者繼 古今之通誼也 在理
  苟安何難改作 今以牟尼奴 爲征東省左丞相 高麗國王 於戲 稽古象賢 期於爲
  治而已 牟尼奴 其益懋逎心 保乂我民毋替 若祖爲我國藩輔之義 則忠孝之道".

면"180)이었듯이, 우왕의 절실한 당면 과제는 明으로부터 책봉을 받는 일이었다. 이에 따라 우왕은 재위 기간 중에 明에 7회에 걸쳐 승습을 요청하는 사신을 파견하였다.

禑王 6년(1380)에도 北元으로부터 책봉을 받았다.181) 그럼에도 불구하고 禑王은 아직 책봉을 받지 못하였다고 하였다. 우왕이 처음으로 報平廳에 나가 정사를 처결하였을 때 諸相들에게 이렇게 말하였다. "무릇 왕은 반드시 天子의 책봉을 받아야만 한다. 나는 아직 天子의 책봉을 받지 못하였으므로 政事는 대신들에게 맡기고 그들이 하는 대로 따랐다."182) 여기서 책봉을 받지 못하였다는 것은 明으로부터의 책봉을 받지 못하였다는 의미다.

우왕은 명에 承襲을 요청하는 표문을 지속적으로 보냈다. 우왕은 請封文에서 어린 나이로 부친을 여의었음을 강조하고, 더불어 고려가 명의 藩屛임을 강조하면서 간절히 책봉을 요청하였다. 이와 더불어 공민왕의 諡號를 요청하는 것도 중요한 사안이었다. 그러나 明은 공민왕 시해사건 등으로 고려에 대한 신임이 미약했던 관계로 우왕의 승습을 인정하는 책봉을 지연시켰다. 禑王은 수년에 걸쳐 승습을 요청한 끝에 드디어 재위 11년(1385) 9월에 高麗國王으로 책봉되었다.183) 책봉사 雒英이 와서 전달한 明 太祖의 冊封詔書는 다음과 같다.

---

180) 金成俊,「高麗末의 元·明關係와 遼東征伐」,『韓國中世政治法制史硏究』, 一潮閣, 1985, 205쪽.

181) 『高麗史節要』卷32, 禑王 6년(1380) 2월, "北元 遣禮部尚書 時刺 問直省舍人 大都閭 冊禑爲太尉".

182) 『高麗史』卷134, 列傳47, 辛禑2, 禑王 6년(1380) 6월, "凡爲王者 必受命天子者 當之 今予猶未受命 委政耆舊 聽其所爲然予默察 其政雜然 無統甚".

183) 『明史』卷3, 本紀3, 太祖 3년(1385, 洪武 18) 7월, "封王禑 爲高麗國王";『高麗史』卷133, 列傳46, 禑王 11년 9월. 禑王에 대한 책봉에 이어 공민왕에게 王爵을 사여하는 구절이 인상적이다. "(明)그대를 恭愍이라 諡하여 人世에 表彰하고 그대의 王爵을 九泉(幽壤)의 靈에게 封한다";『高麗史節要』卷32, 禑王 11년(1385) 9월, "周倬雒英等 來冊禑爲王禑 賜敬孝王 諡恭愍".

고려는 三韓을 영유하고 있으며 백성도 많다. 나라가 朝鮮에서 시작하여 그 유래가 오래인지라 제도와 문물이 여러 오랑캐국들과는 다르다. 이제 臣服하겠다는 사신이 와서 聲敎에 따를 것을 원하고 爵位를 承襲해 주도록 요청하였다. 그런데 代를 계승시키는 일은 여러 聖君들이 준수하던 제도이며, 海內 海外의 모든 生民들이 모두 그의 덕택을 입게 하는 것을 옛 聖君들도 가상히 여겼다. 때문에 짐도 領地를 分封하고 封爵을 累代에 세습케 하고자 한다.

그대 王禑는 국왕 王顓이 사망한 이후 어린 몸으로 나라를 지킨 지 여러 해가 되었다. 그대도 바야흐로 성년이 되었으므로 백성을 다스릴 만한 지혜가 있다. 이에 짐이 吏部에 명하여 칙서를 보내게 하고, 中書를 불러서 짐의 말을 받아쓰게 하였다. 이는 짐이 천명을 받들고 말하는 것인즉 그대는 감히 禮를 어기지 말라. 종전과 같이 高麗國王으로서 代代로 三韓을 지켜라.

使臣으로 하여금 高麗에 가서 전달케 하니 그대는 하늘을 우러러보고 땅을 굽어살피어 만 백성의 소원하는 바를 이루게 하라. 나라의 대소를 막론하고 왕위는 반드시 하늘이 주는 것인즉 이 중요한 직책을 맡고 백성을 다스리면서 정치에 부지런하지 않고 안일하다면 어찌 되겠는가? 襲位한 후에 안일에 취하여 정사에 태만함이 없어야 하며, 사냥을 좋아하여 백성에게 해를 끼치지 말라. 境內에서는 정결하게 제사를 지내 신명이 흠향하게 하며 음식을 정결히 하여 그대의 조상을 奉祀하라. 짐의 교훈을 준수하면 三韓에서 영원히 福과 壽를 누릴 것이니 그대는 삼가라.184)

누차의 요청 끝에 받은 책봉에 대한 우왕의 감회는 컸다. 禑王은 1377

---

184) 『高麗史』卷133, 列傳46, 禑王 11년 9월, "爾高麗地有三韓 生齒具庶 國祖其朝 永鮮遐矣 典章文物 豈同諸夷 今者臣服來賓 願遵聲敎 奏襲如前然 繼世之道 列聖相承 薄海內外 凡諸有衆 德被無疵 古先哲王 所以嘉尙 由是茅土 奠安襲 封累世 爾王禑自國王 王顓逝後 幼守其邦 今幾年矣 爾方束髮 智可臨民 朕命 吏部 如勅召中書精筆朕言 欽天命 爾弗敢禮遵 仍前高麗國王 世守三韓 命使 賚擎如國 以授爾其仰觀俯察必遂群情 嗚呼 國無大小 授必上穹 當斯要任 豈 不厥位艱哉 自襲之後 毋逸預以怠政 毋田獵以殃民 潔祀境內以格神明精烝 嘗之羞奉爾祖考 循朕之訓 福壽三韓永矣 爾其敬哉".

년 2월과 1380년 2월에 北元으로부터 책봉을 받은 사실이 있었으나 명의 책봉을 무엇보다 긴요하게 여겼기 때문이다. 우왕의 책봉을 받기 위한 노력을 정리해 보면 다음과 같다.

<표 7> 禑王代 對明 冊封 奏請[185]

回數	冊封 奏請 時期	奏 請 使
①	禑王 4년(1378) 3월	周誼(禮儀判書)
②	禑王 5년(1379) 10월	李茂芳(門下評理) / 裵彦(判密直)
③	禑王 8년(1382) 11월	鄭夢周(同知密直司事) / 趙胖(版圖判書)
④	禑王 9년(1383) 9월	金庾(贊成事)
⑤	禑王 10년(1384) 7월	鄭夢周(政堂文學)
⑥	禑王 11년(1385) 5월	尹虎(門下評理) / 趙胖(密直副使)

禑王의 冊封이 있기까지 "5년 9개월 동안에 무려 18회에 걸쳐 사신을 일방적으로 보냈으며, 그동안에 遼東에서 저지되어 明에 들어가지 못한 것이 8회요, 구금 유배된 사람이 4회에 걸쳐 수십인"[186]에 달하는 등 고된 과정을 겪었다. 이와 관련하여 禑王이 책봉을 받고자 明에 사신을 보낼 때 가지고 간 「承襲을 요청하는 表文」[187]에는 고려의 간절한 입장이

---

185) 표의 번호와 관련되는 典據는 다음과 같다. ①『高麗史節要』卷30, 禑王 4年 (1378) 3月, "遣判繕工寺事柳藩 如京師謝恩 禮儀判書周誼 請諡承襲" ②『高麗史節要』卷31, 禑王 5年(1379) 10月, "遣門下評理李茂芳 判密直裵彦如京師 進歲貢 陳情表曰……乞賜先臣豺號 幷臣爵命歲月逾邁 今未蒙明降臣雖遇蒙 豈不恐懼……聖天子保全之惠 將何以圖存哉……伏望陛下 錄先臣歸附之功 察祖母窮迫之情 賜先臣諡 命臣襲爵 王太后表曰……今禑以顓遺孤權署國事 表請贈諡襲位 已有年矣……陛下哀之怨之 賜先王之諡 降世爵之命" ③『高麗史節要』卷31, 禑王 8年(1382) 11月, "遣同知密直司事 鄭夢周 版圖判書 趙胖 如京師 賀正上表陳情 請諡及承襲" ④『高麗史節要』卷32, 禑王 9年(1383) 9月, "遣贊成事金庾 賀盛節 請諡承襲陳情 密直副使 李子庸 賀千秋節" ⑤『高麗史節要』卷32, 禑王 10年(1384) 7月, "遣政堂文學 鄭夢周 如京師賀聖節 且請諡承襲 右常侍李天 賀千秋節" ⑥『高麗史節要』卷32, 禑王 11年(1385) 5月, "遣門下評理尹虎 密直副使趙胖 如京師 謝恩 請諡承襲".

186) 金成俊, 「高麗末의 元·明關係와 遼東征伐」, 『韓國中世政治法制史硏究』, 一潮閣, 1985.

187) 李崇仁, 「請承襲表」, 『東文選』卷41, 表箋 ; 李穡, 「請承襲表」, 『東文選』卷41,

잘 드러나 있다.

한편 우왕 13년(1378) 6월에 北元의 장수 納合出를 평정하여 요동의 안정을 얻게 된 明은 고려에 대하여 압력을 강화하였다. 그리하여 鐵嶺衛의 설치가 문제 되었는데, 이 사실이 고려에 전해지자 遼東 정벌의 논의가 일어나게 되었다. 禑王 14년(1388) 2월, 명의 鐵嶺衛 설치에 관한 대응을 두고 요동 정벌을 주장하는 최영과 이에 반대하는 이성계의 대립이 나타났고 이는 威化島回軍으로 귀결되었다. 고려의 요동정벌군 출정 소식에 접한 朱元璋은 정벌에 나서기 전 宗廟에 占을 치기 위하여 齋戒를 하다가 회군 소식을 듣고 멈추었다고 전한다.[188]

(2) 威化島 回軍과 昌王·恭讓王의 책봉 주청

우왕을 축출한 회군 세력들은 명나라에 昌王(1388. 6~1389. 12)에 대한 책봉을 요청하였다. 고려의 새로운 집권 세력은 우왕과 최영에게 요동 공격의 책임을 전가하고 자신들이 옹립한 昌王의 책봉을 요청하였다. 禑王 名義의 표문에서는, "엎드려 바라건대 폐하께옵서는 臣의 妄動을 용서하시고 臣의 어리석은 마음을 살피어 제 자식으로 하여금 恩命을 받아 저의 爵位를 계승케 하면 이보다 더한 다행이 없겠습니다"[189]라고 하였다. 이 같은 고려의 요청에 명 태조는 책봉 거부 의사를 분명히 밝히고 고려의 왕위교체에 강한 불신감을 나타냈다. 이는 고려의 요동공략에 대한 불쾌감의 반영이었다.

恭讓王 1년(1389)에도 명에 順安君 王昉을 보내 즉위를 알리고 왕의 親朝를 요청하였으나[190] 거절당하였다. 이후 공양왕 3년(1391)에 門下評理

表箋.

188) 『高麗史』卷137, 列傳50, 禑王 14년(1388) 6월 丙午, "大明聞 禑擧兵征之帝欲親卜于宗廟 方致齋 及聞還軍卽罷齋".

189) 『高麗史』卷137, 列傳50, 昌王 卽位年 7월 己卯, "臣在蒙幼 先臣恭愍王顓薨逝 惟賴祖母洪氏訓誨 又不幸而祖母亡有 兵馬都統使崔瑩……陛下恕臣妄作諒 臣愚衷俾 臣男昌獲霑恩命 襲臣名爵 不勝幸甚".

190) 『高麗史』卷45, 世家45, 恭讓王 1년 11월 庚寅, "聖慈許臣親朝 面奏以安一國

金湊를 명에 보내 表文을 올려 誥命을 청하였다.

> 順安君 王昉을 파견하여 문서로써 폐하께 이미 보고한 지가 4년째입니다. 저희들이 보건대 임시 섭정[權國]한 이래로 事大의 정성이 더욱 공손하고 근심해졌으며 국내 질서도 잘 유지되고 일반 백성들의 생활도 안정되었습니다. 그런데 왕위 계승에 관해 폐하의 회답이 없으므로 온 나라가 불안하게 생각하고 있으니 인자한 마음으로 왕위 계승에 관한 책봉의 명령을 내리시어 먼 곳 사람들의 마음을 위안시켜 주십시오.[191]

위의 책봉 주청문은 金湊가 肅州까지 갔다가 왕이 폐위되었다는 소식을 듣고 귀환했으므로 전달되지 못하였다.[192] 이로써 고려시대의 국왕 책봉과 관련된 문제는 종식되고, 朝鮮의 개국으로 새로운 對明 관계가 시작되었다.

한편, 원대 책봉의 특징은 官爵과 함께 印綬[193]의 지급된 점이다. 관작

之民".

191) 『高麗史』卷46, 世家46, 恭讓王 3년(1391) 6월 丁丑, "順安君王昉等 賫擎實封奏本已經奏達 及今四年 臣等伏見權國以來事大之誠 愈加恭謹政敎修明人民安業 內緣未夢襲爵明命 擧國遑遑 顒望德音 伏望 聖慈特賜 明降襲封王爵以慰遠人之心".

192) 고려의 대명관계와 달리 琉球가 1372년에 명의 책봉을 받았고, 일본은 1403년에 室町幕府의 將軍이 책봉을 요청하였다. 西尾賢隆,「京都五山の外交的機能 ─外交官としての禪僧」, 荒野泰典 外共編,『アジアなかの日本史 2』, 東京大學出版會, 1992, 353쪽, "日本國王臣源表 臣聞太陽升天 無幽不燭 時雨霑地 無物不滋 矧大聖人 明並曜英 恩均天澤 萬方嚮化 四海歸仁 欽惟 大明皇帝陛下 紹堯聖神 邁湯智勇 戡定弊亂甚於建瓴 整頓乾坤 易於返掌 啓中興之洪業 當天下之昌期 雖垂旒深居 北闕之尊 而皇城遠暢東濱之外 是以謹使僧圭密梵雲明空通事徐本元 仰觀淸光 伏獻方物." 조동일,「책봉체제」,『문명권의 동질성과 이질성』, 지식산업사, 1999, 30쪽.

193) 印은 諸王의 등급에 따라 분배한 것이고, 綬는 허리에 매어 印을 보관하는 끈을 말한다. 한편 周初에 시행된 冊封이 春秋戰國時代와 秦代에 그 의미가 거의 사라진 뒤 漢代에 이르러 재현되었는데, 이때 外夷君長에 대한 책봉은 '印綬의 賜與'라는 형식에 의하여 성립되었다(이에 대한 자세한 연구는 栗原朋信,『秦漢史の硏究』, 吉川弘文館, 1960). 이상은 金翰奎,「封朝體制와 邊郡體制를

은 원대 이전 시기의 책봉 사례에서 쉽게 접할 수 있으나, 印綬의 지급을 통한 책봉은 원대의 책봉에서만 빈번히 나타나고 있다. 책봉과 관련하여 원은 고려 국왕에게 印綬를 내림으로써 그들의 승인을 확인하고 있으며, 인수의 '탈취'는 곧 國王權의 박탈을 의미하였다.

元代의 고려 지배 정책은 국왕의 책봉권을 행사함으로써 자기들의 의사를 관철시키는 방식을 취하였다. 원대 고려국왕 책봉의 내용은 이전 시기의 그것과는 달리 실제적이며 현실성을 띠었다. 책봉의 중요성이 가일층 고조되는 시기로 국왕 교체는 印章의 회수와 지급으로 표출되었다.

원래 국왕의 인장은 玉璽라고 하였다. 이 제도는 진시황제에 의하여 시작되어194) 이후 漢代에 가서 그 제도적인 완성을 보았다. 옥새는 황제의 절대적 권위를 상징하는 것으로, 황제의 詔制가 법적으로 효력을 발휘하기 위해서는 옥새의 날인이 필요했다. 특히 왕위계승 때는 先帝의 영전이나 高廟(太祖의 묘)에서 옥새를 인수하여야만 皇帝位를 계승하는 정통성을 합법적으로 인정받고 황제의 권위를 발휘할 수 있게 된다. 그러한 황제의 옥새는 그 印文에 의하여 여섯 종류로 구분되는데 이를 皇帝六璽라고 하며,195) 이들 六璽의 용도는 각기 달랐다.

몽고어로 도장을 '탐가'라 한다. 몽고는 대칸에서 諸王, 后妃, 太子, 公主, 귀족, 재상, 문무백관 등이 도장을 소지하고, 관계 문서에 반드시 날인하였다. 諸王, 후비, 태자, 공주가 소지하는 도장은 모두 金印이고, 재상 이하의 사람들은 銀印, 중하급으로 순위가 내려옴에 따라 銅印, 鐵印이었다.196) 원대에는 고려 국왕을 비롯하여 諸王에 대한 책봉에서 이 印章의

통해서 본 漢代 中國的 世界秩序의 制度的 構成原理」,『古代中國的世界秩序硏究』, 一潮閣, 1982 112쪽의 각주 1) 참조.

194) 秦代 옥새제도에 대해서는『史記』권6, 「秦始皇本紀」의 기사가 참조된다. 여기에 시황제 사망시 中車府令 趙高가 符璽의 일을 관장하는 지위에 있으면서 황제의 遺書를 위조하여 장남 扶蘇대신 次子 胡亥를 제위에 오르게 하였다는 기사가 있고, 또 '令子嬰齎 當廟見受玉璽'란 기사가 있다.

195) 玉璽의 印文은 ① 皇帝行璽 ② 皇帝之璽 ③ 皇帝信璽 ④ 天子行璽 ⑤ 天子之璽 ⑥ 天子信璽의 6종류를 말한다.

196) 杉山正明 지음, 이진복 옮김,『유목민이 본 세계사 - 민족과 국경을 넘어』, 학민

등급에 따라 諸王의 서열이 정해진 것으로 보인다. 원대의 諸王은 그들에게 하사된 印章의 종류에 따라 그 등급이 결정되었다. 총 123명의 王들은 다음 표와 같이 각기 자기 등급에 상응하는 인장을 하사 받고 그 작위가 襲封되면 인장 역시 전달되었다.

<표 8> 元代 印章別 諸王

印章	諸 王 名
金印獸紐	燕王, 秦王, 晋王(*), 梁王(*), 越王, 營王(*), 鄃王, 寧王, 齊王, 楚王, 幽王, 濟王, 魏王(*), 魯王(*), 定王, 隴王, 趙王, 嘉王, 荊王, 昌王, 衛王, 充王, 吳王, 壽王, 周王, 安王, 遼王, 翼王, 恩王, 岐王, 幷王, 懷王, 豫王, 肅王, 郯王, 頌王, 鄘王, 慶王, 瀋王(*), 無國名者, 駙馬高麗國王, 緬國王, 安南國王
金印螭紐	安西王, 北安王, 鎭南王, 懷寧王(武宗), 北寧王, 湘寧王, 陽翟王, 雲陽王, 恩平王, 北平王, 安遠王, 汝寧王, 宣德王, 文濟王, 報恩王, 武寧王, 威順王, 威靖王, 西安王, 宣讓王, 西寧王, 柳成王, 西靖王, 廣寧王, 保寧王 <無國邑名>
金印駝紐	河間王, 河平王, 雲南王, 濟南王, 威武西寧王, 鎭寧王, 衛安王, 衛定王, 寧肅王, 襄寧王, 安南王, 武陽王, 安定王, 永豊君王, 安德王, 永寧王, 汾陽王, 威遠王, 武平王, 寧海王, 昭武王, 順陽王, 延安王, 濟寧王, 高唐王, 高昌王, 白蘭王 <無國邑名>
金鍍銀印駝紐	西平王, 鎭西武靖王(*), 雲南王, 威順王, 宜靖王, 綏寧王, 靖安王, 廣平王, 寧海王, 靖恭王, 懿德王, 南平王, 廣寧王, 建昌王 <無國邑名>
金鍍銀印龜紐	寧遠王, 鎭遠王, 靖遠王, 定遠王, 肅遠王, 鎭東王, 泰寧王 <無國邑>
銀印龜紐	南平王, 永豊郡王, 寧昌郡王, 宜寧郡王, 懷仁郡王, 保德郡王, 寧濮郡王, 駙馬濮陽王 <無國邑名者>

* (*)王은 고려 왕실과 혼인관계. 典據 :『元史』卷108, 表第3,「諸王表」

印章은 그 종류에 따라 장식을 달리하였다. 예컨대 金印駝紐는 인장의 상단을 낙타 모양으로 꾸민 金印이다. 위의 <표 8> 元代 印章別 諸王에서 보는 바와 같이 고려는 鎭西武靖王을 제외하면 모두 제1등급의 金印獸紐 諸王들과 혼인하고 있으며,197) 金印獸紐를 받은 諸王 중에 高麗國王

사, 1999, 320쪽.
197) 金惠苑,「麗元王室通婚의 成立과 特徵 - 元公主出身 王妃의 家系를 중심으

이 속해 있다. 여기에서 고려왕이 41번째, 藩王이 39번째에 기재되어 있
는데 이것을 제왕의 序列이라고 보는 견해와[198] 그렇지 않다고 보는 견
해도 있다.[199] 元 출신 공주들의 高麗 下嫁는 고려 국왕의 권위와 원에서
의 위상을 강화하는 데 큰 힘이 되었으며, 고려 정국을 이끌어 가는 원동
력의 하나가 되었다. 따라서 고려 국왕과 원 공주의 혼인은 왕 개인에게
도 중요하였지만 고려 국가적으로도 중대한 일이었다.[200]

事大의 대상을 바꿀 때는 기존의 誥命과 印信을 새롭게 사대할 나라에
바치고 새로 제작한 印章을 받는 것이 관례로 되어 있었다. 공민왕은 원
에서 받은 인장을 明에 바쳤으며 역사적으로 丙子胡亂 때도 인조가 南漢
山城에서 出城하면서 明의 誥命·印信을 淸에 바친 사실이 있다.[201] 다음

로」,『梨大史苑』24·25合輯, 1989. 晉王＝忠宣王妃 薊國大長公主의 父, 梁王
＝瀋王과 瀋王妃 訥倫公主의 父, 營王＝忠肅王 第1妃 濮國長公主의 父, 魏王
＝忠宣王繼妃 曹國長公主의 父, 魏王＝恭愍王妃 魯國大長公主의 父, 魯王＝
忠惠王女 長寧公主와 혼인. 鎭西武靖王 焦八(搠思班)＝忠惠王妃 德寧公主
의 父.

198) 金九鎭,「여·원 관계의 전개」,『한국사 20』, 국편, 1994, 311쪽.

199) 金惠苑,「麗元王室通婚의 成立과 特徵 - 元公主出身 王妃의 家系를 중심으
로」,『梨大史苑』24·25合輯, 1989.

200) 元의 公主로 高麗王妃가 된 사람은 다음과 같다.

王	이 름		元公主 名	妃父名
	高麗	蒙古		
忠烈王	諶·賰⇒昛	×	忽都魯揭里迷失(＝齊國大長公主)	世祖
忠宣王	謜⇒璋	益智禮普化	寶塔實憐(＝薊國大長公主)	晉王(甘麻剌)
忠肅王	燾⇒卍	阿剌訥忒失里	① 亦隣眞班八剌(＝濮國長公主) ② 金童(＝曹國長公主) ③ 伯顔忽都(＝慶華公主)	① 營王(也先帖木兒) ② 魏王(阿木哥) ③ 未詳
忠惠王	禎	普塔失里	亦憐眞班(＝德寧公主)	鎭西武靖王
忠穆王	昕	八思麻朶兒只	×	×
忠定王	㫗	迷思甘朶阿只	×	×
恭愍王	祺⇒顓	伯顔帖木兒	寶塔失里(＝魯國大長公主)	魏王(字羅帖木兒)

* ×는 없음을 표시함.

201)『淸 太宗實錄』卷33, 崇德 2년 正月 戊辰 ;『仁祖實錄』卷34, 仁祖 15년 正月
戊辰 ; 권선홍,「조선과 중국의 책봉·조공 관계」,『전통시대 중국의 대외관

의 기사들은 국왕의 교체는 印綬의 교체를 동반한다는 사실을 예시해 준다. 이러 형태가 元代 고려국왕 책봉의 한 특징이라 할 수 있다.

① 충렬왕 7년(1281) 3월. 장군 노영이 원에서 돌아왔는데, 황제가 '駙馬國王 宣命 征東行中書省印'이라는 도장을 주었다.

② 충렬왕 8년(1282) 9월. 낭장 유비가 원에서 돌아왔는데, 황제가 '駙馬國王'이라는 金印을 주었다.

③ 충렬왕 17년 9월. 원에서 홍중경을 보내 왕에게 征東行中書省左丞相의 관직을 주었고 …… 유석을 충현 교위 관군 천호로 각각 임명하고 모두 금패를 주었다. 이 달에 세자에게 …… 特進上柱國高麗國王世子로 책봉하고[202] 官爵 수여와 金印을 하사하였다.

④ 충렬왕 21년 8월. 왕이 원에서 귀국할 때 황제가 儀同三司 上柱國 高麗國王世子 領都僉議使司로 책봉하고 2개의 銀印을 주었다.

⑤ 충선왕 즉위년 8월. 사신 孛魯兀이 황제의 명령이라면서 國王印을 회수하여 逸壽王에게 주어 태상왕이 복위하였다.

⑥ 충목왕 3년(1351) 10월. 원에서 江陵大君 王祺를 국왕으로 책봉하고 斷事官 完者不花를 보내 모든 창고와 궁실을 封印하고 國璽를 회수하여 갔다. 왕은 물러나 강화로 갔는데 공민왕 1년 3월에 살해하였다.

이상의 내용을 정리하면 다음과 같다.

이 글에서는 공민왕대 이전의 高麗-元 관계를 '冊封-朝覲體制'로 파악하였다. 世祖舊制와 그들에 의한 重祚 등도 큰 특징이었으나, 책봉과 관련하여 '책봉-조근체제'로 양국 관계를 규정할 수 있다. 고려 왕조의 존속

───────────────

계』, 부산외대출판부, 1999, 37쪽. 淸軍의 龍骨大, 馬夫太 등이 남한산성에 들어와 합의한 약조는 다음과 같다. ① 청과 조선은 君臣의 의를 맺을 것 ② 明에서 받은 誥命冊印을 바치고 明과의 交好를 끊으며, 조선이 사용하는 明의 年號를 버릴 것 ③ 조선왕의 장자와 차자, 그리고 여러 대신의 아들을 인질로 청에 보낼 것 ④ 淸의 正朔을 받고, 萬壽·千秋·冬至·元旦과 그 밖의 慶弔시에 貢獻의 예를 행하며 사신을 보내어 奉表하되 이들 儀節은 明과의 舊例와 같이 할 것 등(李章熙, 「병자호란」, 『한국사 29』, 1995, 292쪽).

202) 『元史』卷16, 本紀16, 世祖 13년(1291) 5월 ; 『高麗史節要』卷21, 忠烈王 17년(1291) 9월, "帝授世子 特進 上柱國 高麗國王世子 賜金印".

은 국왕의 朝覲을 통한 존립이었다. 元宗 이후 성립된 원과 고려의 책봉-조근체제는 공민왕의 반원정책이 시행될 때까지 지속되었다. 立省 책동과 수탈도 조근으로 해결해 나갔다. 이는 고려의 전통이었던 天下觀에 커다란 손상을 입히는 것이었으나, 당시 元이 주도하는 정세 하에서는 현실적인 대처방식이었다.

고려와 원의 관계에서 또 하나 특징은 '甥舅關係'이다. 고려와 원은 사위와 장인의 인척 관계를 그 기본 구조로 하여 원 간섭기가 존재하였다. 충렬왕과 충선왕 등 원 간섭기의 고려왕들은 원의 公主와 혼인하고 이를 바탕으로 고려 정국을 주도하였다.

충렬왕의 경우 세자 시절부터 元에 입조하여 朝覲하였으며 고려의 제반 현안을 조근하여 해결하였다. 그러한 충렬왕의 노력이 긴 책봉 관작으로 나타났다. 고려 국왕 중에서 비록 추증의 형태지만 右丞相을 제수받은 특별한 사례에 속한다.

충선왕은 武宗과 仁宗의 즉위에 功이 第一이었다는 점을 기반으로 元 황실에서 막강한 권한을 행사하고, 在元 정치활동을 통하여 고려의 정국을 조종하였다. 그러한 입장에서 황제의 총애를 바탕으로 고려의 제반 구폐를 혁신코자 하였으며, 나아가 功臣에 책봉되고 右丞相직까지 생전에 제의받았으나 정치적 이유로 사양하였다.

충렬왕과 충선왕의 元都에서의 영향력이나 정치적 위상에 비추어 그 후의 고려왕은 큰 세력을 떨치지 못하였다. 그리하여 책봉 관작도 일상적인 내용으로 일관되었다.

明의 책봉은 이전의 고려국왕 책봉보다 官爵 면에서 훨씬 단순화되었음을 특징으로 꼽을 수 있다. 이후 조선시대에 들어가 '朝鮮國王'이라는 王爵만으로 책봉하고 있음을 보건대, 明代의 藩國에 대한 책봉은 爵的 질서로 회귀하는 변형된 형태라 하겠다.

이제 원 간섭기에 고려 국왕이 받은 책봉 내역을 王代別로 종합하여 도표로 정리하면 다음과 같다.

<표 9> 元代 高麗國王 冊封官爵의 綜合

王代	授封國	冊封·加冊回數	冊封官爵名
高宗	元	(追贈)	贈敦信明義保節貞亮濟美翊順功臣 太師 開府儀同三司 尙書右丞相 上柱國 高麗國王 諡忠憲
元宗	元	(追贈)	贈端誠奉化保慶亮節康濟佐理功臣 太師 開府儀同三司 尙書右丞相 上柱國 高麗國王 諡忠敬
忠烈王	元	9	開府儀同三司 太尉 附馬 尙書右丞相 上柱國(逸壽王) 高麗國王 純誠守正推忠宣力定遠保節亮弘化奉慶功臣
忠宣王	元	5	開府儀同三司 太子太師 上柱國 附馬都尉 審陽王 征東行尙書省右丞相 推忠揆義協謀佐運功臣 高麗國王
忠肅王	元	2	開府儀同三司 征東行中書省左丞相 上柱國 駙馬 高麗國王
忠惠王	元	1	開府儀同三司 征東行中書省左丞相 上柱國 高麗國王
忠穆王	元	1	開府儀同三司 征東行中書省左丞相 上柱國 高麗國王
忠定王	×	×	×
恭愍王	元	4	右丞相 太尉 親仁保義宣力奉國彰惠靖遠功臣 高麗國王
	明	1	高麗國王
禑王	北元	2	開府儀同三司 征東行省左丞相 太尉 高麗國王
	明	1	高麗國王

충렬왕과 충선왕은 각각 9회와 7회의 책봉 및 加冊이 있었다. 충렬왕은 자신의 관작을 직접 원에 요구하기도 하였고, 충선왕은 定策의 공으로 瀋陽王 등에 책봉되었다. 반원정책을 쓴 恭愍王은 漠北으로 밀려나 있던 北元이 그를 회유할 목적으로 加冊한 사실로 인하여 4회의 官爵號를 제수하였다. 이렇듯 고려 국왕은 원 황실에 의하여 자의적으로 교체되는 重祚 현상이 빈번하였는데, 그때마다 책봉의 형식을 동반하였다.

책봉상의 관직은 원에서 고려왕의 위상을 알려주는 것이며 유목민인 元이 漢族的인 책봉을 실시한 것 자체가 커다란 변화였다. 위 표에서 알 수 있듯이 대체로 '高麗國王'이라는 王爵 앞에, 開府儀同三司의 正1品職인 文散階와 征東行省 左丞相職을 兼帶하고 있으며 正1品의 上柱國이라는 勳位를 띠고 있다. 그리고 충렬왕, 충선왕, 공민왕에게는 功臣號를 賜與하고 있는데, 이 중에서 공민왕에게 주어진 北元의 功臣號는 反元 기운을 무마하려는 목적이 있었다.

元·明 교체기에는 明의 공물 요구 및 제반 고려 내정에 대한 간섭의 방지책으로서 책봉이 이용되었다. 예컨대 禑王의 明에 대한 거듭되는 冊封 奏請을 들 수 있다. 고려의 책봉 요청에 明이 응하지 않자, 고려는 北元으로부터 책봉을 받았는데, 이는 明에 대한 示威의 일환이었다. 명으로부터 책봉을 받고자 많은 노력을 경주한 禑王은 결국 '高麗國王'으로 책봉되어, 재편되고 있는 漢族중심의 동아시아 질서에 合流하였다. 이는 고려 외교가 동아시아 형세에 따라 적절히 대응한 전형적인 사례이며, 실리외교라 하겠다.

원 간섭기에 고려는 諸侯國 체제로 변화하였기 때문에, 국왕에 대한 책봉관작에 食邑의 사여가 없었다.203) 흔히 몽고식 食邑은 投下戶라 표현한다.204) 太宗代에 호구 조사를 통해 파악된 漢人戶 가운데 76만여 호가 몽고 귀족에게 投下戶로 분봉된 사실로 보건대, 이 제도는 몽고 사회의 分封制度가 稅制에 반영된 것으로서, 정복자로서의 特權이 그대로 관철된 제도였다. 그러나 고려 국왕에 대한 실제적이든 명목적이든 이러한 食邑의 지급이 없었다. 이는 고려국왕의 책봉에 보이는 하나의 특징이다.

한편 明의 고려 馬에 대한 수탈은 고려에 현실적인 곤란을 초래하였으나, 明의 입장에서는 그 수탈 물자가 그들의 재정에 크게 보탬이 되었다고는 보이지 않는다. 그럼에도 불구하고 명의 貢馬 요구가 심했다는 사실은 고려에 대한 군사적 무력화와 더불어 고려의 명에 대한 충성도나 본심을 파악하기 위한 하나의 수단이었다고 이해된다.

원 간섭기에는 使臣團의 변화도 있었다. 예전에는 사신을 보낼 때 선발을 신중히 하고 수종 인원도 적어도 100명 이상으로 하였는데, 이때는 의식이 극히 생략되어 품달할 일이 있으면 사신 한 명이 驛馬를 타고 황제 처소에 곧장 갔다. 책봉을 받는 의식도 기왕에는 月日을 선별하여 장중하게 치렀지만, 원대에는 왕이 行省에 가서 使臣을 맞이하는가 하면 文書로

---

203) 金基德, 「高麗後期 宗室封君制」, 『建大史學』 8, 1993.
204) 投下戶란 일종의 食邑으로, 공로에 대한 보상을 해 준다는 의미이다. 몽고의 귀족(諸王, 公主, 駙馬, 功臣)들에게 토지와 인민을 사여하는 행위이다.

전달받기도 하였다. 또한 격식이 간소화되고 책문의 전달 역시 고려 출신 관료나 오가는 사절을 통하여 전달되기도 하였다. 이처럼 충렬왕대 이후 고려의 제반 체제는 諸侯國으로 변화하였고 그 제후의 격에 맞는 책봉 官 爵名이 주어졌다.

원간섭기 고려 국왕은 원에 의하여 자의적으로 교체되기도 하였지만 그 황제의 '任命'인 冊封이 그의 지위를 유지시켜 주는 역할을 하였다. 따라서 고려 국왕에 의한 전면적인 反元政治는 불가능하였고 개량적인 수준의 고식책으로 일관하였다. 이런 까닭에 본격적인 反元운동은 중국 정세가 급변하는 공민왕 5년(1355)에 가서야 가능하게 되었다.

元에 의한 고려국왕 책봉은 王權 발휘의 중요한 기반이었으므로 고려 국왕이 그들의 책봉을 받으려고 노력하였다. 원말에 중원에서 새로운 群雄들이 봉기하자 고려는 그들과 다각도로 접촉하면서 새로운 대륙 정세에 민감하게 대처하였다. 元·明 교체기에 고려는 동아시아 정세를 신속하게 파악하고, 새로운 패자로 등장한 明의 朱元璋이 臣屬을 권유하자 그들과 통교하고 새로운 국제질서에 능동적으로 편입하였던 것이다.

결국 고려는 元이 세계를 제패하고 동아시아 정세를 주도할 때는 그들과 적극 밀착함으로써 왕조를 보존하고, 元·明 교체기에는 신흥 명나라에 적극 접근하여 그들을 사대의 대상으로 삼았다. 이 과정에서 항상 冊封과 加冊이 수반되었다. 책봉을 통해 볼 때 고려는 능동적으로 중국 중심의 책봉제도에 적극 편입하였고 이 질서에 적응함으로써 동아시아 세계를 구성하는 하나의 중요한 세력으로 자리하였다.

제6장 諸國家間 책봉의 기능과 그 성격

고려시대에 동아시아는 대륙의 패권을 차지한 황제국에 의하여 책봉이 시행되었다. 이 책봉은 피책봉국의 요청에 의하여 시행되는 경우와 책봉국 황제의 尊號 加上 등 여러 가지 계기가 병존하였다. 그 책봉의 시기와 官爵의 내용은 책봉 받는 국가의 實勢를 반영한다. 여기서는 앞서 고려 국왕에 대한 책봉을 서술하면서 부분적으로 언급하였던 諸國家間의 책봉 관계를 종합적으로 살피고자 한다.

기왕의 연구에서는 한국과 동아시아의 책봉 관계가 갖는 기능의 고찰을 통하여[1] 책봉을 국가 간의 세력관계를 나타내는 제도라고 지적해 왔다. 그러나 고려시대의 대륙 왕조와 기타 국가들 간의 책봉 양상은 잘 드러나지 않았다. 이 장에서는 그러한 문제를 알아보고 이를 통하여 고려 국왕이 받은 책봉이 대륙 왕조에 의한 一方的인 施惠가 아닌 相對的인 제도였다는 사실을 확인하고자 한다.

---

1) 坂元義種, 『古代東アジアの日本と朝鮮』, 吉川弘文館, 1978 ; 唐代史研究會編, 『隋唐帝國と東アジア世界』, 汲古書院, 1979 ; 金翰奎, 『古代中國的世界秩序研究』, 一潮閣, 1982 ; 西嶋定生, 『中國古代國家と東アジア世界』, 東京大出版部, 1983 ; 金鍾完, 『中國南北朝史研究 - 朝貢 · 交聘關係를 중심으로』, 一潮閣, 1989 ; 金基德, 「三國時期 中國諸王朝에서 賜與된 國王封爵에 관한 檢討」, 『建國大學校大學院論文集』 29, 1989 ; 掘敏一, 『中國と古代東アジア世界』, 岩波書店, 1993 ; 여호규, 「4세기 동아시아 국제 질서와 고구려의 팽창정책」, 『역사와 현실』 36, 2000.

1. 諸國家間 책봉의 유형

고려시기에 대륙에 존재한 왕조들에 의해 시행된 冊封의 契機를 살펴
보면 다음과 같은데 이것들은 몇 가지 類型으로 나눌 수 있다.

<표 1> 高麗國王 冊封의 契機

國王	冊封時期	即位	皇帝尊號加上	兩國懸案	年號改定
太祖	16년(933)			◎, 王建의 요청	
	22년(939)			◎, 後晋의 後唐 계승	
惠宗	2년(945)	◎			
定宗				×	
光宗	4년(953)	◎			
	7년(956)			◎, 世宗 즉위 축하에 대한 답례	
	9년(959)			◎, 고려의 요청(추정)	
	14년(963)			◎, 宋 開國	
	23년(972)			◎, 土産物 공납에 대한 답례(추정)	
景宗	1년(976)	◎			
	3년(978)	미상			
	4년(979)			◎, 宋의 연운 16주 회복을 위한 고려의 협력 기대	
成宗	2년(983)	◎			
	4년(985)				◎
	7년(988)				◎
	9년(990)				◎
	11년(992)				◎
	15년(996)			◎, 對遼關係 改善	
穆宗	1년(998)	◎			
	2년(999)			◎, 고려에 대한 宋遼의 경쟁 관계	
	10년(1007)			◎, 고려에 대한 宋遼의 경쟁 관계	
顯宗	13년(1022)			◎, 麗遼 관계 회복	
	14년(1023) 太子			◎, 차기 고려국왕에 대한 제어책	
德宗	×				
靖宗	5년(1039)			◎, 麗遼 관계 회복	
	9년(1043)		◎		

文宗	1년(1047)	◎			
	3년(1049)			◎, 事大 충실	
	9년(1055)		◎		
	11년(1057)		◎		
	19년(1065)		◎		
順宗	×				
宣宗				◎, 對遼 關係 改善	
獻宗		◎			
肅宗	2년(1097)	◎			
	5년(1100) 太子			◎, 숙종의 요청	
	9년(1104)		◎		
睿宗	3년(1104)	◎			
仁宗	20년(1142)			◎, 對金 관계개선, 事大	
			◎		
毅宗	2년(1148)	◎			
明宗	2년(1172)	◎			
神宗	2년(1199)	◎			
熙宗	2년(1206)	책봉 시행 여부 不明			
康宗	1년(1212)	◎			
高宗	忠宣王			◎, 忠宣王 요청, 追贈	
元宗	忠宣王			◎, 忠宣王 요청, 追贈	
忠烈王	1년(1274)	◎			
	6년(1280)			◎, 요청	
	9년(1283)			◎, 東征 관련	
	14년(1288)			◎, 東征 관련	
	17년(1291)			◎, 尙書省의 中書省改稱	
	19년(1293)			◎, 요청	
	21년(1295)			◎, 太師中書令 요청, 不許	
	33년(1307)			◎, 충렬왕에 대한 공신호 추가	
	死後			◎, 충선왕대에 追贈	
忠宣王	1년(1298)	◎			
	前王(1308.5)			◎, 武宗 擁立, 瀋陽王	
	復位年(1308.10)	◎(瀋陽王 겸임)			
	2년(1310)			◎, 定策의 功, 瀋王	
	忠肅王1년(1314)			◎, 讓位	

忠肅王	卽位年(1313)	◎			
	3년(1316), 世子			◎, 瀋王을 暠에게 양위	
	4년(1317)			◎, 營王의 딸과 혼인	
忠惠王	卽位年(1330)	◎			
忠穆王	卽位年(1344.4)	◎			
	卽位年(1344.5)			◎, 원의 국세 쇠퇴	
忠定王	✕				
恭愍王	卽位年(1351)	◎			
	5년(1356)			◎, 高麗王, 瀋王, 敬王을 동시 책봉	
	12년(1363)			◎, 공민왕 폐위직후 복위	
	14년(1365)			◎, 고려 회유	
	18년(1369)			◎, 고려 회유	
	19년(1370)	◎		(明開國)	
禑王	3년(1377)			◎, 명의 압력 회피수단으로 북원에서 받음	
	6년(1380)			◎, 명의 압력 회피수단으로 북원에서 받음	
	11년(1385)			◎, 많은 노력 끝에 明에서 받음.	
昌王	✕				
恭讓王	✕				

* ◎는 해당되는 책봉의 契機를 표시함. ✕는 책봉을 받지 않은 경우임.

먼저 첫째 유형은 新王 卽位에 따른 冊封 要請이다. 屬國이나 藩國의 신왕이 즉위하면서 책봉을 주청하면 대체로 그 사실을 추인하는 사례가 많았다. 고려 역시 소수의 왕을 제외하면 즉위 직후 책봉을 받았다.

둘째 유형은 대륙 왕조의 황제에 대한 尊號 加上에 따른 藩國에 대한 加冊이다. 皇帝에게 尊號를 올리는 행위도 冊封이다. 존호를 올려 스스로를 높인 뒤 이를 기념하는 형식으로 加冊을 시행하였다. 遼를 비롯하여 대륙의 왕조들이 시행한 존호 가상은 정치적 이유로 시행되었는바, 그 행사와 관련하여 인국의 왕들과 기쁨을 같이한다는 명목으로 책봉 관작을 높여 주는 경우가 다수 있었다. 고려의 경우 주로 遼代에 그 사례가 다수 나타난다. 五代에서 元에 이르기까지 황제에 대한 존호 가상의 사례가 있으나, 그와 관련하여 高麗國王을 加冊한 경우는 遼와 金이었다. 먼저 遼의 존호가상과 고려국왕 책봉과의 관계는 다음과 같다.

<표 2> 遼代 尊號加上과 高麗國王 冊封 與否

皇帝	西紀	尊號名	高麗國王冊封與否
太祖	916. 2	大聖大明天皇帝	
太宗	927	嗣聖皇帝	
世宗	947. 9	天授皇帝	遼와 고려 국교 미수립, 대립 상태.
穆宗	952. 9	天順皇帝	
景宗	969. 2	天贊皇帝	
聖宗	982.10	昭聖皇帝	
	987. 4	至德廣孝昭聖天輔皇帝	
	1006.10	至德廣孝昭聖天輔皇帝	996년 책봉 수립 1007(목종7), 국교 단절 1022(현종13), 국교 재개
	1012.12	弘文宣武尊道至德崇仁廣孝聰睿昭聖神贊天輔皇帝	
	1021.11	睿文英武遵道至德崇仁廣孝功成治定昭聖神贊天輔皇帝	
興宗	1032.11	文武仁聖昭孝皇帝	×
	1042.11	聰文聖武英略神功睿哲仁孝皇帝	◎ (靖宗 9, 加冊)
	1054.11	欽天奉道祐世興曆武定文成聖神仁孝皇帝	◎ (文宗 9, 加冊)
道宗	1056.11	天祐皇帝	◎ (文宗11, 加冊)
	1065. 1	聖文神武全功大略廣知總仁睿孝天祐皇帝	◎ (文宗18, 加冊)
天祚帝	1101. 1	天祚皇帝	×
	1103.11	惠文智武聖孝天祚皇帝	◎ (肅宗 9, 加冊)

* ◎는 加冊이 시행되었다는 표시임.

* 典據 :『遼史』本紀

위 표에서 보듯이 遼代의 興宗, 道宗, 天祚帝 시기에 황제에 대한 가상 존호와 그에 따른 시은책의 일환으로 고려 국왕에게 加冊하였다. 遼의 존호 가상은 황제의 위엄과 그의 통치에 일조하는 정치행위였다.[2]

---

2) 이와 관련하여 遼에서 시행된 再生儀도 유의할 부분이다. 그 내용은 다음과 같다. "禁門 북쪽의 땅을 쓸고 재생실과 모후실, 그리고 先帝의 神主 가마를 둔다. 재생실의 동남쪽에는 3개의 岐木을 거꾸로 심어둔다. 날이 되면 童子와 産婆를 그 방에 들인다. 부인 한 사람이 술을 들고 노인 한 사람이 화살을 넣은 통을 들고 방 밖에 선다. 有司가 神主가 수레에 내려올 것을 청한다. …… 황제가 침전을 나와 再生室로 간다. 群臣이 황제를 맞이하여 재배하면 입실하여 옷과 신발을 벗는다. 동자가 그를 시종하면 기목 아래를 3번 통과하고 그때마다 산파가 致謝하고 황제의 몸을 닦아준다. 동자는 기목을 7번 지나고 황제는 나무 옆에 눕는다. 노인이 활통을 두드리면서 '生男이요'라 외친다. 太巫가 황제의 머리를 덮은 뒤 일어선다. 군신이 모두 慶賀 재배한다. 산파가 술을 든 부인

遼代의 外藩 책봉을 살피면 고려국왕 책봉의 면모를 확연히 할 수 있다. 遼나라 말기에 황제가 西夏王을 皇帝로 책봉하였는데, 이는 요 황제가 황제의 입장에서 더 나아가 天子의 입장에서 시행한 것이므로 모순되지 않는다. 遼朝 초기는 오대십국의 혼란기였다. 이에 따라 오대십국의 여러 나라들은 요의 책봉을 통해 자신들의 권위를 높이고, 요는 그들의 권위를 위하여 皇帝로 책봉하기도 하였다. 그리고 요 황제에게 존호를 올리겠다고 자청하고 있다. 이는 요의 응원을 확보하기 위한 정략이라 하겠다. 요대에 고려국왕에게 주어진 加冊에는 요 황제에 대한 존호 가상에 따른 사례가 주종을 이룬다. 고려의 靖宗, 文宗, 肅宗代의 가책이 그 주요 사례다.

金代의 존호가상과 고려국왕 책봉관계는 다음 <표 3>과 같다. 金代에는 皇帝에 대한 尊號 加上의 기념으로 熙宗시에만 고려의 仁宗을 책봉하였다. 요에 비하여 존호 가상과 관련한 고려국왕 책봉 사례는 한 번밖에 안 된다.

책봉의 세 번째 유형은 皇帝國의 慶事에 따른 施恩으로서의 加冊이었다. 年號의 개정과 같은 慶事를 맞이하여 加冊을 시행하는 경우다. 예컨대 고려 成宗에 대한 985년의 가책은 宋의 年號 개정과 관련이 있다. 송 태종은 984년에 '雍熙'로 改元하면서[3] 大瞿越(1054년 이후 大越國으로 개칭)에도 책봉하였다. 이때 交趾에 대한 檢校太保 使持節 都督交州諸軍事

으로부터 술을 받들어 올리고 태무는 강보와 채결 등의 물건을 드린다"(『遼史』卷53, 禮志6, 「再生儀」). 이 의식은 '天子관념을 북아시아 유목민의 특유한 샤머니즘적 세계관 속에 결합하고 있을 뿐 아니라 하늘이 인간에게 神靈을 부여하여 君主로 만드는 단계를 넘어 天子를 出生하는 과정을 상징적·극적으로 표현한 의식'(金浩東, 「北아시아 遊牧國家의 君主權」,『東亞史上의 王權』, 한울, 1993, 180쪽)이거나 '首長의 젊음을 기원하는 의식'(島田正郎, 「契丹の祭祀 – 祭山儀と柴冊儀」,『遼朝史の硏究』, 創文社, 180, 321~347쪽)이었다. 요 황제에 대한 加上尊號도 이러한 儀式 행위를 통한 威嚴의 고양과 통치 역량의 강화를 도모하려는 정치적 행위라 하겠고, 이에 따라 高麗國王에 대한 加冊의 施恩도 遼代에는 심심치 않았던 사실이 타시기와 구별되는 점이다.

3) 『宋史』卷4, 本紀4, 太宗1, 雍熙 1年(984) 11月 丁巳, "祀天地于圜丘大赦 改元中外文武官 進秩有差".

安南都護 充靜海軍節度 交州管內觀察處置等使 封京兆郡侯 食邑三千戶 仍賜號推誠順化功臣으로의 加冊이 그것이다.[4]

<표 3> 金代 皇帝 尊號加上과 高麗國王 冊封與否

皇帝	年號	西紀(高麗王)	尊號名	高麗王 冊封與否
太祖	收國 1년	1115(睿宗10)	(群臣奉上尊號)	×
	2년	1116(睿宗11)	大聖皇帝	
太宗			×	
熙宗	皇統 1년	1141(仁宗19)	崇天體道欽明文武聖德皇帝	◎
海陵王	天德 2년	1150(毅宗 4)	法天膺運睿武宣文大明聖孝皇帝	×
海陵王	正隆 1년	1156(毅宗10)	聖文神武皇帝	
世宗	大定 1년	1161(毅宗15)	仁明聖孝皇帝(明은 德의 誤記)	
	5년	1165(毅宗19)	應天興祚仁德聖孝皇帝	
	11년	1171(明宗 1)	應天興祚欽文廣武仁德聖孝皇帝	
章宗	太和 1년	1201(神宗 4)	×(復請上尊號,不許)	
衛紹王			×	
宣宗			×	
哀宗			×	

* 典據 :『金史』本紀

이 무렵 宋의 침입으로 위기에 처한 大瞿越을 黎桓이 물리치고 송으로부터 '檢校太保 使持節 都督交州諸軍事 安南都護 充靜海軍節度 交州管內觀察處置等使 封京兆郡侯 食邑三千戶 仍賜號推誠順化功臣'으로 책봉되어 친선관계를 유지하게 되었다. 여환은 983년 宋에 자신을 대구월의 지배자로 승인해 주기를 요청하였으나, 宋은 2년이 지난 986년에야 그를 靜海節度使에 임명하였다.[5] 송의 침략을 물리치고 승리를 거둔 여환의 명

---

4) 『宋史』卷488, 列傳247, 外國4 交趾, 雍熙 2년(985) 10월, "王者 懋建皇極 寵綏列藩 設邸京師 所以盛會同之禮……權知交州三使留後黎桓 兼資義勇 特稟忠純 能得邦人之心 彌謹藩臣之禮……稟漢詔以無違 宜正元戎之稱 以列通侯之貴 控撫夷落 對揚天休 可檢校太保 使持節 都督交州諸軍事 安南都護 充靜海軍節度 交州管內觀察處置等使 封京兆郡侯 食邑三千戶 仍賜號推誠 順化功臣".

5) 『皇宋十朝綱要』卷4/趙鐵寒主編『宋史資料萃編』第1輯, 文海出版社, 66쪽,

성이 높아지자, 그는 송에 사절을 파견하여 자신을 大瞿越의 지배자로 인정해줄 것을 거듭 요청하였다. 송은 마지못해 이를 승낙하고 986년에 그를 '安南都護 靜海軍節度使'로 책봉하고,[6] 993년에 이르러 交趾郡王으로 책봉하였다.[7] 여환은 侯에서 王으로 進封된 것이다. 이는 고려가 처음부터 王으로 책봉된 사실과 비교되는바, 宋에서 볼 때 고려의 국제적 위상이 높았다고 할 수 있다.

宋은 安南의 혼란을 이용하여 이전의 식민체제를 재확립하려고 大軍을 출병시켰으나 大敗당하고 말았다. 이후 黎桓은 송에 사절을 파견하여 국교를 정상화하려고 노력하자 송은 그에게 靜海節度使로 임명하고 이어 交趾郡王으로 책봉하였다.

이후 李公蘊이 신 왕조를 건설하고 송에 사절을 파견하자 그의 찬탈을 묵과한 채 靜海節度使와 交趾郡王에 책봉해 주었는데, 사실은 북방의 遼의 위협이 크게 작용하였다. 한편 송은 남쪽 交趾의 여환이 이반하려고 하자 銀州觀察使와 侍中을 겸하게 하고 南平王으로 책봉하였다. 남쪽의 평화를 바라는 송의 희망이 반영되었다고 하겠다. 같은 의미에서 西夏의 趙德明에게는 西平王으로 책봉하였다. 한편 서하의 왕족은 원래 李氏였으나 宋의 賜姓을 받아 趙氏가 되었다. 송이 皇室 姓氏를 하사하면서까지 화해를 해야 할 만큼 사정이 좋지 않았다고 하겠다.

諸國家間 책봉의 네 번째 유형은 세력균형의 유지를 위한 정치적 필요에서 시행하는 경우다. 이것은 국왕 책봉이 정치적 세력관계에 따라 운영되었다는 사실을 보여준다. 그 예를 세 가지만 들면 다음과 같다.

첫째, 宋과 遼가 대립하고 있을 때 고려왕을 進封시켜 준 것도 책봉의 역학관계에 따른 기능을 보여준다. 遼와 宋의 대립구도에서 고려가 차지하는 비중은 컸다. 그러므로 宋-遼는 모두 對高麗 관계에서 우위를 점하고자 경쟁하였다. 특히 遼가 쇠약해지고 있을 때 宋은 사신을 보내 고려

丙戌 雍熙 三年(986) 10월, "庚申 授黎桓 本軍節度".

6) 오구라 사다오 지음, 박경희 옮김, 『베트남사』, 일빛, 1999, 79쪽.

7) 『皇宋十朝綱要』 卷4/趙鐵寒主編 『宋史資料萃編』 第1輯, 文海出版社, 73쪽, 癸巳 淳化 4年(993), "是歲 進封黎桓 交趾郡王".

로 하여금 송으로부터 冊封을 받기를 권유하였다.

遼의 대외 책봉은 자국의 세력이 강할 때는 권위 있는 황제로서 번국 위에 군림하고, 자국이 약할 때는 번국을 묶어 둠으로써 勢力均衡을 이루려는 수단으로 활용하였다. 예컨대 遼는 국초에 후당의 石敬瑭을 皇帝로 책봉하고, 멸망 전에는 天祚帝가 西夏의 이계순을 '皇帝'로 책봉하였다. 이러한 사실에서 책봉의 역학관계의 일단을 확인할 수 있다. 반면에 책봉을 받는 입장에서는 이를 통하여 국왕의 권위를 세우고 그에 따라 자국 내에서의 세력 기반 확립에 도움이 되었다고 이해된다.

둘째, 金의 衛紹王 말기에 고려 康宗을 책봉할 때 이전에 볼 수 없던 食邑 1萬戶를 사여하였다. 이 역시 기울어져 가는 金의 형세를 반영하는데, 자국의 취약성을 고려에 대한 시혜로 호도해 보려는 것이라 하겠다.

셋째, 공민왕의 반원정책 시기에 北元이 功臣號를 수여한 것 역시 그들의 취약한 형세를 반영하고 있다. 우왕대 北元과 明의 대립 시에 北元이 책봉을 자발적으로 시행하여 明에 기울어지는 고려를 회유하고자 하였던 사실 역시 마찬가지다. 그리고 元이 高麗王과 瀋王의 옹립을 통하여 서로 견제케 하는 以夷制夷 정책도 冊封 형식을 통하여 시행되었다.

책봉의 다섯 번째 유형은 국왕을 강압적으로 교체하는 任命的 冊封이다. 元代 고려 국왕에 대한 자의적인 교체가 대표적인 사례다. 이 경우는 전통적인 冊封-朝貢관계의 관례를 벗어나, 실질적으로 고려 국왕이 책봉국에 의하여 임의대로 교체되는 현상을 지칭한다.

여섯 번째 유형은 '皇帝'로의 冊封이다. 요가 서하를 '皇帝'로 책봉하는 경우 황제가 황제를 책봉한다는 모순이 있으나, 중국의 황제만이 天命을 받은 天子의 자격을 갖고 있기 때문에 가능하였다. 천자로서 冊封權을 가지고 '皇帝'라고 책봉하기도 하였고, '國王'이라고 책봉하기도 하였던 것이다. 대륙을 지배한 天子의 입장에서는 천자가 아닌 '황제'는 몇 명이든 존재할 수 있었다. 나아가 그들 대부분은 황제보다 아래 단계인 諸侯王이었다.

중국 중심의 천하질서에서 天子는 오로지 한 사람뿐이었고 이 천자 아래 여러 명의 황제나 왕이 존재할 수 있다는 것이었다. 예컨대 金은 齊國을 8년간 존치하였는데 劉豫를 '皇帝'로 책봉하였다. 이는 天子의 입장에서 시행하였으므로 용어상 모순되지 않는다.

여기에서 국가 간의 관계에 대해 생각해 볼 수 있는데, 甥舅關係, 叔姪關係, 兄弟關係 등이 있다. 원 간섭기의 高麗와 西夏가 그 대표적인 예다. 西夏는 건국 이래 遼에 대하여 臣禮를 취하고 夏國王에 封해지고 있었다.8) 뿐만 아니라 遼의 天祚帝 시기에는 族女를 西夏王에게 降嫁시켜 양국 사이는 宗屬關係임과 동시에 甥舅關係가 되었다.9)

고려 역시 원과 甥舅關係를 맺었으므로, 두 나라의 관계는 '冊封-朝覲體制' 내지 '甥舅關係'로 정의할 수 있다.10) 渤海도 日本에 甥舅關係를 요구한 바 있다.11) 叔姪關係도 존재하였다. 宋은 金軍의 침공으로(1126년)

---

8) ① 遣使李繼遷 爲夏國王(『遼史』卷13, 聖宗紀, 統和 8년(990) 12월 庚戌) ② 遣使 封夏國李德昭 爲西平王(『遼史』卷13, 聖宗紀, 統和 22년(1004) 7월甲申) ③ 遣使 冊西平王李德昭 爲夏國王(『遼史』卷13, 聖宗紀, 統和 28년(1010) 9월乙酉) ④ 遼復遣 金吾衛上將軍蕭孝誠 賚玉冊 金印 冊爲尚書令(『宋史』卷485, 夏國傳上, 天禧 5년(1021)) ⑤ 夏國王李德昭薨 冊其子夏國公李元昊 爲夏國王(『遼史』卷18, 興宗紀, 重熙 1年(1032) 11월)

9) ① 以王子帳耶律襄之女封義成公主 下嫁李繼遷(『遼史』卷12, 聖宗紀, 統和 7년(989) 3월 戊戌) ② 是歲 以興平公主 下嫁夏國王李德昭子元昊 以元昊爲夏國公駙馬都尉(『遼史』卷18, 興宗紀, 景福 1년(1031) 12월) ③ 以族女南仙封成安公主 下嫁夏國王李乾順(『遼史』卷27, 天祚帝紀, 乾統 5년(1105) 3월 壬申)

10) 그 典據는 다음과 같다. ① 自臣附皇元以來 以舅甥之好 視同一家 事敦情實 禮省節文 苟有奏稟 一分乘傳直達帝所 世無虛月 故使不復擇人 恩至渥也(『拙稿千百』卷2,「送鄭仲孚書狀官序」) ② 충렬왕 死後, 武宗이 내린 추증문에도 "아버지가 거친 땅을 개척하니 아들은 다시 즐겨 파종하였으며, 그는 짐을 장인(舅)이라 칭하고 나는 그를 사위(甥)라 부른다(李齊賢,「忠憲王世家」,『益齋亂藁』卷9上/『高麗名賢集 2』, 成大 大東文化研究). ③ 東方有國 盖數百年 北面歸朝已三四世 不謂人倫之多變 致煩天討之屢 加顧惟甥舅之親(『高麗史』卷37, 忠穆王 卽位年(1344) 5月 甲午) ④ 高麗之於大廟也戎臣 結爲兄弟於初 天子定爲甥舅後 百有餘年 魚水相得 矧今殿下卽周之姬姒也 三韓之幸於斯爲大(『牧隱文藁』卷18,「唐城府院君洪康敬公墓地銘」)

11) 『續日本記』卷32, 光仁天皇 寶龜 3년 2월 己卯 ; 宋基豪,「발해 文王代의 개혁과 사회변동」,『韓國古代史研究』6, 1993.

그들에게 굴복하여 치욕스런 숙질관계를 맺었다. 그리고 이듬해에는 徽宗과 欽宗을 비롯하여 3,000여 명이 金에 납치되는 이른바 '靖康의 變'을 겪고 북송은 멸망하였다.

2. 諸國家間 책봉의 기능과 성격

1) 五代

⑴ 後唐

태조의 유씨 부인에 대하여 후당이 '河東郡夫人'으로 책봉하였다. 이는 고려의 '奏請'에 의해서였다.[12] 이 같은 예는 고려만이 아니었다. 吳越國王 錢鏐가 後唐에 책봉을 '密求'하는 등[13] 유사한 사례가 많다. 후당은 오월의 요청에 대하여 '天下兵馬都元帥 尙父 守尙書令 吳越國王錢鏐 可依前天下兵馬都元帥 尙父 守尙書令 封吳越國王'으로 책봉하였다.[14]

중국 측 기록에는 책봉을 받고자 하는 측에서 책봉을 요청한 사실을 '乞'했다는 식으로 표현하였다. 중국적인 修辭라고 할 수 있으나 책봉 관작이 필요한 나라의 요청에 응해서 시행된 책봉이 많았던 것은 분명하다.

후당이 시행한 外藩 책봉에 대한 자료를 모아 이를 토대로 도표화해 보면 다음과 같다.

---

12) (宋) 王欽若·楊億等 奉勅 撰,『冊府元龜』卷976, 外臣部, 長興 3年 7月詔/『文淵閣四庫全書』919冊, 343쪽, "特進 檢校太保 使持節 玄菟州都督 上柱國 高麗國王 建妻河東柳氏 可封河東郡夫人 高麗入朝使 太相王儒 奏請也".

13)『舊五代史』卷36, 唐書12, 明宗紀2, 天成 1年(926) 5월 壬午, "尙父 吳越國王 錢鏐 遣使 進金器五百兩 銀萬兩 綾萬疋謝恩 賜玉冊 金印 初同光季年鏐上疏 密求玉冊金印 郭崇韜進議以爲不可 而樞密承旨段佪 受其重賂贊成其事莊宗 卽允其請 至是故有貢謝".

14)『舊五代史』卷32, 唐書8, 莊宗紀6, 同光 2년(924) 10월 壬午.

<표 4> 後唐 外藩 冊封

人名	西紀	冊封官爵
錢 鏐	924.10	吳越國王
馬 殷	927. 6	楚國王
錢元瓘	934. 1	吳越王
馬希範	934. 1	楚王
仁 喩	928. 5	順化可汗
王延鈞	928. 7	閩王

* 典據：『舊五代史』

<그림 5> 後唐 外藩 冊封圖

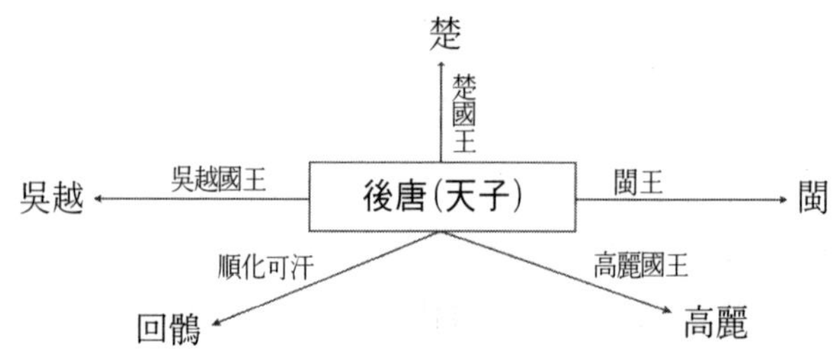

⑵ 後晉

후당을 이어 後晉은 북방의 遼에게 밀리는 추세에 있었고 이를 극복하기 위하여 고려에 협공을 요청하였다. 그리고 南中國의 여러 나라 중 吳越과 밀접한 관계를 맺으며 위기에 대처하려고 하였다. 이런 사정 때문인지 後晉 시기의 高麗와 吳越에 대한 책봉 내역에는 유사성이 있다. 먼저 後晉은 941~944년 사이에 吳越國 錢弘佐에게 책봉하였는바,[15] 그가 받은 관작을 합하면 '鎭東大將軍 檢校太師兼中書令 守太尉 杭州越州大都督 鎭海鎭東等軍節度使 吳越國王 食邑□戶 □功臣'이다. 고려 王建에 대해

---

15) 『舊五代史』卷80, 晉書6, 高祖紀6, 天福 6년(941) 12월 庚戌, "鎭東大將軍 檢校太師兼中書令 杭州越州大都督 鎭海鎭東等軍節度使 封吳越國王"；『舊五代史』卷81, 晉書7, 少帝紀1, 天福 7년(942) 9월 辛巳, "加食邑 仍改賜功臣名號"；『舊五代史』卷83, 晉書9, 少帝紀3, 開運 1년(944) 10월 壬寅, "加守太尉".

서는 943년에 開府儀同三司 檢校太師 食邑一萬戶로 책봉하였다.16)

太祖代의 대외관계는 高麗와 後晉이 함께 遼를 견제하는 입장에 있었다. 때문에 後晉이 고려 국왕을 책봉하면서 食邑 1만 호와 食實封 1천 호를 賜與하였다고 이해된다. 이 식읍과 식실봉은 명목상의 지급이었으나 그 戶數의 多寡는 피책봉국에 대한 평가를 나타낸다고 하겠다. 고려 태조가 後唐과 後晉에서 받은 관작을 합하면 '開府儀同三司 檢校太師 使持節 玄菟州都督 大義軍使 上柱國 食邑一萬戶 食實封一千戶 高麗國王'이었다. 후진에서 吳越과 高麗에게 준 관작을 비교하면 吳越에는 '鎭東大將軍과 鎭海鎭東等軍節度使'와 같은 관작이 보이고, 고려에는 '開府儀同三司'와 같은 문산계와 上柱國의 勳職이 돋보인다.

後晉의 高祖 石敬瑭은 後唐 明宗(李嗣源)의 사위였다.17) 그는 세력이 약했던 관계로 遼 太宗에게 燕雲 16주를 바치고 그의 도움으로 후당을 격파하고 즉위하였다. 석경당은 遼에 의하여 晉 皇帝로 책봉되었고(936년), 도와준 대가로 遼의 보호국이 되었음은 물론 燕雲 16주와 매년 비단 30만 필을 세폐로 바쳐야 했다. 석경당은 遼 황제에게 '臣'을 자청하면서 父子의 禮를 갖추었고, 遼는 석경당을 '兒皇帝'라 불렀다. 이에 따라 석경당은 華北의 민중들에게 고난을 안겨주며 漢族史에서 긴 고난의 시기를 야기하였다. 後晉은 遼에 대한 稱臣과 더불어 遼를 '父皇帝'로 불렀는데, 이는 실상 당시 국가 간의 냉엄한 현실을 그대로 반영한다. 그리고 遼는 後晉의 王을 英武明義皇帝로 책봉하였다. 이런 상황에서 後晉의 입장에서는 고려 국왕에 대한 책봉을 시행하는 일 자체가 그들의 손상된 자존심을 북돋워 주는 일이었다고 추정된다.

후진이 시행한 外藩 책봉에 대한 자료를 모아 표로 만들고 이를 기반으로 책봉 관계를 도표화하면 다음과 같다.

---

16) 『舊五代史』卷80, 晉書6, 高祖紀6, 天福 6년(943) 6월 丙午.

17) 후당의 명종이 죽고, 閔帝가 즉위하자 의형제인 潞王 李從珂가 반란을 일으켜 開封을 함락하고 帝位에 올랐다. 李從珂와 경쟁하고 있던 明宗의 사위 石敬瑭(高祖)은 확실한 근거지가 없었으므로 북방 遼 太宗에게 원조를 요청하여 5만의 원군을 이용하여 혁명을 일으켰다.

<표 5> 後晋 外藩 冊封

人名	西紀	冊封官爵
李聖天	938.10	大寶于闐國王
王 昶	938.11	閩國王
延 義	940.11	閩國王
錢元瓘	939. 8	天下兵馬元帥
錢弘佐	943.12	吳越國王
契丹主	937. 6	父皇帝(『資治通鑑』卷281, 後晋紀 2, 天福 2年 6월)
後晋王	937.10	英武明義皇帝(『資治通鑑』卷281, 後晋紀 2, 天福 2年 10월 및 『遼史』卷4, 太宗紀 下, 會同 1年 7월)

* 典據：『舊五代史』

<그림 6> 後晋 外藩 冊封圖

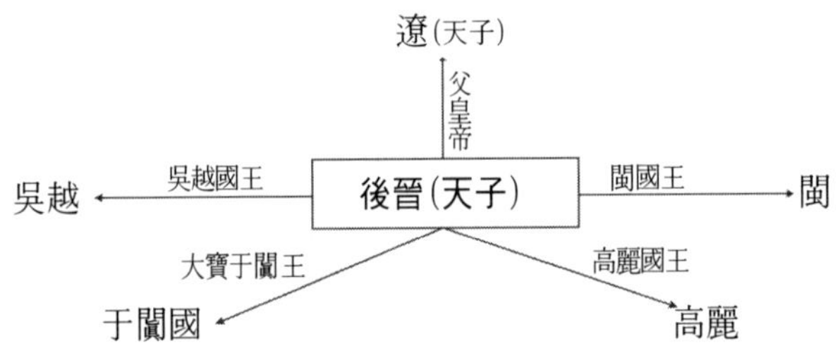

⑶ 後周

후주 역시 外藩에 대한 책봉의 일환이었다. 후진이 시행한 外藩 책봉에 대한 자료를 모으고 이를 기반으로 도표화하면 다음과 같다.

<표 6> 後周 外藩 冊封

人名	西紀	冊封官爵
王昭	951. 1	高麗國王
錢俶	959. 8	加食邑一千戶 食封四百戶 改賜功臣
王昭	955.11	開府儀同三司 檢校太尉
錢俶	959. 8	食邑一千戶 實封 四百戶 改賜功臣
王昭	959. 9	檢校太師 食邑三千戶

* 典據：『舊五代史』

<그림 7> 後周의 外藩 冊封圖

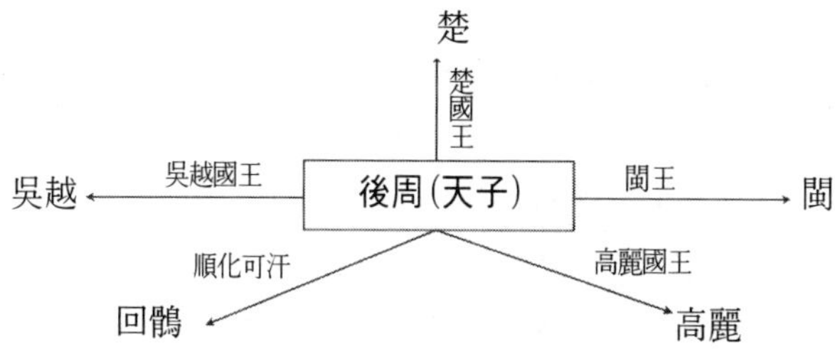

2) 宋代

宋은 고려 景宗을 979년(경종 4)에 侍中으로 책봉하였다.[18] 이때의 책봉에서 侍中의 관작과 식읍 1,000戶의 가책을 받은 것은 송의 영토 회복 노력과 관련이 있었다. 연운 16주를 회복하려던 송은 遼에 패하게 되자 그 땅의 회복을 위한 노력과 부담이 증가되었다. 그러한 상황과 관련하여 고려 국왕에 대한 책봉 시행이 있었고 '玄菟州諸軍事 玄菟州都督 大順軍事'의 관작 사여가 책봉 내역에 포함되었다.

고려 경종 책봉 후 1년 후인 980년에 宋은 交趾 정벌을 시도하였다. 이는 五代의 혼란기를 틈타 독립한 교지를 다시 植民地化하기 위해서였다. 이때 宋의 출병 명분은 교지가 송 황제가 행하는 分封 의식에 참석치 않았다는 것이다. 즉 황제에게 朝貢하지 않았다는 것이다.[19] 조공하지 않는 다는 것은 중국 황제의 권위에 대한 부정을 의미하고, 이는 중국인들이 용납할 수 없는 일이었다.[20]

西夏는 1032년에 宋으로부터 西平王으로 책봉 받고 동시에 遼로부터

---

18) 『高麗史節要』卷2, 景宗 4년(979) 6월, "宋遣 供奉官 閣門祗侯 王僎 來冊王 爲侍中 加食邑一千戶".

19) 下原正博, 「宋初における中越關係」, 『法政大學文學部紀要』18, 1973, 10~12 쪽.

20) 劉仁善, 「天下思想의 始源」, 『中國의 天下思想』, 민음사, 1988, 160쪽.

夏國王으로 책봉되었다. 이는 서하가 宋-遼의 틈바구니에서 생존책을 모색하는 것과 관련이 있다고 하겠다. 1043년에 서하 李元昊가 다시 강등된 것은 책봉의 기능을 생각하는 데 하나의 단서가 된다.

南宋은 1164년 李朝의 英宗을 安南國王에 책봉함으로써 처음으로 독립국임을 인정해 주었다. 안남에서는 외척 陳氏가 나라를 찬탈하고(1225), 南宋에 사신을 파견하여 그로부터 安南國王에 책봉되었다. 당시 南宋은 金을 멸망시키고 남침하는 몽고와 대적해야 했으므로 안남 문제에 간여할 여력이 없었다.[21] 이런 점에서 高麗와 安南은 宋에 대한 태도에서 상반되었다.

高麗는 成宗 후반 이후 요와 정식으로 책봉-조공 관계를 수립하였다. 그러나 고려는 文宗代에 宋과 通交를 재개하였다. 이에 격분한 요가 영토의 획정을 요구하는 등 압력을 가하자 宣宗代에 요와의 긴장이 고조되었다. 이에 고려는 송과의 외교관계를 중단하고 요와의 관계를 강화하는 쪽으로 대외정책을 전환하였다.[22] 이에 다급해진 송은 睿宗 5년에 다음과 같은 親筆詔書를 보내 고려에 접근을 시도하였다. 먼저 요로부터 받은 책봉, 즉 현 封爵을 인정한다고 하였다.

卿은 世世로 아름다운 명성을 이어 東藩을 보호하고 있다. 爵位를 이어 통치함에 禮儀를 생각하고 바다를 건너 공물을 바쳤다. 이처럼 義理가 아름답고 禮儀를 갖지 않음이 없으므로 使臣을 보내 현 封爵을 그대로 동의함으로써 우리의 厚意를 보이고 앞으로 의례를 치르겠으니 그 順理에 따라 길이 慶福을 누리라. 이제 兵部尙書 王襄과 中書舍人 張邦昌[23]을 파견하여 그대에게 의복, 피륙, 금옥 기명, 활, 화살, 鞍馬 등속을

---

21) 劉仁善, 「天下思想의 始源」, 『中國의 天下思想』, 민음사, 1988, 155쪽.

22) 朴宗基, 「高麗中期 對外政策의 變化에 대하여 - 宣宗代를 중심으로」, 『韓國學論叢』 16, 1993.

23) 이때 사신으로 온 張邦昌은 후일 金에 의하여 '大楚皇帝'로 冊封된 자이다. 그런데 이 사람이 고려에 사신으로 왔다가 잠시 高麗國王으로 있었다는 허황된 기록이 전한다. 『三朝北盟會編』 卷105에 인용된 『中興姓氏錄』 叛逆傳에, "張邦昌 字能言 元符三年 以甲科 累遷工部尙書 使於高麗國 適高麗國王死 國人

보낸다.[24]

이 詔書가 전달된 다음 宋의 使臣은 다음과 같이 말하였다.

> 皇帝는 萬里 밖의 일을 밝게 보시어 왕의 충성되고 삼가는 정성을 알아 恩寵을 더하려고 한다. 그러나 왕이 이미 北朝의 冊命을 받고 있음을 알고 있으므로 남북의 두 조정(宋, 遼)은 친교를 맺은 지 백년에 義가 兄弟와 같으므로 다시 왕을 冊封하지 않고 다만 詔書를 내리어 왕을 총애하여 '權王'이 아닌 '眞王'의 예로서 한다. 더욱이 이 詔書는 皇帝의 親筆이니, 北朝에서는 필시 이 같은 예절은 없었으리라. 지금 보건대 왕이 조서를 맞이하는 것이 매우 공손하니 후일 돌아가 아뢰면 皇帝는 반드시 기뻐하여 은총을 더할 것이다. 청컨대 왕은 더욱 참된 마음으로 공경하고 삼가기를 돈독히 함으로써 聖恩에 보답하기 바란다.[25]

요의 세력이 쇠약해져 갈 때 宋은 고려에 적극적으로 접근하였다. 송의 고려 접근 시 國王 冊封을 빌미로 삼는 예에서도 볼 수 있듯이 국가 간의 외교에서 국왕 책봉은 그 의미가 크다고 하겠다. 宋의 皇帝가 사신을 파견하여 선물과 친서를 내리면서도 책봉은 遼와 중복되는 일이라면서 피하였다. 위의 사실은 宋이 遼를 견제하는 의미에서 고려 국왕을 회유했다는 것을 보여준다. 睿宗은 이에 충성을 맹세하였다. 송은 고려를 책봉해

重中國之使 權立邦昌爲國王"의 기록이 그것이다(楊渭生, 「所謂權立 張邦昌 爲高麗國王辨」, 『宋麗關係史硏究』, 杭州大學出版社, 1997, 484~487쪽.

24) 『高麗史』 卷13, 世家13, 睿宗 5년(1110) 6月 癸未, "卿世載令聞 保釐東藩當襲爵之初 乃修邦而惟舊 張旆航海陳貢旅庭 義有可禮 無不報 爰命介使 往曁乃封 用伸厚意之 將示識多儀之享 其恤厥若永孚于休 今差兵部尙書王襄 中書舍人張邦昌 往彼賜卿衣帶 段匹 金玉器 弓箭 鞍馬".

25) 『高麗史節要』 卷7, 睿宗 5년(1110) 6月, "宋遣兵部尙書王襄 中書舍人邦昌詔來賜衣帶 匹段 金王器 弓箭 鞍馬 王受訖 襄等言曰 皇帝命見萬里 諒王忠恪之誠 欲加恩數 聞王已受北朝冊命 南北兩朝通好百年 義同兄弟 故不復冊王 但令賜詔 已去權字 卽是寵王以眞王之禮 且此詔乃皇帝 御筆親製 北朝必無如此禮數 今見王 迎詔甚恭 他日歸奏 帝必嘉悅 恩數有加 請王益篤誠敬 以答聖恩".

주려고 적극성을 보였던 것이나, 고려가 이미 遼로부터 책봉을 받았으므로 공식적인 책봉은 하지 못하였다. 이러한 사실은 국왕 책봉이 대륙 왕조에 의해 위압적인 상태에서 일방적으로 시행된 것이 아님을 보여준다. 국왕 책봉이 피책봉국의 협조를 구할 필요가 있을 때에도 시행될 수 있음을 보여준다. 송은 고려 국왕을 책봉하지는 못했다. 그러나 고려 국왕을 호칭함에 있어 '임시'라는 뜻의 權字를 쓰지 않음으로써 책봉을 시행한 것으로 대신코자 하였다. 이에 대해 고려는 송에 유학생을 다시 파견하여 麗宋 간의 교류는 점차 활기를 띠었다.

당시 遼는 새롭게 흥기하는 女眞에 밀리고 있는 상황이었으므로 고려에 援兵 요청을 하는 처지였다. 고려는 이 원병 요청에 쉽게 응할 수 없어서 조정의 의논이 통일되지 않고 있었으나[26] 遼의 출병 재촉은 계속되었다.[27]

한편 仁宗 1년(1123) 6월에 宋 國信使가 고려에 도착하였다. 송 徽宗은 인종에게 親筆御製의 밀서를 주어 인종을 왕으로 추인한다는 조서를 보냈다. 당시 고려는 遼의 책봉을 받고 있었으므로 송은 책봉을 사신 노윤적을 통하여 고려 국왕 칭호에서 權字를 쓰지 않음으로써 고려 국왕을 정식 왕으로 대우하고 있으니 이때 송에 책봉을 요청하라고 권유하였다.[28] 宋 徽宗은 遼를 대신한 金에 밀리자 다급한 상황을 타개하기 위하여 御筆手詔를 남발하는 추세였다.[29]

이에 인종은 冊命이란 '天子가 제후를 표창하는 중대한 禮典'이라면서 아직 喪期를 마치지 않았다는 이유로 책봉 요청의 권유를 유보하였다. 實利를 추구하는 쪽을 택한 것이다.

1126년(고려 仁宗 4) 金의 공격으로 위기에 몰린 宋은 고려에 사신을 파견하여 다음과 같이 援兵을 요청하였다. "지금은 전국의 군사를 동원하여 보잘것없는 적을 토벌하려는 것이니 (고려) 왕이 군사를 독려하여 內

---

26) 『高麗史』卷12, 睿宗 10년(1115) 8월 乙巳.
27) 『高麗史』卷14, 世家14, 睿宗 10년(1115) 11월 甲申.
28) 『高麗史』卷15, 世家15, 仁宗 1年(1123) 6월 癸卯.
29) 德永洋介, 「宋代の御筆手詔」, 『東洋史研究』 57권 3호, 1998.

外가 호응하는 기세를 취함으로써 天罰을 내리도록 하기 바란다."[30] 이전에 고려는 송에 여러 차례 사신을 보내 금과 연합하지 말라는 정보를 제공하였으나 드디어 1126년 金軍의 침공으로 치욕스런 叔姪관계를 맺었다.

위에서 살펴본 예와 같이 宋代에 시행된 西夏, 交趾, 高麗 등에 대한 국왕 책봉은 그들의 열세를 보강하려는 의도가 많았다.[31] 남송이 멸망기에 교지 入貢에 대한 사례로 그들을 安南國으로 國名을 정하고 安南國王으로 책봉한 사실에서도[32] 국왕 책봉이 단순히 시혜가 아닌 책봉해주는 나라의 현실적 처지를 반영한다는 사실을 확인할 수 있다. 말기의 遼가 西夏를 皇帝로 책봉한 사실 역시 마찬가지였다.

근래 송대 특히 北宋代의 國際關係는 宋-遼관계를 '대등한 자격의 인접국'이라는 의미에서 '隣對關係'라고 파악한 연구가 있다.[33] 이러한 상황에서 고려는 송과 독립적 우호관계를 맺고 遼와는 책봉-조공관계를 맺어 동아시아의 힘의 역학관계에 적응하였다. 宋에서 볼 때 고려는 동아시아 국가 중 西夏 다음으로 중요한 위치를 점하고 있었다.[34] 고려 文宗 후반기부터 강화된 송의 '高麗 優位' 정책도 對遼 대책의 일환이었다.[35]

宋代의 고려국왕 책봉에서 보듯이 고려는 대륙의 패권을 장악했던 遼

---

30) 『高麗史』 卷15, 世家15, 仁宗 4년(1126) 7월 「宋 詔書」, "將起天下之兵問罪小醜王 其率勵師 衆相爲表裏 以行天誅".

34) 南宋이 금의 침략으로 무너져 갈 무렵에 원병을 요청한 나라는 西夏, 高麗, 渤海 등이었다(『宋史』 卷32, 本紀32, 高宗9, 紹興 32년(1161) 10월 丁未, "命宣撫制置司傳檄契丹 西夏 高麗 渤海諸國 及河北 河東 陝西 東京 河南諸路 諭出師共討金人").

32) 『宋史』 卷34, 本紀34, 孝宗2, 淳熙 1년 1월 丙午, "以交趾入貢 詔賜國名安南 封南平王李天祚 爲安南國王".

33) 김성규, 「高麗 前期의 對宋關係 - 宋朝 賓禮를 중심으로 본 高麗의 國際地位 試論」, 『國史館論叢』 92, 2000, 38쪽.

34) 宋에서 보는 동아제국의 位相은 황제가 諸國의 사신을 접대할 때의 班次에 의해서도 짐작할 수 있다. "凡蕃使見辭 同日者 先夏國 次高麗 次交趾 次海外蕃客 次諸蠻"(『宋史』 卷119, 志72, 禮22(賓禮4) 「西夏進奉使見辭儀」).

35) 김성규, 「高麗 前期의 對宋關係 - 宋朝 賓禮를 중심으로 본 高麗의 國際地位 試論」, 『國史館論叢』 92, 2000, 63쪽.

와 冊封-朝貢관계를 맺어 실리를 추구하는 形勢論的 외교를 펼쳤다.

<표 7> 宋代 外藩 冊封

人名	西紀	冊封官爵
錢俶	974.10	昇州東南行營招撫制置使
錢俶	975. 5	守太師 尙書令 益食邑
王伷	976.11	高麗國王
錢俶	978. 5	推海國王
王治	982.12	高麗國王
錢俶	984.12	漢南國王
黎桓	986.10	本軍節度
王治,黎桓	988. 4	(王治,黎桓) 並檢校太尉
李繼遷	991. 7	銀州觀察使 賜國姓 改名保吉
王治, 黎桓	993. 2	(王治) 檢校太師, (黎桓)交趾郡王
黎桓	997. 3	兼侍中 進封南平王
趙德明	1006. 9	定難軍節度兼侍中 封西平王
黎至忠	1008. 1	功臣食邑
黎至忠	1008.12	同平章事
李公蘊	1010. 3	靜海軍節度 封交趾郡王
李公蘊	1017. 2	南平王
趙德明,李德政	1030.12	(趙德明,李德政) 並加賜功臣
李元昊	1032.11	定難軍節度使 西平王
李元昊	1043. 4	國主
囊霄	1044.12	夏國主
諒祚	1048. 4	夏國主
李日尊	1067. 2	南平王
李日尊	1073. 3	交趾郡王
李乾順	1087. 1	夏國主
李天祚	1174. 1	安南國王
李龍幹	1200.10	保節功臣
陳威晃	1262. 6	靜海軍節度觀察處置使 檢校太尉兼御史大夫 上柱國 安南國王 效忠順化功臣
陳日煦,陳威晃	1269.12	並加食邑一千戶
陳日煦,陳威晃	1274.11	(陳日煦)寧遠功臣, (威晃)奉正功臣

* 典據:『宋史』本紀

<그림 8> 宋代 外藩 冊封圖

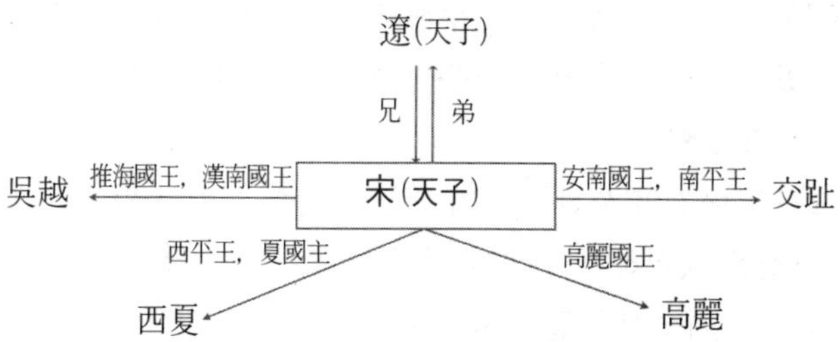

이러한 고려의 외교 자세는 고려 전기 동아시아 정세의 주도권을 遼가 쥐고 있던 상황에서 취할 수 있는 현실적인 정책이라 할 것이다. 위의 도표는 『宋史』에 보이는 外藩에 대한 책봉 자료를 모아 표로 만들고 이를 기초로 만든 것이다.

3) 遼代

穆宗 2년(999)에 遼가 고려왕을 守尙書令으로 加冊[36]하였다. 고려에 대한 遼와 宋의 경쟁관계가 가책의 원인이었다. 고려는 목종 6년(1003)에 宋에 사신을 파견하여 군대를 요청하였다.[37] 宋은 고려와 국교가 없는 상태에서 그들의 책봉을 받지 않은 고려의 현종을 '權知高麗國事'로 호칭함으로써 황제로서의 자신의 위치와 아직 고려 국왕을 정식으로 책봉하지

---

36) 『高麗史』卷3, 世家3, 穆宗 2년(999) 10월, "契丹遣右常劉績 加冊王爲尙書令".

37) 『皇宋十朝綱要』卷4/趙鐵寒主編, 『宋史資料萃編』第1輯, 文海出版社, 99쪽, 癸卯 咸平 6년(1003) 8月, "高麗王誦 始遣使貢 且乞師攻契丹";『續資治通鑑長編』卷74, 大中祥符 3년(1010) 11월, "上謂 王旦等日 契丹伐高麗 萬一高麗窮蹙 或歸于我 或求乞師 何以處之 旦日 當顧其大者 契丹方固盟好高麗 貢奉累歲不一至";『續資治通鑑長編』卷83, 大中祥符 7년(1014) 12월 丁卯, "權知高麗國事 王詢遣奏告使尹證古 及女眞將軍 塔沁堅 已下七十八人 以方物來貢 詢表 言契丹阻其道路 故久不得通請降 皇帝尊號 正朔 詔從其請 又言 塔沁堅 自稱父兄 曾入覲其兄留 弗歸玆行 遂往尋訪 又河北 居民竇文顯等 十七人 先爲契丹所掠 投奔高麗 詢亦遣還令歸本貫 上尋嘉其意 待證古甚厚".

않았음을 나타냈다. 이 무렵 요 聖宗은 西夏의 세력을 적절히 이용하여 '以夏制宋'의 책략을 성공적으로 수행하였고 북송이 서하의 견제 속에서 고전하고 있는 동안 澶淵의 맹약을 맺어 절대 우월한 위치에서 遼-宋관계를 정리하였다.[38]

송은 고려와 여진의 사신을 맞기 위한 官署를 설치하였다.[39] 뿐만 아니라 요의 사신을 맞이하기 위하여 특별 기구를 설치하였다. 고려는 송에 대해 요의 침략 가능성을 들어 救急策의 강구를 요청하였다.[40] 송-요 간에 맺어진 '澶淵之盟'으로 남쪽 국경이 안정된 요는 고려 공략에 전력을 기울일 수 있는 여력을 갖게 되었다. 이 맹약으로 요에 歲幣를 바치면서[41] 전쟁 상태를 면한 宋도 스스로 兄이 되고 요나라가 弟가 되기로 함으로써 일단 체면을 유지하였다. '澶淵之盟'은 宋에게 분명 굴욕적인 사건이었지만 北邊의 화평을 얻은 것은 큰 수확이었다.

遼代에는 先代 帝王의 遺物을 인국에 頒賜하는 奇俗이 10~12세기에 유행하여,[42] 고려에도 유물이 반사된 사례가 있다.[43] 유물의 반사는 遼가 타국에 반사하는 것 외에도 交趾가 宋에 바치기도 하였다.[44] 이는 아마도 擬制家族化하여 고려와 연대를 강하게 하려는 의도였다고 하겠다. 宋代에도 遼처럼, 國喪 이후 遺留使를 통하여 선황제나 선황후의 采緞, 銀器 등의 유물을 전한 사례가 보이지만 金代에는 이러한 의례가 없었다.[45]

遼 興宗 11년(1042) 11월에 群臣이 황제에게 加上한 尊號는 聰文聖武

---

38) 安俊光, 「北宋初期 對外政策의 基調」, 『遼金元史硏究』 4, 534쪽.

39) 『續資治通鑑長編』 卷84, 大中祥符 8년(1015) 1월 甲戌, "令登州於八角鎭 海口治官署 以待高麗女眞使者".

40) 『高麗史』 卷4, 世家4, 顯宗 6년(1015) 11월, "遼連歲來侵 表曰 借以聖威示其睿略 或至傾危之際 預垂救急之恩." 『續資治通鑑長編』에는 遼의 침략 상황만 언급하고 있다.

41) 姜吉仲, 「宋·遼間 澶淵의 盟約에 관한 一硏究」, 『慶尙史學』 6, 1990.

42) 金渭顯, 『契丹文化의 特質과 社會的 關係』, 檀國大 博士學位論文, 1984, 178쪽.

43) 先帝 유물의 頒賜는 고려 국왕에 대한 冊封, 加冊 등과 직접적인 연관은 없겠으나 再生儀와 마찬가지로 對遼 관계에서 기억해 두어야 할 사안으로 그 실제는 다음과 같다.

英略神功睿哲仁孝皇帝였고,[46] 이를 기념하여 夏國王과 高麗國王 등에게 加冊의 恩典을 베풀었다. 興宗은 근래 위대한 칭호를 받았으므로 황제의 교화가 미치는 지역에서 다 함께 이 영광을 누리고자 加冊한다고 하였다.[47]

그런데 '위대한 칭호'의 가상 배경에는 遼가 宋과 西夏의 긴장관계를 이용하여 송에 '澶淵之盟'(1004)의 개정을 요구하고 增幣를 조건으로 하여 분규를 원만히 해결한 사실을 들 수 있다(1043).[48] 이 분규가 해결된

西紀	原遺物所有者	遺物 傳達	遺物 內容	典據
977. 2	(宋)太祖	宋 ⇨契丹	致其先帝遺物	『遼史』
1004. 3	(西夏)李繼遷	西夏⇨契丹	李德昭遣使上李繼遷遺物	
1031.11	(契丹)聖宗	契丹⇨群臣	遺物賜群臣	
1048. 3	(西夏)李諒祚	西夏⇨契丹	元昊遺物	
1055. 9 (文宗10)	(契丹)興宗	契丹⇨宋	先帝遺物遣宋	
		契丹⇨高麗	遣使賜高麗西夏先帝遺物	
		契丹⇨夏國		
1058. 6 (文宗12)	(契丹)太皇太后	契丹⇨高麗	契丹……來致太后(欽哀太后：『遼史』)遺物	『高麗史』
1058. 5	(契丹)太皇太后	契丹⇨宋	契丹遣使 致其祖母遺留物	『宋史』
1068. 3 (文宗22)	(夏國)李諒祚	夏國⇨契丹	遣使獻其父諒祚遺物	『遼史』
1076. 3 (文宗30)	(契丹)皇太后	契丹⇨宋,夏	皇太后遺物遣使遺宋夏	

* ⇨는 遺物의 전달 방향을 표시한다.

44) 『宋史』卷12, 本紀12, 仁宗4, 至和 2년(1055) 11월 乙卯, "交趾來告李德政卒 其子日尊 上德政遺留物及馴象".

45) 朴漢男, 「북방민족과의 관계」, 『한국사 15』, 국편, 1995, 359쪽.

46) 『遼史』卷19, 本紀18, 興宗1, 重熙 11년(1042) 11월 丁亥. 이 무렵(1041년) 송의 西夏 정벌이 시작됐으나 主將 任福이 전사하는 등 대패 당하였다. 范仲淹의 守備策에 따라 수비에 힘쓰고 和議로 對西夏政策을 바꾸었다. 金榮濟, 「唐·宋代의 上供의 擴大過程」, 『唐宋財政史研究』, 신서원, 1995, 322~323쪽, "인종의 경력 연간(1041~1048)은 西夏와의 用兵(1039~1044)에 의해 재정 지출이 급격히 팽창했던 시기였다".

47) 『高麗史』卷6, 世家6, 靖宗 9년 11월 丁亥.

48) 『遼史』卷19, 本紀19, 興宗 11년(1042) 9월 壬寅, "遣北院樞密副使 耶律仁先 漢人行宮副 部署劉六符使宋約和"；『遼史』卷19, 本紀19, 興宗 11년(1042) 閏月 癸未, "耶律仁先遣人報 宋稅增銀絹十萬兩匹 文書稱貢 送至白溝帝喜宴群

다음 해인 1044년 宋과 西夏가 和約을 맺고, 이에 따라 夏國은 이미 선포한 稱皇帝를 철회하고 宋에 稱臣하기로 하였다. 그 대신 송은 李元昊를 夏國王으로 인정하고 은, 비단, 차를 주고 국경에 互市를 설치하기로 하였다. 宋은 명분을 얻고 西夏는 실리를 취한 국제거래였다.

고려국왕의 책봉에서 食邑과 食實封이 함께 나타나는 시기는 주로 遼代다. 이 遼代의 食邑과 食實封의 비율은 대개 10 : 1 정도 되었다. 이는 高麗國王 冊封上의 食邑 지급에도 적용되었는데, 이 시기 다른 나라에 주어진 식읍과 식실봉의 비율은 고려와는 차이가 있다.49)

현종 13년(1022) 對遼 관계가 정상화되었을 때 宋에서는 仁宗이 즉위하였다. 송은 식읍 16,000호, 식실봉 5,000호였던 西夏의 李德明(982~1032)에게 尙書令을 주고 더불어 식읍 1,000호와 식실봉 400호를 더해 주었다. 宋나라 황제 仁宗이 수여한 西夏 李德明의 책봉문에는 식읍 17,000호, 식실봉 5,400호로 수록되어 있다.50) 이는 고려의 현종이 遼에서 받은 식읍 및 식실봉보다 많은 戶數다. 당시 동아시아 정세의 주도권은 遼에

臣于昭靖慶宗殿”；『高麗史』卷6, 世家6, 靖宗 9년(1043) 11월, “冊文曰……隣國則 畏威懷德 增納金繰”.

49) 西夏 : [李繼遷] 加邑 1,000戶 實封 200戶(『宋史』卷485, 列傳240, 外國1 夏國上, 至道 3년(997) 12월), [李德明] 食邑 6,000戶 食實封 1,000戶(『宋史』卷485, 列傳240, 外國1 夏國上, 景德 3년(1006)), [趙德明進] 食邑 1,000戶 食實封 400戶(『西夏紀事本末』, 文海出版社, 130쪽, 乾興 1년(1022) 1월)

交趾 : 食邑 3,000戶(『宋史』卷488, 列傳247, 外國4 交趾, 雍熙 2년(985) 10월), 進邑 1,000戶 實封 500戶(『宋史』卷488, 列傳247, 外國4 交趾, 端拱 1년(988)・順化 1년(990)), 食邑 1,000戶 實封 400戶(『宋史』卷488, 列傳247, 外國4 交趾, 雍熙 2년(985) 10월)

50) 王民信 主編, 『西夏紀事本末』, 臺北 : 文海出版社, 1982, 130쪽, “乾興 元年(1022, 고려 顯宗 13년) 春正月 仁宗卽位 趙德明 進尙書令 加恩制曰…錫以絲綸之命 推忠宣德崇仁保順誠亮守正翊戴功臣 定難軍節度 夏銀綏宥靜等州管內觀察處置押蕃落等使 開府儀同三司 檢校太師 守太傅中書令 使持節 都督 夏州諸軍事 行夏州刺史 上柱國 西平王 食邑一萬六千戶 食實封五千戶…仍增多邑 復進重封 併示寵榮 斯爲異數…可特授依前 檢校太師 守太傅 尙書令 兼中書令 使持節 都督 夏州諸軍事 行夏州刺史 充定難軍節度夏銀綏宥靜等州管內觀察處置押蕃落等使 西平王 加食邑一千戶 食實封四百戶 功臣 散官 勳如故”.

있었고, 宋은 遼와 西夏로부터 압박을 받고 있는 상황이었다.[51] 遼는 覇者의 위치에서 고려의 귀속을 치하하는 의미에서 현종에게 명목상이기는 하지만 많은 戶數의 식읍을 제공하였다. 반면 宋은 西夏를 위무하기 위한 방편의 하나로 많은 戶數의 식읍을 지급하고 나아가 식실봉의 비율도 3 : 1 정도로 주었다고 이해된다.

이처럼 식읍의 지급에서도 책봉해 주는 나라의 처지나 협조를 구하는 희망이 섞여 있다고 하겠다. 단 고려 국왕에게 주어진 관작에서 食邑과 食實封의 戶數가 실제성을 가질 수는 없었다. 이는 다만 명목상의 우대에 불과한 것이고, 식읍과 식실봉의 戶數가 많아지는 것은 고려에 대한 우대의 정도가 높아지는 사실을 말해 주는 것이다.[52]

다음 표에서 보듯이 遼代의 高麗國王에 대한 책봉은 東亞 諸國에 대한 그것의 일환으로 시행되었다. 이 시기는 北漢이 遼를 섬기면서 叔姪 관계를 맺기도 하였다.[53] 고려는 요의 책봉을 받은 外藩 중에서 가장 빈도가 높고 중시되었다. 遼의 外藩에 대한 책봉 자료를 도식화하여 제시하면 다음과 같다.

---

51) 송은 고려가 원병을 요청할 경우를 우려하였다.『續資治通鑑長編』卷74, 大中祥符 3년(1010, 고려 현종 1) 11월, "上謂王旦等曰 契丹伐高麗 萬一高麗窮蹙 或歸于我 或求乞師 何以處之 旦曰 當顧其大者契丹方固盟好高麗貢奉累歲不一至".

53) 食邑의 受得 戶數가 많은 시기는 顯宗 13년(1022), 宣宗 2년(1085)으로 10,000호의 식읍과 1,000호의 식실봉이었다. 모두 10 : 1의 비율이 적용되었다. 康宗 1년(1212)에 金나라도 食邑 10,000戶와 食實封 1,000戶를 사여하고 있음이 보이나, 太祖 시에는 食邑 10,000戶의 사여만이 있을 뿐 食實封은 없었다. 이를 볼 때 고려시대 국왕이 중국 제왕조에서 사여받은 식읍은 10,000호를 넘지 않았다. 그것도 현재 太祖, 宣宗, 康宗代에만 보인다. 더불어 식실봉에 있어서도 1,000호를 제한선으로 하였다고 판단된다.

53)『資治通鑑』卷290, 後周紀1, 廣順 1년(951) 4월, "契丹主遣使如北漢 告以周使田敏 來約 歲輸 錢十萬緡 北漢主使鄭珙 以厚賂謝契丹 自稱姪皇帝 致書於叔天授皇帝 請行冊禮".

<그림 9> 遼代 外藩 冊封圖

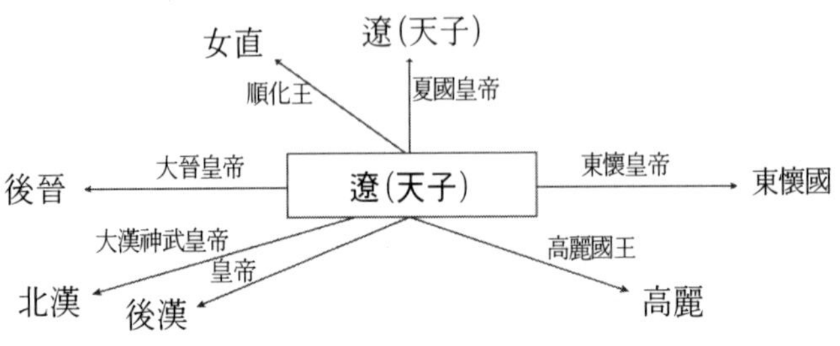

<표 8> 遼代 外藩 冊封

人 名	西紀	皇帝	冊封 內譯	備 考
(晉)石敬瑭	936.10	太宗	晉王	
	936.11		大晉皇帝	
	938		英武明義皇帝	
(晉)馮道	938.11		守太傅	
(晉)劉昫			守太保	
(北漢)劉旻	951. 6	世宗	大漢神武皇帝	『資治通鑑』卷290, 後周紀 1, 廣順 1년(951) 6월
(後漢)劉承鈞	955.11	穆宗	封冊	
(後漢)韓知範	969. 2		皇帝	*範은 璠의 誤記 *969.2. 穆宗 被殺
(西番都統軍)李繼忠		聖宗	檢校司徒	
(西夏)李繼遷	986. 2		定難軍節度使銀夏綏宥等州觀察處置等使特進檢校太尉都督 夏州諸軍事	
(西番酋帥)瓦泥乞移			保大軍節度使鄜坊等州觀察處置等使	
(女直宰相)阿海	990. 5		順化王	
(西夏)李繼遷	990.12		夏國王	
(西夏定難軍節度使)李繼捧	991.10		推忠效順啓聖定難功臣開府儀同三司檢校太師兼侍中西平王	來附
(高麗)王治	995.11		高麗國王	*王治＝成宗
(夏國)李繼遷	997. 3		西平王	
(高麗)王誦	998.11		冊高麗國王誦	

(西夏)李德昭	1004. 7		西平王	
(西夏)李德昭	1010. 9		夏國王	
(阻卜酋長)烏八	1014. 1	聖宗	王	
(沙州節度使)曹順	1019. 1		燉煌郡王	*沙州回鶻 燉煌郡王
(高麗太子)王欽	1022.12		高麗國公	*『遼史』는 高麗王詢 薨, 欽爲高麗國王라 誤記
(夏國王李德昭子)元昊	1031. 是歲		夏國公駙馬都尉	*興平公主 下嫁 記念
(夏國公)元昊	1932.11	興宗	夏國王	*李德昭 사망으로 승계 *『宋史』明道元年(1032) 11월 癸巳, 德明子元昊 爲定難軍節度使西平王
高麗王徽 子	1054. 6	興宗	檢校太尉	
(夏國)李秉常	1068.10		夏國王	
(高麗王徽 子) 三韓國公 勳	1083. 9		權知國事	*順宗
李乾順	1088. 7	道宗	夏國王	*宋⇒越南 : 宋帝封爲 南平王『大越史記全書』 本紀 卷3
(高麗王顯長子)俁	1101. 是歲	道宗	三韓國公	*俁＝睿宗
(高麗王)俁	1108. 4		三韓國公	*誤記
(高麗王 父)顯			贈 高麗國王	*誤記
(知右夷離畢事) 蕭習泥烈	1119. 3	天祚 帝	東懷國皇帝	*金 太祖 阿骨打 冊封
李乾順	1123. 6		夏國皇帝	
天祚帝	1125. 8		海濱王 (改封,豫王)	*金에 항복

＊ 典據 :『遼史』本紀.『遼史』 자료가 아닐 경우 비고난에 典據를 표기함.

4) 金代

金의 章宗은 송을 통치하기 위한 수단의 하나로 楚國을 세우고 張邦昌
을 皇帝로 책립하였다.[54] 國號를 大楚라 하고 그를 大楚皇帝로 책봉하였

---

54) 李唐,『遼金元史』, 香港宏業書局出版, 1961, 39쪽, “維會五年 歲次 丁未 三月
辛亥朔 皇帝若曰……僉曰太宰張邦昌 天毓疏通 神資睿哲 處位著忠良之譽
居家間孝友之名 乃人情之所繫 擇其賢者 非子而誰 是用遣使 特進尙書左僕
射 同知樞密院事 監修國史 上柱國 南陽郡開國公 食邑三千戶 食實封二百戶

으며 수도를 金陵에 두었다. 이 楚國 황제는 금국 황제의 藩臣으로 괴뢰 정부였고, 초국은 33일 만에 사라졌다. 金國 皇帝가 자신이 세운 楚國의 왕 張邦昌을 '大楚皇帝'로, 齊國의 왕인 劉豫를 '齊皇帝'로 책봉한 것은 자신이 하늘의 명을 받아 만방을 통치한다는 이념에 기반하였다.[55] 대륙을 지배한 황제, 즉 天子의 입장에서는 천자가 아닌 황제는 몇 명이든 존재할 수 있었고 나아가 대부분은 황제보다 아래 단계인 諸侯王이었다.

중국 중심의 천하 질서에서 天子는 오로지 한 사람뿐이었고 이 천자 아래 여러 명의 황제나 왕이 존재할 수 있었다. 이 점은 요에서 後唐의 石敬塘을 皇帝로, 멸망 전에 天祚帝가 西夏의 이계순을 皇帝로 책봉한 사실에서 그 일단을 볼 수 있는데, 西夏에게 시달리고 있던 宋이 西夏王 李元昊를 책봉한 사실과도 유사하다.[56]

당시 동아시아 정세를 보면, 金으로부터 위협을 받고 있던 宋이 고려에 援兵을 요청하여 수차에 걸쳐 긴밀한 접근을 시도하였다. 이러한 상황에서 고려는 金에 즉각 책봉을 요청하지는 않고 정세를 관망한 것으로 여겨진다. 고려의 이러한 對宋 관계를 알고 있던 金은 고려의 稱臣에 대한 본의를 확인한 뒤 책봉을 하고자 하였다. 金이 고려에 信標를 요구한 것은 그들이 西夏에 신표를 요구한 것과 같은 맥락이다.[57]

1142년에 南宋의 고종은 秦檜의 和議論을 수용하여 靖康之變 이래 17년 만에 굴욕적인 평화를 성립하였다. '紹興條約'이 그것이다. 고려 仁宗 3년(1148)에 李深·智之用이 宋의 秦檜에게 金을 정복한다는 명목으로 고려의 길을 빌리면 자신들이 內應할 테니 고려를 점령하라고 공모한 것

韓資政……持節備禮……冊命爾爲皇帝 以理斯民 國號大楚 都於金陵……永作藩臣." 睿宗 5년 6월에, 고려에 사신으로 온 張邦昌이 바로 金에 의하여 '大楚皇帝'로 冊封된 자이다.

55) 『金史』卷3, 本紀3, 天會 8년(1130) 9월, 戊申, "立劉豫爲大齊皇帝 世修子禮"; 同 13년(1135) 1月 癸酉, "仍詔齊自今稱臣勿稱子"; 同 15년(1137) 11월 丙午, "廢齊國 降封劉豫蜀王"; 同 15년(1137) 12월, "徙蜀王劉豫臨潢府".

56) 『遼史』卷11, 本紀11, 仁宗 3년(1043) 4월, "遣保安軍判官 邵良佐 使元昊許封冊爲夏國主 歲賜絹十萬匹 茶三萬斤"; 同 4년 12월 乙未, "封曩霄爲夏國主".

57) 閔丙勳, 『西夏後期交聘史硏究』, 中央大 博士學位論文, 1991, 71쪽, 각주 18).

이 발각되어 주륙당한 사실이 있다.[58] 이때 화의론에 반대하던 岳飛가 처형되었다는 사실은 宋이 金國을 事大하겠다는 의미를 띤다. 이에 따라 南宋 皇帝가 金으로부터 皇帝로 책봉을 받았다.[59] 이때 이루어진 南宋 皇帝에 대한 金의 책봉은 중국인의 전통적인 華夷思想에 일대 충격을 가한 중대 사건이었다. 송은 세폐로 銀 25만 냥과 비단 25만 필을 금에 바치고, 이민족에게 신하의 禮를 취해야 했다. 이러한 송의 상황은 交趾에 대한 책봉에서도 표출되었다. 지금까지 交趾郡王으로 책봉하던 관례를 깨고 安南國王으로 책봉함으로써 郡王에서 國王으로 격상시켰던 것이다. 이는 大越을 '安南'이라는 독립국가로 인정한다는 의미를 지닌다.[60] 이후로 중국은 大越을 安南이라 부르게 되었다.

고려의 對金 事大 역시 송이 紹興條約(1142)으로 金의 책봉을 받은 것과 상관성이 있어 보인다. 고려가 금과 통교한 지 16년 만에 책봉이 있게 된 것은 금의 對宋 문제 처리와 관련이 있었다고 하겠다.[61]

금은 남송과 2차의 강화조약을 맺었다. 그 내용은 종래의 君臣 관계를 叔姪 관계인 숙부와 조카의 관계로 전환하고 은과 비단을 각각 25만과 20만으로 감액한다는 것이었다. 금이 남송에게 양보한 것이다. 남송보다 유리한 위치에 있던 금이 이러한 강화조약을 맺은 것은 금의 내부 사정인

---

58) 『高麗史』 卷17, 世家17, 仁宗 3년 10월 丁卯, "通書宋大師秦會 以爲若以伐金 爲名假道高麗 我內應則 高麗可圖也".

59) 『金史』 卷4, 本紀4, 熙宗 皇統 2년(1142) 3월 丙辰, "遣左宣徽使劉筈 以袞冕 圭冊 冊宋康王爲帝";『金史』 卷77, 列傳15, 宗弼傳, "皇帝若曰 咨爾宋康王趙構 不弔 天降喪于爾邦 亟瀆齊盟 自貽顚覆 俾爾越在江表 用勤我師旅 蓋十有八年于玆 朕用震悼 斯民其何罪 今天其悔禍 誕誘爾衷 封奏押至 願身列于藩輔 今遣光祿大夫 左宣徽使劉筈等 持節冊命爾爲帝 國號宋 世服臣職 永爲藩翰 嗚呼欽哉 其恭聽朕命";外山軍治, 「熙宗 皇統年間における宋との講和」, 『金朝史研究』, 同朋舍, 1969, 381쪽.

60) 오구라 사다오 지음, 박경희 옮김, 『베트남사』, 일빛, 1999, 87쪽.

61) 漢族이 북방족에게 稱臣 事大한 전례가 있다. 隋末唐初에 突厥로부터 군사적 지원을 받고자 부득이 '稱臣納貢'한 사실이 그것으로(卞麟錫, 「隋末唐初 中國의 突厥에 대한 '稱臣事'의 學說史的 考察」, 『東方學志』 80, 1993) 당시 동아시아 국제 관계의 변동 폭이 상당히 컸음을 볼 수 있다.

금나라 사람들의 漢化 문제 때문이었다.

한편 금에 의한 고려 康宗대 식읍 사여는 앞서 金이 고려국왕을 책봉할 때는 볼 수 없었던 일로, 그 원인은 金 永濟(1209~1213) 衛紹王이 내외로 위기에 처해 있었던 상황에서 찾아야 한다.[62] 이렇듯 어려운 내외의 정국 상황에서 고려의 국왕 책봉 요청은 금에게는 무척이나 고무적인 일이었다. 이는 원이 北元으로 밀려나 있을 때 고려 사신이 元服을 입고 조빙하자 크게 감격한 사실과도 상통한다. 이에 金은 자국에 반항의 기세를 보이지 않는 고려를 통해서라도 황실의 권위를 유지하고자 하였다. 그래서 최씨 무신 집권자가 세운 康宗에게 金代에 행해진 고려국왕 책봉에서는 이례적으로 官爵인 ‘上柱國’을 주고,[63] 많은 禮物을 하사하였다.[64]

<표 9> 金代 外藩 冊封

人名	西紀	冊封官爵
張邦昌	1127. 3	大楚皇帝
	1127. 5	宋殺張邦昌
		冊命爾爲皇帝 以理斯民 國號大楚 都於金陵 (『遼金元史』香港宏業書局出版, 1961, 39쪽)
劉豫	1130. 9	大齊皇帝
劉豫	1137.11	廢齊國 降封劉豫爲蜀王
李仁孝	1140. 5	夏國王
(宋)康王	1142. 3	宋康王爲帝
李遵頊	1212. 3	夏國王

* 典據 :『金史』本紀

---

62) 오늘의 만주지역에서 大安 3년(1211)에 거란인 耶律留哥가 배반하여 몽고에 귀부하였고, 북중국의 산동에서 강소에 걸쳐 반역이 일어났다. 하남 지역에서도 40만의 여진인이 이주하여 식량 문제가 발생하였고, 불환지폐인 交鈔의 가치가 하락하여 물가가 올랐으므로 위기 상황에 직면해 있었다(日本東亞研究所 編, 서병국 역, 『이민족의 중국통치사』, 대륙연구소출판부, 132쪽).

63) 官爵은 武臣執權期 이후 金代의 高麗國王 冊封에서 보이지 않는 ‘上柱國’이 康宗의 책봉 내역에 포함됨을 의미한다.

64) 朴漢南, 「使臣往來를 통해 본 對金外交政策」, 『高麗의 對金外交政策研究』, 成均館大 博士學位論文, 1993, 148쪽.

<그림 10> 金代 外藩 冊封圖

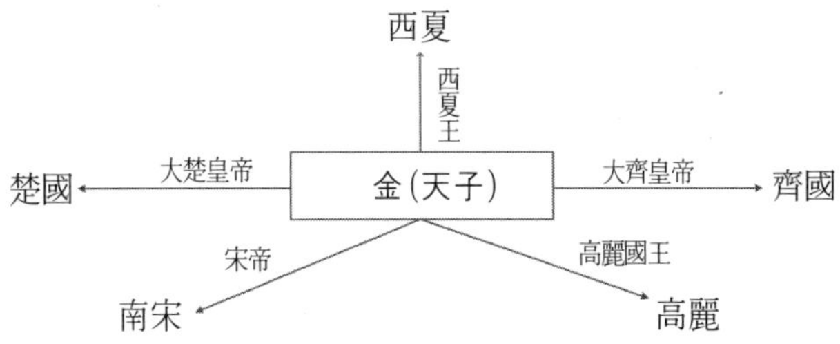

金國은 짧은 시간 안에 華北을 정복하였으나, 漢族을 완전히 제압하기에는 무리가 있었다. 이를 상쇄하기 위해 괴뢰국인 楚國과 齊國을 세워 대리 통치를 하고자 했으나 이것도 여의치 않았다. 고려에 대한 책봉도 이전의 遼에 비하면 그 위압의 정도나 사행 빈도 등에서 완화되었다.

위의 표와 그림은 金代의 外藩에 대한 책봉 기록을 정리한 것이다.

5) 元代

元代의 책봉에서는, 이전 시기와 달리 고려 국왕을 外藩의 首長이라고 보기 어렵다. 원대의 고려 국왕은 원 황실 내의 한 구성원으로서 다른 諸王들과 유사한 위치에 있었기 때문이다. 따라서 元代의 고려 국왕의 위상은 이전 시기의 外藩적 성격과 달리, 원 황실의 諸王들과 동등한 위치에서 이해할 필요가 있다. 원대에 시행된 王號 수여는 전후 왕조에 비하여 독자적이면서 실질적인 의미를 띠고 있었다.65)

---

65) 분립되었을 때에도 그들은 分封制를 시행하였다. 예컨대 쿠빌라이의 3子인 忙哥剌(Manggala)는 至元 9년(1272)에 安西王에 봉해져, 京兆(長安)를 分地로서 부여받았다(松田孝一, 「元朝期의 分封制 - 安西王의 事例를 中心으로서」, 『史學雜誌』 88-8, 1979. 기타 원대의 王號수여에 관해서는 다음 논문이 참조된다. 野口周一, 「元代 世祖·成宗期의 王號授與에 대하여」, 野口鐵郎 編, 『中國史에 있어서의 亂의 構造 - 筑波大學創立十周年記念東洋史論叢』, 東京, 1986 ; 野口周一, 「元代武宗期의 王號授與에 대하여 -『元史』諸王表에 關하는 一考察」, 『アジア諸民族에 있어서의 社會와 文化 - 岡本敬二先生退官記念論集』, 東京, 1984 ; 野

원대 이전의 대륙 왕조들도 내부적으로는 황제 아래의 諸王으로 있었으나 원대와 같이 독자적인 세력을 갖지 못하였다. 원대의 제왕은 安西王,[66] 燕王, 무칼리[木華黎] 國王,[67] 頭輦哥 國王, 那蠻歹 등 그 세력이 이전 왕조의 諸王과 달랐다.

元의 성립으로 대륙은 一元的인 지배체제로 전환하였다. 기왕의 한족에 대한 북방족의 대립으로 표현되는 정세가 몽고족의 원을 중심으로 재편된 것이다. 이러한 사정은 국왕 책봉에도 영향을 끼쳐 원에 의한 일방적이고 강압적인 책봉이 시행되었다.

이는 고려 국왕에 대해서도 적용되어 '重祚'로 표현되듯이 일방적이었다. 그러나 元末이 되면 고려의 국익에 따라 사대 대상이 바뀌기도 하고, 국왕 책봉에서도 고려의 위상이 반영되는 사태로 변화하였다. 고려가 明과 北元 양쪽에서 책봉을 받은 사례가 그것이다.

고려는 南宋보다 10여 년 앞서 몽고에 굴복함으로써 남송과 형성하였던 2대 방어전선이 무너져 동아시아 세력균형에 커다란 변화를 촉진시켰다.[68] 원 세조는 고려뿐 아니라 安南에도 사신 孟甲과 李俊文을 파견하여 황제의 즉위를 알리는 동시에 왕의 子弟를 입조시켜 신속할 것을 요구하였다. 이에 安南은 1262년 陳奉公 玩深과 玩演 등을 파견하였다. 원 세조는 安南의 太宗을 '安南國王'으로 책봉하였다.[69]

元代 諸國에 대한 책봉을 고려국왕을 제외하고 표로 정리해 보면 다음과 같다.

口周一, 「元代後半期の王號授與について」, 『史學』56.

66) 松田孝一, 「元朝期の分封制 - 安西王の事例を中心として」, 『史學雜誌』88-8, 1979.

67) 丘凡眞, 「蒙元帝國期 '國王'의 政治的 位相」, 『東洋史學科論集』23, 서울대.

68) 許興植, 「現實觀과 佛敎思想」, 『眞靜國師와 湖山錄』, 民族社, 1995, 86쪽.

69) 『元史』卷4, 世祖本紀, 中統 2년 7월 壬午 ; 『元史』卷209, 安南傳, 中統 2년 ; 『大越史記全書』紹隆 4년 夏6월 ; 盧啓鉉, 『韓國外交史論』, 大旺社, 1984, 270~294쪽.

<표 10> 元代 諸王 冊封

人名	西紀	冊封官爵
王佺	1260. 6	國王
眞金(皇子)	1262.12	燕王
習列吉(諸王)	1268. 6	河平王
忙哥剌(皇子)	1272.10	安西王
陳遺愛	1281.10	安南國王
王睶	1283. 4	駙馬高麗國王
法里剌	1284. 5	郡王
唆郎哥(駙馬)	1285. 1	昌郡王
陳益稷	1286. 2	安南王
甘麻剌(皇子)	1290.10	梁王
鐵木兒不花(諸王)	1291. 2	肅遠王
的立普硅拿阿迪提牙	1297. 2	緬國王
鐵木而不花(諸王)	1297. 3	鎭西武靖王
王謜	1297.11	高麗國王
窟麻剌哥撒八	1300. 6	緬國王
眞武	1303.12	元聖仁威玄天上帝
出伯(諸王)	1304.12	威武西寧王
孛羅	1306. 2	鎭寧王
禿剌(諸王)	1306. 7	越王
諸王	1306. 7	(八不沙)齊王, (朶列納)濟王, (迭里哥兒不花)北寧王
也先鐵木兒(諸王)	1308. 1	營王
也速不干(諸王)	1309. 3	襄寧王
注安(駙馬)	1309. 3	趙王
王璋	1310. 4	藩王
迭里哥兒不花(親王)	1311. 4	湘寧王
脫兒赤顔(太師)	1312. 1	淇陽王
塔思不花(諸王)	1312. 3	恩平王
木剌忽(知樞密院事)	1312. 4	廣平王
乞台普濟(右丞相)	1313. 1	安吉王
阿魯禿	1314. 3	趙王
王暠	1316. 3	藩王
晃火鐵木兒, 禿滿鐵木兒	1318. 2	(晃火鐵木兒)嘉王, (禿滿鐵木兒)武平王
陳益稷(安南國王)	1319. 5	儀同三司
王禪	1320. 1	雲南王
諸葛忠武侯	1322. 5	威烈忠武顯德靈仁濟王

月魯鐵木兒(諸王)	1323. 9	安西王
也速不堅	1324. 9	荊王
王禪,圖帖睦爾(親王)	1324.10	(王禪)梁王, (其子帖木兒不花)雲南王, (圖帖睦爾)懷王
寬徹不花(諸王), 買奴	1326. 1	(寬徹不花)威順王, (買奴)宣靖王
燕鐵木兒	1328. 9	太平王
阿剌忒納失里(安西王)	1328.12	豫王
孛羅不花	1329. 4	鎭南王
木楠子	1330. 3	(木楠子)吳王, (吳王發皮)濟陽王
阿剌忒納答剌(皇子)	1330. 3	燕王
速來蠻(諸王)	1330. 3	西寧王
阿魯(魏王阿木哥子)	1330. 9	西靖王
脫憐忽禿魯	1331. 8	(脫憐忽禿魯)靖恭王, (沙藍朶兒只)懿德王
伯顔	1333.11	秦王
也眞也不干	1334. 2	昌寧王
蠻子(宗室)	1334. 4	文濟王
安南世子	1335. 3	安南國王
阿沙不花	1341.10	順寧王
徹里帖木兒	1342.12	撫寧王
桑哥(高昌王 子)	1353. 6	高昌王
榮安王(奇皇后族)	1356. 5	(榮安王改爲)敬王 追贈三代爲王(『高麗史』卷39, 世家39, 恭愍王 5년 5월 戊子)
閔王(福建鎭)	1360. 8	(加封)護國英仁武烈忠正 福德鎭閔尊王

* 典據:『元史』本紀

<그림 11> 元代 外藩 冊封圖

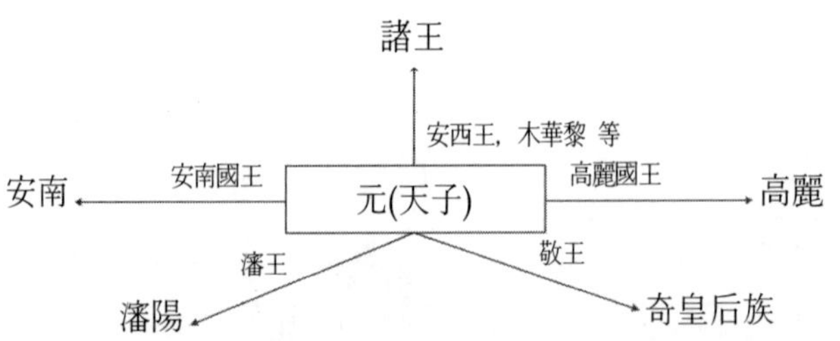

책봉은 국가간 상하 질서의 표징이었고 정치적 상하관계를 표시하나, 책봉국의 상황과 피책봉국의 정세에 따라 크게 변화하였다. 明初 洪武帝 시기에는 다음 표와 같이 高麗와 安南에 대한 책봉이 주를 이루었다.

<표 11> 洪武帝初期 外藩 冊封

人名	西紀	冊封官爵
陳日煃	1369. 6	安南國王
王顓	1369. 8	高麗國王
陳叔明	1373	(安南) 權知國事
王禑	1385. 7	高麗國王

* 典據 :『明史』本紀

고려 이전 시기에도 책봉 관작이 실제성을 갖는 경우가 있었다. 唐이 신라의 영토에 야욕을 부릴 때에도 책봉이 수반되었고,[70] 통일신라의 安勝에 대한 冊封[71]도 그러한 예다. 책봉의 내용에 포함된 여러 '官爵'은 단순한 형식을 넘어선 어느 정도 실질적인 의미를 가졌다.[72] 渤海가 당의 登州를 공격하였을 때에도 당은 신라왕에게 寧海軍大使의 직책을 주면서

---

78) 唐은 文武王 3년(663)에 鷄林州大都督으로 책봉하면서 그들의 영토적 야심을 드러냈다. 신라의 反唐 기운이 노골화하자 당은 백제의 故土에 5都督府를 설치한 것과 같이 신라를 당의 直轄地로 간주하려는 의도에서 鷄林州都督府를 설치하고 신라왕을 鷄林州大都督으로 임명하였다.

71) 통일신라는 고구려의 安勝을 報德國王으로 책봉하였는데, 이때 내린 文武王의 교서가『三國史記』에 수록되었다. 그 格式이 天子가 諸侯에게 시행하는 형식을 취하고 있다(『三國史記』卷6, 新羅本紀6, 文武王上, 文武王 10년 7월). 이는 삼국통일을 이룩한 신라인의 세계관을 보여준다(金哲俊·崔柄憲編著,『史料로 본 韓國文化史 - 古代篇』, 一志社, 1984, 212쪽).

72) 예컨대 聖德王 32년(733)에 당이 신라로 하여금 발해를 함께 공격하도록 요청하였을 때 신라왕에게 '開府儀同三司 寧海軍使'라는 직책을 加授하였는데 (『三國史記』卷8, 新羅本紀8, 聖德王 32년), 이와 관련하여 다음 기사가 주목된다. "聖德王 33년(734)……入唐 宿衛 左領軍衛員外將軍 金忠信이 上表하여 말하였다.…… 폐하는 앞서 명을 내려 本國王 興光에게 寧海軍大使의 직을 加授하였고 旌節을 주어 凶殘을 토벌하게 하였다. …… 바라건대 폐하는 臣이 환국할 때 副使의 직을 신에게 假授하여, 장차 天旨를 殊裔에 다시 선포케 하소서(『三國史記』卷8, 新羅本紀 聖德王)".

말갈을 공격토록 하였다.73) 이 역시 官爵 사여를 통해 신라를 이용한 것이었다. 그러한 예는 더 찾아진다.74) 또 통일신라와 발해의 대립기에는 唐이 양국에 대해 책봉한 관작에 實際性이 엿보이기도 한다.75)

고려 국왕에 대한 책봉과 관련해서는 다음과 같은 점이 주목된다. 우선 책봉으로 고려 국왕은 權威가 고양될 수 있었고, 이는 그의 집권력 강화에 기여하였다. 반면 중국의 황제는 天子 관념의 실현을 느끼게 되고 이는 羈縻策으로서 자기 세력권에서 이탈을 방지하는 효과도 가져올 수 있었다. 책봉은 국제정세의 역관계에 따라 때로는 탄력적인 운영의 모습을 보인다. 가책, 진봉, 약자가 강자에게 황제를 수여하는 것 등이 그 예다.76)

---

73) 처음 渤海靺鞨이 登州를 약탈하자 皇帝가 (신라왕) 興光에게 寧海軍大使를 進授하여 그로 하여금 말갈을 공격케 하였다(『新唐書』 卷220, 新羅傳). 寧海軍大使직이 唐 국내에서처럼 특정 군사력의 지휘권을 부여하는 의미는 아니지만 발해에 대한 신라의 공격을 공식적으로 요청하는 제도적 표현이 될 수 있다.

74) 다른 예로 신라왕에게 援軍을 요청하면서 寧海軍大使뿐만 아니라 正太尉의 직책도 주었다(『三國史記』 卷46, 列傳6, 崔致遠「上太師侍中狀」, "高句麗의 遺民들이 무리를 모아 북으로 太白山 아래 의거하여 국호를 渤海라 하였다. 開元 20년(732)에 天朝에 원한을 품고 군사를 이끌고 登州를 掩襲하여 刺史 韋俊을 살해하였다. 이에 明 皇帝가 大怒하여 內史 高品과 何行成, 太僕卿 金思蘭 등에게 명하여 군사를 일으켜 바다를 건너 토벌케 하였다. 이때 우리 왕 金某에게 正太尉 持節 充寧海軍使 雞林州大都督을 加授하였다. 그러나 한 겨울이라 눈이 깊어 蕃漢이 추위로 고통을 받았기 때문에, 명을 내려 회군케 하였다"). 통상적으로 외국의 군주에게 檢校職을 주는 관례를 벗어나 正(太尉) 職을 신라왕에게 사여한 까닭은 신라의 군사적 협조를 고무하기 위해서였다. 따라서 聖德王이 책봉받은 직책 가운데 寧海軍大使와 正太尉는 渤海의 존재와 작용 때문이다. 결국 新羅와 唐이 구축한 冊封-朝貢관계는 대등한 관계가 아니었다. 이 둘 사이의 관계는 "불평등하지만 서로 독립된" 관계라 정의된다. [이상의 寧海軍大使와 正太尉에 대한 설명은 다음 논문에서 인용한 것이다. 김한규, 『한중관계사 I』, 아르케, 1999, 301~302·317쪽].

75) 대체적으로 신라왕이 받는 책봉 관작의 位階가 발해의 그것보다 높았다. 그러나 渤海 文王代 후반에는 발해가 신라보다 관작의 위계가 높았다. 이는 문운이 크게 융성하였던 발해의 情勢를 반영하는 것으로, 국왕 책봉이 피책봉국의 實勢를 반영하였음을 알 수 있다(이 점에 대해서는 宋基豪,「발해 文王代의 개혁과 사회변동」, 『韓國古代史硏究』 6, 1993, 81쪽 참조).

76) 책봉이 거부된 예로, 광해군 즉위 이후 명의 인준을 받지 못한 사실을 들 수

고려의 정치적 사정으로 책봉의 중요성이 강조되는 경우도 있었다.[77]

諸國家間 冊封의 성격에 대하여 살피면 다음과 같다. 책봉은 국가 간 상호 작용을 위한 하나의 기반이었다. 고려는 대륙의 현실적 패권자와의 책봉-조공관계를 통하여 왕조의 안정을 유지하고 나아가 문화 교류의 물꼬를 텄다. 대륙의 지배자는 이를 통하여 중화 관념, 나아가 화이관의 실현과 관념적 세계지배의 실현을 이룰 수 있었다.

金이 滿洲를 석권하고 遼에 책봉을 구하여 東懷皇帝로 책봉되었을 때 금이 이를 小邦의 의미라면서 거부하고 다른 이름으로 책봉해 줄 것을 요구한 사실이 있다. 책봉의 기능과 실제를 보여주는 대목이다.

安南과 西夏를 포함한 사례들에서는 세력관계가 잘 드러난다. 安南은 조공을 통하여 실리를 추구하였다. 조공제도는 君臣上下의 관계를 설정하고 중국 측이 중시한 측면도 있었으나, 그것은 안남인들에게는 형식상의 의미밖에 없었다. 그들에게 중요한 사안은 영토의 보존과 주권의 유지였다. 그러기에 중국이 무력으로 침입하면 끝까지 대항하였던 것이다.[78]

제 국가 간의 국왕 책봉은 기본적으로 정치적 성격을 지니고 있다. 이는 天子國으로서의 대륙 정권과 外夷로서의 제후국 간의 관계다. 책봉을 받는다는 것은 책봉해 주는 나라를 宗主國으로 사대하겠다는 것에 다름 아니며, 이를 통하여 책봉국은 四海一家적 관념과 그들의 분봉지로서의 느낌을 가질 수 있었다. 그러나 책봉은 번국 국왕의 즉위를 추인하는 선에서, 나아가 加冊을 통하여 그들의 善意를 보이고 있다. 이것이 고려 국

있다. 그것은 선조의 장자인 臨海君을 제외하고 光海君이 왕이 되면 "삼강오륜을 어지럽히는 것"이 된다는 이유에서였다.

77) 『高麗史』卷134, 列傳47, 辛禑 6년(1380) 6월, "우가 처음으로 報平廳에 나가 정사를 처결하였는데 여러 재상들에게 이르기를, 대체로 왕이 되는 자는 반드시 天子의 책봉을 받아야만 한다. 그런데 나는 아직 天子의 책봉을 받지 못하였으므로 정사를 연로 대신들에게 맡기고 그들이 하는 대로 두었다. 그러나 내가 살펴보니 그들이 하는 정사가 질서가 없어서 내가 그들에게 위임한 의도와는 심히 거리가 멀다. 그러므로 지금부터 매월 초2일과 16일에 각 기관의 長은 직접 자기의 직무를 보고하라. 내가 그들의 유능 여부를 평정하겠다".

78) 劉仁善, 「天下思想의 始源」, 『中國의 天下思想』, 민음사, 1988, 170~171쪽.

왕의 교체에는 영향을 미치지 못하였으나, 고려 측에서는 책봉이 대단히 중요하게 인식되고 있었다.

두 번째로 책봉은 국가 간 세력균형에 적극 이용되고 피책봉국의 현실 세력을 반영한다는 성격을 지닌다. 五代시기 후당의 고려 태조 책봉은 후삼국 시기의 한반도 세력 판도에 영향을 미쳤다. 五代의 석경당이나 元末의 順帝 등 帝國이 곤경에 처해 있을 때면 상대국에 대하여 극히 높은 官爵을 수여함으로써 그들의 관심을 잡아 두고자 하였다. 나아가 명목상의 우위를 과시해 보이고자 하였다.

송과 요는 서로 對高麗 관계에서 우위를 점하고자 하였다. 특히 遼가 쇠약해지고 있을 때 宋이 사신을 보내 고려에게 冊封을 받도록 권유하였던 사례가 있다. 金 말기에 강종을 책봉하면서 식읍 1만 호를 사여한 것도 책봉의 명목을 빌어 고려의 환심을 사려는 방책이었다. 禑王代에 北元과 明의 대립기에 北元이 자발적으로 고려를 책봉하여 明에 기울어지고 있는 고려를 회유하고자 한 것도 이와 같은 이유에서였다. 또 원이 高麗國王과 藩王의 옹립을 통하여 서로 견제케 하고자 책봉하였다. 遼 말기에 西夏王을 皇帝로 책봉하는 것도 책봉을 통한 우호감의 표시고 서하의 이탈을 방지하기 위한 조치였다. 그 외에도 왕건이 견훤과 대립시 후당의 책봉을 받은 것과 반원기에 공민왕에게 북원이 功臣號 수여한 것도 같은 맥락이라 하겠다. 南宋이 멸망기에 交趾의 入貢에 대한 사례로 그들을 安南國으로 國名을 정하고 安南國王으로 책봉한 사실에서79) 국왕 책봉이 단순히 시혜가 아닌 책봉국의 현실적 처지를 반영하기도 한다는 사실을 확인할 수 있다. 말기의 요가 서하를 황제로 책봉한 사실도 마찬가지다.

세 번째로 들 수 있는 국왕 책봉의 성격은 피책봉국의 경우 國王의 權威를 高揚시키는 역할을 하였다는 것이다.80) 책봉은 국내적으로는 국왕

---

79) 『宋史』卷34, 本紀34, 孝宗2, 淳熙 1년 1월 丙午, "以交趾入貢 詔賜國名安南 封南平王李天祚 爲安南國王".

80) 마치 壬亂 후 通信使를 파견하였을 때, 幕府의 將軍 입장에서는 그의 權威를 크게 고양시키는 일이었음과 비교될 수 있을 것이다(李薰, 「일본과의 관계」, 『한국사 32』, 국편, 1997, 436쪽).

의 권위와 정권 안정에 도움이 되었으리라 짐작된다. 대외적으로는 중국 중심의 동아시아 질서에 적극 편입됨으로써 불필요한 대결을 피하면서 고려의 생존 문제에 적극 활용하였다.

　이상의 사례들을 종합해 보면 고려시대의 동아시아 책봉 관계는 多元的이고 相對的인 경향이 강하였다고 하겠다. 五代～明初의 諸國家 간의 책봉관계를 종합하여 그림으로 나타내면 다음과 같다.

<그림 12> 高麗時代 東아시아 諸國家間의 冊封關係圖

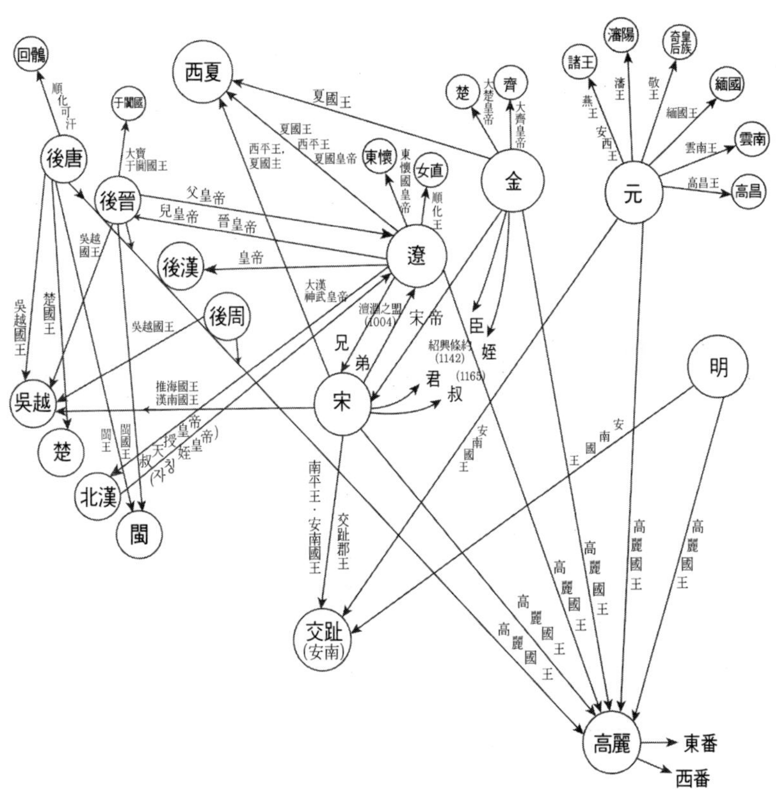

결 론

고려의 외교는 대륙의 가장 강력한 王朝와 맺은 冊封-朝貢관계에 기초하였다. 이는 대륙의 형세에 따라 실리를 추구하며 생존하려는 고려 외교의 전통이었다. 고려 말에 명으로부터 책봉을 받는 한편 그들의 수탈에 대한 저항의 수단으로 북원으로부터도 책봉을 받은 예와 같이 고려는 자국의 실리를 추구하는 측면이 매우 강하였다. 고려 왕조가 장기간 존속할 수 있었던 요인의 하나는 격변하는 국제 질서에 능동적으로 대처한 데 있었는바, 국왕 책봉은 바로 그 방편의 하나였다.

국왕 책봉은 신왕이 즉위한 후 중국의 해당 왕조에 이 사실을 알리고 그 帝國으로부터 즉위를 인정받는 절차였다. 고려의 국왕 34명 중 8명(定宗, 德宗, 順宗, 高宗, 元宗, 忠定王, 昌王, 恭讓王)은 책봉을 받지 않았다. 定宗은 오대 시기 後漢이 短命하여 재위기간에 책봉을 받지 못하였고, 德宗은 對遼 강경책으로 그들과 관계가 원만치 못하여 책봉을 받지 않았다. 順宗은 부왕의 죽음을 지나치게 슬퍼하여 喪中에 절명하였기 때문에 책봉을 받지 못하였으나, 太子 시절에 遼의 책봉을 거듭 받은 바 있다. 高宗과 元宗은 대몽 항전으로 인해 책봉이 없었으나 충선왕 때 追贈되었다. 忠定王은 책봉을 받지 못하고 사망하였으며, 이성계 일파의 昌王에 대한 책봉 요구는 명 태조의 거부로 성사되지 못하였다. 고려의 마지막 군주 恭讓王은 明에 책봉을 주청하는 과정에서 무산되었다.

국왕을 책봉할 때 전달되는 황제의 勅書에는 고려 국왕에 대한 官爵이 수록되었다. 고려국왕 冊封文은 『高麗史』에 본문만 수록되어 있는데 고려국왕 책봉에 관한 한 가장 완전한 형태의 자료를 보존하고 있다. 여기에 기록된 국왕에 대한 官爵의 내용은 중국의 왕조별로 차이가 있음은 물론 각 왕대별로도 그 내용이 달랐다. 더욱이 한 왕에 대한 책봉이 있은 후 여러 번 加冊이 시행됨으로써 고려 국왕들은 긴 官爵名을 소유하는 경우가 대부분이었다.

국왕에 대한 官爵은 지급의 규칙성이 있었고 책봉해 주는 나라의 국가 성격이나 책봉 당시의 동아시아의 정세에 따라 차이를 나타내었다. 이러한 까닭에 고려왕에게 주어진 관작의 내용은 책봉국의 정세와 고려의 국제적 위상을 나타낸다고 볼 수 있다. 예컨대 宋-遼, 宋-金이 대립하고 明과 北元이 세력 다툼을 할 때 시행된 고려 국왕에 대한 加冊은 고려에 대한 회유책이나 施恩的 성격을 띠었으며, 遼가 쇠잔해 갈 때 宋의 적극적인 對高麗 접근은 바로 책봉을 빌미로 이루어졌다. 그리고 고려 말 北元의 우왕 책봉은 다분히 고려를 우익화하려는 수단의 대표적인 사례였다.

고려 국왕이 책봉을 받을 경우 원 간섭기 이전에는 주로 즉위한 후 관례적으로 事大하는 나라에 요청하여 책봉되었고 이를 토대로 국내적으로 국왕의 권위를 과시하였다. 그 밖에 책봉국의 황제에게 尊號 加上과 같은 경사가 있을 경우 그 恩赦의 일환으로 고려 국왕을 加冊하는 경우도 많았다. 高麗國王이 받은 冊封의 契機는 다음과 같이 몇 가지 유형으로 나눌 수 있다.

먼저 新王 즉위에 따른 책봉 요청이 있다. 卽位에 따른 책봉은 고려의 책봉 奏請이 前提되는 것이 常例였으며, 고려의 책봉 주청에 접하면 대체로 그 사실을 추인해 주는 것이 관례였다. 다음으로 尊號 加上에 따른 加冊이 있는데, 遼가 고려 국왕을 책봉할 때 많이 사용되었다. 皇帝國의 年號 改定에 따른 施恩으로서의 加冊은 成宗代에만 보인다. 그리고 兩國 懸案에 따른 加冊은 국왕 책봉이 정치적 세력관계에 따라 운영되었음을 보여준다. 고려가 遼와 긴장관계에 있던 그 무렵에 현안에 따른 加冊이 있었고, 元代에는 정치 상황이 원과 고려가 甥舅體制로 긴밀하게 연결되었기 때문에 현안에 따라 고려 국왕의 관작이 승급되는 경우가 많았다. 金代의 고려 국왕 책봉은 그 관작이 일률적이고 단조로운 특징이 있고, 거기에 책봉의 계기도 即位에 따른 것이 전부였다. 대륙의 왕조를 중심으로 행해진 책봉의 사례와 유형을 볼 때, 그 기능은 어느 한편의 일방적인 시혜가 아닌 상호 필요성에서 존재하였다고 하겠다.

대륙 왕조와 고려 간에 시행된 책봉의 내용도 高麗를 비롯한 피책봉국의 요청에 의해 시행된 경우가 있었는가 하면, 책봉국의 필요성에서 책봉을 시은의 형식을 빌어 시행하는 경우도 빈번하였다. 따라서 국왕 책봉에 따른 관작의 수여는 각 나라의 實勢와 동아시아 힘의 力學關係를 반영하였다. 결국 고려시대 동아시아 諸國家間의 책봉은 어느 한편의 일방적인 시혜나 강압이 아닌 상대적인 제도였다.

고려시대의 국왕 책봉이 三國이나 朝鮮과 다른 점은 太子가 冊封되었으며 食邑과 功臣號가 출현하였고 加冊(進封)이 시행된 사실이었다. 그리고 중국의 왕조별로 책봉 관작의 내용이 확연히 달랐는바, 高麗國王 冊封에 대한 대륙의 왕조별 特徵은 다음과 같다.

五代 시기는 동아시아 정치세력의 재편이 전반적으로 이루어지는 격동기였다. 고려의 태조는 후삼국을 통합하는 주도권을 장악한 뒤, 北中國 五代의 後唐, 後晉의 정권으로부터 '高麗國王'으로 책봉됨으로써 그 정통성을 인정받은 셈이다. 후삼국 상쟁기에 후당은 후백제의 견훤과 신라 경순왕의 책봉 요청을 거부하였다. 고려는 유일하게 후당의 책봉을 받음으로써 후백제의 견훤에 비하여 대외적으로 우위에 설 수 있었고 內治에 자신감을 더할 수 있었다. 고려 태조의 책봉은 이후 고려시대 국왕 책봉의 端初를 여는 것이므로 그 중요성이 더하다.

惠宗의 책봉 뒤에 定宗은 後漢의 단명으로 책봉의 授受를 시행할 겨를이 없었다. 光宗은 後周 세종으로부터 책봉을 받고 그의 신료였던 雙冀의 건의로 科擧制를 도입하는 등 중요한 업적을 남겼다. 고려의 건국과 후삼국의 분열을 수습하는 시기에 즈음하여 태조 이하 혜종, 광종의 경우 중국의 정통 왕조라 할 五代로부터 받은 책봉은 고려 전 시기에 걸쳐 지속적으로 시행되는 冊封-朝貢관계의 시작을 알리는 서막이었으며, 高麗가 동아시아 국제질서에 편입되어 독자적인 생존 방략을 취한 시기다.

다음으로 宋의 책봉을 받던 시기의 동아시아 정세는 宋 - 遼 - 西夏 - 高麗의 세력 균형이 이루어졌다. 宋代의 고려국왕 책봉은 오대의 연장선상에서 시행되었던 사실로 미루어, 송과 오대는 연속된 왕조로 볼 수 있다. 後周로부터 이미 '高麗國王'으로 책봉된 光宗은, 宋의 책봉을 받고 공식 외교관계를 수립하였다. 그런데 이때는 송에 의한 최초의 책봉이었음에도 불구하고, 宋은 광종이 이미 後周로부터 받은 관작을 추인한 상태에서 加冊 형식으로 광종을 책봉하였다.

景宗은 송으로부터 두 번에 걸쳐 책봉, 가책되었다. 成宗은 宋·遼로부터 책봉을 포함하여 6회에 걸쳐 관작을 받았다. 성종이 받은 관직호 중 변화의 모습이 확연한 것은 檢校職과 食邑 및 食實封이었다. 송은 고려 국왕에게 文散階 從2品職인 '光祿大夫'를 주었다. 이는 五代나 遼代의 特進과 開府儀同三司보다 낮은 位階였다.

遼代에 고려는 그들과 세 차례 전쟁을 벌인 결과 君臣關係를 맺었다. 이리하여 성종 15년(996) 3월부터는 遼에서 冊封使가 도착하였다. 冊封儀式도 기존의 南郊가 아닌 西郊에서 거행되었으며 冊封文에서도 宋代의 그것보다 과격한 느낌을 준다. 고려 국왕 책봉 중에서 遼에 의한 책봉이 정형화의 형태를 보인다.

고려 국왕에게 주어진 官爵을 보면 遼는 文散階를 사여한 예가 많다. 遼가 고려 국왕에게 文散階만 주고 있는 것은 그들의 대외 통제방식상 관념적으로나마 外夷의 제후에게는 군사권을 주지 않는다는 의미로 풀이된다.

고려 국왕 책봉에서 크게 주목되는 사실은 遼 皇帝의 尊號 加上에 따른 施恩으로서 고려 국왕을 加冊한 점이다. 요의 전통적인 행사일 뿐만 아니라 皇帝權 강화에도 보탬이 되었을 존호 가상을 계기로 요는 고려 국왕에게 가책하였다. 이는 加冊·進封의 恩典을 통하여 고려를 자국의 右翼으로 확인하고 上下 일체감을 조성하려는 의례였다고 생각된다.

고려 국왕 책봉에서 나타나는 또 하나의 특징은 食邑의 지급이었다. 태조가 後晉으로부터 식읍을 받은 사실은 있지만 중국 제 왕조에 의한 책봉에서는 이 遼代의 책봉에서 주로 식읍의 사여가 나타난다. 이는 遼가 중원을 정복하고 중화적 질서를 원용한 것이라고 해석된다.

고려 국왕에 대한 책봉에서 功臣號가 사여되고 있는 점도 주목된다. 이 공신호는 五代와 金의 책봉 내역에는 없다. 공신호 사여는 穆宗·靖宗·文宗 그리고 肅宗대에 있었으며, 이때 '義'字를 많이 사용하고 있다. 肅宗의 경우 '忠勤奉國'號는 遼가 肅宗의 즉위 배경을 파악하고 있다는 반증이다. 즉 그에 대한 공신호의 부여는 그의 집권의 정통성을 인정해 주는 것으로 받아들여졌으며 그 집권에 대한 도전의 방지에 기여하였을 것이다.

遼의 대외 책봉은 자국의 세력이 강할 때는 권위 있는 황제로서 藩國을 책봉하여 그 위에 군림하고, 자국이 약할 때는 번국을 묶어두는 수단으로서 책봉을 활용하였다. 반면 책봉을 받는 입장에서는 이를 통하여 국왕의 권위를 세우고 그에 따라 자국 내에서 세력 기반을 확립하는 데 도움이 되었을 것이다.

金代에 고려는 그들에 대한 우월감을 보이는 사례도 없지 않으나 冊封-朝貢 체제의 틀 속에서 양국 간의 외교가 이루어졌다. 고려 외교의 한 특징이 實利 추구였다는 일반적 이해를 염두에 둔다면, 對金 事大의 遵行도 그에 부합된다. 對金 事大는 실리를 위하여 국제적 현실에 부응하는 경우다. 金에 의한 明宗의 책봉 지연만 제외한다면 對金 事大 기간 중의 책봉은 비교적 순탄하게 운용되었다.

고려 국왕 책봉은 동아시아 제국에 대한 책봉과 연관을 가지면서 시행되었다. 金은 급속한 시간 내에 華北을 정복하고 일정한 통치 효과도 있었으나 漢族을 완전히 제압하기에는 무리가 있었다. 이를 상쇄하고자 괴뢰국인 楚國과 齊國을 세워 대리 통치를 하고자 했으나 이것도 여의치 않았다. 그래서 고려에 대한 책봉도 이전의 遼와는 그 위압의 정도나 사행의 빈도 등에서 완화된 모습을 보여주고 있다.

金에서 사여한 고려 국왕에 대한 책봉 관작은 '開府儀同三司 上柱國 高麗國王'으로 일률적이다. 五代나 이후 遼와 元에서처럼 책봉 내역에서 官

的 변화의 모습을 보기는 어렵다. 다음으로 加冊·進封이 仁宗을 제외하면 없고 功臣號의 사여가 없으며, 冊封 使臣은 女眞人과 漢人을 副官으로 파견하는 사례가 빈번하였다.

金의 고려국왕 책봉은 그 책봉 내역이 단순화하였음은 물론이고 冊封文의 天子적 태도나 危壓性도 다른 帝國의 책봉에 비하여 미약하였다. 이는 지난 날 上國이었던 고려에 대한 의기소침한 자세라고 판단된다. 고려의 무신 집권자들은 국왕을 교체한 뒤 例의 金에 대한 '事大之禮의 遵行을 위하여' 교체하였다고 報告하고 있으며, 金帝는 짐짓 모른 체 이를 승인하였다. 금에 대한 稱臣事大가 遵行되는 한 그들은 고려의 내정을 간섭치 않았던 것이다. 이러한 金의 태도가 고려의 무인 집권자들을 오래 존속케 하는 원인의 하나였다고 생각된다.

元과 고려의 관계를 필자는 '冊封-朝覲體制'와 '甥舅關係'로 정의하고자 한다. 世祖舊制와 그들에 의한 重祚 등도 하나의 큰 특징이으나 책봉과 관련하여는 '책봉-조근체제'로 부를 수 있겠다. 원대 고려왕조의 존속은 국왕의 朝覲을 통한 것이었다. 立省 책동과 수탈도 朝覲을 통해 해결하였다. 이렇게 되면서 원 간섭기의 고려는 제후국으로 격하되고 고려의 전통이었던 天下觀에 커다란 손상을 가져오게 되었음은 주지하는 바다.

고려 국왕이 원 황실에 의하여 자의적으로 교체되는 重祚 현상도 책봉 형식을 동반하였다. 원래 유목민이었던 원이 책봉을 실시한 사실은 커다란 변화라 할 수 있는데, 책봉 때 받는 관직은 원에서 고려왕이 차지하는 위상을 알려준다. 원 간섭기에 고려 국왕은 원에 의하여 자의적으로 교체되기도 하였지만 그 황제의 '任命'인 冊封은 동시에 그 지위를 유지시켜 주는 역할도 하였다.

이러한 상황에서 고려 국왕에 의한 反元政治는 불가능하였고 개량적인 수준의 고식책으로 일관할 수밖에 없었다. 본격적인 反元은 대륙의 정세가 급변하는 공민왕 5년에 가서야 가능하였다. 元·明 교체기에는 明의 공물 요구 및 제반 고려내정 간섭에 대한 방지책으로 冊封이 이용되기도 하였다. 禑王의 明에 대한 거듭되는 冊封 奏請은 그 대표적인 사례다. 고려의 책봉 요청에 明이 응하지 않자 고려는 北元으로부터 책봉을 받았다. 이는 明에 대한 압력의 수단이었고 많은 노력 끝에 禑王은 명으로부터 '高麗國王'으로 책봉되었다. 공민왕의 친명정책과 명으로부터의 冊封 수령은 고려가 동아시아 질서의 새로운 재편을 재빨리 파악하고 그 새로운 체제 속으로 진입해 간 사실을 의미한다.

元代 책봉의 또 다른 특징은 印綬의 지급이다. 印綬를 내림으로써 그들의 승인을 확인하고 있으며 印의 '회수'는 곧 국왕권의 박탈을 의미하였다. 元에 의한 고려 국왕 책봉은 고려 국왕의 존립 기반을 제공하였고 왕의 權威를 고양시키는 데 기여하였다.

明의 책봉은 이전의 고려국왕 책봉보다 관작에서 훨씬 단순화하였다. 이후 조선시대에 들어가 '朝鮮國王'이라는 王爵만으로 책봉하고 있음을 보건대, 明代의 藩國에 대한 책봉 관작은 '高麗國王'처럼 이전 시대와 달리 官職이 탈락한 '王爵'만이 수여되었다.

이제 전반적으로 고려 국왕에게 사여된 관작의 특징을 정리하면 다음과 같다. 고려 국왕에 대한 관작을 보면 五代와 宋은 文武의 실권을 위임하는 관작 위주의 책봉이었고, 遼·金은 文散階 위주, 그리고 元代에는 원나라의 現職을 帶有한 채 '高麗國王'에 책봉되었다. 明代에는 '朝鮮國王'으로 王爵만 잔존하였다.

고려 국왕에게 사여된 官爵을 분류하여 왕조별로 그 지급의 차이를 정리하면 다음 표와 같다.

<표 1> 高麗國王 冊封에 따른 官爵의 수여 여부

王朝	爵名	文散階	武散階	檢校職	勳職	食邑	食實封	功臣號	印綬
五代	王	◎	×	◎	◎	◎	◎	×	×
宋	王	◎	×	◎	◎	◎	◎	◎	×
遼	王	◎	◎	◎	◎	◎	◎	◎	×
金	王	◎	×	×	◎	◎	◎	×	金印
元	王	◎	×	×	◎	×	×	◎	◎
明	王	×	×	×	×	×	×	×	×

* ◎는 지급, ×는 미지급을 표시함.

송은 고려 국왕에게 文散階 從2品인 '光祿大夫'를 주었다. 이는 五代나 遼代의 特進과 開府儀同三司보다 낮은 位階였다. 宋으로부터 고려왕이 받은 책봉 내역 중에서 五代의 大義軍使가 大順軍使로 변화된 사실이 주목되고 玄菟州諸軍事가 추가되는 특징이 있다.

宋은 자국은 文으로 治國하면서 藩國에게는 都督이나 諸軍使와 같은 높은 직위의 행정권과 군사권을 관할하는 관작을 수여하고 더불어 낮은 文散階를 주었다. 이는 제후국으로 하여금 天子國을 수호하는 藩國의 의미를 강하게 인식하도록 한 것이 아닌가 추론된다. 宋에서 高麗國王에게 준 책봉 관작은 그들이 바랬던 고려의 역할을 반영하고 있다. 그것은 군사적으로 요의 남하를 견제함으로써 송을 위협하는 요를 무력하게 만드는 遠交近攻策의 일환이었다고 하겠다.

遼代에는 주로 文散階를 사여하였다. 遼代의 고려국왕 책봉에서는 宋代에 자주 보이는 檢校太尉나 使持節, 都督 등이 나타나지 않는 반면에 '開府儀同三司'와 같은 文散階의 수여가 돋보인다. 이는 國家的 성격과 관련이 있다고 하겠다. 遼는 이중정책으로 그들의 部族과 漢族을 각각 통치하였으므로, 농경민족이면서 漢化한 고려에 대한 책봉에서는 文散階의 사여가 주종을 이루었다고 생각된다. 마치 節度使들의 반란으로 당 왕조가 멸망하는 것을 목도한 조광윤이 문치주의를 주창한 사실과도 비견되는 일이다.

북방민족인 遼·金·元의 책봉에서는 武官的 성격의 관작이 사여되었을 것이라고 예측할지 모르나, 실제로는 그 반대다. 漢族과 주변 민족을 제압한 遼는 그 민족의 首長에게 軍事와 行政의 책임이 위임되는 관작을 사여하지 않았고, 자신들의 약점을 보완하려는 의미에서 文散階를 주었다고 하겠다. 遼의 무관직 사여는 대부분 고려 太子에게 시행되었다. 헌종 즉위년(1094)의 '驃騎大將軍'만이 국왕에게 주어진 武散階였다.

반대로 宋은 대체로 文治主義를 표방한 만큼 塞外의 수장들에게는 宋을 지켜달라는 의미에서, 그리고 자기 지역의 방어와 방비에 힘쓰라는 뜻에서 文武 兼全의 관작을 수여하였다고 풀이된다. 이를 통해 보아도 고려시대의 국왕이 대륙의 여러 왕조들로부터 받은 관작은 왕조의 성격에 따라 일정한 의미를 띠고 있었다. 그리고 대륙의 왕조가 자신들의 필요성과 약점을 보완하기 위한 대비로서 대외정책을 취했다는 현실적인 필요성을 반영한 것이라고 이해된다.

다음으로 고려 국왕이 받은 食邑을 정리하면 다음과 같다. 고려 국왕에게 주어진 책봉에서 중요한 내역 중의 하나가 식읍의 존재다. 국왕 책봉에서 식읍의 사여는 觀念的이면서 정치성이 강한 사안으로 인식된다. 식읍은 分權性의 상징이라 할 수 있다. 따라서 이 식읍의 사여는 제후국에 대한 국왕 책봉의 관작과 짝을 이룬다. 그리고 食邑과 食實封의 사여는 실제성은 없으나 皇帝는 '天子'的 입장에서 뭇 諸侯들에게 封土(食邑. 食實封)를 지급하는 형식을 취함으로써 세계를 지배하고 있다는 觀念의 실현을 체험하였다. 그리고 제후국 왕은 국내적 권위와 위엄의 한 상징으로서 정치적 소용이 컸던 것이다.

식읍의 사여가 가장 활발한 왕조는 遼였다. 그리고 食邑과 食實封이 같이 출현하는 시기도 대체로 遼代였다. 북방민족인 遼가 활발히 食邑을 賜與한 까닭은 征服王朝로서의 그들의 국가적 성격에서 찾을 수 있겠다. 遼는 대륙을 정복하여 터를 잡고 살면서 自民族 보호에 크게 신경을 쓰는 한편, 중국적인 중화의식을 모방하려고 하였다. 遼는 이 食邑의 사여를 통하여 변방의 고려를 제후국으로 인식하고 그 제후에게 큰 시혜를 베푼다는 의식을 가지고 있었다고 보인다.

遼에 의한 고려국왕 책봉시 식읍 사여는 藩國의 임무에 노고가 많아 그 공로를 표창하는 뜻에서 지급한다고 되어 있다. 이는 고려 국왕의 국내적 權威를 높이는 데 영향을 미칠 수 있는 정치적 의미를 강하게 띤 사실로 받아들여진다. 오늘날의 관념으로는 이해하기 어렵겠으나 중세인에게는 國書에 써 놓은 말의 상징적 의미가 더욱 소중하였다.[1]

金代에는 두 번의 食邑 賜與 기록이 있는데, 康宗에 대한 食邑 사여는 이전 金의 고려국왕 책봉시에는 볼 수 없었던 것이다. 그 이유는 金의 내

---

1) 조동일, 「책봉체제」, 『문명권의 동질성과 이질성』, 지식산업사, 1999, 31쪽.

외적 위기에서 찾아진다. 곤경에 처해 있던 金의 입장에서는 고려의 국왕 책봉 요청이 감격스러운 일로 다가왔을 것이다.

元代의 책봉에서는 그들의 특성 때문에 국왕 책봉에서 식읍의 사여가 없었다. 몽고는 分封制를 실시하였고 분봉 지역은 皇族과 行省을 중심으로 통치를 하는 특징이 있다. 麗末의 禑王은 明의 책봉을 받기 위해 많은 노력을 기울인 끝에 '高麗國王'으로 책봉되었다. 이전과 같이 官位나 食邑이 사여되지 않았던 것은 明代에는 '高麗國王'/'朝鮮國王'이 책봉 내역의 전부였기 때문이다. 官位 없이 '王爵'만 수여하는 것이다.

고려 국왕 중 食邑을 가장 많이 받은 것은 태조, 현종, 선종, 강종대로서 10,000호였다. 食實封도 대체로 1,000戶로서 식읍과는 10 : 1 정도의 비율이 적용되었다. 그러나 그 의미는 실제성과는 거리가 멀다. 식읍과 식실봉은 책봉국 황제가 고려국왕에게 실제로 지급하지 않은 채 명목상의 대우에 불과하였기 때문이다. 이 점은 다른 官爵도 마찬가지여서 고려 국왕이 받은 관작들은 모두 명목상의 대우에 불과하였다. 그러나 그 의미는 각별하였다. 고려 국왕이 받은 관작과 공신호, 식읍 등은 책봉국이 고려를 어떻게 평가하고 있는지를 반영하고 있으며, 이는 곧 고려의 국제적 位相을 보여준다.

국내에서는 仁宗代에 제 臣僚들에 대한 식읍의 수여가 가장 활발하였는데, 이와는 반대로 중국의 고려 국왕에 대한 식읍 사여는 그 이전에 활발하였다. 그리고 숙종에 대한 책봉과 식읍의 사여 사실을 통해서는, 책봉국이 고려의 사정에 정통하다는 사실, 흡족한 마음으로 책봉해 준 것이 아니었음을 감지할 수 있다. 그렇다 해도 이 책봉은 즉위 과정에서 문제점을 안고 있던 肅宗에게는 정통성을 부여해 주는 至善의 가치를 지니고 있었다고 할 수 있다.

다음 도표에서 보듯이 元代를 제외하면 功臣號가 사여된 고려 국왕에게는 반드시 食邑이 지급되었다.

<표 2> 高麗國王의 功臣號·食邑·食實封의 관계

國王		賜與國	功臣號	食邑	食實封
太祖	22(939)	後晋	×	◎	×
光宗	14(963)	宋	◎	◎	×
	23(972)		◎	◎	×
景宗	1(976)		×	◎	×
	4(979)		×	◎	×
成宗	2(983)		×	◎	×
	4(985)		×	◎	×
	7(988)		×	◎	◎
	9(990)		◎	◎	◎
	11(992)		×	◎	◎
穆宗	10(1007)	遼	◎	◎	◎
	13(1022)		×	◎	◎
靖宗	5(1039)		◎	◎	◎
	9(1043)		◎	◎	◎
文宗	1(1047)		◎	◎	◎
	3(1049)		◎	◎	◎
	9(1055)		×	◎	◎
	11(1057)		×	◎	◎
	19(1065)		◎	◎	◎
宣宗	2(1085)		×	◎	◎
獻宗	즉위년(1094)		×	◎	◎
肅宗	2(1097)		×	◎	◎
	9(1104)		◎	◎	◎
睿宗	3(1108)		×	◎	×
毅宗	2(1148)	金	×	◎	◎
康宗	1(1212)		×	◎	◎
忠烈王	18(1292)	元	◎	×	×
忠烈王	19(1293)		◎	×	×
忠宣王	즉위년(1297)		◎	×	×
忠烈王	33(1307)		◎	×	×
恭愍王	5(1355)		◎	×	×

* ◎는 지급, ×는 미지급을 표시함

위 표에 나타나 있듯이 元代에는 공신호에 따르는 식읍이나 식실봉이
없다. 元 황실에서는 황족과 공신들에게 광범위하게 분봉제를 시행하였
다. 원래 공신을 책봉하면 그에 따른 식읍과 식실봉의 지급이 있었을 것

이나, 공신으로 책봉된 고려 국왕에 대한 식읍의 지급 사례는 사료에 보이지 않는다. 功臣號 사여와 食邑이 동시에 주어진 경우는 광종 14·23년, 성종 9년, 목종 10년, 정종 5·9년, 문종 1·3·19년, 숙종 9년 등이다.

諸侯國體制였던 원 간섭기에는 고려 국왕 봉작에 食邑이 없다. 그 이유는 고려 국왕이 원의 뜻대로 교체되는 현실적인 간섭정치에서 찾을 수 있다. 원대의 책봉에서도 공신호가 주어지긴 했지만 공신호에 걸맞게 식읍을 실제로 지급한다는 것은 현실적으로 불가능하였기 때문에 고려국가 자체를 食邑으로 간주하고 있었다는 추정도 가능하다. 이와 관련하여 고려 자체의 봉작에서 食邑을 수여하였다는 사실은 고려가 皇帝國體制로 운영되었음을 보여준다.

고려 국왕에게 주어진 책봉 관작 중에서 功臣號에 대하여 살피면 다음과 같다. 전근대 왕조 질서에서는 공신으로 책봉되면 일신상의 영예는 물론 자손 대대로 그 음덕을 보게 된다. 국왕의 외척과 공신, 이 양자가 왕조적 질서에서는 중요한 권력 창출의 근원이라 하겠으므로 공신에게는 여러 혜택이 있었다. 이와 관련하여 고려 국왕에 대한 중국의 공신호 사여와 식읍 및 식실봉이라는 명목상의 경제적 대우가 따르는 사실은 타당한 일로 여겨진다. 공신호가 사여된 국왕에게는 반드시 식읍이 지급되었다는 사실이 위 표에서 확인되는 것이다.

공신호가 없는 경우에도 식읍과 식실봉이 주어지고 있으나 공신호에는 반드시 식읍, 식실봉이 따르고 있음도 사실이다. 중국의 제 왕조의 皇帝 입장에서 보면 고려의 국왕과 그 관료 집단은 자신의 충실한 諸侯요 藩臣으로 인식되고 있었음이 책봉문을 통하여 확인된다. 자신의 영역을 鎭守하는 外官이라는 인식에서 고려 국왕에 대한 공신 책봉을 시행하였다고 하겠다.

고려 국왕에게 공신호를 사여한 중국의 왕조는 宋·遼·元이었다. 五代와 金에 의해 공신호가 수여되었다는 기록은 현재로서는 전하지 않는다. 공신호에서 遼는 義字, 元은 忠字가 많이 사용되었다. 光宗은 송으로부터 推誠順化守節保義를 받았고, 成宗은 推誠順化공신으로 책봉되었다.

이는 이미 고려왕을 자국의 藩臣으로 인정하고 그 '勞苦'에 대하여 치하한다는 성격을 내포하고 있다. 따라서 공신호에 상응하는 경제적 대우를 베풀 필요가 있었고 이는 형식적이나마 '食邑'의 사여로 표현되었던 것이다.

元의 고려국왕 책봉은 현실적 규제력이 큰 것이 특징으로, 冊封權의 現實化라 할 수 있다. 이에 따라 공신 책봉에 따르는 경제적 대우가 실현되었으므로 공신 칭호 사여에는 신중을 기하였다고 판단된다. 『元史』에는 印章에 관한 사여 기록이 많은 대신, 공신호나 문무산계, 훈관, 식읍 등의 기록은 찾아보기 어렵기 때문이다. 원은 정복한 영토를 친족과 공신들에게 分封하고 있었으므로 이는 食邑에 다름 아니었다.

忠烈王은 원 황실과 혼인하였으며 藩屏의 공을 세웠으니 그 보상으로 공신호를 받았다. 忠宣王은 황제 옹립에 참여함으로써 藩陽王에 봉해지고 '推忠宣力定遠保節' 공신의 칭호를 받았다. 恭愍王에 대한 공신호의 사여는 당시 팽배해진 反元 기운의 무마와도 관련이 있다고 추측된다. 공신으로 책봉되면 그에 따른 물질적 혜택이 돌아가는 일은 고금의 상례다. 그러므로 고려 국왕에 대해서도 공신호의 사여와 함께 食邑과 食實封이라는 명목상의 경제적 대우가 따르고 있었다. 즉 元代를 제외하고 功臣號가 사여된 고려 국왕에게는 반드시 食邑이 지급되었던 것이다.

이같이 고려시대 거의 대부분의 왕들은 책봉되었으며, 일단 책봉된 뒤에도 進號, 加冊, 進封 등으로 표현되는 官爵의 昇級이 있었다.

그리고 흔한 예는 아니지만 고려 태자에 대한 책봉도 시행되었다. 다만 태자에 대한 功臣號의 수여는 확인되지 않는다. 遼와 元은 고려 국왕을 책봉하면서 동시에 고려 太子를 책봉하기도 하였다. 太子 冊封에 대하여 살펴보면 다음과 같다.

오대·송·금대에는 고려 太子에 대한 책봉이 없으며 원대에 들어 麗元의 특수 관계상 왕세자 책봉이 있었다. 元代 이전에는 遼代에만 태자 책봉이 있었다. 遼代에 국왕 책봉과 함께 행해진 太子에 대한 책봉은, 遼의 기미책이나 以夷制夷 정책의 일환으로 이해되며 국왕을 견제하려는 뜻도 있었다고 하겠다. 고려 측에서 보면 이 遼에 의한 태자 책봉은 고려 왕권의 안정된 세습에 도움이 되었다. 遼에서 현종·문종·숙종대에 고려 태자를 책봉하였고, 元에서는 충렬왕과 충숙왕대에 책봉한 사례가 전부다. 이 내용을 표로 정리하면 다음과 같다.

<표 3> 高麗太子 冊封

高麗太子	冊 封 內 譯
顯宗 太子	輔國大將軍 檢校太師 守太保兼侍中 高麗國公
文宗 王太子	順義軍節度使 朔武等州觀察處置等使 特進 檢校太尉 同中書門下平章事 使持節 朔州諸軍事 行朔州刺史 上柱國 三韓國公 食邑 三千戶 食實封 五百戶
肅宗 太子	順義軍節度 朔武等州觀察處置等使 特進 校太尉兼侍中 使持節 朔州諸軍事 行朔州刺史 上柱國 三韓國公 食邑 三千戶 食實封 五百戶
忠烈王 王世子	特進 上柱國 高麗國王世子
忠肅王 王世子	開府儀同三司 瀋王

顯宗의 태자는 '高麗國公', 文宗과 肅宗代의 태자는 '三韓國公'으로 책봉되었다. 원대에는 고려가 제후국체제로 전환하였으므로 기왕의 太子를 王世子로 호칭하였다. 태자에게 주어진 관작은 장군직을 포함한 武官職이 많았다. 고려왕이 받은 책봉 내역 중 武官的인 성격의 관작은 五代, 宋, 遼에서 주었다. 이 중에 遼의 무관직 사여는 대부분 고려 태자에게 주어진 경우고, 獻宗이 받은 驃騎大將軍만이 국왕에 대한 武散階였다. 한편 태자에 대한 食邑의 사여는 文宗과 肅宗代에만 나타난다.

冊封儀禮에 대하여 정리하면 다음과 같다. 고려 국왕에 대한 책봉이 결정되면 使節團이 구성되어 고려에 오고 그들에 의하여 성대한 冊封儀式이 행해졌다. 南郊에서 베풀어진 책봉 의식에서 고려 국왕은 冊封詔文에 대하여 수차례 拜禮하였다. 책봉을 접수하는 儀式에서는 책봉 조서가 讀冊官에 의하여 낭독되고, 이러한 의식 행위는 임석한 고려의 대소 문무 관료로 하여금 天子의 명으로 고려 국왕에 임명되는 王을 새롭게 인식케 하고 그의 권위에 외경심을 갖게 만드는 계기가 되었을 것이다. 시간차가 있으나 근래 발견된 英祖의 책봉 의례를 그린 畫冊은 고려시대의 책봉 의식을 유추할 수 있는 단서가 된다.[2] 이러한 의식을 통하여 책봉해 주는 나라는 천하를 지배하고 있다는 사고를 가질 수 있었다. 국왕 冊封儀式은 仁宗 20년(1142) 이후 王宮에서 거행되었다.

한편 遼와의 관계에 대해, 사신 영접 절차를 보건대 高麗가 遼에게 책봉을 받은 것은 사실이지만 그 위상은 君臣關係가 아니라 賓客關係였다는 연구도 있다.[3] 하지만 사대관계의 제반 '冊封儀式' 그 자체는 분명 自主性과는 거리가 멀다는 점을 인정할 필요가 있다.

拜禮야말로 君臣關係를 명확히 나타내는 儀禮이다. 또한 책봉 의식의 경우, 책봉사 일행이 보통 130여 명이었다는 사실을 고려하면 그들을 맞이하고 의식을 거행하는 행사 역시 장중했을 것이다.

이상과 같이 冊封儀式 그 자체가 君臣 간의 질서를 명확히 하는 것이고, 冊封國과 被冊封國 간의 위상을 나타내 주고 있으나 그것이 국가 간의 실제 力關係를 표현하는 행위는 아니었다. 현실적으로 책봉국과 관계를 단절할 필요가 있을 때에는 고려의 주체적인 결정에 따라 사대의 대상을 바꾼 사실이 이를 잘 보여준다.

숙종은 책봉 조서가 전달된 후 태자가 단 위에 올라 책명을 받았고 자신은 행사를 관람한 바 있다. 숙종대에는 요에서 왕과 함께 태자를 계속해서 같이 책봉하고 있다. 책봉 의식은 仁宗 20년(1142)까지는 관례적으로 南郊에서 이루어졌던 데 비하여 遼에 의한 成宗 15년의 책봉의식은 西郊에서 거행되었다. 南郊는 圓丘壇이 있던 곳으로 地神을 祭祀하던 北郊와는 대칭을 이루는 장소다.

高麗國王에 대한 책봉문 상의 호칭은 五代에는 爾, 卿, 王名이 혼용되었고, 宋代에는 주로 王名이 사용되었다. 그리고 遼代에는 爾와 汝의 卑稱을 많이 썼으나 卿과 王名도 사용하였다. 金代에는 주로 爾를 썼으나

---

2) 金源模 외, 「特輯 : 奉使圖의 綜合的 檢討」, 『亞細亞文化硏究』 4, 2000, 暳園大 亞世亞文化硏究所.

3) 奧村周司, 「使節迎接禮より見た高麗の外交姿勢」, 『史觀』 110, 早稻田大史學會, 1984.

<표 4> 高麗國王 冊封文에 나타난 高麗國王에 대한 呼稱

高麗王	授封國		高麗國王 呼稱
太祖 16	後唐	933	高麗國王, 爾, 卿
太祖 22	後晋	939	王建
惠宗 2		945	子, 卿
光宗 7	後周	956	國王王昭, 爾
光宗 14	宋	963	高麗國王昭
成宗 2		983. 3	權知高麗國事王治
成宗 4		985. 5	王治, 爾
成宗 15	遼	996.3	爾高麗國王王治, 爾
靖宗 5		1039.4	權知高麗國王
靖宗 9		1043.11	卿, 王亨, 汝
文宗 1		1047.9	權知高麗國王事徽
文宗 3		1049.1	爾
文宗 9		1055.5	王徽, 爾
王太子			王徽子 勳
文宗 11		1057.3	爾, 王徽,
王太子			卿, 爾, 王徽子 勳
文宗 19		1065.4	卿, 爾, 王
王太子			爾
肅宗 2		1097.12	爾權知高麗國王事熙
太子(肅宗 5)		1100.10	爾高麗國王熙長子俁, 爾
肅宗 9		1104.4	卿, 爾, 王顒(顒으로 改名)
太子			卿, 爾, 王俁
睿宗 3		1108.2	爾高麗國王王俁
仁宗 20	金	1142.5	爾
明宗 2		1172.5	爾
神宗 2		1199.4	爾
康宗 1		1212.7	卿, 權知高麗國王事示吾, 爾
高宗追贈 忠憲王	元	1310.6(忠宣王2)	高麗國王王皞
元宗追贈 忠敬王		1310.6(忠宣王2)	高麗國王王植
忠烈王21		1295.8	子
忠宣王(前王)		1308.5	爾, 王璋
忠宣王復位年		1308.10	爾, 王璋
忠肅王卽位年		1313.3	爾
忠惠王卽位年		1330.2	爾
忠穆王卽位年		1344.5	爾
恭愍王 13		1364.10	汝伯顔帖木兒
恭愍王 19	明	1370.5	爾高麗國王王顓
禑王 3	北元	1377.2	牟尼奴, 爾
禑王 11	明	1385.9	爾, 爾王禑

卿과 王名도 보인다.

이에 비하여 元은 고려왕을 卿이라 호칭하지 않은 사실이 특징적인데, 王名과 爾를 혼용하였다. 明은 두 건의 책봉문에서 爾와 王名을 같이 썼다.

고려시대의 국왕 책봉이 갖는 성격에 대해서는 다음과 몇 가지로 지적할 수 있다.

첫 번째로 冊封은 기본적으로 政治的 성격을 지니고 있다. 이는 天子國으로서의 중국과 外夷로서의 제후국 간의 관계다.

두 번째로 책봉을 받는다는 것은 책봉해 주는 나라를 宗主國으로 事大하겠다는 것에 다름 아니며, 이를 통하여 중국의 왕조는 四海一家的 관념과 그들의 分封地로서의 느낌을 가질 수 있었다. 그러나 책봉은 藩國 국왕의 즉위를 추인해 주고, 加冊을 통하여 황제국으로서의 善意를 보이고 있다. 원 간섭기를 제외하면 이 책봉은 고려 국왕의 교체에는 영향을 미치지 못하였으나 고려 측에서는 책봉이 중요하게 인식되었다.

세 번째로 元 干涉時期에는 책봉이 고려 국왕의 교체에까지도 영향을 미쳤다. 이때는 원 황실의 뜻에 의하여 고려 국왕이 자의적으로 교체되는 重祚 현상이 시대적 특징으로 부각되는 시기였다. 元代를 제외하면 책봉이란 일상적으로 국왕의 즉위를 추인하는 것이지만, 정국의 변동에 따라 혹은 국제관계의 변화에 따라서 책봉이 활용되기도 하였다. 加冊이 그것이다. 加冊은 進封으로도 표현할 수 있는데, 이는 중국 측에서 기왕에 책봉한 왕의 관작을 올려줌으로써 자신들의 영향력을 증대시키려는 뜻을 포함하는 경우가 많다. 이미 책봉된 고려의 국왕도 필요한 경우 加冊을 요청하고 있는데 특히 元代에 그러한 경향이 강하였다. 이는 고려 국왕이 원 帝室에서 보내는 시간이 많았고 나아가 그 영향력의 발휘가 원 황실 實勢와의 친연성에 큰 영향을 받았기 때문이라 하겠다. 나아가 加冊은 고려 국왕 자신의 국내적 권위의 고양과도 관련이 있었다.

네 번째로 책봉을 통해 고려 국왕은 權威를 고양시킬 수 있었고 이는 그의 집권력 강화에 기여하였다. 반면 중국의 황제는 天子로서 세계를 통치한다는 관념적 지배라는 효과를 얻을 수 있다. 이는 羈縻策으로서 자기 세력권에서 이탈을 방지하는 효과도 있었다고 하겠다.

다섯 번째로 고려 국왕이 받은 관작들은 모두 명목상의 대우였으나 그 의미는 각별하다. 고려 국왕이 받은 문산계, 무관직, 훈직, 공신호, 식읍 등은 책봉국이 고려를 어떻게 평가하고 있는지를 반영하는 것으로, 곧 고려의 국제적 位相을 보여주고 있는 것이다.

끝으로 국제관계에서 책봉은 上國이 시혜를 베푸는 형식으로 이루어졌으나 국제정세의 유동에 따라 변화하기도 하였다. 冊封은 朝貢과 짝을 이루며 존재하였으나, 이 제도가 중국의 일방적인 시혜나 지급으로 끝나는 것이 아니라 거기에는 고려의 國勢와 동아시아적 位相이 내포되어 있다.

지금까지 고려국왕 책봉의 내용과 성격을 살펴보았다. 이제 高麗國王 冊封의 歷史的 意義에 대하여 언급하고자 한다. 분열된 후삼국을 통일한 고려는 唐의 멸망과 함께 도래한 중국 대륙의 多元的 질서에 적응하고 대처해야 하였다. 이러한 상황에서 고려는 국제관계에서 實利를 추구하면서 동시에 실제로 중원을 이끌어 가는 주축 세력과 冊封-朝貢관계를 맺음으로써 생존과 발전 방략을 찾는 形勢論的 외교를 펼쳤다.

한국사에서 국왕 책봉의 典型은 高麗時代에 찾아볼 수 있다. 중국은 漢代 이래 外藩을 실질적으로 규제할 수 없는 상황에서 관념적이나마 皇帝에 의한 세계 지배의 실현을 도모코자 外夷의 君長들에게 官爵을 사여하였다. 그런 측면에서 보면 고려국왕의 책봉, 특히 宋代와 遼代 그리고 元代에 가장 전형적인 책봉이 이루어졌다고 할 수 있다. 기왕의 연구에서는 朝鮮과 淸의 朝貢關係를 중시하였으나,4) 宋代와 遼代는 다양한 '官爵의 授與' 측면에서, 그리고 元代는 '冊封의 現實性'이라는 측면에서 宋, 遼, 元에 의한 고려국왕 책봉이 주목되는 시기라 하겠다.

고려는 국왕 책봉을 통하여 변화되고 있는 동아시아의 질서에 편입하였다. 이 제도를 활용하여 고려의 생존과 직결된 문제를 풀어가는 데 능동적으로 이용하였다. 그러나 고려 全時期를 통하여 중국의 제 왕조에 대

---

4) 全海宗, 「韓中 朝貢關係 槪觀」, 『韓中關係史研究』, 一潮閣, 1977, 50쪽.

한 事大의 禮는 대단히 충실하였다. 고려 관인들의 사대 관념은 漢族政權이든 北方民族이든 구분이 없었다.

국왕 책봉은 주로 받는 쪽의 필요성에서 요청하는 경우가 많았으나 여기에는 중국 왕조의 고려에 대한 實勢의 인정과 평가가 반영되어 있다. 나아가 책봉해 주는 쪽에서 보면 그러한 행위는 자국에 臣屬한다는 표시인 동시에 四海一家 내지 天下觀의 실현이었다. 따라서 번국에 대한 국왕 책봉은 책봉국과 피책봉국 상호간에 모두 이익이 되는 국제 간의 거래요 행사였다고 하겠다.

책봉은 책봉을 시행하는 나라와 받는 나라 사이에 主從 관계를 나타내고 있으나, 실제로는 책봉받는 나라의 自主性을 보장하였다. 책봉은 국가 간 差等秩序의 표징이었고 정치적 상하관계의 표시였으나, 동시에 책봉 주체국의 정치적 상황에 따라 변동되었다. 예컨대 遼代 末에 天祚帝가 西夏王을 皇帝로 책봉하는 등 정치적 격변기에 상황에 따라 책봉국의 힘이 약해지면 책봉의 관작을 훨씬 높여서 시행하기도 하였다. 따라서 중국 왕조와 고려 간에 시행된 책봉의 내용도 고려의 요청에 의해 시행된 경우가 많았고, 그들의 고려 국왕에 대한 관작의 수여에는 고려의 實勢를 반영하고 나아가 고려 국왕에 대한 그들의 평가를 담고 있었다.

고려의 경우는 자주성과 독립성이 보장되었음은 물론, 이 제도를 고려가 능동적으로 이용한 점이 독특하다. 고려는 외형상으로는 諸侯國이었지만 원간섭기 이전에는 皇帝國의 체제를 갖춘 '外侯內帝'적 국가였다. 고려는 책봉을 통해 대외적으로는 중국중심의 동아 질서에 적극 편입되어 그들과의 불필요한 대결을 피하면서 고려의 생존 방략으로 활용하였다고 하겠다. 또한 국왕 책봉을 통하여 그들의 선진문화를 수입할 수 있는 冊封-朝貢관계의 단초를 열었다. 고려 외교의 기저는 大國에 사대하되 자국의 實利와 位相을 잃지 않는 데 있었다. 따라서 사대의 대상으로는 漢族이든 北方族이든 문제가 되지 않았다. 이러한 외교정책은 是非나 善惡의 문제가 아님은 물론 당대 국제정세의 현실 속에서 자국을 보존하는 방편이었다.

기왕의 연구를 통하여 고려의 多元的 天下觀과 고구려의 天下觀 그리고 신라의 大王 의식 등 한국적인 독자성의 내용이 분명해졌다. 그렇다면 冊封制度는 이 天下觀과 충돌하게 된다. 원 간섭기 이전의 고려는 外侯內帝적 국가였다. 내적으로는 황제국체제를 취하면서 외적으로는 중국 여러 왕조로부터 책봉을 받아 諸侯로 자처하였던 것이다. 여기에서 고려가 책봉을 받은 것은 동아시아의 정치질서에 적극 참여하여 실리와 명분을 얻는 데 그 의미가 있었다. 원 간섭기 이전의 고려는 외적으로는 제후국의 형태를 띠었으나 내적으로는 강한 독자성과 자부심을 겸비하고 있었던 것이다. 그런 까닭에 중국의 형세에 따라 고려의 외교 대상은 변화될 수 있었고, 나아가 事大의 대상인 冊封國은 고려의 사정에 따라 바뀔 수 있었다. 물론 그 방향은 주로 동아시아의 주도권을 차지하는 세력으로 결정되었다.

결국 6장에서 살폈듯이 제 국가 간의 국왕 책봉은 대륙의 패권을 차지한 나라가 시행의 주도권을 쥐고 있었으나, 책봉 시의 대륙 정세에 따라 책봉의 결정과 구체적인 책봉 관작은 피책봉국의 實勢가 반영되었다. 책봉제도는 책봉국과 피책봉국의 상호 필요성에 따라 존재한 제도였던 까닭에 高麗의 경우 책봉해 주는 나라를 形勢에 따라 선택하였다. 그렇기 때문에 冊封과 朝貢을 통한 외교관계는 일방적이고 절대적인 관계가 아닌 相對的이었다.

□ 附錄

高麗國王 冊封記事 一覽

高麗王	授封國	西 紀	冊 封 內 譯	典 據
太祖 16	後唐	933.3	特進 檢校太保 使持節 玄菟州都督 上柱國 充大義軍使 高麗國王	『史』『要』
太祖 22	後晋	939	開府儀同三司 檢校太師 食邑一萬戶 食實封 一千戶	『史』『要』『舊五代史』『冊府元龜』
惠宗 2		945	檢校太保 持節 玄菟州都督 上柱國 充太義軍使高麗國王	『史』『要』『舊五代史』
光宗 4	後周	953	特進 檢校太保 使持節 玄菟州都督 充大義軍使兼御史大夫 高麗國王	『史』『要』
光宗 7		956	開府儀同三司 檢校太尉 ← 고려 측 기록에는 檢校太師	『史』『要』『冊府元龜』
光宗 9		959	檢校太師 食邑 三千戶 ← 因後周國亡 未傳於高麗	『冊府元龜』
光宗 14	宋	963	加食邑七千戶 推誠順化保義功臣 高麗國王	『史』『要』『宋史』
光宗 23		972	加食邑, 推誠順化守節保義功臣	『史』『要』
景宗 1		976.11	光祿大夫 檢校太傅 使持節 玄菟州諸軍事 玄菟州都督 大順軍事 食邑三千戶	『史』『要』
景宗 3		978	檢校太師	『宋史』高麗傳
景宗 4		979.6	侍中, 加食邑一千戶	『史』『要』
成宗 2		983.3	光祿大夫 檢校太保 使持節 玄菟州都督 充大順軍使 上柱國 食邑二千戶 高麗國王	『史』『要』
成宗 4		985.5	檢校太傅 食邑一千戶	『史』『要』
成宗 7		988.10	檢校太尉 食邑一千戶食實封五百戶	『史』『要』
成宗 9		990.6	推誠順化功臣食邑一千戶	『史』『要』
成宗 11		992.6	檢校太師食邑一千戶食實封四百戶	『史』『要』
成宗 15	遼	996.3	開府儀同三司 尙書令	『史』『要』
穆宗 1		998.11	冊高麗國王	『史』『要』『遼史』
穆宗 2		999.10	加冊王爲尙書令	『史』『要』
穆宗 10		1007.2	守義保邦推誠奉聖功臣開府儀同三司守尙書令兼政事令 上柱國 食邑七千戶 食實封七百戶	『史』『要』

高麗王	授封國	西 紀	冊 封 內 譯	典 據
顯宗 13		1022.4	開府儀同三司 守尙書令 上柱國 高麗國王 食邑一萬戶 食實封一千戶	『史』『要』
太子 欽		1023.4	輔國大將軍 檢校太師 守太保兼侍中 高麗國公	『史』『要』
靖宗 5		1039.4	開府儀同三司 守太保兼侍中 上柱國 高麗國王食邑七千戶 食實封一千戶 輸忠保義奉國功臣	『史』『要』
靖宗 9		1043.11	守太傅兼中書令 食邑三千戶 食實封三百戶 同德致理四字功臣	『史』『要』
文宗 1		1047.9	開府儀同三司 守太保兼侍中 上柱國 高麗國王食邑七千戶 食實封一千戶 匡時致理竭節功臣	『史』『要』
文宗 3		1049.1	守太傅兼中書令 高麗國王 加食邑三千戶 食實封三百戶 資忠奉上四字功臣	『史』『要』
文宗 9	遼	1055.5	守太師 食邑五千戶 食實封五百戶	『史』『要』
王太子			三韓國公	『史』『要』
文宗 11			尙書令食邑五千戶食實封二百戶	『史』『要』
王太子		1057.3	王太子爲順義軍節度使朔武等州觀察處置等使崇祿大夫檢校太尉同中書門下平章事使持節朔州諸軍事行朔州刺史上柱國三韓國公食邑三千戶食實封五百戶	『史』『要』
文宗 19			守正保義四字功臣食邑三千戶食實封三百戶	『史』『要』
王太子		1065.4	兼侍中 特進 ← 즉위 후 喪中 사망, 冊封 無	『史』『要』
宣宗 2		1085.11	特進檢校太師兼中書令上柱國食邑一萬戶食實封一千戶	『史』『要』
獻宗 卽位年		1094.12	驃騎大將軍檢校太尉兼中書令上柱國高麗國王食邑七千戶食實封七百戶	『史』『要』
肅宗 2		1097.12	特進檢校太尉兼中書令上柱國高麗國王食邑七千戶食實封七百戶 ← 食邑 一千戶를 七千戶로 교정(필자 沈註)	『史』『要』
太子 (肅宗5)		1100.10	王太子爲順義軍節度朔武州等州觀察處置等使崇祿大夫檢校太傅同中書門下平章事使持節朔州諸軍事行朔州刺史上柱國三韓國公食邑三千戶食實封五百戶	『史』『要』
肅宗 9		1104.4	忠勤奉國功臣開府儀同三司守太尉兼中書令上柱國高麗國王食邑七千戶食實封七百戶	『史』『要』

高麗王	授封國	西紀	冊封內譯	典據
太子	遼	1104.4	順義軍節度朔武等州觀察處置等使特進檢校太尉兼侍中使持節朔州諸軍事行朔州刺史上柱國三韓國公食邑三千戶食實封五百戶	『史』『要』
睿宗 3		1108.2	守太尉兼中書令加食邑	『史』『要』
仁宗 20		1142.5	儀同三司柱國高麗國王　又加開府儀同三司上柱國	『史』『要』
毅宗 2		1148.5	開府儀同三司上柱國高麗國王食邑一萬戶食實封一千戶	『史』『要』『東文選』
明宗 2	金	1172.5	開府儀同三司高麗國王	『史』『要』
神宗 2		1199.4	開府儀同三司高麗國王	『史』『要』
熙宗 2		1206.4	(確認 不可)	『史』『要』
康宗 1		1212.7	開府儀同三司上柱國高麗國王食邑一萬戶食實封一千戶	『史』『要』
高宗 追贈 (忠憲王)		1310.6 (忠宣王2)	贈敦信明義保節貞亮濟美翊順功臣太師開府儀同三司尙書右丞相上柱國高麗國王諡忠憲	『史』『要』
元宗 追贈 (忠敬王)		1310.6 (忠宣王2)	贈端誠奉化保慶亮節康濟佐理功臣太師開府儀同三司尙書右丞相上柱國高麗國王諡忠敬	『史』『要』
忠烈王 卽位年		1274.7	冊爲王	『史』『要』
忠烈王 6		1280.12	開府儀同三司中書省左丞相行中書省事	『史』『要』
忠烈王 9		1283.6	征東中書省左丞相	『史』『要』
忠烈王 14		1288.4	征東行尙書省左丞相	『史』『要』
忠烈王 17		1291.9	征東行中書省左丞相	『史』『要』
王世子	元	1291.9	世子特進上柱國高麗國王世子	『史』『要』
忠烈王 19		1293.3	太保推忠宣力定遠功臣	『史』『要』『元史』
(忠烈王21)		1295.5	(고려에서 '太師中書令' 官職요청, 不許)	『史』『要』
忠烈王 21		1295.8	儀同三司上柱國高麗王世子領都僉議使司	『史』『要』
忠烈王 22		1296.7	儀同三司(上柱國)領都僉議司事	『史』『要』『元史』
忠宣王 卽位年		1298.1	開府儀同三司征東行中書省左丞相附馬上柱國高麗國王-(王)推忠宣力定遠保節功臣開府儀同三司太尉附馬上柱國逸壽王	『史』『要』

高麗王	授封國	西紀	冊 封 內 譯	典 據
忠烈王33		1307.8	純誠守正推忠宣力定遠保節功臣開府儀同三司太尉征東行中書省右丞相上柱國高麗國王	『史』『要』
忠烈王 (追贈)		1310.6	純誠守正推忠宣力定遠保節寅亮弘化奉慶功臣太師開府儀同三司尙書右丞相上柱國 高麗國王 諡忠烈	『史』『要』
忠宣王 (前王)		1308.5	開府儀同三司太子太傅上柱國附馬都尉進封瀋陽王	『史』『要』
忠宣王 復位年		1308.10	開府儀同三司太子太師上柱國附馬都尉審陽王征東行尙書省右丞相高麗國王 (行中書省이 行尙書省으로 개칭)	『史』『要』
忠肅王 卽位年		1313.3	金紫光祿大夫征東行中書省左丞相上柱國高麗國王	『史』『要』
忠肅王世子	元	1316.3	開府儀同三司瀋王	『史』『要』
忠肅王 4		1317.11	開府儀同三司附馬高麗國王	『史』『要』
忠惠王 卽位年		1330.2	開府儀同三司征東行中書省左丞相上柱國高麗國王	『史』『要』
忠穆王 卽位年		1344.4	征東行省左丞相高麗國王	『史』『要』
忠穆王 卽位年		1344.5	開府儀同三司征東行中書省左丞相上柱國高麗國王	『史』『要』
恭愍王 卽位年		1351.10	元江陵大君祺爲國王	『史』『要』
(恭愍王 3)		1354.9	高麗國王脫脫不花爲瀋王	『史』『要』『元史』
恭愍王 5		1356.2	親仁保義宣力奉國彰惠靖遠功臣	『史』『要』
恭愍王 14		1365.3	太尉	『史』『要』
恭愍王 18		1369.3	右丞相	『史』『要』
恭愍王 19	明	1370.5	冊王(高麗國王)	『史』『要』『元史』
禑王 3	北元	1377.2	開府儀同三司征東行省左丞相高麗國王	『史』『要』
禑王 6		1380.2	太尉	『史』『要』
禑王 11	明	1385.9	冊禑爲王(高麗國王)	『要』『史』『明史』

 * 『高麗史』=『史』, 『高麗史節要』=『要』

 * 이 표는 각종 典據 자료를 필자가 종합한 것임.

 * 각 王代別 官爵의 종합은 各章 말미의 <官爵 綜合表> 참조.

참고문헌

史料

『高麗史』, 亞細亞文化社, 1972.

『譯註高麗史』1~10, 東亞大 古典研究室 編, 1965~1971.

『高麗史』, 사회과학원 고전연구실, 1964/『北韓國譯高麗史』, 신서원, 1991.

『高麗史節要』, 亞細亞文化社, 1973.

薛居正, 『舊五代史』, 中華書局.

歐陽修, 『新五代史』, 中華書局.

李燾(宋) 撰, 『續資治通鑑長編』(影印 文淵閣四庫全書 第314~322冊).

王溥, 『五代會要』, 臺灣商務印書館, 1968.

脫脫(元) 撰, 『宋史』, 中華書局.

梅鼎祚(明) 編, 『宋文紀』, (影印 文淵閣四庫全書 第1398冊).

王稱(宋), 『東都史略』(影印 文淵閣四庫全書 第382冊).

孟元老(宋), 『東京夢華錄』, 1147(影印 文淵閣四庫全書 第589冊).

周居非(宋), 『嶺外代答』(影印 文淵閣四庫全書 第589冊).

脫脫(元), 『遼史』, 中華書局.

傅樂煥, 『遼史叢考』, 中華書局.

羅福姬, 『遼文續拾(全)』, 成文出版社.

繆筌孫, 『遼文存』, 成文出版社.

王仁俊, 『遼文萃(全)』, 成文出版社.

陳述, 『遼文匯』(楊家駱 編, 『遼史彙編』第6冊, 1962), 鼎文書局.

陳述, 『全遼文』, 中華書局, 1964.

『契丹國志』(影印 文淵閣四庫全書 第383冊).

戴錫章, 『西夏紀』, 寧夏人民出版社, 1988.

張鑑, 『西夏紀事本末』, 文海出版社, 1981.

脫脫(元),『金史』, 中華書局.
『大金國志』(影印 文淵閣四庫全書 第383冊).
宋濂(明),『元史』, 中華書局.
張廷玉(淸),『明史』, 中華書局.
成均館大學校 大東文化硏究院,『高麗名賢集』1~6, 1973.
兪棨,『麗史提綱』/『국역 여사제강』1~4, 세종대왕 기념사업회, 1997.
徐居正·梁誠之,『東文選』/『국역 동문선』, 민족문화추진회, 1976.
安鼎福,『東史綱目』, 驪江出版社, 1987.
야콥 단코나 저, 오성환·이민아 공역,『빛의 도시』, 까치, 2000.
趙云仡,『三韓詩龜鑑』, 金甲起 譯註, 梨花出版社, 1998.
韓致奫,『海東繹史』, 驪江出版社, 1987.

著書

高柄翊,『東亞交涉史의 硏究』, 서울대 출판부, 1970.
國史編纂委員會,『中國正史朝鮮傳 譯註 三』, 1989.
權錫奉,『淸末 對朝鮮政策史硏究』, 일조각, 1986.
권선홍·고홍근·하병주 공저,『비서구 문명권의 국제관계사상』, 부산외대 출판부, 1998.
권선홍·황귀연·김홍구·박장식·우덕찬 공저,『전통시대 중국의 대외관계』, 부산외대 출판부, 1999.
金基德,『高麗時代 封爵制 硏究』, 청년사, 1998.
金庠基,『東方文化交流史論考』, 을유문화사, 1948.
金庠基,『高麗時代史』, 서울대 출판부, 1985.
金渭顯,『遼金史硏究』, 裕豊出版社, 1985.
김용구,『세계관 충돌과 한말 외교사 1866~1882』, 문학과지성사, 2001.
金在滿,『契丹·高麗關係史硏究』, 國學資料院, 1999.
金鍾完,『中國南北朝史硏究 - 朝貢·交聘關係를 중심으로』, 일조각, 1989.
金翰奎 外,『中國의 天下思想』, 민음사, 1988.
金翰奎,『古代中國的 世界秩序硏究』, 일조각, 1982.
金翰奎,『古代東亞細亞 幕府體制硏究』, 일조각, 1997.
金翰奎,『韓中關係史』I·II, 아르케, 1999.
하자노프 지음, 金浩東 옮김,『遊牧社會의 構造』, 지식산업사, 1990.
姜文晧,『中國中世政治史硏究 - 五胡十六國史』, 국학자료원, 1999.

盧啓鉉, 『韓國外交史論』, 大旺社, 1984.

盧重國, 『百濟政治史研究』, 일조각, 1988.

노태돈, 『고구려사 연구』, 사계절, 1998.

東洋史學會, 『東亞史上의 王權』, 한울 아카데미, 1993.

都賢喆, 『高麗末 士大夫의 政治思想研究』, 일조각, 1999.

文暻鉉, 『高麗太祖의 後三國統一研究』, 螢雪出版社, 1987.

朴龍雲, 『高麗時代史』, 일지사, 1988.

朴龍雲, 『고려시대 開京 연구』, 일지사, 1996.

朴龍雲, 『高麗時代 官階·官職 研究』, 고려대 출판부, 1997.

朴宗基, 『5백년 고려사』, 푸른역사, 1999.

朴龍雲 外, 『譯註「高麗史」食貨志』, 精神文化研究院, 1996.

朴玉杰, 『高麗時代의 歸化人 研究』, 국학자료원, 1996.

朴漢濟, 『中國中世胡漢體制研究』, 일조각, 1988.

서병국, 『거란·거란인』, 오정주식회사, 1992.

서울大學校東洋史學研究室 編, 『講座 中國史』1~7, 지식산업사, 1989.

孫承喆, 『朝鮮時代 韓日關係史研究』, 지성의 샘, 1994.

申虎雄, 『高麗法制史研究』, 국학자료원, 1995.

李東馥, 『東北亞細亞史研究 - 金代 女眞社會의 構成』, 일조각, 1986.

李範稷, 『韓國中世禮思想研究』, 일조각, 1991.

李龍範, 『中世滿洲·蒙古史의 研究』, 同和出版公社, 1988.

李龍範, 『韓滿交流史研究』, 同和出版公社, 1989.

李春植, 『中華思想(Sino-Centralism)』, 교보문고, 1998.

楊渭生, 『宋麗關係史研究』, 杭州大學出版社, 1997.

吳淇坪, 『世界外交史 - 비엔나에서 眞珠灣까지』, 박영사, 1985.

張東翼, 『麗元關係史研究』, 일조각, 1992.

張東翼, 『高麗後期外交史研究』, 일조각, 1994.

張東翼 編, 『元代麗史資料集成』, 서울대 출판부, 1997.

張東翼, 『宋代麗史資料集錄』, 서울대 출판부, 2000.

全淳東, 『明王朝 成立史研究』, 개신, 2000.

全海宗, 『東亞文化의 比較史的 研究』, 일조각, 1976.

全海宗, 『韓中關係史研究』, 일조각, 1977.

鄭求福, 『韓國中世史學史研究(Ⅰ)』, 集文堂, 1999.

정용숙, 『高麗王室族內婚研究』, 새문사, 1988.

정용숙, 『고려시대의 后妃』, 민음사, 1992.

周采赫,『元朝官人層 研究』, 正音社, 1986.

池培善,『中世東北亞史研究 - 慕容王國史』, 일조각, 1986.

한국고대사연구회 편,『신라말 고려초의 정치・사회변동』, 신서원, 1994.

許興植,『眞靜國師와 湖山錄』, 民族社, 1995.

베・야・블라디미르초프 저, 주채혁 역,『몽골사회제도사』, 대한교과서, 1990.

掘敏一,『中國と古代東アジア世界』, 岩波書店, 1993.

谷川道雄,『隋唐帝國形成史論』, 筑摩書房, 1971.

唐代史研究會 編,『隋唐帝國と東アジア世界』, 汲古書院, 1979.

島田正郎,『遼代社會史研究』, 巖南堂書店, 1979.

島田正郎,『遼朝史의 研究』, 創文社, 1980.

東一夫,『王安石と司馬光』, 沖積舍, 1983.

藤間生大,『東アジア世界の形成』, 春秋社, 1966.

藤間生大,『近代東アジア世界の形成』, 春秋社, 1977.

浜下武志,『朝貢システムと近代アジア』, 岩波書店, 1997.

西嶋定生,『中國古代帝國の形成と構造 - 二十等爵制の研究』, 東京大學出版
        會, 1961.

西嶋定生,「六-八世紀の東アジア」,『岩波講座 日本歷史 2』, 1962.

西嶋定生,『中國古代の社會と文化』, 史學出版會, 1981.

西嶋定生,『中國古代國家と東アジア世界』, 東京大學出版會, 1983.

外山軍治,『金朝史研究』, 同朋舍, 1964.

日野開三郎,『五代史の基調』, 三一書房, 1980.

長澤和俊 저, 이재성 역,『실크로드의 역사와 문화』, 민족사, 1990.

池內宏,『元寇の新研究』(東洋文庫論叢15), 東洋文庫, 1931.

川添昭二,『蒙古襲來研究史論』, 雄山閣出版, 1977.

坂元義種,『古代東アジアの日本と朝鮮』, 吉川弘文館, 1978.

葛金芳,『宋遼夏金經濟研析』, 武漢出版社, 1991.

董德模,『朝鮮朝의 國際關係』, 博英社, 1990.

日中民族科學研究所 編,『中國歷代職官辭典』, 國書刊行會, 1980.

李唐 著,『遼金元史』, 香港宏業書局, 1961.

朱瑞熙 等,『遼宋西夏金社會生活史』, 中國社會科學出版社, 1988.

中國北方民族關係史編寫組,『中國北方民族關係史』 中國社會科學出版社,
        1987.

漆俠 等,『遼夏金經濟史』, 河北大學出版社, 1994.

黃寬重,『南宋史研究集』, 臺北：新文豊出版公司, 1985.

陶晉生, 『宋遼關係史硏究』, 1983.

天蔚・黃弱瑟, 『古代 中・韓・日關係硏究』, 香港大學 亞州中心, 1987.

胡昭曦, 『宋蒙(元)關係史』, 四川大學出版社, 1992.

Ch'oe, Yong-ho, "Sino-Korean Relations, 1866~1876 : A Study of Korea's Tributary Relationship to china," 『아세아연구』 제9집 제1호, 1966.

Clark, Donald N., "The Ming Connection : Notes on korea's Experience in the Chinese Tributary System" *Transactions of the Royal Asiatic Society*, Korea Branch, Vol. 58, 1983.

Haiao chi-ching, "The Cambridge History of China" Vol. 6, Cambridge University Press, 1994.

John B. Duncan, "The Origins of the Choson Dynasty," University of Washington Press, 2000.

Morris Rossabi ed., "China among Equals : The Middle Kingdom and its Neighbors, 10th-14th Centuries." University of California Press, 1983.

Peter I. Yun, *Rethinking the Tribute System : Korean States and Northeast Asian Interstate Rwlation, 600-1600*, A dissertation submitted in partial satisfaction of the requirement for the degree of Philosophy in East Asian Languages and Cultures. University of California, Los Angeles, 1998.

Ta-tuan Ch'en, "Investiture of Liu-ch'iu kings in the Ch'ing period," *The Chinese World Order : China's Foreign Relation*, Cambridge : Harvard University Press, 1968.

Zhao, Suisheng, *Power Competition in East Asia : From the Old Chinese World Order to Post-Cold War Regional Multipolarity*, New York : St. Martin's Press, 1997.

論文

姜吉仲, 「南宋과 高麗의 政治外交와 貿易關係에 대한 考察」, 『慶熙史學』 16・17합집, 1990.

姜吉仲, 「宋・遼間 澶淵의 盟約에 관한 一硏究」, 『慶南史學』 6, 1990.

姜順吉, 「忠肅王代의 察理辨違都監에 대하여」, 『湖南文化硏究』 15, 1985.

姜熙雄, 「高麗 惠宗朝 王位繼承의 新解釋」, 『韓國學報』 7, 1977.

高柄翊, 「麗代 征東行省의 硏究」(上)(下), 『歷史學報』 14·19, 1961~1962.

高柄翊, 「高麗忠宣王의 元武宗 擁立」, 『歷史學報』 17·18합집, 1962.

高柄翊, 「蒙古高麗의 兄弟盟約의 性格」, 『白山學報』 6, 1969.

高貞愛, 「麗·宋關係史 硏究 - 文物交流를 중심으로」, 『淸州史學』 2, 1986.

具山祐, 「高麗 成宗代 對外關係의 展開와 그 政治的 性格」, 『韓國史硏究』 78, 1992.

丘凡眞, 「蒙元帝國期 ‘國王’의 政治的 位相」, 『서울大 東洋史學科論集』 23.

權錫奉, 「韓淸通商條約의 締結」, 『東方學志』 54·55·56합집, 1987.

權鍾川, 「高麗時代의 對金政策考」, 『論文集』 5, 忠北大, 1971.

金基德, 「三國時期 中國諸王朝에서 賜與된 國王封爵에 관한 檢討」, 『建國大學校大學院論文集』 29, 1989.

金基德, 「高麗 光宗代의 王權强化와 太子冊封」, 『수촌박영석교수화갑논총』, 1992.

金基德, 「高麗後期 宗室封君制」, 『建大史學』 8, 1993.

金基德, 「高麗時期 王室의 構成과 近親婚」, 『國史館論叢』 49, 1993.

金基德, 「高麗의 諸王制와 皇帝國體制」, 『國史館論叢』 78, 1997.

김기정, 「19세기 후반 제국주의와 동아시아」, 『1894년 농민전쟁연구(3)』, 역사비평사, 1993.

金九鎭, 『13~17세기 女眞社會의 硏究 - 金 멸망 이후 청건국 이전까지 여진 사회의 조직을 중심으로』, 高麗大 博士學位論文, 1989.

金九鎭, 「遼·金·元시대에 있어서 高麗와 北方騎馬民族」, 『中國과 東아시아世界』, 국학자료원, 1997.

金暻綠, 「朝鮮初期 對明外交와 外交節次」, 『韓國史論』 44, 서울大, 2000.

金南奎, 「高麗前期 兩界地方의 原住·來投 女眞人에 대하여」, 『慶大史論』 8, 1995.

金南奎, 「高麗中葉이 對女眞政策 - 宣宗·肅宗代를 중심으로」, 『加羅文化』 13, 慶南大 加羅文化硏究所, 1996.

金東晟, 「五代 文臣의 動態와 그 性格」, 『關東史學』 5·6合輯, 1994.

金東晟, 「五代十國의 韓半島 諸國과의 관계와 그 인식」, 『中央史論』 12·13 合輯, 1999.

金庠基, 「高麗와 金宋과의 關係」, 『國史上의 諸問題』 5, 1959.

金庠基, 「麗宋 貿易小考」, 『東方文化交流史論攷』, 乙酉文化社, 1964.

金庠基, 「해상활동과 문물의 교류 - 禮成港을 중심으로」, 『국사상의 제문제』, 국사편찬위원회, 1959.

金庠基, 「여진관계의 시말과 윤관(尹瓘)의 북정」, 『국사상의 제문제』, 국사편찬위원회, 1959.

金庠基, 「고려와 금·송과의 관계」, 『국사상의 제문제』, 국사편찬위원회, 1959.

金庠基, 「宋代에 있어서 高麗本의 流通에 대하여」, 『亞細亞硏究』(李相殷博士華甲紀念 東洋學特輯號), 1965.

金鮮浩, 「14世紀末 蒙·麗關係와 東北亞 政勢變化」, 『江原史學』 12, 1996.

김성규, 「高麗 前期의 對宋關係 - 宋朝 賓禮를 중심으로 본 高麗의 國際地位 試論」, 『國史館論叢』 92, 2000.

金順子, 「고려와 동아시아」, 『한국역사입문②』 한울, 1995.

金順子, 「元明 교체와 麗末鮮初의 華夷論」, 『한국중세사연구』 10, 2001.

金順子, 『麗末鮮初 對元·明關係硏究』, 延世大 博士學位論文, 2000.

金英珍, 「大誥를 통해본 明太祖의 官吏對策」, 『慶北史學』 14, 1991.

金永眞, 「吳越王朝(907-978)의 文治主義的 性向과 文臣·文士의 動向 - 宋代 士大夫의 起源問題와 關聯하여」, 『東方學志』 89·90合輯, 1995.

金容完, 「北宋과 遼·夏間의 密貿易問題」, 『濟州史學』 3, 1987.

金容完, 「南宋 高宗代의 軍事組織에 관한 硏究 - 南渡軍官의 位相을 중심으로」, 『忠南史學』 5, 1990.

金容完, 「劉豫의 齊國과 南宋과의 關係 - 兩國의 戰略을 中心으로」, 『湖西史學』 27, 1999.

金渭顯, 『契丹文化의 特質과 社會的 關係』, 檀國大 博士學位論文, 1984.

金渭顯, 「麗宋關係와 그 航路考」, 『論文集』 6, 關東大學, 1978.

金渭顯, 「女眞의 馬貿易考 - 10세기~14세기를 中心으로 - 」, 『明大論文集』 13, 1982.

金渭顯, 「北宋의 對西域政策」, 『明知史論』 2, 1988.

金渭顯, 「西夏與宋契丹之關係(986-1048)」, 『明知史論』 7, 1995.

金在滿, 「契丹의 山北·山南經略史 - 燕雲十六州割讓의 盟約을 중심으로」, 『震檀學報』 22, 1961.

金在滿, 「五代와 後三國·高麗初期의 關係史」, 『大東文化硏究』 17, 1982.

金在滿, 「契丹 聖宗의 高麗侵略과 東北亞細亞 國際情勢의 變趨」(上)(下), 『大東文化硏究』 27~28, 1992~1993.

金鍾完, 「南北朝時代의 冊封에 대한 檢討 - 賜與된 官爵을 中心으로」, 『東亞硏究』 19, 1989.

金昌謙, 「新羅 元聖王系 王의 皇帝·皇族的 地位와 骨品 超越化」, 『統一新羅의 對外關係와 思想硏究』, 백산자료원, 2000.

金昌謙, 「太平二年銘磨崖藥師佛坐像銘의 歷史的 考察」, 『韓國中世社會의 諸問題』, 2001.

金昌賢, 「고려말 조선초 정치체제 개편의 방향과 그 의미」, 『史叢』 47, 1998.

金忠烈, 「中國의 天下思想 - 그 哲學的 基調와 歷史的 傳統의 形成」, 『中國學論叢』 3, 1988.

金泰永, 「朝鮮初期 祀典의 成立에 대하여」, 『歷史學報』 58, 1973.

金翰奎, 「漢代 및 魏晉南北朝時代의 輔政」, 『歷史學報』 137, 1993.

金翰奎, 「漢代 및 魏晉南北朝時代의 輔政體制」, 『東洋史學研究』 44, 1993.

金漢植, 「明初의 絶對帝制에 關한 研究」, 『大邱教大論文集』 6, 1970.

金漢植, 「明代 韓中關係를 둘러싼 若干의 問題 - '東아세아世界'질서 속에서의 韓中 關係史의 摸索」, 『大丘史學』 12·13輯, 1977.

金賢羅, 「高麗後期 惡少의 存在形態와 그 성격 - 政治勢力化 過程을 중심으로」, 『지역과 역사』 1, 1996.

金惠苑, 「忠烈王 入元行績의 性格」, 『高麗史의 諸問題』, 三榮社, 1986.

金惠苑, 「麗元王室通婚의 成立과 特徵 - 元公主出身 王妃의 家系를 중심으로」, 『梨大史苑』 24·25合輯, 1989.

金惠苑, 「高麗後期 瀋(陽)王의 政治·經濟的 基盤」, 『國史館論叢』 49, 1993.

金惠苑, 『高麗 後期 瀋(陽)王 研究』, 梨花女大 博士學位論文, 1998.

金惠苑, 「高麗 恭愍王代 對外政策과 漢人群雄」, 『白山學報』 51, 1998.

金浩東, 「古代 遊牧國家의 構造」, 『講座中國史Ⅱ』, 지식산업사, 1989.

金浩東, 「蒙古帝國의 形成과 展開」, 『講座中國史Ⅲ』, 1989.

金浩東, 「北아시아 遊牧國家의 君主權」, 東洋史學會 編, 『東亞史上의 王權』, 한울, 1993.

羅鐘宇, 「高麗前期의 對外關係史 研究 - 日本과의 관계를 中心으로 - 」, 『國史館論叢』 29, 1991.

南仁國, 「高麗 肅宗의 卽位過程과 王權强化」, 『歷史教育論集』 5, 경북대 역사교육과, 1983.

南在祐, 「羅末麗初 豪族의 經濟的 基盤」, 『慶南史學』 4, 1987.

盧啓鉉, 「安南의 對元戰爭과 外交政策」, 『國際法學會論叢』, 1967/『韓國外交史論』, 大旺社, 1984.

盧明鎬, 「高麗時代의 多元的 天下觀과 海東天子」, 『韓國史研究』 105, 1999.

盧重國, 「고구려 대외관계사 연구의 현황과 과제」, 『東方學志』 49, 1985.

閔丙勳, 『西夏後期交聘史研究』, 中央大 博士學位論文, 1991.

卞麟錫, 「唐代에 있어서의 中國과 東亞關係」, 『中國과 東아시아 世界』, 국학

자료원, 1997.

朴仙姬, 『西漢帝國의 建國과 序二等封建』, 檀國大 博士學位論文, 1996.

朴星來, 「高麗初의 曆과 年號」, 『韓國學報』 10, 1978.

朴成柱, 「조선초기 遣明 使節에 대한 일고찰」, 『慶州史學』 19, 2000.

朴龍雲, 「高麗·宋 交聘의 목적과 使節에 대한 考察](上)(下), 『韓國學報』 81 ~82, 1995~1996.

朴元熇, 「明初 朝鮮의 遼東攻伐計劃과 表箋問題」, 『白山學報』 19, 1975.

朴宰佑, 「高麗 恭讓王代 官制改革과 權力構造」, 『震檀學報』 81, 1996.

朴宰佑, 「고려전기 재추의 운영원리와 권력구조」, 『역사와 현실』 26, 1997.

朴宗基, 「高麗中期 對外政策의 變化에 대하여 - 宣宗代를 중심으로」, 『韓國學論叢』 16, 1993.

朴宗基, 「예종대 정치개혁과 정치세력의 변동」, 『역사와 현실』 9, 1993.

朴宗基, 「고려시대의 대외관계」, 『한국사 6』, 한길사, 1994.

朴宗基, 「11세기 고려의 대외관계와 정국운영론의 추이」, 『역사와 현실』 30, 1998.

朴志焄, 『宋代華夷論研究』, 梨花女大 博士學位論文, 1990.

朴志焄, 「歐陽修의 華夷觀 - 北宋代 華夷觀의 一試論」, 『梨大史苑』 22·23합집, 1988.

朴志焄, 「北宋代의 對外關係와 華夷論 - 對遼·西夏關係를 중심으로」, 『梨花史學研究』 19, 1990.

朴志焄, 「北宋代 '重內輕外'論」, 『梨花史學研究』 20·21合輯, 1993.

朴漢男, 『高麗의 對金外交政策研究』, 成均館大 博士學位論文, 1993.

朴漢男, 「崔惟淸의 生涯와 詩文分析 - 「東人之文四六」 등에 수록된 詩文을 중심으로」, 『國史館論叢』 24, 1991.

朴漢男, 「高麗 前期 '橫宣使'小考」, 『阜村申延澈教授停年紀念史學論叢』, 일월서각, 1995.

朴漢男, 「12세기 麗金貿易에 대한 검토」, 『大東文化研究』 31, 1996.

朴漢濟, 「胡漢體制의 展開와 그 構造 - 統一體制 指向과 관련하여 - 」, 『講座中國史 Ⅱ』, 1989.

朴漢濟, 「北魏 洛陽社會와 胡漢體制」, 『泰東古典研究』 6, 1990.

朴漢濟, 「東晉·南朝史와 僑民 - '僑舊體制'의 形成과 그 展開', 『東洋史學研究』 53, 1996.

宋正洙, 「明建國初 國家權力과 鄕村支配體制의 形成」, 『全北史學』 14, 1991.

辛聖坤, 「唐宋變革期論」, 『講座中國史 Ⅲ』, 지식산업사, 1989.

徐炳國, 『遼의 漢族統治에 關한 硏究』, 東國大 博士學位論文, 1984.

徐毅植, 「統一新羅期의 開府와 眞骨의 受封」, 『歷史敎育』 59, 1996.

徐榮洙, 「삼국시대 한중외교의 전개와 성격」, 『고대한중관계사의 연구』, 삼지원, 1986.

徐榮洙, 「고대국가 형성기의 대외관계」, 『한국사 2』, 한길사, 1994.

申明鎬, 「議親과 王室封爵制」, 『朝鮮初期 王室編制에 관한 硏究 - '議親制'의 정착을 중심으로』, 精神文化硏究院 博士學位論文, 1999.

申採湜, 「北宋 仁宗朝 對西夏政策의 變遷에 관하여」, 『歷史敎育』 8, 1964.

申採湜, 「宋西夏貿易考」, 『歷史敎育』 10, 1967.

申採湜, 「宋代 官人의 高麗觀」, 『邊太燮博士華甲紀念史學論叢』, 三英社, 1985.

申採湜, 「宋 이후의 皇帝權」, 『東亞史上의 王權』, 東洋史學會編, 한울아카데미, 1993.

申採湜, 「10~13세기 東아시아의 文物交流 - 海路를 통한 麗·宋의 文物交易을 중심으로」, 『中國과 東아시아 世界』, 국학자료원, 1997.

沈載錫, 「中國皇帝에 의한 高麗國王의 冊封」, 『里門論叢』 13, 外大大學院, 1993.

沈載錫, 「高麗時代 宋에 의한 國王冊封의 展開」, 『淸溪史學』 12, 1996.

沈載錫, 「高麗時代 國王이 中國에서 받은 食邑 硏究」, 『外大史學』 7, 1997.

沈載錫, 「高麗國王 冊封文에 보이는 武散階 一考」, 『外大史學』 11, 2000.

沈載錫, 「功臣號를 통해본 高麗國王 冊封」, 『정신문화연구』 79호, 2000.

沈載錫, 「遼代 高麗國王冊封의 構造와 展開」, 『外大史學』 12, 2000.

沈載錫, 「金代 高麗國王 冊封의 性格」, 『外大史學』 13, 2000.

沈載錫, 「五代의 高麗國王 冊封硏究」, 『淸溪史學』 15, 2001.

梁起錫, 「五世紀 百濟의 王·侯·太守制에 대하여」, 『史學硏究』 38, 1984.

梁元喆, 「漢代의 爵位에 대하여」, 『釜山史學』 1, 1977.

梁元喆, 「爵을 통해 본 漢代의 庶人身分考 - 醫와 商賈를 중심으로」, 『釜山史學』 7, 1983.

梁鍾國, 『宋代 士大夫社會의 形成過程과 發展形態에 관한 硏究』, 高麗大 博士學位論文, 1992.

禹太連, 「高麗初 地方別號의 制定과 그 運用」(上·中·下), 『慶北史學』 10~12, 1987~1989.

위은숙, 「원간섭기 對元貿易 - 성종·숙종 연간을 중심으로」, 『지역과 역사』 4, 부산경남역사연구소, 1997.

劉仁善, 「中越關係와 朝貢制度 - 假像과 實像」, 『歷史學報』 114, 1987.

兪長根, 「18世紀末 越·中關係의 一研究 - 西山黨事件을 中心으로」, 『慶大史論』 創刊號, 1985.

兪長根, 「淸 冊封使 花沙納의 朝鮮 見聞」, 『嶺東文化』 5, 東大 嶺東文化研究所, 1994.

李玠奭, 「宋 徽宗代 紹述新政의 挫折과 私權的 皇權强化」, 『東洋史學研究』 53, 1996.

李瑾明, 「五代宋初 胥吏存在形態의 變化와 그 性格 - 胥吏制度의 確立過程과 관련하여」, 『東洋史學研究』 40, 1992.

李瑾明, 『南宋時代 福建社會의 變化와 經濟開發 - 食糧問題에 대한 對應을 中心으로』, 서울大 博士學位論文, 1997.

李基東, 「羅末麗初 南中國 여러 나라와의 交涉」, 『歷史學報』 155, 1997.

李基白, 「高麗初期에 있어서의 五代와의 關係」, 『論叢』 1, 이대, 1959.

李東潤, 「12세기의 南海交通路論考」, 『全海宗博士華甲記念史學論叢編輯委員會, 1979.

李東潤, 「宋代海上貿易의 諸問題」, 『東洋史學研究』 17, 1982.

李範鶴, 「宋代의 社會와 經濟」, 『講座中國史Ⅲ』, 지식산업사, 1989.

李範鶴, 「蘇軾의 高麗排斥論과 그 背景」, 『韓國學論叢』 15, 國民大, 1992.

李龍範, 「遼代 春遊考」, 『東國史學』 5, 1957/『中世 滿洲·蒙古史의 研究』, 同和出版社, 1988.

李龍範, 「契丹 貿易考」, 『東國史學』 6, 1958.

李龍範, 「奇皇后의 冊立과 元代의 資政院」, 『歷史學報』 17·18합집, 1962.

李龍範, 「元代 라마교의 高麗傳來」, 『佛敎學報』 2, 1964.

李益柱, 「高麗 烈王代의 政治狀況과 政治勢力의 性格」, 『韓國史論』 18, 1988.

李益柱, 「충선왕 즉위년(1298) 관제개편의 성격」, 『14세기 고려의 정치와 사회』, 민음사, 1994.

李益柱, 『高麗·元關係의 構造와 高麗後期 政治體制』, 서울大 博士學位論文, 1996.

李源明, 「高麗中期 北宋 性理學의 傳來와 性格考」, 『論文集』 18, 서울여대, 1989.

李貞熙, 「고려전기 對遼貿易」, 『지역과 역사』 4, 부산경남역사연구소, 1997.

李春植, 「中國古代 朝貢의 實體와 性格 - 朝貢의 性格과 그 韓國的 意味」, 『古代韓中關係史의 研究』, 三知院, 1987.

李泰鎭,「高麗末·朝鮮初의 社會變化」,『震檀學報』55, 1983.

李泰鎭,「조선후기 對明義理論의 변천」,『아시아문화』10, 1995.

李薰,「일본과의 관계」,『한국사 32』, 국사편찬위원회, 1997.

李鉉,「金代 女眞社會의 支配構造(上)」,『加羅文化』2, 慶南大, 1983.

李賢惠,「三韓의 對外交易體系」,『李基白先生古稀紀念韓國史學論叢(上)』, 一潮閣, 1994.

全基雄,「羅末麗初의 地方社會와 知州諸軍事」,『慶南史學』4, 1987.

전병무,「고려 충혜왕의 상업활동과 재정정책」,『역사와 현실』10, 1993.

全淳東,「明太祖의 御制大誥에 대한 一考」,『忠北史學』2, 1989.

全海宗,「高麗와 宋과의 交流」,『國史館論叢』8, 1989.

鄭求福,『高麗時代 史學史 研究 - 史論을 中心으로』, 西江大 博士學位論文, 1985.

鄭求福,「李齊賢의 歷史意識」,『韓國古典심포지움』2, 一潮閣, 1985.

鄭求福,「高麗時代의 歷史意識」,『韓國思想史大系 3(中世篇)』, 韓國精神文化研究院, 1991.

鄭求福,「高句麗의 '高麗'國號에 대한 一考 - 三國史記의 기록과 관련하여」,『湖西史學』19·20, 1992

鄭求福,「高麗朝의 避諱法에 관한 연구」,『李基白先生古稀紀念韓國史學論叢(上)』, 一潮閣, 1994.

鄭修芽,『高麗中期 改革政治와 北宋新法의 受容』, 西江大 博士學位論文, 1999.

鄭修芽,「尹瓘勢力의 形成 - 尹瓘의 女眞征伐과 관련된 몇 가지 問題의 檢討를 중심으로」,『震檀學報』66, 1988.

曺永祿,「明太祖의 君主權 강화와 言路 개방책」,『高柄翊先生回甲紀念史學論叢 - 歷史와 人間의 대응』, 한울, 1984.

曺永祿,「中國的 國際秩序의 推移와 韓·日의 對應」,『中國과 東아시아 世界』, 국학자료원, 1997.

周采赫,『元代 官人層 研究』, 正音社, 1986.

周采赫,「元萬卷堂의 設置와 高麗儒者」,『孫寶基博士停年紀念韓國史學論叢』, 知識産業社, 1988.

周采赫,「몽골-고려사 연구의 재검토 - 몽골-고려사의 성격 검토」,『國史館論叢』8, 국사편찬위원회, 1989.

震檀學會,「高麗時代 韓中交涉의 諸樣相」,『震檀學報』70·72合併號, 1991.

蔡雄錫,「고려 문종대 관료의 사회적 위상과 정치운영」,『역사와 현실』27,

1998.

崔韶子, 「明末 中國的 世界秩序의 變化」, 『明末・淸初社會의 照明』, 한울아카데미, 1990.

崔韶子, 「淸과 朝鮮 - 明・淸交替期 동아시아의 國際秩序에서」, 『中國과東아시아 世界』, 국학자료원, 1997.

崔益柱, 「遼의 太祖・文宗代의 漢人官僚」, 『大丘史學』 15・16합집, 1978.

崔益柱, 「遼代의 耶律姓과 蕭姓에 대한 考察」, 『震檀學報』 49, 1980.

崔益柱, 「遼初의 支配勢力의 性格」, 『大丘史學』 19, 1981.

秋明燁, 「11世紀後半~12世紀初 女眞征伐問題와 政局動向」, 『韓國史論』 45, 2001.

許興植, 「한국의 전형적 중세 고려시대사가 남긴 새로운 세기의 과제」, 『韓國史論』 30, 국사편찬위원회, 2000.

河炫綱, 「高麗太祖의 內外政策의 樹立背景과 그 性格」, 『東方學志』 54・55・56合輯, 1987.

韓英根, 「耶律楚材에 대한 一考察 - 몽고제국의 對漢人政策을 중심으로」, 『東義史學』 5, 1989.

韓永愚, 「大韓帝國 성립과정과 『大禮儀軌』」, 『韓國史論』 45, 2001.

黃雲龍, 「高麗 初期 王權考」, 『論文集』 5, 부산여대, 1977.

宮崎市定, 『アジア史 研究』 1~4, 同朋舍, 1957.

大谷光男, 「中國が授けた東夷諸國の冊封について - 古代より唐に至る」, 『百濟研究』 18, 1987.

江畑武, 「四~六世紀の朝鮮と日本 - 中國との冊封をめぐって」, 『古代の日本と朝鮮』, 學生社, 1974.

德永洋介, 「宋代の御筆手詔」, 『東洋史研究』 57卷3號, 1998.

相田二郎, 『蒙古襲來の研究』(增補版), 吉川弘文館, 1958.

小川裕人, 「遼室君主權の成立に關する一考察」, 『東洋史研究』 第3卷第5號, 1938.

奧村周司, 「高麗における八關會的秩序と國際環境」, 『朝鮮史研究會論文集』 16, 1979.

奧村周司, 「高麗の外交姿勢と國家意識 - '仲冬八關會'および"迎北朝詔使儀'을 中心として」, 『歷史學研究』 別冊特集, 1982.

奧村周司, 「使節迎接禮より見た高麗の外交姿勢 - 十二世紀における對中關係の一面」, 『史觀』 110, 1984.

奧村周司, 「高麗の圓丘祀禮について」, 『早稻田實業學校研究紀要』 21號,

1987.

前田直田, 朴漢濟 譯, 「東아시아에서의 ‘古代’의 종말」, 閔斗基 編, 『中國史時代區分論』, 創作과 批評社, 1984.

佐佐木銀彌, 「東アジア貿易圏の形成と國際認識」, 『岩波講座日本歷史　7(中世3)』, 1976.

井上光貞 外, 『東アジア世界における日本古代史講座　9』, 學生社, 1982.

靑山公亮, 「事大と華化」, 『朝鮮學報』14, 1959.

豊田武, 『日本の封建制社會』, 吉川弘文館, 1980.

Abstract

Investiture of Goryeo's Kings
by Imperial Dynasties in China

Shim, Jae Seog

Goryeo's interstate relations with the imperial dynasties in the continent were based on the institutional framework of investiture-tribute relations. Goryeo was able to maintain itself for five centuries because it dealt actively with the fast-changing international situations. Acceptance of investiture of the king was one of the active policies Goryeo employed.

An investiture was a procedure in which a new king notified a Chinese imperial dynasty and obtained its recognition of his accession to the throne. Before the period of Mongol Interference, Goryeo kings were usually invested by dynasties with which Goryeo maintained tributary relations, and such investitures enabled Goryeo kings to display their power and prestige within Goryeo. Moreover, when there were auspicious events such as presentation of honorific titles to emperors in China, Goryeo kings were given additional investitures as a part of imperial favors. Imperial rescripts accompanying investitures contained various official titles bestowed on Goryeo kings. Each imperial dynasty bestowed different sets of titles to Goryeo kings, and each Goryeo king often held different titles. At times, a Goryeo king held a very long series of official titles as he received several successive additional investitures during his reign.

Each Chinese dynastic period showed different characteristics of imperial investitures of Goryeo kings. The Five Dynasties Period(907~959) was a time of political upheaval as there was a wholesale reorganization of political powers in East Asia. In Korea, Goryeo unified the Later Three Kingdoms in 935. The early Goryeo kings Taejo, Hyejong, and Gwangjong all received investitures from one or the other dynasties of the Five Dynasties. This was the beginning of the investiture-tribute relations that would be maintained throughout the Goryeo period. This was also the time when Goryeo adopted policy strategies for its independent survival as it was being incorporated into the East Asian World Order. During the time of the Sung dynasty(960 ~1126), there existed a balance of power among Sung China, Khitan Liao(907~1125), Tangut Hsi Hsia(1032~1227), and Goryeo. Sung investitures of Goryeo kings were continuations of the practice of the Five Dynasties, and in this way, the Sung can be considered as the successor to the Five Dynasties. From the autocratic power titles contained in the list of official titles bestowed to Goryeo kings, we can surmise that the Sung viewed Goryeo kings as autocratic power commissioners who defended China's border regions.

On the other hand, the Khitan Liao did not confer any autocratic power office title to Goryeo kings. This showed that whereas the Sung perceived Goryeo kings as comparable to autocratic power commissioners, the Liao considered them as civil officials. This was one way the Liao Empire of the pastoral nomadic tradition tried to rule over the Han Chinese and other more civilized people. One special feature of the Liao investiture of Goryeo kings was that on occasions of presentation of honorific titles to its emperors, Goryeo kings were given additional investitures as a part of imperial favors. By these acts of imperial grace, the Liao tried to reaffirm Goryeo as its "right wing" and construct a sense of unified hierarchy. Another feature of Liao investitures is the bestowal of stipend villages(sigup) to Goryeo kings.

This bestowal was made only in name, and Goryeo kings did not actually derive any actual income from their stipend villages in Liao. Such Liao bestowal of stipend villages symbolized the feudal system, and in a way the Liao investitures of Goryeo kings provided typical and representative examples of the feudal interstate relations system. Another remarkable feature was the bestowal of titles of merit subject to Goryeo kings, and this is a feature that we cannot find during the periods of Five Dynasties or the Jurchen Chin(1115~1234). Conferring of titles of merit subject was viewed as an imperial recognition of the legitimacy of Goryeo kings and functioned to deter internal political challenges against the Goryeo court.

Although there were times when Goryeo displayed a sense of superiority over the Jurchens, interstate relations between Goryeo and the Jurchen Chin were again based on the framework of investiture-tribute relations. Compared to the Liao period, Chin investitures show much restraint in terms of the degree of coercion and the frequency of embassies. Unlike the other periods of the Five Dynasties, Khitan Liao, and Mongol Yuan, official titles given to Goryeo kings by the Jurchen court remained unchanged throughout the Chin period. Moreover, except King Injong, no Goryeo king received any additional investitures, and none was given the title of merit subject.

During the period of Mongol Interference, Goryeo-Yuan relations were based largely on the three elements : system of investitures, Goryeo kings' personal attendance at the Yuan court, and Goryeo's status as a son-in-law state. Goryeo kings' personal attendance at the Yuan court enabled Goryeo to deal effectively with Mongol economic exploitations and with such political emergencies as attempts to downgrade the status of Goryeo from kingdom to ordinary province. During this period, Goryeo was forced to restructure its government and adopt new appellations to reflect the lower status of the Goryeo vis-?-vis the Yuan court, and these changes greatly damaged Goryeo's traditional world-view. Although some Goryeo kings were removed and installed arbitrarily by the Yuan court, at the same time, the Yuan investitures or "appointments" functioned to hold up their royal positions and prerogatives. Thus, one could not expect anti-Yuan policies from Goryeo kings, and the Goryeo court basically took only makeshift measures to improve its situation within the Mongol Yuan Empire. One other feature of the period was bestowal of actual seal of the office to Goryeo kings. These seals symbolized Yuan investitures, and a retrieval of the seal signified the divestiture of Goryeo kingship. Finally, the Ming imperial investitures at the end of the Goryeo period showed much simplification of the titles bestowed to Goryeo kings.

Regarding investitures of Goryeo kings, we can point to the following characteristics. First, an investiture was basically a political act between China the state of the Son of Heaven and peripheral states of foreign leaders. Second, an acceptance of investitures signified a willingness to "serve the greater"(sadae) state that bestowed investiture as the suzerain state. In this way, Chinese dynasties could reinforce the rhetoric that they ruled "All under Heaven," and that the tributary states were kind of imperial enfeoffments. The bestowal of investitures confirmed enthronement of foreign kings, and imperial dynasties displayed its good intentions by offering additional investitures. Except during the period of Mongol Interference, imperial dynasties had no real influence over the royal succession in Goryeo, but Goryeo nevertheless attached much importance to these investitures. Third, the only time when imperial investitures led to actual changes in Goryeo throne was the period of Mongol Interference. This was the time when the Yuan court removed and installed again some Goryeo kings at will. During the other periods, investitures were normally meant to merely offer confirmation of the enthronement that had already been accomplished in Goryeo. At the same time, these investitures were also utilized to deal with changes in domestic political situations and in interstate relations. One example of such usages is the additional investitures. Chinese imperial dynasties sought to increase their influence by bestowing even higher official titles to kings who had already been formally invested before. At times, Goryeo kings also asked for additional investitures, especially during the Yuan period. This was due to the fact that Goryeo kings reamined at the Yuan court for long periods and their political influence was based on their connection to actual power holders in the Yuan imperial family. Thus, these additional investitures were closely related to the enhancement of royal power within Goryeo. Four, while investitures enhanced the power of Goryeo kings and contributed to their efforts to strengthen the royal prerogatives, emperors in China gained an ideological satisfaction that they ruled the world as the Son of Heaven. Finally, it should be pointed out that investitures were bestowed as an imperial favor but at the same time were conditional to the changes in interstate relations.

As for the historical significance of the investiture of Goryeo kings, we need to consider the fact that Goryeo had to adapt and cope with the multi-centered international order in China after the fall of T'ang China. Goryeo adopted a pragmatic and realistic foreign policy by entering into the investiture-tribute relations with the real power holder in China. We find the model of the institution of imperial investitures of Korean kings during the Goryeo period. When they could no longer actually control China's neighboring people after the Han dynasty, emperors in China bestowed official titles to leaders of foreign people to pretend that they ruled the entire world. Previous studies emphasized the tribute relations between Choson Korea and Ch'ing China, but the Sung and Liao periods offer the best examples of investing various official titles to Korean kings. Finally, we can characterize the Yuan period as the time of the "actuality of investiture." Thus, we find the most typical form of the investiture of Goryeo kings during the Sung, Liao, and Yuan periods.

Goryeo was incorporated into the changing East Asian international order through the institution of investitures of its kings. Utilizing this institutional framework, Goryeo actively dealt with problems directly related to its own survival. At the same time, Goryeo was sincere in its ritual observance of "serving" the various dynasties in China throughout its existence. Finally, Goryeo officials' did not make distinction between the dynasties established by Han Chinese and those set up by northern nomadic people.

Goryeo kings were the ones who usually initiated request for investitures out of their own needs. However, these investitures also reflect the Chinese dynasties' recognition and estimation of Goryeo's real power. From their perspective, the act of investiture symbolized a submission of foreign people and realization of the Chinese worldview of the rule over "All under Heaven." Thus, investitures were transactions and events that were beneficial to both sides. Although investitures may suggest the lord-vassal relationship, the autonomy of "tributary" states were guaranteed. In the case of Korea, we should point out that Goryeo not only enjoyed complete political independence but also actively applied this institutional means for its own benefit.

Goryeo was able to import advanced Chinese culture through the institutional framework of investitures. The basic principle of Goryeo's foreign policy was that while it "served the great," it should never compromise its practical interest and political status. Thus, it did not make a distinction between Han Chinese and nomadic people as the object of its "serve the great" policy. These policies were not about moral or ideological debates of right or wrong or good or bad. They were strategies of preserving the Goryeo State that faced reality of changing interstate political situations.

Recent studies on topics such as the Goryeo's multi-centered worldview, Goryeo's independent worldview, and Silla's ideal of the "great king," are providing a clearer picture of cultural originality and political independence of pre-modern Korea. Then how can we relate the institution of imperial investitures during the Goryeo period to these ancient Korean worldviews? Before the period of Mongol Interference, Goryeo took full imperial pretension internally while accepting the status of a feudal state externally. The significance of Goryeo kings' acceptance of imperial investitures is that Goryeo was able to gain practical benefits and legitimacy by participating in the East Asian political order. While it accepted the status of a state at the level of a feudal lord below China externally, Goryeo showed great pride and independence internally. This explains why and how Goryeo could shift its foreign policy from one dynasty to another in response to the political vicissitudes in China. Goryeo also switched from one suzerain state to another according to its own situations, and Goryeo basically chose to deal with the state that held military hegemony in Northeast Asia.

In the end, investitures of Goryeo kings were the institutional framework maintained by political necessities of both Goryeo and imperial dynasties in China. As Goryeo switched its "allegiance" according to the changing situations, Northeast Asian interstate relations based on the investiture-tribute framework in which Goryeo participated can not be considered in unilateral or absolute terms. They must be approached from relative perspectives.

찾아보기

【ㅅ】

沈載錫

1963년 전북 완주 출생
한국방송대학교 영문과 문학사, 한국외국어대학교 대학원 사학과 문학석사,
한국정신문화연구원 한국학대학원 역사전공 문학박사
현재 한국외국어대학교 사학과 강사

주요 논문
「高麗時代 武臣亂에 관한 一考」, 「龍飛御天歌에 보이는 高麗末 李成桂家」,
「五代의 高麗國王 冊封研究」, 「遼代 高麗國王冊封의 構造와 展開」,
「功臣號를 통해 본 高麗國王 冊封」 등

高麗國王 冊封 研究

沈載錫 著

2002년 5월 24일 초판 1쇄 인쇄
2001년 5월 30일 초판 1쇄 발행

펴낸이 · 오일주
펴낸곳 · 도서출판 혜안
등록번호 · 제22-471호
등록일자 · 1993년 7월 30일

㉾ 121-836 서울시 마포구 서교동 326-26번지 102호
전화 · 3141-3711∼2 / 팩시밀리 · 3141-3710
E-Mail hyeanpub@kornet.net

ISBN 89 - 8494 - 160 - 3 93910

값 18,000 원